भारत-2047

भारत-2047

संपादक

प्रो. बृज किशोर कुठियाला

पंचनद शोध संस्थान
चंडीगढ़

प्रकाशक • **प्रभात प्रकाशन प्रा. लि.**
4/19 आसफ अली रोड,
नई दिल्ली–110002

पेपरबैक संस्करण • 2025
मूल्य • चार सौ पचास रुपए
मुद्रक • आर–टेक ऑफसेट प्रिंटर्स, दिल्ली

BHARAT-2047 *Ed.* Prof. Brij Kishore Kuthiala ₹ 450.00
Published by Prabhat Prakashan Pvt. Ltd., 4/19 Asaf Ali Road, New Delhi-2
e-mail: prabhatbooks@gmail.com ISBN 978-93-5562-002-6

प्राक्कथन

हम सब अपनी मातृभूमि भारत से बेहद प्रेम करते हैं। हममें से प्रत्येक राष्ट्र के विकास एवं उत्थान के लिए अपना-अपना योगदान देते हैं। हमें मातृभूमि के भविष्य की चिंता भी रहती है। हम सबके मन में कल के भारत की कुछ छवियाँ भी बनी हैं। राष्ट्र के लिए हमारे सपने व्यापक हैं। यह सपने वह नहीं हैं, जो नींद में आते हैं, इन्हें हम पूर्ण जागृत अवस्था में बुनते और गढ़ते हैं। मातृभूमि के भविष्य के लिए योजनाएँ बनाते हुए हम सीमाओं में बँधे हो सकते हैं, परंतु जागृत अवस्था में हमारी कल्पनाएँ सीमाओं में नहीं बँधतीं। मुख्यत: हम अपने बच्चों और नाती-पोतों को कैसा भारत देना चाहते हैं, यही हमारे भारत के लिए सपनों का विषय होता है। हमारे सपने संभावनाओं से बहुत बड़े होते हैं। राष्ट्र, जो भविष्य के लिए योजनाएँ बनाता है, हमारे सपने उससे कहीं विस्तृत होते हैं। हमें यह भी मालूम है कि ऐतिहासिक अनुभव बताता है कि जागृत अवस्था में लिये हुए सपने वास्तविकता में भी बदल जाते हैं।

जैसे सामूहिक सोच राष्ट्र के विचारों का निर्माण करती है, उसी तरह हमारी सामूहिक संकल्पनाएँ भविष्य के भारत की रूपरेखा बनाती हैं। पंचनद शोध संस्थान में राष्ट्रजीवन के विभिन्न महापुरुषों के राष्ट्र के लिए सपनों की निरंतर जिज्ञासा रहती है। वर्ष 2021 के गणतंत्र दिवस पर पंचनद ने एक विमर्श का आयोजन किया, जिसमें ऐसे विद्वान् शामिल हुए, जो मीडिया और संवाद के माध्यम से राष्ट्रीय संवाद को प्रभावित कर रहे हैं। हमने अपनी-अपनी उन कल्पनाओं की सहभागिता की, जो हम उस समय के भारत के बारे में करते हैं, जब भारत को स्वाधीन हुए 100 वर्ष हो जाएँगे। एक और विमर्श का आयोजन हुआ, जिसमें सामूहिक निर्णय हुआ कि हम सब भारत 2047 के अपने सपनो को लिपिबद्ध करें। उत्साह इतना था कि विभिन्न विषयों पर निबंध आने प्रारंभ हो गए। व्हाट्सएप समूह में हमने एक-दूसरे के निबंधों का पढ़ा और प्रतिक्रियाएँ व्यक्त कीं। इस परियोजना की बात अन्य विद्वानों और

शोधार्थियों तक पहुँची और अनेक विषयों पर अनेक विद्वानों ने निबंध भेजने प्रारंभ किए। पहले योजना थी कि हिंदी और अंग्रेजी भाषा के निबंधों की एक पुस्तक प्रकाशित की जाएगी, परंतु विद्वानों का उत्साह इतना हुआ कि निबंधों की संख्या बढ़ी और तय हुआ कि हिंदी और अंग्रेजी के लिए अलग-अलग ग्रंथ प्रकाशित किए जाएँ। दोनों पुस्तकों को एक साथ पढ़ने से भारत के भविष्य का एक दृश्य बनता है। ऐसा तो नहीं कहा जा सकता कि राष्ट्रजीवन के हर पहलू को प्रस्तुत किया गया हो और न ही पंचनद का यह दावा है कि यह कार्ययोजना है। यह उन नागरिकों के सपनों की दुनिया है जिनके लिए मातृभूमि, भारत के प्रति समर्पण सर्वोपरि है। हम भारत 2047 के अपने सपनों को आपके सम्मुख प्रस्तुत कर रहे हैं। डॉ. कृष्ण सिंह आर्य ऐसे भारत की संकल्पना कर रहे हैं, जिसमें न तो गरीबी है और न ही अशिक्षा। उनकी ऐसे भारत की कल्पना है, जिसमें वेदों के उस सूत्र को साकार करने की भारत में क्षमता है, जिसमें सबको सुखी, स्वस्थ और कष्टरहित बनाने की क्षमता है। वायुसेना के वरिष्ठ अधिकारी सेवानिवृत्त श्री प्रकाश कुमार श्रीवास्तव चीन के संदर्भ में भारत की सुरक्षा का विश्लेषण करते हुए कल्पना करते हैं कि हमारी सुरक्षा एवं आक्रमण की व्यवस्थाएँ प्रौद्योगिकी आधारित बनेंगी। प्रो. पी. शशिकला, जो कि कंप्यूटर आधारित संवाद की विशेषज्ञ हैं, ऐसे भारत की कल्पना करती हैं, जो कि राष्ट्र की सभी व्यवस्थाओं में डाटा का उपयोग करता है। उन्होंने ऐसे भारत की भी कल्पना की है, जिसमें मूल्य आधारित प्रौद्योगिकी समाज में नैतिक जीवन की स्थापना हो। इस्लाम के सुप्रसिद्ध विद्वान् रामिश सिद्दीकी भारत को ऐसे आध्यात्मिक राष्ट्र के रूप में देखते हैं, जो पूरे विश्व को अध्यात्म की ओर अग्रसर करता है। ख्याति प्राप्त शोधार्थी डॉ. जयंती दत्ता नए भारत में ऐसे प्राध्यापकों की कल्पना करती हैं, जो शोध के माध्यम से राष्ट्र के पुनरुत्थान का मार्ग प्रशस्त करे। अधिवक्ता रविंद्र कुमार रायजादा ने पूजा पद्धतियों एवं सांप्रदायिक विश्वासों की सामाजिक रचना का विश्लेषण करते हुए अल्पसंख्यकों की समस्याहीन सामाजिक व्यवस्था की कल्पना प्रस्तुत की है।

भारतीय सेना के अनुभवी सेनानायक मेजर जनरल राजन कोचर ने ऐसा दृश्य प्रस्तुत किया है, जिसमें भारत की सेनाओं के युद्ध के अनुभवों के आधार पर देश की सार्वभौमिकता की सुरक्षा की रणनीति बने। उन्होंने संसाधनों के सदुपयोग की भी कल्पना की है। भविष्य के भारत की विदेश नीति और अंतरराष्ट्रीय संबंधों को प्रो. सतीश कुमार ने हरित वैश्विक व्यवस्था को स्थापित करने के नेतृत्व के रूप में देखा है। उन्होंने भारत 2047 में विदेश नीति को भारतीय ज्ञान परंपरा में नीहित सिद्धांतों

के आधार पर संचालित होते हुए देखा है। अर्थशास्त्र के अध्येता एवं प्राध्यापक प्रो. नरेंद्र कुमार बिश्नोई भारत को विश्व की आर्थिक व्यवस्था के 'पावर हाउस' के रूप में संकल्पना करते हैं। उनके अनुसार वर्ष 2047 तक भारतीय समाज में अर्थ एवं संपत्ति का संग्रहण भी भारतीय जीवन मूल्यों के अनुसार प्रचलित होगा और यह भ्रम टूट जाएगा कि भारत की जीवन-दृष्टि में धन-संग्रह को मान्यता नहीं है। वित्तीय दृष्टि से आनेवाला भारत अवसरों और चुनौतियों से भरपूर होनेवाला है। ऐसी कल्पना प्रबंधन के प्राध्यापक प्रो. करमपाल नारवाल ने प्रस्तुत की है। उनकी भविष्य की कल्पना है कि पूरे विश्व से भारत में बहुत अधिक मात्रा में पूँजी निवेश होनेवाला है। कृषि विषयों के विशेषज्ञ प्रो. अशोक कुमार सरैल ने कृषि उत्पादों के निर्यात में अति तीव्र गति से बढ़ोतरी की प्रस्तुति की है। उनके अनुसार भारत को विश्व की पहली या दूसरी अर्थव्यवस्था बनने का आधार कृषि उत्पादों का निर्यात ही होगा। अंग्रेज और पश्चिम के प्रभाव से मुक्त भारत की कल्पना मीडियाकर्मी एवं अध्येता सिद्धेश्वर शुक्ला ने की है। उन्होंने ऐसे भारत की कल्पना की है, जो प्राचीन और अर्वाचीन का उचित एवं विवेकपूर्ण सम्मिश्रण है। स्वतंत्रता प्राप्ति के 100 वर्ष पूर्ण होने पर भारत में मीडिया व्यवस्था की कल्पना प्रो. देवव्रत सिंह ने की है। उनके अनुसार भारतीय मीडिया की पहुँच और प्रभाव वैश्विक होगा। प्रो. देवव्रत के अनुसार भारत का जनमानस मीडिया उपयोग के मामले में बुद्धिशील और चतुर बनकर सामने आएगा। साईं वैद्यनाथन, जो कि पत्रकार एवं लेखक हैं, ऐसे भारत का दृश्य देख रहे हैं, जो आध्यात्मिक दृष्टि से विश्वगुरु है। उनके अनुसार पूरा विश्व सुख और शांति के लिए भारत के अध्यात्म में शरण लेगा। शिक्षा के माध्यम से हर वर्ग इतना सक्षम बने कि हर नागरिक सामाजिक योगदान करने की स्थिति में हो। ऐसी परिकल्पना शिक्षाविद् सविता भगतजी ने की है। उन्होंने ऐसे नागरिकों की कल्पना की है, जिनके मन में एकात्मकता का भाव सबल है। प्रशासन से संबंधित सुमंतो घोष चार आश्रमों और चार पुरुषार्थों पर आधारित समाज रचना 2047 तक निर्मित हुई देखते हैं। प्राध्यापक डॉ. भरत अगले वर्षों में भारत में मशीन आधारित कृषि एवं बागवानी की कल्पना करते हैं। प्रो. करमपाल नारवाल ने एक अन्य निबंध में भारतीय कर व्यवस्था की ऐसी कल्पना की है, जिसमें शासन की व्यवस्थाएँ तो कम हों, परंतु नागरिकों के लिए प्रशासन अधिक हो। भारत 2047 की कल्पना न्याय व्यवस्था के सपने के बिना अधूरी है। अधिवक्ता राजेश श्योराण ऐसी व्यवस्था का सपना प्रस्तुत कर रहे हैं, जिसमें निर्णयों के स्थान पर न्याय हो और न्याय का आधार निष्पक्ष जाँच और वस्तुनिष्ठ विश्लेषण एवं समयबद्ध व्यवस्था हो। अंतिम निबंध

में प्रो. बृज किशोर कुठियाला ने ऐसा सपना देखा है, जिसमें भारत राष्ट्र में आर्थिक समानता, सामाजिक समरसता, जीवनयापन संबंधित शिक्षा, धर्म आधारित समाज व्यवस्था, यम एवं नियमों का पालन एवं मानव के नियंत्रण में मशीनें एवं प्रौद्योगिकी राष्ट्र जीवन के आधार बिंदु हैं।

सपनों और परिकल्पनाओं की सीमा नहीं होती और निबंधों के रूप में उनकी प्रस्तुति कभी भी संपूर्ण नहीं होती। फिर भी कुछ नहीं से कुछ तो वांछित है। इस ग्रंथ में सम्मिलित निबंधों ने व्यापक रूप से विषयों को लिया है, परंतु यह भी मानना होगा कि और अधिक विषयों को लिया जा सकता था और लिया जाना चाहिए। सभी पाठकों के सुझाव हमें इस विषय को और परिष्कृत करने में सहायक होंगे। पंचनद शोध संस्थान सभी माननीय निबंध लेखकों को विद्धवत्तापूर्ण लेखों के लिए आभार प्रकट करता है और धन्यवाद देता है। परियोजना कुशल समन्वय करने के लिए श्री अमरेंद्र कुमार आर्यजी का आभार। प्रकाशन के व्यवसाएँ में परंपरा है कि प्रस्तुति, मुद्रण और लेखन में एकरूपता हो, परंतु पंचनद का निर्णय हुआ कि हम लेखकों की मौलिकता को बरकरार रखें। सभी त्रुटियों एवं कमियों के लिए दायित्व मात्र संपादक का है।

आपके आनंदमयी पाठन की कामना करते हुए!

—प्रो. बृज किशोर कुठियाला

अनुक्रम

भारत विजन 2047

—डॉ. कृष्ण सिंह आर्य

प्रस्तावना

भारत का उज्ज्वल भविष्य वैश्विक मानवता की बेहतरी के लिए भी आवश्यक है। वर्तमान में जब सभी देश पर्यावरण, स्वास्थ्य एवं युद्ध जैसी वैश्विक समस्याओं से जूझ रहे हैं, भारतीय दर्शन एवं जीवन दृष्टि दुनिया को राह दिखा सकती है। हजारों साल पहले भारतीय मनीषियों ने जिन जीवन सत्यों को खोज लिया था, उनका पालन करना किस प्रकार वर्तमान में मानवता ही नहीं, पूरे ब्रह्मांड के लिए हितकर हो सकता है, इस तथ्य से विश्व को अवगत कराना अतिआवश्यक है। यह तभी संभव होगा जब आगामी वर्षों में भारत विकास पथ पर अग्रसर हो। बौद्धिक, आध्यात्मिक, सामाजिक, सांस्कृतिक, आर्थिक एवं राजनीतिक सभी तल पर भारत किस प्रकार अपना भविष्य सँवारता है, इस बात से यह निर्णय होगा कि भारतीय जीवन दर्शन मनुष्य जाति के लिए कितना प्रेरणादायी बनेगा।

निबंध

अगले वर्ष भारत अपनी आजादी के 75 साल पूरे कर रहा है। यह अवसर है कि हम अपनी दृष्टि के केंद्रबिंदु को बदलें और यह देखने का प्रयास करें कि अगले 25 वर्षों में 2047 तक भारत क्या बन सकता है। किसी भी समाज की सामूहिक दृष्टि सदा ही प्रेरणा का महान् स्रोत बन सकती है। भविष्य के निर्माण के लिए हमें अपनी शक्तियों एवं संभावनाओं को पहचानना होगा, अपने संसाधनों का समझदारी से उपयोग करना होगा और यथासंभव बेहतरीन रास्ता चुनना होगा। इस लेख में सन् 2047 तक के भारत की क्षमताओं पर साधारण भाषा में विचार-विमर्श किया गया है, ताकि अधिकाधिक लोग इस चर्चा से जुड़ सकें। हमारा उद्देश्य भारत के भविष्य

को लेकर आशा का संचार करना है, ताकि सही दिशा में कदम बढ़ा सकें। लेख में प्रगति पथ की दिशा का संकेत दिया गया है, लेकिन उस दिशा में क्या किया जाना चाहिए, इसका विस्तृत वर्णन जान-बूझकर छोड़ दिया गया है।

भारत के प्राच्य ग्रंथ हमारे मनीषियों के सामूहिक ज्ञान का परिणाम हैं। ये ग्रंथ इस बात का संकेत हैं कि आध्यात्मिक हो या भौतिक, मनुष्य जीवन के लगभग सभी आयामों के बारे में ऋषि-मुनियों के पास विस्तार एवं गहराई से समझने की क्षमता थी। उनका ज्ञान आज भी हमारे मन में जाने-अनजाने प्रतिध्वनित होता है। असीम ज्ञान की इन तरंगों का अनुभव दुनिया भर में उन लोगों ने भी किया है, जिन्होंने कभी भारत की यात्रा नहीं की। आज जब हम भारत के भविष्य के बारे में चिंतन कर रहे हैं तो हमारे मनीषियों द्वारा प्रतिपादित मनुष्यता के व्यापक दृष्टिकोण को अनदेखा करना उचित नहीं होगा। इस लेख में बेहतर समझ बनाने के लिए निरंतर भारतीय ग्रंथों से प्रेरणा ली गई है।

वर्तमान में प्रौद्योगिक प्रगति निरंतर हमारे जीवन और इसके जीने के तरीके को बदल रही है। हम जब दूसरे देशों में विकास देखते हैं तो अच्छा लगता है, लेकिन बिना भारतीय परिप्रेक्ष्य को समझे अन्य देशों से प्रगति के विचारों को उधार लेना अनेक बार घातक भी साबित होता है। किसी भी देश के पास मनुष्य जीवन के सभी प्रश्नों का हल नहीं है। इसीलिए दूसरे देशों को हमारे समाज का भविष्य निर्धारित नहीं करने देना चाहिए। तकनीक में परिवर्तन अपने साथ अनेक चुनौतियाँ और संभावनाएँ दोनों लाती है। उदाहरणस्वरूप दूरसंचार क्रांति के माध्यम से भारत ने एक लंबी छलाँग लगाई और बहुत कम समय में ही पर्सनल कंप्यूटरों से हम स्मार्टफोन की दुनिया में प्रवेश कर गए।

आरंभ में राष्ट्र की परिभाषा और उससे जुड़ी विचारधारा को जानना उपयुक्त रहेगा। जिस प्रकार पश्चिम की दुनिया राष्ट्र और राष्ट्रवाद पर चर्चा-विमर्श करती है, दरअसल, भारत में राष्ट्र की धारणा वैसी नहीं है। यह अपने देश की सीमाओं का विस्तार करना मात्र नहीं है। इसका अर्थ केवल विदेशियों को नकारने, युद्ध करने, राजनयिक नेताओं और दमनकारी राज से नहीं जुड़ा हुआ है। 'वसुधैव कुटुंबकम्' का मंत्र राष्ट्र की धारणा को सभी से जोड़ता है। अथर्ववेद में लिखा है कि 'माता भूमि पुत्रोहं पृथिव्या', यानी पृथ्वी मेरी माता है और मैं उसका पुत्र हूँ। ऋग्वेद के अनुसार मैं राष्ट्र को धारण करनेवाला हूँ, मैं ही देवताओं को दान देनेवाला हूँ और मेरी पूजा सर्वप्रथम की जाती है। यहाँ राष्ट्र की धारणा भौतिक एवं बौद्धिक आयामों से निकलकर आस्था और निःस्वार्थता तक चली जाती है। जब राष्ट्र की अवधारणा

आध्यात्मिकता में रोपित होती है तो वह कल्पना से भी अधिक शक्तिशाली बन जाती है। यह विचार हमारे चिंतन में अधिक संतुलन की माँग करता है और जब भी हम 2047 में भारत की कल्पना करते हैं तो राष्ट्र की यह अवधारणा उसे एक मजबूत आधार प्रदान करती है।

भारत की सुरक्षा से आशय वैश्विक पटल की बदलती परिस्थितियों में भारत के महत्त्व के अनुसार इसके हितों की सुरक्षा करना है। इसका अर्थ है पड़ोसी देशों के साथ बेहतर संबंध बनाते हुए देश की सीमाओं पर किसी भी प्रकार की गड़बड़ी को अनुमति न देना। इसके अलावा, इसका अर्थ है भारतीय उपमहाद्वीप समेत पूरे एशियाई क्षेत्र में अर्थपूर्ण तरीके से बेहतर भविष्य के लिए योगदान करना। भारत अपने परमाणु सिद्धांत को, जिसमें विश्वसनीय न्यूनतम रुकावट, परमाणु हथियारों का पहले उपयोग न करना इत्यादि शामिल है, दुनिया के सामने स्पष्ट करना चाहता है। साथ ही, भारत अंतरिक्ष विज्ञान, रसायन, दवाइयों, वायरस विज्ञान और रक्षा मामलों में अपनी भरपूर संभावनाओं का उपयोग करते हुए किसी भी संकट का मुकाबला करना चाहता है। भारत अपनी क्षमताओं को बढ़ाते हुए अपनी आकांक्षाओं को पूरा करना चाहता है। राष्ट्र की उसकी धारणा स्वयं को सुरक्षित बनाते हुए दूसरे देशों की महत्त्वाकांक्षों का प्रभावशाली जवाब देना है।

'मेक इन इंडिया' के तहत भारत में उत्पादन को प्रोत्साहित करने की पहल की जा चुकी है। इसके अंतर्गत पब्लिक सेक्टर में विकसित की गई बेहतर तकनीक का उपयोग करने के लिए निजी कंपनियों को आमंत्रित किया जा रहा है। हाल ही में रक्षा शोध एवं विकास संगठन (डी.आर.डी.ओ.) ने पिनाका रॉकेट की तकनीक एक निजी कंपनी को हस्तांतरित कर दी, जिसके बाद इस रॉकेट का सफलतापूर्वक उत्पादन किया गया। डी.आर.डी.ओ. द्वारा विकसित की गई तकनीक का उपयोग नागरिक जीवन को बेहतर बनाने के लिए भी किया जा सकता है। हाल ही में डी.आर.डी.ओ. की एक प्रयोगशाला में डॉ. रेड्डी नामक फार्मास्यूटिकल कंपनी के सहयोग से विकसित की गई कोविड-19 की दवाई 2-डीजी भी इसका शानदार उदाहरण है। आशा है, भविष्य में अन्य क्षेत्रों में भी इस प्रकार के उदाहरण देखने को मिलेंगे। रक्षा क्षेत्र में उत्पादन को प्रोत्साहित करने के लिए विदेशी निवेश भी बढ़ाना उपयोगी रहेगा। दुनिया भर में अपनी विदेश नीति को मजबूती से आगे बढ़ाने के लिए पुराने पड़ चुके हथियार एवं सैन्य उत्पाद हमारे लिए मददगार साबित नहीं हो सकते।

कई देश और उनके समर्थक समूह, पीड़ित बनने का ढोंग रचकर हमेशा

भारत और उसकी नीतियों के विरुद्ध माहौल बनाते रहते हैं। ये अभियान एक छद्म युद्ध की तरह विभिन्न सोशल मीडिया प्लेटफोर्म पर आभासीय जगत् में भी निरंतर चल रहा है। बहुत कम संसाधनों की मदद से वे भारत की छवि को भरपूर नुकसान पहुँचाने में सफल हो रहे हैं और भारत के प्रयासों को विफल कर रहे हैं। आभासीय जगत् में भी उचित भाषा का प्रयोग कर त्वरित प्रयास करना दुनिया भर में भारत को मजबूत करने के लिए आवश्यक है। इंटरनेट माध्यम की असीम विविधता, व्यापक पहुँच और व्यक्ति केंद्रित प्रकृति इसे भारत के लिए अपना पक्ष स्पष्टता और मजबूती से रखने का एक सशक्त हथियार बनाती है।

अथर्ववेद के पृथ्वी सूक्त में एक प्रार्थना मंत्र है। यह मंत्र कहता है कि ओ पृथ्वी माता, जो भी मेरे राष्ट्र को शस्त्र और शास्त्रों से अपने अधीन बनाना चाहता है, उन सबको नष्ट कर दो। यहाँ नष्ट करने का अर्थ केवल भौतिक रूप से मार देना भर नहीं है। वैचारिक जगत् में नष्ट करने का अर्थ छद्म एवं घातक विचारों का मुकाबला करना भी है। समकालीन समाज में भारतीय विचारों और विमर्शों को जो भी चुनौतियाँ मिलीं, उनके विरुद्ध आर्य समाज के संस्थापक स्वामी दयानंद सरस्वती और रामकृष्ण परमहंस के शिष्य स्वामी विवेकानंद ने लंबा संघर्ष किया। ठीक उसी प्रकार जैसे हमारे साहसी सैनिक मोर्चे पर दुश्मन की सेनाओं से मुकाबला करते हैं। भारत राष्ट्र विश्व में सौहार्द एवं संतुलन का स्वर है और पूरी दुनिया को इसका लाभ होनेवाला है। यही विचार हमारे मस्तिष्क और विदेश नीति में गहराई तक समाए हैं। सन् 2047 में दुनिया के दिशादर्शक भारत का क्या विजन है ? इस बारे में उपनिषदों से प्रेरणा ली जा सकती है। सर्वे भवंतु सुखिनः सर्वे संतु निरामया, सर्वे भद्राणि पश्यंतु मा कश्चिद् दुख भागभवेत। (सभी सुखी होवें, सभी रोगमुक्त रहें, सभी मंगलमय घटनाओं के साक्षी बनें और किसी को भी दुःख का भागी न बनना पड़े)

हम कल्पना करते हैं कि भारत 2047 में विश्व का नेतृत्व करते हुए उसे एक नई दिशा देगा। जिसके परिणामस्वरूप धरती माता को बचाने की दिशा में इसके संसाधनों को सहेजने के कार्य जैसे अक्षत ऊर्जा, जलवायु परिवर्तन, जल संरक्षण, भूमि संरक्षण, वायु शुद्धिकरण एवं कचरा प्रबंधन किए जाएँगे। अक्षत ऊर्जा को बनाए रखने के लिए दुनिया भर में उचित स्थान चिह्नित किए जाएँगे और उनका संरक्षण किया जाएगा।

हमारा स्वप्न है कि भारत अन्य छोटे विकासशील देशों को भी आत्मनिर्भर बनाने में मददगार साबित होगा। ऐसे देशों के साथ भारत राष्ट्रीय सुरक्षा के लिए

रक्षा तकनीक और विशेषज्ञता साझा करेगा। भारत निगरानी उपकरणों की तकनीक में महारत हासिल करेगा। मौसम एवं कृषि उपयोगी नवीनतम उपग्रह तकनीक (भारत इस क्षेत्र में पहले ही काफी उन्नति कर चुका है) विकसित करेगा। शिक्षा एवं प्रशिक्षण के क्षेत्र में अन्य देशों को मदद करते हुए भारत नागरिक अशांति के उचित प्रबंधन में विशेषज्ञता अर्जित करेगा। भारत आपदा प्रबंधन में अग्रणी भूमिका निभाएगा। तनावग्रस्त इलाकों में डॉक्टर एवं नर्सों के अलावा अन्य चिकित्सीय सुविधाएँ मुहैया कराएगा। साथ ही इन क्षेत्रों में भारत अनुवादक एवं अंतरराष्ट्रीय मध्यस्थ एवं शांतिदूत की भूमिका निभाएगा। मानसिक स्वास्थ्य और मानसिक आघात के दीर्घकालिक प्रभावों से निबटने के लिए विशेषज्ञ मुहैया कराएगा। भारत दवाई, वैक्सीन, चिकित्सीय उपकरणों एवं सेवाओं में भी अग्रणी भूमिका निभाएगा। इनमें से अनेक सेवाएँ भारत वर्चुअल माध्यमों से भी दे सकता है, जैसे टेलीमेडिसन, वर्चुअल गेम्स, फिल्म, संगीत इत्यादि तनाव से उबरने में काफी मदद कर सकते हैं।

भारत विश्व में रचनात्मकता, मानसिक शांति और आध्यात्मिक विकास को प्रोत्साहित करने के लिए योग आधारित आश्रमों एवं मंदिरों का निर्माण कर सकता है। इस प्रकार के कायाकल्प केंद्र वर्चुअल स्वरूप में भी चलाए जा सकते हैं। लंबे समय से पश्चिमी देशों से लोग भारत के आश्रमों में आते रहे हैं। इसका प्रमुख कारण है कि वे यहाँ अपना तनाव कम करने के लिए आते हैं। श्रीमद्‌भगवद्‌गीता के दर्शन को समझने और अनुभव करने से तनाव आसानी से समाप्त हो जाता है। गीता में भगवान् कृष्ण कहते हैं कि आपका अपने कर्मों पर तो नियंत्रण है, लेकिन उन कर्मों का क्या और कब फल मिलेगा, यह आपके हाथ में नहीं है। इसका निर्णय प्रकृति करती है। इसलिए जब परिणाम किसी उच्चतर शक्ति के नियंत्रण में है तो चिंता, प्रत्याशा और क्रोध छोड़ देना चाहिए और अपनी सारी ऊर्जा वर्तमान पर लगानी चाहिए। कृष्ण के अनुसार, हार और जीत, सुख और दुःख एक ही सिक्के के दो पहलू हैं। संसार के लिए आज ये सिद्धांत बहुत उपयोगी हैं। भारत के अलावा और कौन दुनिया भर में इन्हें पहुँचा सकता है ?

हम रामराज्य की कल्पना करते हैं। रामराज्य शब्द राजा राम के शासन को एक गौरवशाली काल के रूप में वर्णित करता है। रामराज्य में जनता संतुष्ट थी। उन्हें सरकार/शासक पर भरोसा था और जनता के दिलों में शासक रहता था। राजा राम भी समझते थे कि प्रजा के सुख में ही उनका सुख है, वे जनता के प्रति जवाबदेह हैं। कानून-व्यवस्था मजबूत थी और लोग एक-दूसरे के साथ सौहार्द से रहते थे। 'रामचरितमानस' में तुलसीदास ने एक परोपकारी नेता के लिए सलाह

दी है (2.258)—गुरु वशिष्ठ भगवान् राम से कहते हैं, "भारत के विनम्र विचारों को ध्यान से सुनें और फिर उस पर चिंतन करें। इसके अलावा, नागरिक समाज के विचारों, पवित्र व्यक्तियों की सलाह, राजधर्म की नैतिकता और शास्त्रों पर उचित ध्यान दें और फिर वही करें, जो वे तुम्हें आज्ञा देते हैं।" यदि नेता ऐसी निर्णय प्रक्रिया का पालन करता है तो निःसंदेह उसकी नीतियाँ धर्म के अनुरूप और सभी के हित में होंगी। कई लोग आज रामराज्य को पूरी तरह से एक काल्पनिक स्वप्न के रूप में खारिज कर देते हैं। ऐसी कल्पना, जो कभी हकीकत नहीं बन सकती, लेकिन रामराज्य की धारणा हर भारतीय के दिल में एक सामूहिक आकांक्षा के रूप में निरंतर आशा के दीपक को प्रज्वलित करती रहती है।

हम उत्तरदायी शासन की कल्पना करते हैं, जिसमें नौकरशाही जमीनी सच्चाई से अवगत रहती है और आमजन की समस्याओं को समझती है। यह नौकरशाही समय पर निर्णय लेती है और देश के नागरिक शासन की प्रक्रिया पर भरोसा करते हैं। हम दूरदराज और दुर्गम इलाकों में रहनेवाले लोगों समेत देश के सभी नागरिकों की राय लेने के पक्षधर हैं। साथ ही हम जानकारी के प्रभावी प्रसार के लिए स्मार्ट तकनीक का उपयोग करने के पक्षधर हैं। सभी महत्त्वपूर्ण क्षेत्रों में नागरिकों के लिए आवश्यक जानकारी और मार्गदर्शन उपलब्ध कराया जाना चाहिए। नौकरशाही का आकार कम होना चाहिए। सुशासन के लिए शासन प्रक्रिया को सरल बनाया जाना चाहिए। राजनीति अधिक नैतिक और जिम्मेदार हो। प्रशासन में औद्योगिक और सामाजिक समूहों की पर्याप्त भागीदारी सुनिश्चित की जानी चाहिए।

सिविल सोसायटी कई तरह से सरकार के साथ जुड़ी होती हैं। नागरिक संगठन अपनी जिम्मेदारियों, अधिकारों और नियमों के बारे में जागरूक हों। आवश्यक होने पर किसी कानून का नागरिकों द्वारा विरोध करने के लिए पूर्व-निर्धारित प्रक्रियाएँ एवं स्थान होने चाहिए। सार्वजनिक संपत्ति की सुरक्षा और आमजन को असुविधा न हो, इसको लेकर नागरिकों में जागरूकता और जिम्मेदारी की भावना हो।

सामान्य तौर पर मीडिया नकारात्मक विषयों एवं जीवन की समस्याओं को ही उजागर करता है और उसी से बड़े पैमाने पर देश में चलनेवाले नागरिक विमर्श का निर्माण होता है, लेकिन जब हम जानते हैं कि देश परिवर्तन के दौर में है तो हम उस लक्ष्य को भी समझते हैं, जिसे हासिल करने की दिशा में हम चल रहे हैं। हम यह भी समझते हैं कि लंबे औपनिवेशिक अतीत ने भारत के आत्मविश्वास को हिलाकर रख दिया है। आजादी के बाद हाल ही में बड़ी संख्या में लोग गरीबी से निजात पा रहे हैं। ऐसे माहौल में मीडिया यदि समस्याओं के समाधान पर अधिक प्रकाश डाले

और उन समस्याओं को हल करने के तरीके सुझाए तो बेहतर होगा। राष्ट्रीय महत्त्व के मसलों पर हमेशा चर्चा की जानी चाहिए, लेकिन यह चर्चा वास्तविकता एवं तथ्यों पर आधारित होनी चाहिए और इसके परिणामस्वरूप ठोस सुझाव व समाधान सरकार को भेजे जाने चाहिए। हम मीडिया की अधिक सकारात्मक और शिक्षाप्रद भूमिका की कल्पना करते हैं। हम एक ऐसे देश की कल्पना करते हैं, जहाँ हर कोई स्वयं को सुरक्षित महसूस करे और नागरिकों में आपसी सम्मान की भावना हो। पुलिस एवं न्यायिक सुधारों से तनावपूर्ण स्थिति को तुरंत नियंत्रित करने और पीड़ितों को समय पर न्याय दिलाने में मदद करेंगे।

जलवायु परिवर्तन और अन्य प्राकृतिक घटनाओं के कारण यह भविष्यवाणी की जा रही है कि दुनिया में प्राकृतिक आपदाएँ आएँगी। ऐसे में बेहतरीन आपदा प्रबंधन और आपदा की चेतावनी देनेवाली उत्कृष्टतम तकनीक में निरंतर निवेश अति आवश्यक है। हम आशा करते हैं कि किसी भी प्राकृतिक एवं मानव निर्मित आपदा के आने से पहले नागरिकों को पर्याप्त रूप से चेताया जाएगा और उनके जान-माल की सुरक्षा सुनिश्चित की जाएगी। छोटे-छोटे और मजबूत कदम ही रामराज्य की नींव रख सकते हैं। रामराज्य की अवधारणा हमें कर्म के लिए प्रेरित करती है और श्रेष्ठतम के लिए प्रयास करते हुए हम अपनी छुपी हुई असली ताकत को पहचान पाते हैं।

हम चाहते हैं कि हमारी विशाल एवं गौरवशाली संस्कृति को समाज में उचित स्थान मिले। हमारे जीवन में संस्कृति की उपस्थिति केवल त्योहारों तक सीमित न हो। हम अपने दर्शन पर खुलकर और जोरदार बहस करते हैं, वो इसलिए नहीं कि हम अतीतजीवी हैं, बल्कि इसलिए कि हमें जीवन को बेहतर बनाने के लिए अतीत से सीखने की आवश्यकता है। अपनी संस्कृति के लिए हमारा जुनून उससे कहीं अधिक है, जो हम आज फिल्मों और क्रिकेट के लिए महसूस करते हैं। भारतीय संस्कृति हमारे जीवन का अभिन्न अंग है और सभी नागरिक इसे अपने पूरे दिल और दिमाग से जीते हैं।

भारतीय संस्कृति को अकसर विदेशी, रहस्यमयी और अंधविश्वासों से भरा हुआ समझते हैं। ऐसी संस्कृति जहाँ आस्था ही सर्वोपरि है, जबकि इतिहास बताता है कि भारतीयों को हमेशा प्रश्न पूछने और सत्य की खोज करने के लिए प्रोत्साहित किया गया। भारतीय मनीषी हमेशा स्व से परिचय कराते हैं, ताकि मनुष्य एक उच्चतर सत्य को पहचान सके। परिणामस्वरूप वह धर्म, क्षेत्र, जाति, परिवार, पेशे से संबंधित अन्य छोटी पहचानों से ऊपर उठ सके। यही कारण है कि भारतीय संस्कृति

के पास सामाजिक सद्भाव की कुंजी मौजूद है। योग के शारीरिक, मानसिक और भावनात्मक लाभ आज दुनिया भर में उजागर हो गए हैं। हम चाहते हैं कि समाज और प्रकृति के साथ सामंजस्य स्थापित करने की योग की शक्ति को सभी लोग भलीभाँति समझें। हम चाहते हैं कि जैसे योग हमारे जीवन का एक अहम हिस्सा बन रहा है, ठीक उसी प्रकार भारतीय संस्कृति के अन्य पहलुओं को भी वैज्ञानिक साक्ष्य आधारित बनाया जाए। उसको सार्वभौमिक कल्याण के माध्यम के रूप में प्रचारित किया जाए।

कुछ लोग भारतीय संस्कृति को भाग्यवाद से जोड़ते हैं। ऐसे लोग मानते हैं कि भारत में तो 'भगवान् सबकुछ सँभाल लेंगे' या 'चलता है' का रवैया सर्वव्यापी है, जबकि इसके विपरीत भारतीय संस्कृति एक बहुत ही गतिशील संस्कृति है। जहाँ समर्पित आत्म-प्रयास जीवन का अहम तरीका रहा है। हम कहते हैं कि आप जो कुछ भी बनाना चाहते हैं, उसे बनाने के लिए आपका जीवन आपके हाथ में है। आप अपने कर्म से अपने जीवन का निर्माण स्वयं कर सकते हैं, इसे अपने हाथों में लें और एक खुशहाल जीवन की ओर कदम बढ़ाएँ। मानव मुक्ति का इससे बड़ा विचार और क्या हो सकता है?

हमारी परिवार व्यवस्था हमारे समाज की आधारशिला है, जब आप वृद्ध हो जाते हैं तो आपको वृद्धाश्रम में भर्ती नहीं कराया जाता है, बल्कि आपको वानप्रस्थ आश्रम के रूप में समाज में योगदान के लिए प्रोत्साहित किया जाता है। परिवार इसमें आपका साथ देता है। दूसरी ओर, आप पारिवारिक जीवन से बाहर आने का भी विकल्प चुन सकते हैं। युवा संन्यासी, ऋषि, कलाकार आदि बनकर समाज में योगदान दे सकते हैं। इसके लिए महिलाओं को भी समान रूप से प्रोत्साहित किया गया है। महिलाओं के संदर्भ में स्वामी रामकृष्णानंद को लिखा स्वामी विवेकानंद का पत्र इस बात का सार बताता है कि महिलाओं की भूमिका इतनी महत्त्वपूर्ण क्यों है—"जब तक महिलाओं की स्थिति में सुधार नहीं होता है, तब तक दुनिया के कल्याण की कोई संभावना नहीं है, क्योंकि किसी भी पक्षी के लिए एक पंख से उड़ना संभव नहीं है।" हम चाहते हैं कि जीवन के प्रति इस संतुलित दृष्टिकोण का लाभ समाज के सभी वर्गों तक पहुँचे।

हमारी संस्कृति में चार पुरुषार्थों को ऐसे परिभाषित किया गया है, यानी नैतिक अच्छाइयाँ (धर्म), धन और शक्ति (अर्थ); सुख (काम) और मोक्ष (मोक्ष)। भारतीय संस्कृति भौतिक और आध्यात्मिक जीवन के बीच संतुलन को प्रोत्साहित करती है, जैसे भारत ने ईज ऑफ डूइंग बिजनेस, यानी व्यवसाय करने में आसानी

के क्षेत्र में अपनी रैंक में सुधार किया है, वैसे ही हम चार पुरुषार्थों या 'मानव खोज के लक्ष्यों' को पूरा करने में नागरिकों की आसानी में एक उल्लेखनीय सुधार की कल्पना करते हैं। हम विरासत आधारित पर्यटन के विकास में भाषाओं पर पर्याप्त ध्यान देने के पक्षधर हैं, ताकि आभासी संग्रहालयों एवं पुस्तकालयों, सांस्कृतिक कार्यक्रमों, खेल एवं प्रदर्शन कला तथा अन्य कला रूपों में भारत को वैश्विक मान्यता मिल सके।

आज किसी भी राष्ट्र की सफलता केवल उसकी सैन्य शक्ति या राजनीति पर निर्भर नहीं करती, बल्कि उसकी आर्थिक स्थिति एवं ताकत पर भी निर्भर करती है। सैन्य एवं राजनीतिक नेता राजनीतिक सीमाओं को पार नहीं कर पाते, लेकिन आर्थिक नेता विश्व स्तर पर बहुत कुछ बना सकते हैं। गूगल एवं फेसबुक जैसी तकनीक आधारित कंपनियाँ इसके प्रमुख उदाहरण हैं। ये कंपनियाँ दुनिया को बड़े पैमाने पर प्रभावित कर सकती हैं। हम कल्पना करते हैं कि भारतीय उद्योग भी वैश्विक प्रतिस्पर्धा में एक मुकाम हासिल करें। हमने अंतरिक्ष, सूचना प्रौद्योगिकी, फार्मास्यूटिकल्स आदि में अच्छा प्रदर्शन किया है, लेकिन हम एक आत्मनिर्भर देश बनाने के उद्देश्य से कपड़ा, शिक्षाप्रद खिलौने और खेल, कृषि रसायन, फर्नीचर आदि क्षेत्रों को भी इसमें शामिल कर सकते हैं। हम इन क्षेत्रों में अपनी घरेलू उत्पादन क्षमता को बढ़ा सकते हैं, निर्यात बढ़ा सकते हैं और वैश्विक स्तर पर आपूर्ति कर सकते हैं। 'मेड इन इंडिया' अभियान के तहत बनाए गए प्रौद्योगिकी उत्पाद हमारे तकनीकी कौशल एवं ताकत को बढ़ावा देंगे। भारत निर्मित सुपर कंप्यूटर इस दिशा में एक सही कदम है।

हम उन लोगों की वंदना करते हैं, जो ज्ञानी एवं त्यागी हैं, जिन्होंने सांसारिक सुखों का त्यागकर अपना जीवन समाज के लिए समर्पित कर दिया है, जैसे—ज्ञान के प्रचार-प्रसार एवं संरक्षण में लगे हुए शिक्षक, ऋषि, संत आदि। यह भी संभव है कि इससे यह गलत धारणा पैदा हो कि भारतीय संस्कृति में गरीबी को महिमामंडित किया जाता है और लोग कम कमाने या बिल्कुल नहीं कमाने में विश्वास करते हैं, हालाँकि यह भ्रम निराधार है, धनार्जन करने की इच्छा रखनेवाले किसी व्यक्ति पर भारतीय समाज में कोई पाबंदी नहीं है। वास्तव में, धनार्जन को यहाँ अच्छा समझा जाता है, क्योंकि धन सृजन से समाज की मदद होती है और हर कोई इसे अपनी क्षमता के अनुसार वैध माध्यम से कमा सकता है, लेकिन साथ ही भारतीय समाज में इस बात पर भी उतना ही बल दिया जाता है कि ऐसी कोई जगह नहीं है, जहाँ आप अपनी कमाई लेकर भाग सकें। मौत के समय आप धन-संपदा को अपने साथ भी

नहीं ले जा सकते। इसलिए सबसे अच्छा है कि धन और संपत्ति के साथ आपका रिश्ता एक न्यासी का हो। ट्रस्टीशिप का यह भाव आपको अपने परिवार, व्यवसाय, समाज और राष्ट्र के लाभ के लिए अपने धन का विवेकपूर्ण तरीके से उपयोग करने का मार्ग दिखाता है। हम कल्पना करते हैं कि अधिकाधिक व्यवसाय 'बिजनेस इज ए फोर्स ऑफ गुड' के सिद्धांत पर आधारित हों। उद्योगपति केवल व्यक्तिगत महत्त्वाकांक्षा पर केंद्रित न होकर प्रत्येक व्यक्ति के उत्थान का ध्यान भी रखें। वृहत्तर समाजहित की यह भावना कॉरपोरेट सामाजिक उत्तरदायित्व के नाम पर अनिवार्यता न बनाकर व्यवसायियों को इसे स्वयं अपनाने के लिए प्रोत्साहित किया जाना चाहिए। इसके लिए हम ऐसे उद्योगों को प्रोत्साहन दे सकते हैं, जो अपनी लाभ आधारित एवं गैर-लाभ आधारित गतिविधियों में उचित तालमेल बनाकर चलते हैं।

यदि नई प्रौद्योगिकी को शामिल किया जाए तो कई छोटे व्यवसायों को नया जीवन मिल सकता है। पिछले कुछ समय में कई तकनीकों की लागत में नाटकीय रूप से गिरावट आई है, इसलिए इनका उत्पादन में उपयोग महँगा नहीं है, जैसे अधिकांश ओपन सोर्स प्लेटफॉर्म और क्लाउड कंप्यूटिंग इत्यादि, जो उत्पादन बढ़ाने में काफी उपयोगी हैं, को प्रोत्साहित किया जा सकता है।

हम दक्षता के लिए अच्छे आर्थिक बुनियादी ढाँचे की कामना करते हैं। जीवन की गुणवत्ता में सुधार तभी होता है, जब न केवल व्यक्तिगत आय बढ़ती है, बल्कि सार्वजनिक बुनियादी ढाँचे में भी सुधार होता है। पर्याप्त सुरक्षा उपायों के साथ शहरों और गाँवों दोनों के लिए सड़क, रेल, हवाई परिवहन की बेहतर गुणवत्ता सुनिश्चित की जानी चाहिए। देश के बुनियादी ढाँचे और नागरिक सुविधाओं के रख-रखाव में स्थानीय समुदायों की बेहतर भागीदारी होनी चाहिए। बेहतर बुनियादी ढाँचे का सम्मान करने के लिए प्रशिक्षण देकर नागरिकों को प्रोत्साहित किया जाना चाहिए। बुनियादी नागरिक सुविधाओं को ग्रामीण एवं शहरी दोनों क्षेत्रों के लिए विकसित किया जाना चाहिए, क्योंकि ग्रामीण एवं शहरी क्षेत्रों को जोड़ने से ही सार्वजनिक परिवहन प्रणाली को व्यापक बनाया जा सकता है। हम मानते हैं कि बुनियादी ढाँचे का विकास विभिन्न प्रकार की आर्थिक गतिविधियों से सीधा जुड़ा हुआ है। भारत का विविधता भरा समाज अपने भीतर अनेक सूक्ष्म जगत् समेटे हुए है, इसमें विभिन्न आर्थिक स्तर के लोग अनेक संस्कृतियों के साथ मौजूद हैं। इसलिए जब हम अपने समाज के इन सूक्ष्म हिस्सों की समस्याओं का समाधान करने में सफल होते हैं तो स्वाभाविक रूप से दुनिया को भी इसी तरह के समाधान प्रदान कर सकते हैं। भारतीयों ने नवाचार में उत्कृष्ट प्रदर्शन किया है। आप अमेरिकी प्रौद्योगिकी

कंपनियों में उनके शानदार प्रदर्शन को देख सकते हैं। दुनिया भर में भारतीय अपने नवाचार और संसाधनशीलता के लिए जाने जाते हैं। भारत की वर्तमान शिक्षा प्रणाली केवल रटना सिखाती है, जोखिम लेना और सवाल-जवाब करना नहीं सिखाती। यहाँ विफलताओं को बर्दाश्त नहीं किया जाता। इस सबके बावजूद लीक से हटकर सोचना भारतीयों की आदत में शुमार है।

आज संसाधन मुट्ठी भर लोगों के हाथों में सीमित नहीं है। इसलिए उद्यमिता और नवाचार की भरपूर क्षमता हासिल करना समाज का एक लक्ष्य होना चाहिए। यदि आपके पास कोई अच्छा विचार है और आप उसके उपयोग से कुछ बेहतर करने की क्षमता रखते हैं तो आप इसके लिए आर्थिक मदद पा सकते हैं। यह माइक्रो-इनोवेटर्स का युग है और प्रत्येक व्यक्ति एक इनोवेटर हो सकता है। आवश्यकता इस बात की है कि वह समस्या को भलीभाँति समझे और उसे हल करने पर अपना ध्यान केंद्रित करे। हम कल्पना करते हैं कि भारत वैश्विक माँग के अनुरूप अंतरराष्ट्रीय गुणवत्तावाली जनशक्ति का विकास करेगा। उच्च शिक्षा एवं अनुसंधान में अपार संभावनाएँ हैं। अभी तक भारतीयों ने गणित और विज्ञान में उत्कृष्ट प्रदर्शन कर दुनिया भर में अपने लिए जगह बनाई है। भारत निरंतर अपनी योग्य प्रतिभाओं का निर्यात कर ज्ञान एवं अर्थव्यवस्था में सक्रिय भागीदार बन सकता है।

हम शत-प्रतिशत साक्षरता और सभी के लिए गुणवत्तापूर्ण उच्च शिक्षा की कामना करते हैं। इसके लिए आवश्यक संसाधनों की भरपाई के लिए प्रौद्योगिकी का उपयोग किया जा सकता है। शिक्षा का एक ही पाठ्यक्रम किसी भी विषय में लंबे समय तक काम नहीं कर सकता। यह दृष्टिकोण कुछ दशक पहले काम करता था, जब नौकरियाँ अधिक थीं। नौकरियों के लिए अपेक्षाकृत आवेदक कम थे और सभी को आसानी से रोजगार मिल जाता था। आजकल एक समान निश्चित कौशल वाले लोगों की भीड़ को शायद मशीन से बदला जा सकता है। कंपनियाँ कुछ समय बाद केवल डिग्रियों के आधार पर कर्मचारियों की भर्ती करना बंद कर सकती हैं। इसके अलावा, यदि शिक्षा एवं प्रशिक्षण किसी व्यक्ति के मन के अनुरूप नहीं है तो वह व्यक्ति उत्कृष्टता हासिल करने के लिए जरूरी लंबे घंटों तक उसी काम में नहीं लगा रह पाएगा। हम एक अधिक सूक्ष्म दृष्टिकोण की कल्पना करते हैं, जहाँ कौशल विकास किसी व्यक्ति की इस अंतर्निहित प्रतिभा पर आधारित होता है कि मैं किसमें अच्छा हूँ? यह दृष्टिकोण दरअसल युवाओं को अपने समय की चुनौतियों का जवाब देने की दिशा में उन्मुख करता है। आज समाज किन समस्याओं का

सामना कर रहा है और मैं उनके समाधान में कैसे योगदान दूँगा? भारतीय युवा यह सोचें कि दुनिया भर में किस तरह की संस्कृतियाँ मौजूद हैं और मैं इसमें कैसे फिट हो सकता हूँ? जैसे-जैसे तकनीक और समाज में बदलाव आएगा, मैं अपने आप को फिर से कैसे कुशल बनाऊँगा? वर्क लाइफ में अंतर आने पर मैं क्या करूँगा? शिक्षा के व्यापक संदर्भ को भलीभाँति समझना होगा, जबकि शिक्षा की सामग्री (व्याख्यान/ट्यूटोरियल) इंटरनेट, टेलीविजन, मोबाइल आदि से ली जा सकती है।

किसी भी विषय का प्रशिक्षण शिक्षा के साथ-साथ चल सकता है। किसानों, बुनकरों, कलाकारों आदि जैसे कुछ व्यवसायों, जिनमें बच्चे बहुत कम उम्र से ही अपने पारिवारिक शिल्प को सीखना आरंभ कर देते हैं, उन्हें बालश्रम के रूप में नहीं देखा जाना चाहिए। दरअसल, किसी भी व्यवसाय में सदियों से चली आ रही उपयोगी प्रथाओं को एकत्रित करने और उन्हें बेहतर रूप में बाँटने की आवश्यकता है।

आर्टिफिशियल इंटेलिजेंस आधारित मशीनें जिस प्रकार पूरी दुनिया में सूचनाओं के आदान-प्रदान को सहज और सरल बना रही हैं, उससे प्रतीत होता है कि स्कूल-कॉलेजों में कक्षाओं का स्वरूप पूरी तरह बदल सकता है। ऐसा संभव है कि विद्यार्थी कक्षा में केवल अनुशासन की भावना सीखने, दूसरों से बातचीत करने, विभिन्न संस्कृतियों के संपर्क में आने, प्रकृति के साथ समय बिताने, प्रेरणा पाने, जिज्ञासा जगाने और अपनी अभिव्यक्ति करने के लिए आएँ। अधिकांश छात्रों का कहना है कि किसी शिक्षक के कारण एक विषय में उनकी रुचि विकसित हुई। यह उस शिक्षक द्वारा दी गई जानकारी नहीं, बल्कि उस विषय के प्रति शिक्षक के अगाध प्रेम से मिली प्रेरणा से संभव हुआ। इस बात से हमें मूल्यवान सुराग मिलते हैं कि शिक्षक अपने विद्यार्थियों में किन गुणों को विकसित कर सकता है।

भारत जैसे विशाल भू-भागवाले देश में और अधिक विश्वविद्यालय स्थापित करना एक लक्ष्य होना चाहिए। रोजगार के अनुरूप योग्यता बढ़ाने के लिए उच्च शिक्षा की गुणवत्ता में सुधार किया जा सकता है। उच्च शिक्षा पर भारत के अखिल भारतीय सर्वेक्षण (2019-20) के अनुसार 2019-20 में पी-एच.डी. करनेवाले छात्रों की संख्या 2.03 लाख रही, जबकि यह संख्या 2014-15 में केवल 1.17 लाख ही थी। इस संख्या को और बढ़ाया जा सकता है और विश्व मानकों के अनुरूप शोध कौशल में भी सुधार किया जा सकता है। भारत में उच्च शिक्षा और विश्वविद्यालयों को वित्तपोषित करने के लिए पूर्व छात्रों को प्रोत्साहित किया जाना चाहिए। संयुक्त राज्य अमेरिका में कई निजी विश्वविद्यालयों को उनके पूर्व विद्यार्थी

आर्थिक रूप से मदद करते हैं। भारत में उच्च शिक्षा में निजी संस्थानों को तय करना चाहिए कि उन्हें क्या पढ़ाना है, जबकि सरकार केवल नियमों के पालन का ध्यान रखे। प्राथमिक शिक्षा में मध्याह्न भोजन की योजना, सर्वशिक्षा अभियान और स्कूलों में बेहतर बुनियादी ढाँचे के परिणामस्वरूप विद्यार्थियों का नामांकन बेहतर हुआ है, लेकिन उनमें से कॉलेज में दाखिला लेनेवाले विद्यार्थियों की संख्या कैसे बढ़ाई जाए, यह चुनौती अभी बनी हुई है।

संयुक्त राष्ट्र के आर्थिक और सामाजिक मामलों के विभाग, जनसंख्या प्रभाग (2019) और विश्व जनसंख्या संभावनाएँ 2019 के अनुसार भारत की आबादी सन् 2019 में 137 करोड़ थी और सन् 2019 और 2050 के बीच इसमें लगभग 27.3 करोड़ लोगों के और जुड़ने की उम्मीद है। स्वाभाविक रूप से इससे राष्ट्रीय संसाधनों पर दबाव बढ़ेगा। बेहतर जीवन एवं आजीविका की चाहत में भारत आनेवाले प्रवासी भी जनसंख्या में बढ़ोतरी कर रहे हैं, लेकिन साथ-ही-साथ देश के कुछ हिस्सों में प्रजनन दर में गिरावट आ रही है। उम्मीद है कि वर्ष 2050 तक भारत की जनसंख्या स्थिर हो जाएगी। इसलिए भारत विजन 2047 के उद्देश्य के लिए भारत घनी आबादीवाला देश बना रहेगा।

जनसंख्या वृद्धि के साथ रोजगार की चुनौती भी सामने आती है। पिछले 20 वर्षों में भारत में विकास संतोषजनक रहा है, लेकिन उसी अनुपात में रोजगार में बढ़ोतरी नहीं हुई है। हम एक ऐसी व्यवस्था चाहते हैं, जहाँ युवाओं को उद्यमिता के साथ-साथ व्यावसायिक कौशल भी सिखाया जाए, ताकि वे स्वयं एवं दूसरों के लिए भी रोजगार पैदा कर सकें, लेकिन इस बात का ध्यान रखना होगा कि प्रशिक्षण व्यक्ति की क्षमता के अनुरूप हो। किसी के लिए व्यावसायिक प्रशिक्षण तय करने से पहले स्कूल स्तर पर ही उसकी आधारभूत रुचियों एवं प्राकृतिक क्षमताओं को समझा जाए और उन्हें विकसित करने का प्रयास किया जाए। यह सब जाँचने में प्रौद्योगिकी का भी उपयोग किया जाना चाहिए। उपयुक्त मानव संसाधन की तलाश के लिए उद्योग जगत् इस प्रकार की टेस्टिंग तकनीक विकसित कर सकता है।

यह देखकर खुशी होती है कि संयुक्त राष्ट्र के बहुआयामी गरीबी सूचकांक (एम.पी.आई.) के अनुसार 2006 और 2016 के बीच भारत के 27.3 करोड़ लोग गरीबी से बाहर आ गए हैं। इसके अलावा, पोषण एवं स्वच्छता के मामले में भी संतोषजनक सुधार आया है, लेकिन चिंता यह भी है कि कोविड महामारी लोगों को एक बार फिर गरीबी रेखा से नीचे धकेल देगी। द ग्लोबल हंगर इंडेक्स (जी.एच.आई.) वैश्विक, क्षेत्रीय और राष्ट्रीय स्तर पर भुखमरी को मापने के लिए

डिजाइन किया गया एक उपकरण है। इसके अनुसार सन् 2020 में भारत कुल 107 देशों में 94वें स्थान पर रहा। भारत में कुपोषण भी एक चिंता का विषय है, क्योंकि यहाँ बच्चों की औसतन लंबाई उम्र के हिसाब से कम है और उनका वजन भी ऊँचाई के मुकाबले कम है। हम कल्पना करते हैं, सन् 2047 तक देश से गरीबी और कुपोषण दोनों का सफाया हो जाएगा। साथ ही सभी के लिए सुरक्षित पेयजल, भोजन और पोषण भी उपलब्ध होगा।

पिछले दशक के दौरान भारत में जीवन प्रत्याशा में वृद्धि हुई है और यह निरंतर बढ़ रही है। भविष्य में बुजुर्गों के लिए बेहतर स्वास्थ्य सेवा और इसके लिए बुनियादी ढाँचे की आवश्यकता होगी। 'आयुष्मान भारत' की योजना के तहत सार्वभौमिक स्वास्थ्य सेवाओं का विस्तार समाज के सर्वाधिक कमजोर लोगों तक पहुँचना चाहिए। यदि कमाई के बावजूद चिकित्सा जरूरतों पर लगभग आधे साल की आय खर्च करने के लिए मजबूर होना पड़ेगा तो लोग फिर से गरीब हो जाएँगे। पारंपरिक चिकित्सा प्रणाली, उचित देखभाल और पोषण बीमारियों को रोकने में मदद कर सकते हैं। प्राकृतिक चिकित्सा, आयुर्वेद और चिकित्सा की अन्य वैकल्पिक प्रणालियों तक आम लोगों की पहुँच को बेहतर और आसान बनाया जा सकता है। रोगों से बचने के लिए जागरूकता अभियान मददगार साबित हो सकते हैं। जनऔषधि बीमा योजनाएँ भी मदद कर सकती हैं।

पारिस्थितिकी संबंधी आँकड़ों एवं पर्यावरणीय तथ्यों को समझना आसान नहीं है। इन्हें सरल बनाकर लोगों को स्वास्थ्य एवं कृषि आदि पर इनके प्रभाव के बारे में प्रशिक्षित किया जाना चाहिए। प्रदूषण नियंत्रण एक चुनौती है, लेकिन इलेक्ट्रिक कारों एवं हाइड्रोजन ईंधनयुक्त को अपनाना, कुशल जनपरिवहन प्रणाली का निर्माण भविष्य की समस्याओं को कम करने में मदद कर सकता है। विविधता भारत की ताकत थी, है और रहेगी। जो लोग प्रकृति के करीब रहते हैं, वे एक-दूसरे के साथ रहना सीख जाते हैं, चाहे वह इंसान हों, पौधे हों या जानवर। जंगल में कोई साफ-सुथरा बगीचा नहीं होता है, लेकिन वहाँ भी एक व्यवस्था होती है अन्यथा उसका अस्तित्व नहीं बचेगा। सभी को समान अवसर प्रदान करना हमारा उद्देश्य हो सकता है कि कुछ लोगों से छीनकर दूसरों को खिलाने का प्रयास करना। ऐसा लग सकता है कि विकास प्रक्रिया थोड़ी अराजक है, लेकिन अगर सभी की आवाज सुनी जा सकती है तो समझना कि हमने प्रगति की है।

एक राष्ट्र के रूप में हमने कई बार भारतीय उपमहाद्वीप के बड़े हिस्से को प्रभावित किया है। अनेक आक्रमणों, अधीनताओं, अत्याचारों, गरीबी, अकालों और

महामारियों के बावजूद हमारा अस्तित्व बना रहा है। हमने एक राष्ट्र के रूप में बेहतर प्रदर्शन किया है, हालाँकि व्यवस्थित रूप में देखें तो हम थोड़ा पिछड़ जाते हैं, लेकिन पूरे इतिहास के दौरान हम एक राष्ट्र के रूप में लंबे समय तक मजबूती से खड़े रहे हैं। हमारी राष्ट्र भावना हमेशा बलवती रही है। समस्याओं से उबरने में हमारी क्षमता के बारे में सब जानते हैं। हम जानते हैं कि अपने लिए हम जो भी कल्पना करते हैं, उसे हासिल करने में हम सक्षम होंगे, जैसा कि चाणक्य नीति सूत्र में कहा गया है—'कार्य पुरुष करेना लक्ष्यम सम्पद्यते।' अर्थात् दृढ़ मानव प्रयासों से कार्य अवश्य ही पूर्ण होगा। आजादी के बाद लगभग 60 से 70 साल हम गँवा चुके हैं। पिछले 6–7 वर्षों के दौरान हम जो परिवर्तन की गति देख रहे हैं, वह अद्‌भुत है, अगर हम इस गति को जारी रखते हैं तो हमें यकीन है कि 2047 तक भारत फिर से विश्वगुरु के पायदान पर स्थित होगा।

□

हमारे सपनों का भारत-2047

–डॉ. सुरेंद्र कुमार मिश्रा

प्रस्तावना

प्रस्तुत लेख में वर्तमान स्थिति एवं संभावित चुनौतियों का आकलन करते हुए भविष्य के भारत के प्रति न केवल परिकल्पना व स्वप्न पर आधारित मीमांसा की गई है, अपितु वर्तमान स्थिति का विवेचन करते हुए तथ्यों के आधार पर बदलते भारत के परिदृश्य का उल्लेखन किया गया है। इसमें भारत के यशस्वी प्रधानमंत्री नरेंद्र मोदी ने जो लोकप्रियता के नए आयाम स्थापित किए हैं, उनकी झलक स्पष्ट रूप से नजर आ रही है। विश्व भर में व्याप्त कोविड-19 वायरस की दूसरी लहर से हमारे देश की स्वास्थ्य, शिक्षा, समाज, अर्थव्यवस्था, विकास तथा आधारभूत संरचना सहित तत्त्व बदहाल स्थिति में पहुँच गए हैं, किंतु हमारे भारतीय संयम, साहस, सहनशीलता, समन्वय, सहकार, समावेश शैली, श्रेयकर सोच, सहानुभूति, सशक्त समझदारी एवं सकारात्मक सोच ने इस संक्रमण से बचाव किया। कोरोना महामारी के विगत दो वर्ष व विश्व की डावाँडोल अर्थव्यवस्था के बीच भी भारत का नेतृत्व सभी मोर्चों पर सफलता से संघर्ष करता रहा। लेखन ने इसमें वर्तमान सरकार के लक्ष्य (लैंड, लेबर, लिक्विडिटी, लॉ), लोकल से ग्लोबल, युद्ध नहीं बुद्ध की सोच, पाँच प्रमुख स्तंभ (इकोनॉमी, सिस्टम, इंफ्रास्ट्रक्चर, डेमोग्राफी व डिमांड) के द्वारा भारत को आत्मनिर्भर बनाने का अभियान, 'सबका साथ, सबका विकास तथा सबका विश्वास' की दूरगामी सोच के साथ गरीब कल्याण एवं सामाजिक उत्थान के कार्यक्रमों का विस्तृत वर्णन किया गया है। अनुच्छेद 370, नागरिक संशोधन कानून, तीन तलाक, एयर स्ट्राइक, इंफ्रास्ट्रक्चर, नवीन शिक्षा नीति, आर्थिक प्रगति, विदेश नीति तथा देश की रक्षा व सुरक्षा के प्रति सजगता की स्थिति का उल्लेख करते हुए भावी भारत की परिकल्पना की एक झलक प्रस्तुत

की गई है। स्वाधीनता के 100 वर्ष पूरे होने तक हमारे सपनों का भारत 'वसुधैव कुटुंबकम्' को स्थायी व अक्षुण्ण रखते हुए वैश्विक स्तर पर भारत का भविष्य न केवल विज्ञान व विकास की दृष्टि से अद्वितीय होगा, बल्कि अपनी अध्यात्म शक्ति, संस्कृति व सभ्यता के द्वारा विश्व का अग्रणी देश होगा।

निबंध

विश्व भर में व्याप्त कोराना वायरस के कहर से कोहराम की इस दूसरी लहर में स्वास्थ्य, शिक्षा, मानव विकास, सामाजिक, राजनीतिक, अर्थिक एवं विविध व्यवस्था में बदहाल एवं बौनी स्थिति एक बार नजर आई, किंतु भारत संयम, साहस, सहकार, सहनशीलता, समन्वय, समावेश शैली, श्रेयकर सोच, सहानुभूति, सकारात्मक सोच एवं समझदारी के द्वारा आकस्मिक आई आपदा पर अंकुश लगाकर बहुत हद तक सीमित करने में सफल हो सका। भारत की वैश्विक स्थिति किसी-न-किसी रूप में सदा ही विशिष्ट बनी रही है। कोरोना की दूसरी लहर एक बड़ी जनहानि के बावजूद भी भारत की स्थिति समस्त संसार का ध्यान अपनी ओर आकर्षित कर रही है। आज भी अधिकांश देश भारत से अपेक्षा और आकांक्षाएँ रखते हैं, क्योंकि हर सामान्य नागरिक को शांति और अहिंसा चाहिए। प्राचीनकाल से आधुनिक काल तक हुए अनेक युद्धों में हिंसा पर लगाम लगाने तथा विश्व शांति की स्थापना में भारत की भूमिका सदैव सक्रिय रही है। विगत अनेक दशकों से अंतरराष्ट्रीय स्तर पर शांति स्थापना के जितने भी प्रयास किए गए हैं, भारत उन सबमें एक भागीदार रहा है।

निःसंदेह समस्त संसार आज भारत की शक्ति एवं मानवीय मूल्यों की सुरक्षा की सोच को न केवल स्वीकार करता है, बल्कि सम्मान भी करता है। आजादी के 75 वर्षों में भारत ने अपने अनेक लक्ष्यों को प्राप्त करने में अप्रत्याशित सफलता प्राप्त की है। आगामी वर्ष 2047 को भारत अपनी स्वाधीनता के 100 साल पूरे करेगा। आनेवाले 25 वर्षों के दौरान मेरी परिकल्पना में न केवल भारत स्वयं में सशक्त, सक्षम एवं समर्थ देशों में से एक होगा, बल्कि अपनी समग्र सोच से युद्ध एवं रक्तपात से रंजित मानवता को अपनी अध्यात्म शक्ति एवं शांतिप्रिय सोच द्वारा गुरु के रूप में भी स्थापित हो जाएगा। वर्तमान में व्याप्त अनेक समस्याओं एवं सम-सामाजिक चुनौतियों के बावजूद एक ऐसी प्रेरणादायक शुरुआत करने से सक्षम होगा, जो हमारी समस्याओं के वास्तविक और स्थायी समाधान करने के साथ ही भ्रमित एवं भटकी हुई दुनिया में एक वैकल्पिक मार्ग की आशा की किरण

भी सिद्ध हो सकेगा। प्रसिद्ध अमेरिकन इतिहासकार विल डूरंड ने अपनी प्रसिद्ध पुस्तक 'हिस्ट्री ऑफ सिविलाइजेशन' में स्पष्ट शब्दों में लिखा है—'समस्त संसार को संपदा वितरित करनेवाला कोई देश होगा तो वह देश भारत होगा।'

इसी प्रकार से विश्वविख्यात इतिहासकार अर्नाल्ड टायन्बी के इस कथन के पीछे उनका गहन चिंतन, मनन एवं दर्शन का अद्भुत सम्मिश्रण है, "मानव इतिहास के इस सबसे अधिक खतरनाक अथवा घातक क्षण में मानव जाति की मुक्ति का यदि कोई रास्ता है तो वह भारतीय है। सम्राट् अशोक और महात्मा गांधी के अहिंसा का सिद्धांत और रामकृष्ण परमहंस के धार्मिक सहिष्णुता के उपदेश ही मानव जाति को बचा सकते हैं। यहाँ हमारे पास एक ऐसी मनोवृत्ति एवं भावना है, जो मानव जाति को एक परिवार के रूप में विकसित होने में सहायक हो सकती है।" यह भी जानना जरूरी है कि भारतीय एकता एवं अखंडता भौगोलिक और ऐतिहासिक न होकर सांस्कृतिक एकता पर अधिक निर्भर है, जो सामाजिक परिपक्वता का उच्चतम परिणाम है। यहाँ की भौगोलिक, ऐतिहासिक एवं सांस्कृतिक एकता की भावना स्फूर्ति देती है और सांस्कृतिक उत्कर्ष की दिशा में अग्रसर करती है। भारतीय जनमानस में सहिष्णुता और सबके वैशिष्ट्य को स्वीकार करने की प्रवृत्ति है। व्यापकता और सर्वग्राहिता उसकी मूल दृष्टि है। विश्व कल्याण, मानवीय मूल्यों की सुरक्षा तथा लोक-संग्रह को प्रमुखता प्रदान की गई। भिन्न विचारों का स्वागत हुआ। अनेक प्रकार के विरोधों और प्रतिफूलताओं के बीच सामंजस्य साहित्य, कला, दर्शन तथा शिल्प आदि सभी में दिखाई देता है। यहाँ पर विद्यमान अंतर्निहित मौलिक एक्य राजनीतिक प्रभुत्व से उत्पन्न एकता से अधिक गहरा है। एक राष्ट्र की दृष्टि न ही अल्पमत की और न ही बहुमत की होनी चाहिए, बल्कि सर्वमत की होनी चाहिए।

आँकड़े भले ही कितनी उज्ज्वल तसवीर पेश करते हों, अंतरराष्ट्रीय जगत् में हमारी धाक कितनी ही क्यों न हो, विश्व भर में लोकतंत्र के जागरूक प्रहरी हम क्यों न जाने जाते हों, परंतु यह कटु सत्य है कि सतत विकास के लक्ष्यों पर भारत अभी भी बहुत पीछे है। 'भारत में पर्यावरण की स्थिति रिपोर्ट 2021' में सामने आया कि विगत वर्ष भारत का स्थान 115वाँ था और अब वह दो स्थान और नीचे चला गया है। संयुक्त राष्ट्र के 193 सदस्य देशों की ओर से 2015 में 2030 एजेंडे के रूप में अपनाए गए 17 सतत विकास लक्ष्यों (एस.जी.जी.) पर पिछले साल की तुलना में दो पायदान फिसलकर 117वें स्थान पर आ गया है। ऐसा होने का प्रमुख कारण यह हुआ है कि भुखमरी समाप्त करने और खाद्य सुरक्षा हासिल करने

(एस.जी.डी.-2), लैंगिक समानता प्राप्त करने (एस.जी.डी.-5) तथा लचीली अवसंरचना का निर्माण, समावेशी एवं सतत औद्योगिकीकरण तथा नवोन्मेष को बढ़ावा देने (एस.डी.जी.-9) जैसी बड़ी व कड़ी चुनौतियाँ मुँह खोले खड़ी हुई हैं। इसमें यह भी वर्णित किया गया है कि भारत का स्थान चार दक्षिण एशियाई देशों—भूटान, बांग्लादेश, नेपाल व श्रीलंका से नीचे है। भारत का कुल एस.डी.जी. स्कोर 100 में से 61.9 है।

सभी विकसित एवं विकासशील देशों को जिन दिशाओं में वैश्विक साझेदारी के साथ तत्काल प्रभावी कदम उठाने की महती आवश्यता है—ऐसे 17 प्रमुख लक्ष्य निर्धारित किए गए हैं, इनमें गरीबी व भुखमरी को समाप्त करना, अच्छा स्वास्थ्य एव आरोग्य, अच्छी शिक्षा, लैंगिक समानता, स्वच्छ जल एवं स्वच्छता, सस्ती एवं स्वच्छ ऊर्जा, अच्छा कार्य एवं आर्थिक विकास उद्योग, नवोन्मेष एवं अवसंस्थान शामिल हैं। इसके अलावा असमानता घटाना, स्थायी शहर एवं समुदाय, उत्तरदायी उपभोग एवं उत्पादन, जलवायु काररवाई, जल के नीचे जीवन, भूमि पर जीवन, शांति, न्याय एवं मजबूत संस्थान और अंतिम लक्ष्यों के लिए वैश्विक साझेदारी को ठोस करना भी है। रिपोर्ट में यह भी कहा गया है कि भारत पर्यावरणीय प्रदर्शन सूचकांक के लिहाज से 180 देशों में से 168वें स्थान पर है।

अतः भारत को उपर्युक्त वर्णित दिशाओं में वैश्विक साझेदारी के साथ तत्काल महत्त्वपूर्ण कदम उठाने की जरूरत है। राज्यवार तैयारियों के बारे में विस्तार से भी रिपोर्ट में कहा गया है कि झारखंड व बिहार 2030 तक सतत विकास लक्ष्यों को पूरा करने के लिए सबसे कम तैयार हैं। इसमें झारखंड पाँच लक्ष्यों में पीछे है, जबकि बिहार सात लक्ष्यों में पीछे चल रहा है। इसमें वर्णित किया गया है कि जो राज्य व केंद्रशासित प्रदेश अच्छे स्कोर के साथ इन लक्ष्यों को पाने की दिशा में आगे बढ़ रहे हैं, वे हैं—केरल, हिमाचल प्रदेश तथा चंडीगढ़। सतत विकास हेतु 2030 के एजेंडे को संयुक्त राष्ट्र के सभी सदस्य देशों ने वर्ष 2015 में स्वीकार किया था, जो लोगों एवं धरती के किए अभी और भविष्य के लिए शांति, समृद्धि और प्रेरणा उपलब्ध कराता है।

यह सच है कि जमीनी परिदृश्य को बदलने में अभी भी जोरदार प्रयास करने की जरूरत है। अभी भी गाँव में भूख, गरीबी, बेरोजगारी और शिक्षा का अड्डा बना हुआ है। जमींदार, साहूकार और भूमिपति ही अधिकांश बढ़े तथा फले-फूले हैं। स्थिति यह है कि गाँव-गाँव में नेताओं की फौज महिषासुर के रक्त बीज-सी बढ़ रही है, जैसा कि किसान आंदोलन के रूप में स्पष्ट रूप से देखा गया। इस सबके

परिदृश्य में मजदूर सबसे अधिक मजबूर और बेबस नजर आया है। अभी हमारे सपनों के भारत में जो कलंक है, उसमें रिश्वतखोरी, ठगी, लूट-खसोट, बेईमानी, अपराध, घात-प्रतिघात, वैमनस्यता, प्रतिशोध, गुटबाजी, भाई-भतीजावाद और न जाने कितने वाद जैसा जातिवाद, धर्मवाद, भाषावाद, क्षेत्रवाद, वर्गवाद, वर्णवाद तथा संप्रदायवाद आदि अनेक खरपतवारों की एक बढ़ी बाढ़-सी आ गई है। एक हकीकत यही है कि जो हमने न बोया था और न चाहा था, वह ज्यादा बढ़ा है। इसके बदले में जो चाहा गया था, जो भारत की आत्मा की आजादी के बाद सुनहरा व सुंदर सपना था, वो महज एक मृगतृष्णा बन गया।

भ्रष्टाचार पर नजर रखनेवाली संस्था 'ट्रांसपैरेंसी इंटरनेशनल' की नवंबर 2020 की रिपोर्ट के अनुसार—एशिया में सबसे ज्यादा रिश्वत की दर भारत में है और सार्वजनिक सेवाओं का उपयोग करने के लिए व्यक्तिगत संपर्कों का इस्तेमाल करनेवाले लोगों की संख्या भी यहाँ सबसे अधिक है। रिपोर्ट में कहा गया है, 'राष्ट्रीय और राज्य सरकारों को लोक सेवाओं के लिए प्रशासनिक प्रक्रियाओं में सुधार लाने, रिश्वतखोरी और भाई-भतीजावाद पर काबू करने के लिए निवारक उपायों को लागू करने तथा आवश्यक लोकसेवाओं को जल्दी व प्रभावी ढंग से पहुँचाने के लिए लोगों के अनुकूल ऑनलाइन प्लेटफॉर्मों में निवेश करने की आवश्यकता है।' इसमें कहा गया है कि भ्रष्टाचार पर काबू पाने के लिए ऐसे मामलों की जानकारी देना महत्त्वपूर्ण है, लेकिन भारत में अधिकांश नागरिकों (लगभग 63 प्रतिशत) का मानना है कि अगर वे भ्रष्टाचार की रिपोर्ट करेंगे तो बदले की काररवाई का सामना करना पड़ेगा।

भारत में 89 प्रतिशत लोगों को लगता है कि सरकारी भ्रष्टाचार एक बड़ी समस्या है, 18 प्रतिशत प्रतिभागियों को वोट के बदले में रिश्वत की पेशकश की गई। सर्वेक्षण में शामिल लोगों में से लभभग 63 प्रतिशत लोगों के अनुसार भ्रष्टाचार से निपटने के लिए वर्तमान सरकार अच्छा काम कर रही है, वहीं 73 प्रतिशत लोगों का मानना है कि भ्रष्टाचार विरोधी एजेंसी भ्रष्टाचार के खिलाफ लड़ाई में अच्छा काम कर रही है। यह अध्ययन 17 देशों में किया गया और इसमें कुल मिलाकर लगभग 20,000 लोगों को शामिल किया गया। ग्लोबल करप्शन बैरोमीटर (जी. डी.बी.) एशिया की रिपोर्ट के अनुसार—भारत के बाद दूसरा स्थान कंबोडिया का है, जहाँ दर 37 प्रतिशत है। इसके बाद इंडोनेशिया (30 प्रतिशत) का स्थान है। नेपाल (12 प्रतिशत), कोरिया (10 प्रतिशत) मालदीव और जापान में सबसे कम रिश्वत दर (2 प्रतिशत) है। भारत 39 प्रतिशत के साथ प्रथम स्थान पर है। रिश्वत

लेने के उच्चतर दर के साथ भारत में उन लोगों की संख्या भी सबसे अधिक (46 प्रतिशत) है, जो लोक सेवाओं का उपयोग करने के लिए व्यक्तिगत या निजी संबंधों एवं संपर्कों का इस्तेमाल करते हैं। इस प्रकार चारों ओर कुंठा, निराशा, हताशा, असंतोष व अवसाद का परिवेश एक लंबी अवधि तक पनपता है।

वैश्विक भुखमरी सूचकांक 2020 में भारत 107 देशों में 94वें स्थान पर दिखाया गया है। इस सूचकांक में भारत को श्रीलंका, नेपाल, पाकिस्तान तथा बांग्लादेश जैसे देशों से भी पीछे बताया गया है। यह इस कारण से एक गहन चिंतन का विषय अवश्य है। 107 देशों में से केवल 13 देश ही कुपोषण के मामले में भारत से खराब स्थिति में दरशाए गए हैं, जबकि 'हंगर इंडेक्स 2020' की रिपोर्ट के अनुसार भारत में भुखमरी की स्थिति गंभीर है और 107 देशों की सूची में उसका 94वाँ स्थान है। विगत वर्ष की तुलना में इसमें सुधार दिखाया गया है। एक कटु सत्य यह भी है कि ग्लोबल हंगर इंडेक्स की रिपोर्ट तैयार करनेवाले संगठनों का संदिग्ध अतीत अनेक सवाल खड़े करता है और उनकी अनदेखी नहीं की जा सकती, लेकिन यह मामला गंभीर अवश्य है, जिसके बारे में चिंता करने की और चुनौती को स्वीकार करने की विशेष जरूरत भी है। विश्व खाद्य सुरक्षा दिवस (7 जून) से एक दिन पूर्व 6 जून, 2021 को महिला एवं बाल विकास मंत्रालय ने सूचना के अधिकार (आर.टी.आई.) के तहत पूछे गए सवाल के जवाब में बताया कि विगत वर्ष नवंबर 2020 तक देश में 6 महीने से 6 साल तक के लगभग 9,27,606 गंभीर रूप से कुपोषित बच्चों की पहचान की गई है। वास्तव में ये आँकड़े उन चिंताओं को बढ़ाते हैं, जिसमें कहा गया है कि कोरोना महामारी गरीब तबके को स्वास्थ्य एवं पोषण के संकट की ओर बढ़ा सकती है। इसमें सबसे अधिक 3,90,359 बच्चे उत्तर प्रदेश में तथा 2,79,427 बच्चों की पहचान बिहार में की गई है। लद्दाख, लक्षद्वीप, नागालैंड, मणिपुर एवं मध्य प्रदेश में एक भी गंभीर रूप से कुपोषित बच्चा नहीं मिला है। विश्व स्वास्थ्य संगठन के अनुसार लंबाई के अनुपात में वजन बहुत कम होना या बाहर के मध्य ऊपरी हिस्से की परिधि 115 मिलीमीटर से कम होना अथवा पोषक तत्त्वों की कमी के कारण होनेवाली सूजन के जरिए गंभीर कुपोषण (एस.ए.एम.) को परिभाषित किया जाता है। किसी बीमारी से इन बच्चों की मृत्यु की आशंका नौ गुना अधिक होती है।

वैज्ञानिक एवं तकनीकी प्रगति ने युगांतकारी परिवर्तन अवश्य किए हैं, जिसके फलस्वरूप सामाजिक एवं आर्थिक जीवन में व्यापक बदलाव आया है। आधुनिकीकरण के कारण समाज में आधुनिक एवं परंपरागत मूल्यों के बीच हमेशा

तनाव की स्थिति बनी रहती है। लोग अपने सामाजिक दायित्व भूलकर व्यक्तिगत स्वार्थ में लीन होने लग गए हैं। आज कहने के लिए हम भले ही चंद्रमा और मंगल पर पहुँच गए हैं, किंतु मानवता के विकास में मानवीय गुणों को भूल रहे हैं और अमानवीय प्रवृत्तियों को बढ़ावा मिला है। सत्ता स्वार्थ की लालसा में मनुष्य ईर्ष्या-द्वेष, अपराध, अन्याय, अत्याचार, अनाचार, हत्या व हिंसा की ओर बढ़ा है। किसी कवि ने ठीक ही लिखा है—

"फसलों में आ गई कितनी कमी, चाँद के नजदीक है अब आदमी।
सोच लेकिन मैं रहा हूँ देर से, आदमी से दूर है क्यों आदमी॥"

आज हम इंटरनेट, इ-मेल, फेसबुक, व्हाट्सएप, ट्विटर, 5जी के युग भले प्रवेश कर गए हैं, किंतु आदर्श, चरित्र, नैतिकता, मूल्य, संस्कार, संस्कृति और विकास को भूलते जा रहे हैं। यह सच है कि समय के साथ समस्याएँ भी आती हैं, किंतु समझदारी के साथ उनका समाधान की संभव हो जाता है। हम सभी को अच्छी तरह अथवा भलीभाँति समझना होगा कि भारत भोगभूमि नहीं है, जहाँ जीवन के प्रारंभ से ही कर्तव्यबोध सिखाया जाता है।

मैं अपने सपनों के भारत में उपर्युक्त वर्णित सभी प्रकार की समस्याएँ कदाचित् नहीं देखना चाहता। मेरे सपनों का भारत खुशहाल और प्रत्येक प्रकार की समस्याओं से मुक्त हो। दुनिया भर में सबसे अधिक युवा शक्ति आज भारत में है। विश्व का प्रत्येक पाँचवाँ युवा भारतीय है। इन्हीं युवाओं के बल पर दुनिया की 13 प्रमुख अर्थव्यवस्थाओं में भारत के विकास की दर विगत पाँच वर्षों में तीसरे स्थान पर है। वैश्विक महामारी कोरोना के बाद विकास की दौड़ में भारत संभावनाओं से भरा देश बनकर उभरा है और इस संभावना को यथार्थ में बदलने में युवाओं की बड़ी भूमिका रहेगी। भारत दुनिया का सर्वश्रेष्ठ व सबसे बड़ा लोकतांत्रिक देश है और हमारी वैश्विक स्थिति किसी-न-किसी रूप में सदैव ही विशिष्ट बनी रही है। यदि कल्पना की जाए कि स्वाधीनता प्राप्त करने के 100 वर्षों के अंतराल में भारत की स्थिति क्या होगी, चूँकि मात्र 26 वर्ष दूर वर्ष 2047 में पदार्पण करनेवाला होगा, तो हमारे सपने, आशाएँ, अरमान और आकांक्षाएँ क्या होंगी?

यद्यपि इस समय तक स्वाधीन भारत में सामाजिक, आर्थिक, राजनीतिक व कूटनीतिक समस्याओं का एक बड़ा अंबार लगा हुआ है, किंतु हमारे भारत के उज्ज्वल पक्ष को भी उपेक्षित नहीं किया जा सकता। यदि विगत 74 वर्षों के लेखे-जोखे की समीक्षा करें तो हमने बहुत खोया है तो हमने पाया भी कम नहीं है। स्वाधीनता प्राप्त करने के पश्चात् हमारी विश्व भर में एक अलग एवं विशिष्ट

पहचान तो बनी, किंतु इसके बावजूद जाति, धर्म, भाषा, क्षेत्रीय, वर्ग, वर्ण की अनेकता की कदर आज इस कदर मजबूत हो गई है कि लोग 'त्राहिमाम्, त्राहिमाम्' कर रहे हैं। यह सही है, जब भी और जैसी भी आकस्मिक आपदा आई है, हम संयम, साहस व सौहार्द के साथ केवल सुरक्षित बच निकले, अपितु आई आपदा की आग से सदा ही चमकते हुए बाहर आए हैं। देश की आबादी का एक बड़ा भाग अंतिम पायदान पर ही खड़ा था, लेकिन प्रधानमंत्री मोदी के नेतृत्ववाली सरकार ने अपने सात साल (5+2) के कार्यकाल में अंतिम पायदान पर खड़े व्यक्ति को न केवल आगे की ओर अग्रसित किया, बल्कि विकास की मुख्यधारा में भी एक भागीदारी बनाया।

विगत वर्ष वैश्विक महामारी कोरोना से प्रभावित देश की अर्थव्यवस्था को दोबारा पटरी पर लाने के लिए केंद्र सरकार ने 20 लाख करोड़ रुपए के आर्थिक पैकेज की घोषणा की है। व्यावहारिक रूप में यह आँकड़ा 21 लाख करोड़ रुपए का था, जो न केवल महामारी में जी.डी.पी. का 10 प्रतिशत भाग बनता है, बल्कि प्रसंगवश दुनिया के लगभग 150 देशों के जी.डी.पी. से भी अधिक होने के कारण ऐतिहासिक भी बन गया। इस घोषणा का सबसे सार्थक पक्ष आर्थिक सुधारों में शक्ति एवं सामर्थ्य बनाने का है, जिसे प्रधानमंत्री मोदी ने भारत को आत्मनिर्भर बनाने का अभियान बनाया है। आत्मनिर्भर भारत पाँच प्रमुख स्तंभों पर खड़ा होगा—

1. **इकोनॉमी :** एक ऐसा इकोनॉमी ढाँचा जो इंक्रीमेंटल बदलाव नहीं, बल्कि क्वांटम जंप लगाए।
2. **इंफ्रास्ट्रक्चर :** एक ऐसा ढाँचा, जो आधुनिक भारत की विशेष पहचान बने।
3. **सिस्टम :** एक ऐसी व्यवस्था, जो बीती शताब्दी की रीति-नीति नहीं, बल्कि 21वीं सदी के सपनों को साकार करनेवाली प्रौद्योगिकी संचालित व्यवस्थाओं पर आधारित हो।
4. **डेमोग्राफी :** हमारी जीवंत जनसंख्या (वाइब्रेट डेमोग्राफी) हमारी ताकत है।
5. **डिमांड :** हमारी अर्थव्यवस्था में माँग और आपूर्ति श्रृंखला (डिमांड एंड सप्लाई चेन) जो चक्र है, जो शक्ति है, उसे पूरी क्षमता से प्रयोग किए जाने की जरूरत है। देश में डिमांड बढ़ाने के लिए, डिमांड को पूरा करने के लिए हमारी सप्लाई चेन के प्रयोग स्टेक होल्डर का सशक्त होना जरूरी है।

यह भी समझना आवश्यक है कि आत्मनिर्भर भारत के प्रमुख पाँच स्तंभ हैं—

अर्थव्यवस्था के जबरदस्त व जोरदार उछाल, आधुनिक अवसंरचना, तकनीकी एवं प्रक्रिया आधारित व्यवस्था, ऊर्जान्वित जनसांख्यिकी और अर्थव्यवस्था के अंदर मजबूत माँग-आपूर्ति श्रृंखला। यद्यपि सभी पाँच स्तंभों की अपनी एक विशेष भूमिका है, किंतु भारत के संदर्भ में चौथे स्तंभ, यानी ऊर्जान्वित जनसांख्यिकी का विकास प्राथमिकता के आधार पर किए जाने की विशेष जरूरत है। जनगणना 2011 के आँकड़ों के अनुसार युवा जनसंख्या (15-24 वर्ष) कुल आबादी की 19.1 प्रतिशत थी, जो 2020 में बढ़कर 34.33 प्रतिशत होना अनुमानित हुआ। वर्ष 2020 में हमारी जनसंख्या की औसत आयु 29 वर्ष अनुमानित है, जो चीन की औसत आयु (37 वर्ष) से 8 वर्ष कम है। ब्लूम वर्ग शोध संस्थान के अनुसार वर्ष 2027 तक भारत विश्व का सर्वाधिक श्रमिक शक्तिवाला देश हो जाएगा, जिसमें 15 से 64 वर्ष आयु वर्ग के एक अरब श्रमिक होंगे। विश्व भारतीय सांख्यिकी को एक ऐसी पूँजी मानता है, जो भारत के आर्थिक विकास को नवीन गति प्रदान करने में सक्रिय भूमिका निभाएगी, परंतु बड़ी जनसंख्या का एक घातक दूसरा पक्ष भी है, जो संसाधन विकास के अभाव में बोझ भी बन सकती है। यही कारण है कि बड़ी जनसंख्या को एक दुधारी तलवार भी कहा जाता है। यही कारण है कि शिक्षा, ज्ञान, कौशल, दक्षता, प्रवीणता, योग्यता, कर्मण्यता एवं कार्यकुशलता का एक समुचित प्रशिक्षण देकर मानव संसाधन में परिवर्तित करके दिशा व दशा को बदलने में महत्त्वपूर्ण एवं निर्णयात्मक भूमिका निभा सकती है। इसमें सबसे महत्त्वपूर्ण बात यह होगी कि जनता भी इस बदलाव के अभियान में अपना हाथ बढ़ाए तथा जापान से सबक लेते हुए मिसाल बन सकते हैं।

हमारे देश की स्वाधीनता के 67 वर्षों के अंतराल में भारत ने अनेक संघर्षों व समस्याओं का सामना किया, किंतु इस दौरान जो विश्व में हमारी स्थिति होनी चाहिए थी, वह शायद हमें भूलवश प्राप्त नहीं हो सकी। वर्ष 2014 में भारत में एक ओजस्वी व यशस्वी नेतृत्व द्वारा देश में बदलाव की एक बड़ी बयार आई और प्रधानमंत्री नरेंद्र मोदी ने आपदा को अवसर, वैमन्यस्ता को बंधुत्व, समस्याओं को समाधान तथा प्रतिकूल परिस्थितियों में भी कूल-कूल (ठंडा/शांत) रहकर अनुकूल करने का एक अदम्य एवं साहसी कदम उठाया। कोरोना की दूसरी लहर में भारत के पैर एक बार लड़खड़ाते नजर आए, इस अकल्पनीय एवं अदृश्य वायरस ने एक अभूतपूर्व संकट पैदा कर दिया, किंतु मोदीजी ने अपने कुशल नेतृत्व का परिचय देते हुए यह दिखा दिया कि न हारना है, न टूटना है, न थकना है, न बिखरना है और

न ही किसी तरह से डिगना है, बल्कि इस आपदा से पूरी तरह निखरना है। इससे उन्होंने सिद्ध कर दिया कि उनकी सकारात्मक सोच सदैव मानवीय मूल्यों की सुरक्षा के लिए तत्पर रहती है। 'आत्मनिर्भर भारत अभियान' से देश को सशक्त बनाना अभी भी उनकी सरकार का एक संकल्प है।

4 जून, 2021 को वैज्ञानिक एवं औद्योगिक अनुसंधान परिषद् की एक बैठक को संबोधित करते हुए प्रधानमंत्री नरेंद्र मोदी ने बड़े स्पष्ट शब्दों में कहा कि आज भारत सॉफ्टवेयर से लेकर सैटेलाइट तक के जरिए दूसरे देशों के विकास को गति प्रदान कर रहा है और दुनिया के विकास में प्रमुख इंजन की अहम भूमिका भी निभा रहा है। यह बात एक हद तक सही है, लेकिन भारत इस भूमिका का निर्वाह तभी और बेहतर तरीके से निभा सकेगा, जब हमारे कारोबारी अपने पैरों पर खड़े होने के लिए अपनी कमर कसेंगे। यह ठीक नहीं है कि हमारे कारोबारी अभी भी बड़ी मात्रा में आयात पर निर्भर हैं। यह आयात भी चीन से किया जा रहा है, यद्यपि चीन से आयात करने पर कटौती जारी है, लेकिन यदि अभी भी अपेक्षित सफलता नहीं मिल पा रही है तो इसके लिए हमारे उद्योग जगत् का रवैया उत्तरदायी है, जिसके तहत वह आयात पर निर्भरता कम करने को तैयार नहीं है। वह कच्चे माल से लेकर कलपुर्जों तक के लिए अभी भी चीन पर निर्भर है। उसे अब अपने दम पर वह सब निर्मित करना होगा, जो सामान चीन से आयात किया जाता है। केवल इतने से ही काम नहीं चलेगा, बल्कि उसे उत्पादकता और गुणवत्ता के मामले में भी चीन के उद्योगों से मुकाबला करना होगा और अंतरराष्ट्रीय बाजार पर अपनी एक विशेष छाप छोड़नी होगी। यह महत्त्वपूर्ण कार्य है, जिसे उद्योग जगत् को अपनी शक्ति, सामर्थ्य, संयम एवं सतर्कता के साथ पूरा करते हुए इस संकल्प को सिद्धि में बदलना होगा।

हमारी स्वाधीनता के सौ वर्ष पूरे होने में अभी लगभग 26 वर्ष बाकी हैं, जिसमें नई शिक्षा नीति में कौशल विकास को विशेष रूप से जोड़ा गया है। संसार में इस समय इनोवेशन की प्रतिस्पर्धा है और हमारे देश की 65 प्रतिशत आबादी युवा है और युवा पीढ़ी को इस प्रतिस्पर्धा को चुनौती के रूप में लेना होगा। इस शिक्षा नीति में अध्यापन को मात्र अध्ययन से ही नहीं जोड़ा गया है, बल्कि अपनी ज्ञान व कौशल की परंपरा से जोड़े जाने पर विशेष बल दिया गया है। उच्च शिक्षा पूरी दुनिया, विशेष रूप से पश्चिमी देशों की अर्थव्यवस्था में सक्रिय सहयोग करती है। हाल में वर्ष में हमारे देश की विश्वविद्यालयी व उच्चतर शिक्षा को नए लेवर व कलेवर में बदलने की काररवाई की जा चुकी है। दुनिया व संस्थानों से शिक्षार्थी

और शिक्षक बदला-बदली कार्यक्रम से विश्व के श्रेष्ठ शिक्षकों को आकर्षित किए जाने की भी योजना, शिक्षा नीति के तहत विशेष रूप से रखी गई है। सूचना प्रौद्योगिकी छात्रों को छोड़कर हमारे महाविद्यालयों व विश्वविद्यालयों को भी विश्व स्तरीय बनाने की एक बड़ी रूपरेखा तैयार की जा चुकी है। इसमें इस बात का भी विशेष ध्यान रखा गया है कि परंपरागत पाठ्यक्रमों से भी बँधा रहना तर्कसंगत नहीं है। आज समय की आवश्यकता के अनुसार सामयिक विषयों को बड़ी गंभीरता एवं तत्परता के साथ पाठयक्रमों के साथ जोड़ने पर भी नई शिक्षा नीति में विशेष बल दिया गया है।

वर्तमान सरकार के कार्यकाल की समीक्षा भी भावी भारत की परिकल्पना को प्रत्यक्ष तथा परोक्ष रूप से परिलक्षित करने में सहयोगी सिद्ध होगी। क्या वास्तव में यह सरकार अपने देश के गरीबों, पिछड़ों, दलितों तथा जरूरतमंदों के लिए सही हितकारी योजनाएँ क्रियान्वित करने में आगे आई है? आत्मनिर्भरता, प्रभुत्व, राष्ट्रवाद एवं मानवीय मूल्यों की सुरक्षा के संदर्भ में अंतरराष्ट्रीय स्तर पर मोदी के कुशल नेतृत्व में भारत अपनी सशक्त, सक्षम पहचान बनाने की ओर निरंतर पहल कर रहा है। बहुचर्चित नारा 'सबका साथ, सबका विकास तथा सबका विश्वास' हकीकत में कितना खरा उतर पाया है? यह सभी वर्ष 2047 की परिकल्पना की मीमांसा या अनुयापन का स्पष्ट संकेत देने से सक्षम है। 'रोटी, कपड़ा और मकान' जैसी बुनियादी आवश्यकताओं को कहाँ तक पूरा किया जा सकता है। भले ही सतत विकास लक्ष्य की दौड़ में भारत को पिछड़ा दिखाया गया है, किंतु विगत सात वर्षों की कार्यप्रणाली सफलता की एक मजबूत कहानी लिखने में सक्षम होगी। रोटी जुटाने की जुगाड़ में आज जन-धन खातों में 1 सौ 30 लाख करोड़ रुपए की धनराशि है, जिसमें खाताधारकों की संख्या 40.05 करोड़ है। निचले पायदान पर खड़ी इतनी बड़ी आबादी के पास सात साल पूर्व तक अपना कोई बैंक खाता तक नहीं था। प्रत्येक व्यक्ति व परिवार का अपना घर होने का सपना होता है, इसके लिए मोदी सरकार के संकल्प के तहत वर्ष 2024 तक प्रत्येक वंचित परिवार के पास अपना घर होगा, इसको अमली जामा पहनाने के लिए लगभग 2 करोड़ मकान बनाए जा चुके हैं।

बिजली, पानी व ईंधन की व्यवस्था को जुटाने के संदर्भ में सात सालों में किए गए प्रयास सराहनीय हैं। 'जल ही जीवन है' की सोच के आधार पर पीने का स्वच्छ जल उपलब्ध हो, इसके लिए 'जल जीवन मिशन' के तहत वर्ष 2024 तक प्रत्येक ग्रामीण के घर में नल का कनेक्शन देने का भी लक्ष्य रखा गया है।

इससे जनता को जलजनित रोगों से मुक्ति मिलेगी। वह स्वास्थ्य के लक्ष्य को प्राप्त करने में भी सक्रिय सहयोग प्राप्त कर सकेगा। विद्युत ऊर्जा विशेष रूप में ग्रामीण क्षेत्रों में बुनियादी जरूरत है, जिसे पूरा करने को भी एक व्यापक रणनीति 'सौभाग्य' योजना के तहत बनाई गई है, ताकि इसका निवारण हो सके। भोजन पाने के लिए तथा धुएँ से आँखों को सुरक्षा प्रदान करने की दृष्टि से गरीबों को मुफ्त गैंस सिलेंडर देने के लिए शुरू की गई 'उज्ज्वला योजना' के अंतर्गत 8.3 करोड़ परिवारों को प्रत्यक्ष रूप से इसका लाभ प्राप्त हो सका है। इसी वर्ष 2021 से 'वन नेशन वन राशन कार्ड' योजना पूरे देश में एक साथ लागू की जा चुकी है, इससे उपभोक्ता कहीं से भी अपना राशन प्राप्त कर सकेगा। 'प्रधानमंत्री गरीब कल्याण योजना' के तहत गरीब परिवारों को मुफ्त अनाज दीपावली तक उपलब्ध करवाने की भी घोषणा की जा चुकी है।

स्वास्थ्य सुरक्षा के तहत 7 जून, 2021 को प्रधानमंत्री नरेंद्र मोदी ने अब 18 से 44 साल के आयु वर्ग के लोगों के हरियाणा के लिए भी राज्यों को फ्री वैक्सीन दी जाएगी और मुक्त टीकाकरण 21 जून, 2021 तक शुरू हो जाएगा और दो सप्ताह के अंदर ही जुड़े आवश्यक दिशा-निर्देश भी तय कर दिए जाएँगे। इसके साथ ही आर्थिक रूप से कमजोर वर्ग के स्वास्थ्य को दृष्टिगत रखते हुए 'आयुष्मान योजना' के तहत लगभग 10 करोड़ परिवारों को सालाना पाँच लाख रुपए का स्वास्थ्य बीमा लाभ भी प्रदान किया जा रहा है। 'स्वच्छ भारत मिशन' के अंतर्गत बनाए गए शौचालयों के फलस्वरूप लगभग 55 करोड़ लोगों ने अब खुले में शौच करना बंद कर दिया है। 'स्वच्छ भारत अभियान' एक राष्ट्रीय स्तर की योजना है, जिसमें गलियों, सड़कों तथा आगे की संरचना को साफ-सुथरा करना और कूड़े-कचरे को हटाना है। इसका लक्ष्य प्रमुख रूप से ग्रामीण क्षेत्रों में सामान्य जीवन स्तर सुधारना, जागरूकता सृजन और स्वास्थ्य शिक्षा के माध्यम से स्थायी स्वच्छता सुविधाओं को प्रोत्साहित करना है। ग्रामीण क्षेत्रों में संपूर्ण स्वच्छता के लिए ठोस और तरल अपशिष्ट प्रबंध पर विशेष ध्यान देते हुए समुदाय प्रबंधित पर्यावरणीय स्वच्छता पद्धति विकसित करना। पारिस्थिकीय रूप से सुरक्षित और स्थायी स्वच्छता हेतु किफायती तथा उपयुक्त प्रौद्योगिकियों को बढ़ावा देना।

किसान सम्मान निधि योजना : जैसा कि हम सभी जानते हैं कि हमारा देश एक कृषि प्रदान देश है और किसान इस देश की रीढ़ की हड्डी (बैक बोन) की एक बड़ी भूमिका निभाता है। किसानों के लिए यह योजना पहले से काफी पॉपुलर है। इस योजना के तहत सरकार किसानों के बैंक खातों में प्रतिवर्ष 6,000

रुपए की धनराशि जमा करवाती है। 2000-2000 रुपए की तीन किस्तों में किसान खाते में पैसे डाले जाते हैं। इस योजना की शुरुआत वर्ष 2019 में की गई। अभी तक 9.05 करोड़ किसानों को तीन किस्तों में निर्धारित राशि प्रदान की जाती है। इसके साथ ही किसानों के कल्याण के लिए मोदी सरकार ने तीन विशेष कृषि कानून भी बनाए, ताकि किसानों की फसल का लाभ बिचौलिए न ले सकें और बिचौलिया राज समाप्त हो सके। किसान अपनी फसल को देश भर में कहीं भी बेच सकता है। किसानों की फसल में प्राकृतिक व मानव निर्मित आपदा के कारण किसी प्रकार का कोई नुकसान न हो, इसके लिए प्रधानमंत्री फसल बीमा योजना आरंभ की गई। इसमें फसलों की बुआई से लेकर कटाई तक पूरी बीमा सुरक्षा का बंदोबस्त किया गया है।

जी.एस.टी. समाधान योजना : केंद्र सरकार ने व्यापारियों को लाभ देने व परेशानियों से बचाने के लिहाज से यह योजना आरंभ की है। समाधान योजना के दायरे में डेढ़ लाख करोड़ तक वार्षिक टर्न ओवरवाले व्यापारी शामिल हैं। इन व्यापारियों को हर तिमाही सामान की बिक्री पर एक प्रतिशत टैक्स की संकल्पना से वस्तु एवं सेवा कर, यानी जी.एस.टी. लागू किया गया, जैसा कि हम सब जानते हैं कि व्यापारी एवं कॉरपोरेट वर्ग को केवल उलाहना देकर देश की प्रगति करना संभव नहीं है। यही कारण है कि व्यापारी की स्थिति में सुधार हो तथा सरकार के खाते में पर्याप्त धनराशि भी जुटाई जा सके। इसी रणनीति के तहत इस योजना को आरंभ किया गया। उन कानूनों को रद्द किया गया, जो विकास में बाधा थे।

बैंकिंग क्षेत्र में विलय का मामला : किसी देश के लिए विकास एवं उसकी आर्थिक व्यवस्था को सुदृढ़ बनाने में बैंकिंग सेक्टर की महत्त्वपूर्ण भूमिका होती है, इसे कदापि भी नकारा नहीं जा सकता। बैंकिंग के महत्त्व एवं उनके खर्चों को सीमित करने की दृष्टि से बैंकिंग क्षेत्र में विलय का फॉर्मूला निकाला गया। इसी के तहत विगत वर्ष दस राष्ट्रीयकृत बैंकों को और अधिक आधुनिक, पारदर्शी व समसामयिक बनाने की दृष्टि से डिजिटल ट्रांजेक्शन पर विशेष बल दिया गया। नोटबंदी के बाद कार्यकुशलता बढ़ाने एवं पैनी निगाहें बनाए रखने के हिसाब से एक नया बदलाव किया गया, जो समय की दृष्टि से बेहद जरूरी था।

तीन तलाक विधेयक : भारत के सर्वोच्च न्यायालय ने अगस्त 2017 में तीन तलाक को गैरकानूनी करार दिया। केंद्र सरकार ने तीसरी बार इस विधेयक को राज्यसभा में पेश किया, जहाँ उसे पास करने में सफलता मिली। राष्ट्रपति की सहमति के बाद तीन तलाक का विधेयक कानून बन गया। सर्वोच्च न्यायालय के

निर्णय के बावजूद इसका इस्तेमाल होने पर सरकार सितंबर 2018 में अध्यादेश लाई। तीन तलाक देने पर पति को तीन साल की सजा का प्रावधान रखा गया। सामाजिक दृष्टि से महिलाओं को इस शोषण से बचाने के लिए एक बड़ा साहसिक कदम सरकार द्वारा उठाया गया। यह कानून मुस्लिम महिलाओं की सुरक्षा के लिए एक बड़े सुरक्षा कवच की भूमिका निभा रहा है। इस समय देश में तीन तलाक के मामले घटकर मात्र 5 से 10 प्रतिशत ही रह गए हैं। तीन तलाक से पीड़ित अपने ही पति से स्वयं और अपनी आश्रित संतानों के लिए निर्वाह भत्ता प्राप्त करने की हकदार होगी। इस रकम को मजिस्ट्रेट निर्धारित करेगा।

धारा 370/व 35ए की समाप्ति : जैसा कि हम सभी जानते हैं कि जम्मू-कश्मीर 71 वर्षों तक धारा 370 की मजबूत जंजीरों में जकड़ा रहा। वर्ष 2019 में 5 अगस्त को कश्मीर को अनुच्छेद 370 से आखिर मुक्ति मिली, जो कार्य असंभव नहीं तो बड़ा दुसाध्य अवश्य नजर आ रहा था। इसी के साथ जम्मू-कश्मीर में देश के वे सभी कानून लागू हो गए, जिन्हें विगत 70 वर्ष से लागू नहीं किया जा सका था। जम्मू-कश्मीर का अलग झंडा हटाकर अब वहाँ के सरकारी कार्यालयों में तिरंगा लहराने लगा है। इसके साथ ही जम्मू-कश्मीर के लोगों को अब केंद्र सरकार की लाभकारी योजनाओं का फायदा मिलने लगा है, जिनसे कई सालों तक कश्मीर के लोगों को वंचित रखा गया था। इसके साथ ही 5 अगस्त, 2019 को भारतीय संविधान के 35ए को भी निरस्त किया गया, जो कि जम्मू व कश्मीर राज्य विधान मंडल को 'स्थायी निवासी' परिभाषित करने तथा उन नागरिकों को विशेष अधिकार प्रदान करने का अधिकार देता था।

जम्मू-कश्मीर बदलाव : एक नजर में

पहले	वर्तमान में
जम्मू-कश्मीर को विशेष अधिकार	कोई विशेष अधिकार नहीं
दोहरी नागरिकता	एकल नागरिकता
अनुच्छेद 356 लागू नहीं होता था।	अब अनुच्छेद 356 लागू है
अनुच्छेद 360 आर्थिक आपातकाल लागू नहीं	अब अनुच्छेद 360 आर्थिक आपात काल लागू
अल्पसंख्यकों को कोई आरक्षण नहीं	अल्पसंख्यक आरक्षण के लिए योग्य

दूसरे राज्यों के लोग जमीन या प्रॉपर्टी नहीं खरीद सकते थे	देश के किसी भी राज्य के लोग अब जम्मू-कश्मीर में जमीन व प्रॉपर्टी ले सकते हैं
विधानसभा का कार्यकाल यहाँ पर छह साल का होता था।	केंद्र शासित प्रदेश जम्मू-कश्मीर में विधानसभा का कार्यकाल पाँच वर्ष होगा
सूचना का अधिकार (आर.टी.आई.) लागू नहीं होता था	अब राज्य में सूचना का अधिकार (आर. टी.आई.) लागू है
राज्य में शिक्षा का अधिकार लागू नहीं था	अब शिक्षा का अधिकार लागू है।
भारत के राष्ट्रीय ध्वज या राष्ट्रीय प्रतीकों का अपमान	अब राष्ट्रीय ध्वज या राष्ट्रीय प्रतीकों का अपमान करना अपराध है और ऐसा करने पर सजा मिलेगी।

निःसंदेह जम्मू, कश्मीर व लद्दाख में परिवर्तन के परिणाम स्पष्ट रूप से परिलक्षित होने लगे हैं।

भारत-चीन विवाद : यह विशेष रूप से उल्लेखनीय है कि मोदी के नेतृत्व वाली सरकार ने विगत अनेक वर्षों के हमारे अर्जित चरित्र को बदल दिया है, आखिर चीन शक्तिशाली विरोधी का सामना करने पर पीछे हट गया। जिस चीन ने 'वन नेशन वन रोड' (ओ.बी.सी.आर.) पहले से दक्षिण चीन सागर तक अपना रास्ता बनाया था, उसे डोकलाम और पांगोंग झील से पीछे हटने को मजबूर किया। इस सरकार के कार्यकाल में राष्ट्रीय गौरव के अनेक क्षणों को अनुभव किया गया। वास्तव में अब भारत दूसरे देशों के विचारों, प्रभावों एवं दबावों से नहीं, बल्कि अपने विश्वास के साथ आगे बढ़ता जा रहा है। भारत उन देशों को मुँहतोड़ जवाब देने लगा है, जो हमारे खिलाफ साजिश करते हैं, इससे हम लोगों का आत्मविश्वास बढ़ जाता है और 2047 के सपनों के भारत का रास्ता स्पष्ट नजर आने लगता है। चीन के विस्तारवादी इरादों पर न केवल भारत ने लगाम लगाई, बल्कि अड़ियल रवैया अपनाने पर चाबुक भी अपने हाथ में पकड़ रखा है। पहले कार्यकाल के पाँच वर्षों में मोदी सरकार ने भारत की लगभग प्रत्येक सीमा चौकी को सड़क से जोड़ने का अभियान शुरू किया, जिससे खिसियाकर लद्दाख सीमा पर सेना की तैनाती की। वास्तविक नियंत्रण रेखा पर चीन की सैनिक गतिविधि पर भारत ने जिस प्रकार

से त्वरित एवं सशक्त रुख अपनाया, उससे चीन को एक भारी झटका लगा और उसे लगा कि भारत सरकार इस मामले में किसी प्रकार की कोई डील नहीं बरतेगी, यही करना था पूर्वी लद्दाख में पैगोंग-त्सो लेक से चीन ने अपनी सेना पीछे कर ली। लद्दाख में भारत की दृढ़ता का उल्लेख करते हुए सेना प्रमुख जनरल एम.एस. नरवाने ने कहा, "मुझे लगता है कि किसी भी चीज से बढ़कर हमने जो हासिल किया है, वह दिखाता है कि हमारे साथ चीन की धीरे-धीरे बढ़ने की रणनीति काम नहीं करेगी और उसके हर कदम का कड़ा जवाब दिया जाएगा। हम जो कुछ भी कर रहे हैं, हमें यह ध्यान रखना चाहिए कि हमें चीन से बेहद सावधान रहना होगा, क्योंकि चीन पर विश्वास नहीं किया जा सकता।" भारत ने लद्दाख और भारत तिब्बत सीमा के कुछ अन्य क्षेत्रों में लगभग 50 नए सड़क पुलों का निर्माण किया, जिसमें से 30 सीमा की आखिरी चौकी तक सड़क को जोड़ते हैं।

यह बात विशेष रूप से उल्लेखनीय है कि इससे पूर्व चीन इस तरह पीछे हटने के लिए कभी तैयार नहीं हुआ। इस बार मजबूर हुआ तो भारतीय सेना के सुदृढ़ इरादे और भारतीय नेतृत्व की दृढ़ता के कारण। निःसंदेह इस कार्य पर भारतीय सेना के शौर्य एवं उसके अदम्य साहस की सराहना की जानी चाहिए। गलवान घाटी में चीन द्वारा अपने सैनिकों के मारे जाने की बात एक ऐसे समय में स्वीकार की गई, जब पैगोंग इलाके में सैन्य वापसी का काम पूरा हो गया और सीमा विवाद को विराम देने के लिए बातचीत का दौर शुरू हो गया, किंतु चीन वास्तव में सीमा विवाद को हल करने से बच रहा है। इसका स्पष्ट संकेत है कि वह सीमा रेखा का अतिक्रमण करने की ताक में अभी भी बना हुआ है। भारत भी समझ गया है कि चीन को उसकी अपनी हद में रखने के लिए उसकी कमजोर नसों को दबाने में कतई संकोच नहीं करना है। निःसंदेह मोदी ने 'आत्मनिर्भर भारत' अभियान के माध्यम से इस चुनौती को अवसर में बदला है। उनके नेतृत्व में भारतीय विदेश नीति ने नए तेवरोंवाली करवट ली है, अब हमारी विदेशी नीति तथा सामरिक नीति अपनी चौकन्नी निगाहें रखने के लिए तत्पर है, क्योंकि चीन वादाखिलाफी के लिए कुख्यात है। विदेश रणनीति में चीन के कुचक्र के विरुद्ध परिवर्तन के परिणाम सामने आने लगे हैं। वास्तव में चीन द्वारा लद्दाख पर कब्जा करने की शरारत की जड़ है, तिब्बत में चीन का कब्जा होना। इसी कारण वह अब भारत की सीमा पर आ खड़ा हुआ है और लद्दाख, उत्तराखंड, सिक्किम और अरुणाचल प्रदेश के भारतीय क्षेत्रों पर भी दावा करता है।

चीन को यथास्थिति पर जाने के लिए बाध्य करके भारत ने स्पष्ट रूप से यह

संदेश दे दिया है कि वास्तविक नियंत्रण रेखा का उल्लंघन दोनों देशों के बीच सभी संबंधों को सभावित करेगा, भारत अपनी सीमा में हो रहा निर्माण जारी रखेगा। इसके साथ ही भारत ने स्वयं को भौगोलिक, राजनीतिक और आर्थिक रूप से अब अधिक मजबूत कर लिया है। विश्वास है 2017 में भारत विश्व स्तर में सबसे आगे जाने में कामयाब हो सकेगा व मूल्य आधारित व्यवस्था का अनुभव करेगा।

भारत का बढ़ता वैश्विक वर्चस्व : अब भारत दुनिया की एक बड़ी शक्ति बनने की ओर अग्रसर है। उसने शक्ति स्थिति संतुलन स्थापित करने के लिए प्रयोग किए जाने पर नकेल डाल दी है। प्रधानमंत्री ने स्पष्ट शब्दों में कहा है, 'भारत को अब दुनिया की बड़ी ताकत बनाने में योगदान दें, देश को अब बैलेंसिंग पावर की भूमिका तक सीमित न रखा जाए।' यहीं से भारत केंद्रित विदेश नीति की शुरुआत हुई, जो निश्चित रूप से अत्यंत त्वरित एवं सक्रियता के साथ आगे बढ़ी, जिसके परिणाम आज हमारे सामने हैं। वैश्विक महामारी कोविड-19 की पहली लहर में ही एक वर्ष के दौरान भारत ने जैसी कूटनीति का परिचय प्रस्तुत किया, निःसंदेह वह भारत के कुशल नेतृत्व का एक उदाहरण है। वास्तव में 'क्वाड' (चतुर्भुज सुरक्षा संवाद) का लक्ष्य हिंद प्रशांत क्षेत्र में चीन की आक्रामक गतिविधियों के बीच सामरिक दृष्टि से महत्त्वपूर्ण क्षेत्र की नियम आधारित व्यवस्था को मजबूती प्रदान करता है। अभी तक चीन हिंद प्रशांत क्षेत्र में चारों ओर से अपनी सैन्य शक्ति की धौंस जमाता रहा है, जिससे यह क्षेत्र निरंतर विवादपूर्ण बना रहा। प्रधानमंत्री मोदी ने कहा, "हम लोग अपने साझा मूल्यों को आगे बढ़ाने और समृद्ध हिंद प्रशांत क्षेत्र को बढ़ावा देने के लिए पहले की तुलना में आपसी सहयोग के लिए अधिक काम करेंगे।"

आज भारतीय विदेश नीति व्यावहारिक प्रयास अथवा वास्तविक राजनीति पर केंद्रित करके तेजी से साथ आगे बढ़ी है। वैश्विक व्यवस्था में जिस प्रकार से बदलाव हो रहे हैं, भारत तेजी के संस्थागत ढाँचागत तथा विचारों के स्तर पर भावी चुनौतियों से निपटने के लिए गंभीरता के साथ अपनी रणनीतिक पहल करता हुआ नजर आ रहा है। यह सच है कि वैश्विक परिदृश्य बहुत तेजी के साथ बदला है, जिसके अनुसार अपनी नीतियों में बदलाव आना जरूरी हो जाता है। अतीत में इसका प्रभाव दिखा, किंतु मोदी सरकार ने विदेश नीति को व्यावहारिक मोर्चे पर पूरी तरह से पारंगत बनाने का प्रयास किया। इसमें कोई संदेह नहीं कि हमारे पड़ोस में अस्थिरता हावी रही है।

इसके फलस्वरूप भारत का रवैया भी प्रायः प्रतिक्रियात्मक रहा है, परंतु मोदी

सरकार ने रीति–नीति में परिवर्तन किया है। विदेश नीति में पड़ोसियों को प्राथमिकता देने का सिलसिला शुरू हुआ, इससे इन देशों को लेकर भारत की दृष्टि बदली है। मोदी सरकार ने विदेश नीति को व्यावहारिक बनाकर हाल में कई उदाहरण प्रस्तुत किए हैं। कोरोनाकाल में अपने पहले विदेशी दौर में बांग्लादेश में जाकर अपने प्रत्यक्ष प्रतिनिधित्व का निर्णय लिया। प्रथम शपथ समारोह में पाकिस्तान सहित अनेक देशों के सभी प्रमुखों को आमंत्रित करके 'प्रथम पड़ोसी नीति' का उदाहरण दिया। पहले विदेश दौरे के लिए भूटान तथा दूसरे दौरे में मालदीव को चुना। अशांत म्याँमार के सैन्य शासन के विरुद्ध पश्चिमी देश दबाव बनाने में भारत को अपने अभियान में शामिल करने के लिए लगे रहे हैं, किंतु भारत ने इससे बचते हुए व्यावहारिक राजनीति का भी परिचय दिया। अफगानिस्तान और पाकिस्तान में भी अपनी व्यावाहरिक विदेश नीति अपनाने पर बल दिया है। इस समय भारत यह बताने में बहुत हद तक सफल एवं समर्थ दिखाई दे रहा है कि वह बड़ी शक्ति बनने की प्रक्रिया में है और ऐसी शक्ति, जो अंतरराष्ट्रीय व्यवस्था की प्राथमिकताओं को परिभाषित करने की योग्यता रखती है और 'वसुधैव कुटुंबकम्' एवं 'सर्वे भवंतु सुखिनः' के आदर्श के साथ आगे बढ़ने की क्षमता, दक्षता, कार्य कुशलता एवं व्यावहारिकता भी परिलक्षित हो रही है।

बदलते व कूटनीतिक परिवेश के साथ व्यावहारिक रूप लेती विदेश नीति ने भारत के भावी परिदृश्य को स्पष्ट रूप से प्रतिष्ठित कर दिया है। भारत का विश्वव्यापी सांस्कृतिक इतिहास तथा प्रवासी भारतीयों का वैश्विक दोनों भूमिकाओं का सपना है, जिसे वे साकार करने के हरसंभव प्रयास में लगे हैं। विश्वास है कि भारत संवाद, संवेदनशीलता व सामरिक विशेषताओं से संपन्न विदेश नीति को आगे बढ़ाते हुए नए आयाम स्थापित करने में सफल होगा।

रक्षा व सुरक्षा हेतु नए आयाम : भारत की वर्तमान मोदी सरकार ने भारतीय रक्षा व सुरक्षा नीति का निर्माण अपने देश की आंतरिक एवं बाह्य समस्याओं को विशेष रूप से ध्यान में रखकर किया है। राष्ट्रीय सुरक्षा के अंतर्गत राष्ट्र के सामाजिक, सांस्कृतिक, आर्थिक, भौगोलिक, भावनात्मक, मौलिक व मार्मिक मूल्यों तथा मापदंडों को सुरक्षित रखने का संकल्प करते हुए राष्ट्र के विकास की गति को निरंतर बनाए रखना होता है। प्रत्येक राष्ट्र अपनी सुरक्षा के मामले को सदैव ही सर्वोपरि मानता है। आज हम शक्ति, विकास एवं नई व्यवस्था के स्थान पर नवीन प्रकार के संघर्ष तथा अनवरत अव्यवस्थाओं का अनुभव कर रहे हैं। कोरोना के कहर व लगातार कोहराम ने संपूर्ण संसार को महामारी की चेपट में लेकर न

केवल भारत, बल्कि दुनिया ही बदल दी। मोदी सरकार ने अपने सात वर्षों के दौरान यह भी खुलकर दिखा दिया कि अब भारत रक्षात्मक नहीं, बल्कि आक्रामक रक्षा नीति में विश्वास रखने लगा है। हमारे निकटतम पड़ोसी पाकिस्तान व चालाक चीन दोनों को यह बात बेहतर तरीके से समझ में आ गई है। आतंक का आधार बिंदु बने पाकिस्तान को सीमा में घुसकर भारत ने उसे दो बार ऐसा सबक सिखाया, शायद जिसकी उसने कभी परिकल्पना तक नहीं की होगी। इसी प्रकार भारत ने चीन की चैन की नींद भी पूरी तरह से अब उड़ा दी है।

चीन की लगातार बढ़ रही नौसेना की सैन्य शक्ति का सामना करने के लिए रक्षा मंत्रालय ने जून 2021 में 43,000 करोड़ की लागत से छह अत्याधुनिक पनडुब्बी निर्माण की परियोजना को आगे बढ़ने की मंजूरी दे दी है। इसी के साथ रक्षा खरीद परिषद् (डी.ए.सी.) ने 6,000 करोड़ रुपए के प्रस्ताव पर सेना के एयर डिफेंस एंड सिस्टम के आधुनिकीकरण के लिए अपनी मंजूरी रक्षा मंत्रालय को दे दी है। आधा दर्जन पनडुब्बी निर्माण की यह परियोजना नौसेना के 75 प्रोजेक्ट के तहत राजनीतिक साझेदारी की पहली परियोजना है, इतना ही नहीं, 'मेक इन इंडिया' के अंतर्गत यह अब तक की सबसे बड़ी परियोजना है। भारत में पनडुब्बी निर्माण तकनीक और उद्योग के लिए यह परियोजना अनुकूल वातावरण व एक सशक्त माध्यम तैयार करेगी। भारतीय नौसेना की अपनी मुद्रक क्षमता को बढ़ाने के लिए परमाणु हमला करने में सक्षम छह पनडुब्बियों सहित 24 नई पनडुब्बियाँ खरीदने की योजना है। फिलहाल उसके पास 15 परंपरागत पनडुब्बी और दो परमाणु पनडुब्बी हैं। हिंद महासागर में अपनी सैन्य क्षमता में वृद्धि करने के लिए चीन के अनवरत प्रयासों को विशेष रूप से ध्यान में रखते हुए भारतीय नौसेना अपनी सभी क्षमताओं की वृद्धि पर विशेष ध्यान दे रही है।

भारतीय रक्षा मंत्रालय ने सेना के लिए आवश्यक हथियार रॉकेट, एयर डिफेंस एंड सिस्टम, राफेल लड़ाकू, प्रक्षेपास्त्र तथा अन्य अति आधुनिक सुरक्षा प्रणाली पर भी विशेष ध्यान दिया है, ताकि भारत अपने कुशल, सजग, सशक्त, सक्षम सुरक्षा दल का गठन करते हुए प्रत्येक प्रकार की परिस्थितियों का सफलतापूर्वक सामना कर सके। भारत 'हाइपर सैनिक' प्रक्षेपास्त्रों के क्षेत्र में धीरे-धीरे दृढ़ता के साथ विकास कर रहा है। भारतीय नौसेना चीन की समुद्री गतिविधियों पर अपनी पैनी नजर रखे हुए है। भारतीय वायुसेना अपने 'मिड एयर रिफ्यूलर' विमान लैड पर लाने पर विचार कर रही है, ताकि फौरी जरूरत को पूरा किया जा सके। विगत वर्ष भारत ने तीसरी पीढ़ी के एंटी टैंक गाइडेड मिसाइल 'नाग' का अंतिम परीक्षण

किया, इसके साथ ही क्विक रिएक्शन सरफेस टू एयर मिसाइल (क्यू आर सैम) प्रणाली से मध्यम रेंज तथा मध्यम ऊँचाई पर एक पाइलट रहित 'लक्ष्य' विमान पर सीधा प्रहार करके एक बड़ा मील का पत्थर पार किया। इसके साथ ही सुपर सोनिक क्रूज मिसाइल 'ब्रह्मोस', नई पीढ़ी की एंटी रेडिएशन मिसाइल 'रुद्रम', स्वदेशी एंटी टैंक गाइडेड मिसाइल (ए.टी.जी.एम.) तथा 'सुपर सोनिक मिसाइल असिस्टेंट रिलीज ऑफ टारपीडो' (एस.एम.ए.आर.टी.) या 'स्मार्ट' का सफलतापूर्वक परीक्षण किया। इस प्रकार रक्षा व सुरक्षा के बारे में सक्षमता व सजगता से किए जा रहे कार्यों से सपनों के भारत का भविष्य भी सार्थक होगा।

भारत ने अनेक क्षेत्रों में अप्रत्याशित प्रगति की है—ग्रामीण घरों में पीने के पानी और ऊर्जा की आपूर्ति से लेकर डिजिटल लेन-देन तक विकास का सिलसिला जारी है। मोदीजी के कुशल नेतृत्व में भारत ने अपने 'स्वयं के विकास' पर काम किया है। कभी भी दूसरे देशों के विचारों एव दबावों के आगे घुटने नहीं टेके हैं, इसके साथ ही सशक्त बलों ने भारत के विरुद्ध 'साजिश' करनेवालों को मुँहतोड़ जवाब दिया है। पूर्वोत्तर राज्यों से लेकर कश्मीर तक शांति और विकास का नया विश्वास पैदा हुआ है। देश में 2021 में रिकॉर्ड खाद्यान्न का उत्पादन हुआ है। विगत सात वर्षों के दौरान भारतीय सामाजिक एवं आर्थिक समस्याओं को हल करने के लिए अनेक योजनाओं की शुरुआत की, जो संक्षिप्त में इस प्रकार हैं—

आत्मनिर्भर भारत, मिशन कर्मयोगी, प्रधानमंत्री स्वनिधि योजना, समर्थ योजना, सर्व शिक्षा अभियान, राष्ट्रीय गोकुल मिशन, उत्पादन से जुड़ी प्रोत्साहन (पी. एल.आई.) योजना, पी.एम. एफ.एम.ई.—सूक्ष्म खाद्य प्रसंस्करण उद्यम योजना का औपचारिकरण, कपिला कलाम कार्यक्रम, प्रधानमंत्री मत्स्य संपदा योजना, राष्ट्रीय डिजिटल स्वास्थ्य मिशन, सौर सुरक्षा मिशन, स्वामित्व योजना, सहकार प्रसाद पहल, एकीकृत प्रसंस्करण विकास योजना, सभी के लिए आवास योजना, धर्म व जाति से परे स्टार्टअप संस्कृति योजना, सॉवरेन गोल्ड बॉण्ड योजना, फेम इंडिया योजना, कुसुम योजना, नई रोशनी योजना, स्वदेश दर्शन योजना, राष्ट्रीय जल मिशन, ऑपरेशन ग्रीन योजना, डीप ओशन मिशन, प्रधानमंत्री किसान सम्मान निधि, प्रधानमंत्री किसान मान धन योजना, प्रधानमंत्री गरीब कल्याण योजना, प्रधानमंत्री श्रम योगी मान—(धन-डी), नया जल शक्ति मंत्रालय, जन-धन योजना, स्किल इंडिया मिशन, मेक इन इंडिया, स्वच्छ भारत मिशन, सांसद आदर्श ग्राम योजना, सुकन्या समृद्धि योजना—बेटी बचाओ-बेटी पढ़ाओ, हृदय योजना, प्रधानमंत्री मुद्रा योजना, उजाला योजना, अटल पेंशन योजना, प्रधानमंत्री जीवन ज्योति बीमा योजना,

प्रधानमंत्री सुरक्षा बीमा योजना, अमृत योजना, डिजिटल इंडिया मिशन, स्वर्ण मुद्रीकरण योजना, उदय, स्टार्टअप इंडिया, सेतु भारतम योजना, स्टैंडअप इंडिया प्रधानमंत्री उज्ज्वला योजना, स्वच्छ गंगा के लिए राष्ट्रीय मिशन, अटल भूजल योजना, आपात स्थिति में प्रधानमंत्री नागरिक सहायता और राहत पी.एम. केयर्स।

आरोग्य सेतु, आयुष्मान भारत, उमंग : नए जमाने के शासन हेतु एकीकृत मोबाइल एप्लीकेशन, प्रसाद योजना, तीर्थ स्थान का कायाकल्प और अध्यात्म संवर्धन अभियान, सत्यमेव जयते योजना, स्मार्ट सिटीज मिशन, प्रधानमंत्री ग्राम सड़क योजना, बागवानी के एकीकृत विकास के लिए मिशन, राष्ट्रीय मधुमक्खी पालन और शहद मिशन, दीनदयाल उपाध्याय ग्रामीण कौशल योजना, निर्यात उत्पादों पर शुल्क और करों की छूट योजना, विशिष्ट भूमि पार्सल पहचान संख्या योजना, यू.डी.आई.डी. परियोजना, ई. संजीवनी कार्यक्रम (ऑनलाइन ओ.पी.डी.), प्रधानमंत्री स्वास्थ्य सुरक्षा योजना तथा युवा लेखकों के लिए युवा योजना आदि प्रमुख रूप से हैं।

वास्तव में उपर्युक्त योजनाओं का उल्लेख इसलिए किया जा रहा है कि ये सभी योजनाएँ केवल एक नारा नहीं हैं, बल्कि भविष्य के भारत के भाग्य को बदलने के ग्रह-नक्षत्र है, भावी भारत की दिशा व दशा बदलने में इनकी सक्रिय एवं सशक्त भूमिका रहेगी। व्यापक दृष्टि से नई सोच और कार्यनीति के प्रति संभावनाएँ बहुत प्रबल नजर आ रही हैं। मोदीजी के कुशल नेतृत्व में राष्ट्रीय सोच एवं मानवीय मूल्यों की सुरक्षा के प्रति संपर्क की भावना अविरल नजर आती है। मोदी की व्यक्ति, परिवार, राजकाज, धर्म, जाति-समाज, क्षेत्र, सभ्यता और सांस्कृतिक मूलक वैचारिकी यही कहती है कि निःसंदेह निखेरगा हमारा देश और बदलेगा परिवेश। शुरुआत करो, आत्मनिर्भर बनो। सरकार का यह देशव्यापी अभियान भारत की भावी परिकल्पना का ताना-बाना तैयार कर रहा है। मौजूदा सरकार अनेक कारणों से आलोचना का सामना करने के बावजूद अनेक उपाय अपनाने में जुटी है, जिससे सकारात्मक धारणाओं का संचार हो सके। 'स्टार्ट अप इंडिया' कार्यक्रम भारतीय अर्थव्यवस्था को विकास हेतु जोरदार प्रोत्साहन दे रहा है। कौशल विकास का मामला बहुआयामी है, इसको यदि गंभीरता से लिया गया तो दूरगामी सकारात्मक परिणाम देखने को मिलेंगे। किसी भी देश के आर्थिक व सामाजिक विकास के कौशल और ज्ञान बुनियादी कारक होते हैं। भारत विश्व का सबसे युवा देश है, अतः युवाओं के कौशल प्रशिक्षण व ज्ञान पर गंभीरता के साथ विशेष बल देने की जरूरत वर्तमान मोदी सरकार ने अनुभव की।

प्रधानमंत्री भारत के पहले प्रमुख नेता हैं, जिन्होंने चुनाव से पूर्व अपने दिए गए भाषणों द्वारा देश को सक्षम बनाने का न केवल सपना रखा, बल्कि उसको एक साकार रूप देने की रणनीति की रूपरेखा का भी उल्लेख किया। भारत का वैचारिक आधार, आर्थिक, सामाजिक, सांस्कृतिक विकास, विदेश नीति, भारतीय विचार, संस्कार, सोच एवं आध्यात्मिक शैली का विदेशों में विस्तार, महिला सशक्तीकरण, उद्योग, रक्षा, विज्ञान, तकनीकी एवं अंतरिक्ष परियोजना की समस्त बातों का उल्लेख अपने सपनों के भारत के संदर्भ में बहुत हद तक स्पष्ट किया था। मोदीजी ने 19 जनवरी, 2014 के अपने भाषण में स्पष्ट रूप से यह बताने का प्रयास किया कि भारत को लेकर उनका आखिर क्या सपना है? भारत को सक्षम व समर्थ बनाने के लिए सात मूल अंगों का वर्णन किया—1. कुटुंब परिवार व्यवस्था, 2. कृषि पशुधन, गाँव और गरीब, 3. नारी शक्ति एवं मातृत्व महिला, 4. जल, जंगल, जमीन तथा जलवायु, 5. युवा शक्ति का समुचित उपयोग, 6. लोकतंत—जनभागीदारी, 7. ज्ञान-मानव संसाधन। उन्होंने स्पष्ट रूप से कहा है कि देश तभी खड़ा हो सकता है, जब इन सातों रंगों के बीच संतुलन हो और ये सभी आपस में मिलकर एक इंद्रधनुष की तरह बन जाएँ। मोदी का भारत के आंतरिक और वैश्विक दोनों भूमिकाओं का सपना है।

राजनय के सांस्कृतिक सूत्र मोदीजी ने जहाँ नई शिक्षा नीति आरंभ की, वहीं अधिक-से-अधिक शिक्षक बनाने की बात पर भी विशेष बल दिया, ताकि वे दूसरे देश में जाएँ और उनको भारतीय विचारों, परंपराओं व संस्कृति के द्वारा जोड़ें। इसके साथ ही दुनिया में व्याप्त भारतवंशियों का भी उन्होंने आह्वान किया कि आप अधिक-से-अधिक सीखें, काम करें और भारतीयता का प्रचार व प्रसार करें और उनका लाभ देश को पहुँचाएँ। यह बात भी यहाँ पर विशेष रूप से उल्लेखनीय है कि मोदी उन समस्त देशों अथवा अनेक देशों की आबादी के एक वर्ग को भारत के साथ भावनात्मक रूप से जोड़ना चाहते हैं, जिनका अतीत में भारत के साथ सांस्कृतिक संबंध रहा है। इस प्रकार विश्व में वृहद् भारत के विस्तार के संवेदनशील प्रयास करने में कोई कसर नहीं छोड़ी है।

मोदीजी की स्पष्ट सोच है कि यदि हमारे देश की ग्रामीण जनता और किसान आधुनिक रूप में शिक्षित व प्रशिक्षित हो गया, तकनीकी का उपयोग करने लगा तो फिर भारत को महाशक्ति और विश्व का मार्गदर्शक बनने से कोई रोक नहीं सकता। इनमें सबसे प्रमुख स्थान भारत के प्रति भक्ति भावना, अर्थात् राष्ट्र-प्रेम जागृत करना है और भारत के उनके सपने का मूल है। यह मूल अंश वर्तमान परिस्थितियों

में सबसे व्याहारिक, सार्थक एवं सटीक कहा जा सकता है। मोदी सरकार की सांस्कृतिक, सरकारी रीति और कलाओं के प्रति प्रीति सुस्पष्ट है।

विश्व भर की नव शक्तियों ने मोदी के नेतृत्व में भारत की शक्ति, सामर्थ्य एवं सक्रियता को समझा और यह भी जान गए कि भारत की अहिंसा उसकी कमजोरी नहीं, सामर्थ्य का प्रतीक है, अब एक सौ तीस करोड़ भारतीयों के स्वाभिमान का स्तंभ अब खड़ा हो चुका है और उसका आत्मविश्वास ही उसकी सबसे बड़ी पूँजी है। यदि सात वर्षों का लेखा-जोखा करें तो भारत का सपना 2047, यानी स्वाधीनता के 100 वर्ष बीतने पर सर्वोपरि श्रद्धा, संस्कृति एवं मानवीय सोच से न केवल लबालब होगा, बल्कि विश्व में अपनी एक विशिष्ट पहचान बनाने में भी सफल होगा। भले ही हमारा देश दुनिया का सबसे शक्तिशाली व विकसित देश न कहा जाए, किंतु संसार भर में सर्वाधिक संस्कृति, संस्कार, सकारात्मक सोच सहित सानंद से संपन्न देश अवश्य स्वीकार किया जाएगा, वैश्विक कोरोनाकाल में भी भारतीय सोच यही रही—'उदार चरितानां तु वसुधैव कुटुंबकम्', जननायक की सोच नहीं जनसेवक की सोच रखनेवाला ही जीवन मूल्य को समझता है। अनेक समस्याओं से ग्रसित होने के बावजूद एक ऐसी प्रेरणादायक शुरुआत हो चुकी है, जो हमरी समस्याओं के वास्तविक हल खोजने के साथ भटकी हुई दुनिया को भी वैकल्पिक रास्ते जानने के दीपक दिखाएगी, ऐसा दृढ़ विश्वास है। हमारे सपनों का भारत जहाँ देश व दुनिया में विश्व शांति के प्रयास करेगा, वहाँ आत्मनिर्भरता के साथ स्वर्णिम भविष्य को सक्षम, समर्थ, संस्कृति संपन्न, शिक्षित, कौशल, दक्षपूर्ण एवं प्रभावी प्रमाणित होगा।

अंततः कोरोना से कोहराम मचानेवाली लहर के इस कठिन समय में नई स्टार्टअप कंपनियों (यूनिकॉर्म) के साथ देशों में उद्यमिता का उदय हो रहा है। बैंकिंग टेक स्मार्टअप जीता, भारत में नवीनतम यूनिकॉर्न बन गया है, जिसमें केवल चार माह के अंतराल में 2020 की टैली 13 यूनिकॉर्म तक पहुँच गई है। भारतीय यूनिकॉर्न पर मार्च 2021 में जारी की गई क्रेडिट सुइस रिपोर्ट ने स्पष्ट किया कि वित्तपोषण और व्यापारिक परिवेश में परिवर्तन के कारण भारत में 240 अरब अमेरिकन डॉलर के संयुक्त बाजार पंजीकरण के साथ 100 यूनिकॉर्न अस्तित्व में आए हैं। यह देश द्वारा अभूतपूर्व गति से तकनीकी को अपनाने से संभव हुआ है। आधार पहचान प्रणाली के माध्यम से भारत ने आज अपनी एक अलग डिजिटल पहचान बना ली है। आधार, बैंक खातों और मोबाइल फोन को एक साथ जोड़कर वित्तीय समावेशन का और विस्तार किया है तथा सिस्टम लिकेज पर अंकुश लगाया

है। हम निःसंदेह प्रौद्योगिकी का प्रयोग करते हुए आर्थिक विकास, जीवन की गुणवत्ता में वृद्धि और जीवन को सरल बनाने की राह में आगे बढ़ चुके हैं।

एक लंबी अवधि के बाद शिक्षा नीति में प्रबल परिवर्तन किया गया है, जो ज्ञान आधारित अर्थव्यवस्था, कौशल युक्त तकनीकी एवं आत्मनिर्भरता पर विशेष बल दे रही है। निश्चित ही शिक्षा व डिजिटल अवसंरचना जैसे क्षेत्रों में मजबूत बुनियाद के बल पर नया इतिहास लिखने की तैयारी है—'सबका साथ सबका विकास तथा सबका विश्वास' ही हमारे सपनों के भारत को साकार रूप दे सकेगा। अंत में विश्वास है कि भारतीय परंपरा, सोच, संकल्प, इतिहास, ज्ञान, कौशल, अध्यात्म, योग, विज्ञान, तकनीकी, संस्कृति एवं सांस्कृतिक क्रियाकलाप को यदि हम सभी अपनाएँगे तो वह दिन दूर नहीं, जब स्वाधीनता के 100 वर्षों में एक सुखद एवं उज्ज्वल भारत का सपना साकार रूप में नजर आएगा। यही हमारा 'विजन-2047' का अभियान, अभिमान एवं अनुगूँज भी है।

□

मेरी कल्पना का भारत

–श्री विजय मनोहर तिवारी

प्रस्तावना

टूट–फूटकर आजाद हुए भारत की यात्रा 75 साल की हो चुकी है। अगले 25 साल में हम स्वतंत्रता के सौ साल का जश्न मना रहे होंगे। जो बच्चे आज झूलों में झूल रहे हैं, वे विश्वविद्यालयों से निकले उत्साही युवा के रूप में उस जश्न में शामिल होंगे, लेकिन 75 साल बाद भारत आज कहाँ है और 25 साल बाद वह कैसा होगा, इस पर गंभीर विचार जरूरी है। मेरी दृष्टि में भारत को मल्टी ऑर्गन उपचार की सख्त जरूरत है। जिंदा बचे रहने और हर तरह से सेहतमंद होकर दुनिया की दौड़ में बराबर शरीक होने में फर्क है। एक हजार साल की गलाघोंट जकड़न के बाद जख्मी भारत जिंदा तो बचा रहा, लेकिन बहुत स्तरों पर उसका गंभीर इलाज और देखभाल होनी चाहिए थी। इसकी अनदेखी ने भारत की मुश्किलों को और जटिल बना दिया। हम अंदर और बाहर कई तरह के झमेलों में फँसे हुए समाज हैं। अगले 25 साल बेहद महत्त्वपूर्ण हैं। सरकार और समाज, दोनों स्तरों पर हमें अपने सुविधाजनक खोल से बाहर आना होगा। बड़े फैसले लेने होंगे, हिम्मत से उन्हें जमीन पर उतारना होगा और तब हम उम्मीद कर सकते हैं कि आज बोतलों में दूध पी रहे बच्चे स्वाधीनता के सौ साल के जश्न में एक स्वस्थ और सशक्त भारत में साँस ले रहे होंगे।

निबंध

प्रधानमंत्री नरेंद्र मोदी ने अयोध्या के विजन डॉक्यूमेंट पर कहा है कि अयोध्या का स्वरूप ऐसा होना चाहिए, जो युवाओं को लुभाए और वे कम–से–कम एक बार यहाँ आने की इच्छा करें। मध्य प्रदेश में ठीक इसी समय ओंकारेश्वर में आचार्य

शंकर की स्मृतियों को पुनर्जीवित करने के लिए बड़े स्तर पर उल्लेखनीय काम हो रहा है। मुझे लगता है कि अयोध्या और ओंकारेश्वर हमें याद दिला रहे हैं कि हमें पूरे देश के बारे में इस ढंग से देखना, सोचना और करना आरंभ कर देना चाहिए। हमें भारत का वास्तविक परिचय संसार के सामने प्रस्तुत करना चाहिए। बेशक भारत को बहुत कुछ ऐसा विरासत में मिला हुआ है, जिसे और व्यवस्थित और आकर्षक ढंग से सहेजना चाहिए। योग दिवस के रूप में भारत की इस महान् देन को मिली वैश्विक मान्यता भी एक मुहर है।

मैं मानता हूँ कि हर देश की अपनी खूबियाँ होती हैं और खामियाँ भी। किसी की खूबियाँ बेशुमार हो सकती हैं, किसी की खामियाँ बेहिसाब। यह भी मुमकिन है कि किसी की खूबियाँ ढूँढ़ने से न मिलें और खामियों की लंबी फेहरिस्त सामने हो और ये खूबियाँ-खामियाँ आती कहाँ से हैं? किसी भी देश के बारे में यह कैसे कहा जा सकता है कि उसके पास क्या ऐसा है, जो दुनिया के लिए कुछ दे सकता है या दुनिया को उसकी तरफ गौर करना चाहिए?

वो क्या है, जो किसी भी देश के बारे में किसी निर्णय पर पहुँचने में मददगार अच्छे या बुरे बिंदु तय करेगा? हमें किसी और से कोई लेना-देना नहीं है, हमें अपनी खामियों और खूबियों के बारे में सोचना चाहिए। हमें यह सोचना चाहिए कि हमारे भारत की खूबियाँ क्या हैं और खामियाँ क्या हैं? खामियों को दूर करके हम वह भारत कैसे बना सकते हैं, जो सबसे पहले हरेक भारतीय में आशा और विश्वास जगाए और आखिरकार जिसकी तरफ दुनिया को ध्यान देना अनिवार्य हो जाए। क्या यह सिर्फ एक कल्पना है या इसे वास्तविकता में बदलकर देखने की कोई गुंजाइश है?

सबसे पहले मैं यह साफ कर देना चाहता हूँ कि इसमें कुछ भी ऐसा नहीं है, जो काल्पनिक या असंभव हो। भारत की विशिष्टताएँ ऐसी हैं, जो उसे विरासत में मिली हैं और जिनके गौरव को बढ़ाने में वर्तमान पीढ़ी का योगदान शून्य है। वह सौभाग्य से प्राप्त अमूल्य धरोहर है। स्वतंत्र भारत में पैदा हुई तीन पीढ़ियों ने उसमें क्या जोड़ा है, यह अलग विषय है, लेकिन हजारों साल की यात्रा में भारत ने कुछ ऐसा खोजा है, ऐसा कुछ रचा है और कुछ ऐसे विलक्षण अनुभव प्राप्त किए हैं, जो दुनिया के इतिहास में बेजोड़ हैं। वह उस कोटि की उपलब्धियाँ हैं, जिन तक दुनिया का कोई देश पहुँचा नहीं है और भारतीयों के महान् पूर्वज हजारों वर्ष पहले उन मार्गों से गुजर गए। यह उपलब्धियाँ कई विषयों में हैं और कई दिशाओं में हैं।

आम भारतीयों का बहुत धुँधला परिचय ही अपनी बहुरंगी और विविधतापूर्ण महान् विरासत से है।

1947 के अगस्त महीने की 15 तारीख की सुबह भारत को शांति से ठहरकर इसी विषय पर विचार करना था, ताकि वह उसी टूटी और बिखरी हुई धारा के सिरों को जोड़कर उनके सहारे आगे बढ़ सके, जो गुलामी के त्रासद दौर में छिन्न-भिन्न की गई। दुर्भाग्य से ऐसा हुआ नहीं। स्वतंत्रता की वह वेला किसी आध्यात्मिक शांति में प्राप्त उपलब्धि नहीं थी। वह बँटवारे के भयावह अंधड़, छीना-झपटी, कत्लेआम और मारकाट से बचकर निकल आने की जल्दबाजी में प्राप्त हुई थी, जब एक महान् मुल्क जख्मी हालत में खुद को इतिहास के मोड़ पर खड़ा हुआ लाचारी से अपनों को देख रहा था। वह बुरी तरह टूट-फूट चुका था। छल-कपट का शिकार, ठगा और लुटा-पिटा तो सदियों से था ही।

मुझे लगता है कि पश्चिम से प्रभावित तत्कालीन राजनीतिक नेतृत्व के सामने तथाकथित आधुनिक विश्व के दूसरे देशों की दौड़ में भारत को भी आगे दौड़ाने लायक बनाने की सोच इस कदर हावी रही कि वे लुटे-पिटे फटेहाल भारत की जेबें ही टटोलना भूल गए थे। उन जेबों में जो कुछ बचा रह गया था, वह इतना अमूल्य था कि बहुत कम समय में भारत एक बिल्कुल ही नई छवि के साथ अवतरित होने की सुखद सामर्थ्य रखता था। वह एक ऐसे भिक्षुक की तसवीर है, जिसकी जेबों में पारस पड़ा हुआ था। जो भी हो, भारत की जेबों में वह अब तक अनदेखा पड़ा ही रहा है, जो उसकी असली शक्ति और सच्ची पूँजी थी और वह है हमारी प्राचीन ज्ञान परंपरा और आध्यात्मिक परंपरा। ये दो ऐसे दरवाजे हैं, जिनमें दाखिल होने के बाद एक अलग ही भारत के दर्शन आप करते हैं। स्वतंत्र भारत की सरकारों ने भले ही इन्हें हाशिए के विषय के तौर पर माना और रखा हो, लेकिन समाज के अलग-अलग तलों पर ये धाराएँ निरंतर प्रवाहित हो रही हैं। बाहर हजार बारह सौ सालों तक चले हर तरह की गुलामी के अंधड़ इनका ज्यादा कुछ बिगाड़ नहीं पाए। मंदिरों, गुरुकुलों, एकांत वनों, पहाड़ों, गुफाओं में भारत की आत्मा का यह प्रवाह निरंतर रहा है।

हमें सोचना पड़ेगा कि भारत में इस्लामी आतंक के चरम दौर में वो क्या था कि पंजाब में गुरुओं की एक सशस्त्र परंपरा अब बराबर के मुकाबले में देखते हैं। वे महान् गुरु किसके लिए संघर्ष में अपने प्राणों की आहुतियाँ दे रहे थे और अपनी आँखों के सामने अपने बच्चों को असमय मृत्यु के मुँह में जाता हुआ देखकर भी

जिनके चेहरे पर शिकन नहीं थी? क्या वह सिर्फ एक तात्कालिक विरोध था, जो बेमकसद था? क्या वे अपनी सत्ता कायम करना चाहते थे और मुगलों से उनका विरोध केवल राजनीतिक था? क्या वे पंजाब में अपनी हुकूमत के लिए लड़ रहे थे? आखिर वह क्या था, जिसे वे बचाना चाहते थे? कश्मीर से आए प्रतिनिधियों से गुरु तेगबहादुर का वह संवाद हरेक भारतीयों को जानने जैसा था, जिसमें इस्लाम हलक में उतारने पर आमादा कश्मीर के मुस्लिम कब्जेदारों के कहर से बचकर आए हिंदू गुरु तेगबहादुर के समक्ष अपने अस्तित्व का संकट बयान करते हैं।

महान् गुरुओं की दृष्टि इतनी उथली नहीं हो सकती थी कि दिल्ली और लाहौर की राजनीतिक सत्ता पर कब्जा जमाए मुस्लिम हुक्मरानों को उखाड़ फेंकने भर के लिए वे समाज में इतनी विराट् ऊर्जा पैदा करते, जिसने भारत का इतिहास बदल दिया। धर्म की रक्षा के लिए हर घर से एक बेटे की माँग गुरुओं ने टकसालों में अपने नाम के सिक्के ढालने के लिए नहीं की थी। खालसा का गठन धर्म की रक्षा के लिए था, किसी सिंहासन पर टिकने के लिए नहीं। हमें यह विचारना चाहिए कि वे किस धर्म की रक्षा के लिए ऐसा कर रहे थे?

मेरा दृढ़ विश्वास है कि उनकी स्पष्ट दृष्टि में भारत की आत्मा में सदियों से बहता रहा वह अमृत ही था, जिसे भविष्य के भारत के लिए बचाना हर हाल में जरूरी था और वह इतना पवित्र लक्ष्य था कि उसके लिए गरम तवे पर बैठा जा सकता था, उसके लिए अपनी गरदन कटवाने में भी कोई हर्ज नहीं था, उसके लिए जिंदा जल मरने और जिंदा दीवार में चुनवाने में भी कोई समस्या नहीं थी और उन्होंने और उनके मासूम बच्चों ने ऐसा अपने शत्रुओं की आँखों में आँखें डालकर किया। वे उसी भारत के लिए अपने प्राणों की बाजियाँ लगा रहे थे, जो विश्व के भविष्य की उम्मीद है। उन्होंने अपने वीर शिष्यों का ऐसा तूफान खड़ा कर दिया, जिसने मुगलों की चूलें हिला दीं। वह इतना संगठित सशक्त और सशस्त्र प्रतिकार था कि समय के साथ हिंदू धर्म की एक अलग शाखा के रूप में अस्तित्व में आया। उनकी अपनी पहचान थी, जो बेमिसाल बहादुरी और अन्याय के विरुद्ध संघर्ष की प्रेरणा बनकर सामने आई।

उपनिषद के ऋषियों से लेकर दस महान् गुरुओं की परंपरा के बीच वही भारत खड़ा है, जो आज भी अपनी संतानों से कुछ मौलिक योगदान की अपेक्षा करता है। उपनिषद काल के ऋषियों ने अपने ज्ञान से जिस भारत को गढ़ा, उसी ज्ञान परंपरा की रक्षा के लिए पंजाब के गुरुओं ने अपना लहू दिया। अपने वंश

अर्पित कर दिए। दुनिया के इतिहास में ऐसी मिसालें नहीं हैं। आज स्वतंत्र और खंडित भारत में हमारे लिए यह सोचने का सही समय और उचित विषय है कि 2047 में हम कैसा भारत चाहते हैं? संसार के मानचित्र पर वह भारत कैसा होना चाहिए, जो अपनी स्वतंत्रता के सौ साल पूरे कर रहा होगा? क्या सिर्फ अपनी डेढ़ सौ करोड़ से ज्यादा की आबादीवाला भारत, जो पश्चिमी देशों के चश्मे और लाठी के सहारे अपने अंधे भौतिक विकास की सीढ़ियाँ चढ़ता चला आ रहा है? अतीत से कटा और इतिहास में बिखरा हुआ एक महान् देश!

मेरी दृष्टि में मेरा भारत आध्यात्मिक ऊर्जा से चमचमाता हुआ एक ऐसा राष्ट्र होना चाहिए, जहाँ कदम रखते ही आप गौतम बुद्ध और वर्धमान महावीर की अनुभूति में उतर जाएँ और गहरा जाने पर आपको राम और कृष्ण के युगांतरकारी अंदेशे प्राप्त होने लगें। एक ऐसा भारत, जो संसार के सब तरह के शोर-शराबे से दूर एकांत के गहन मौन का आमंत्रण बने, जो विश्व के जिज्ञासुओं को अपनी ओर लुभाए, ताकि वे अपनी भौतिक और आध्यात्मिक जिज्ञासाओं का समाधान पा सकें। मेगस्थनीज, फाह्यान और ह्वेनसांग एक बार फिर यहाँ का रुख करें।

क्या यह यूँ ही हो गया कि दूर दक्षिण के केरल के एक गाँव का आठ साल का बालक अपने समय के बिखरे हुए भारत को एक सूत्र में बाँधने के लिए निकल पड़ा? बारह सौ साल पहले आदि शंकराचार्य इतिहास के उस मुहाने पर हमारे बीच आए जब भारत की उत्तरी सीमाओं पर आतंक की आहट हो रही थी। क्या यह यूँ ही था कि आधुनिक भारत के अंतरराष्ट्रीय प्रवक्ता स्वामी विवेकानंद भारत के इतिहास के एक ऐसे मोड़ पर संसार के सामने प्रस्तुत हुए, जब यह पुरातन और सनातन देश अपने खोल से बाहर आने के लिए कसमसा रहा था?

ये दोनों ही महापुरुष अपनी अत्यंत अल्पायु में भारत के लिए जो कुछ करके गए, क्या वह संयोग मात्र है या वह नियति का कोई निर्णय था? अगर हमें इससे कोई फर्क नहीं पड़ता कि इस्लाम के जाहिल अंधड़ों की आहट के ठीक पहले ही क्यों आदि शंकराचार्य भारत की बिखरी हुई आध्यात्मिक धाराओं को संगठित कर रहे थे तो बेशक इन संकेतों के कोई अर्थ नहीं हैं, अगर हम समझते हैं कि इसमें कुछ खास नहीं है कि स्वामी विवेकानंद भारत के किस कठिन समय में एक दिन शिकागो में संसार को दिखाई और सुनाई दिए तो हम बेफिक्री से आगे बढ़ सकते हैं।

लेकिन भारत एक ऐसा देश है, जो हर कालखंड में विचित्र संयोगों और अबूझ परिस्थितियाँ प्रस्तुत करता आया है। नियति कुछ ऐसा सदा से करती रही है,

जिसे समझने का उत्तरदायित्व उसने भारत की पीढ़ियों पर छोड़कर रखा। संकेतों की पुष्टि के लिए उसने समय-समय पर कुछ ऐसी विभूतियों को उतारा, जो गहन अँधेरे के दिनों में भारत को आशाओं से भर रहे थे। इन हस्तियों को सदियाँ गुजर जाने के बाद भी भारत की चेतना ने अपनी स्मृतियों में सुरक्षित क्यों रखा?

क्या हमारा अतीत हमारे वर्तमान से कुछ कहना चाहता है? क्या हम उसे सुन पा रहे हैं? क्या वह भविष्य के कुछ इशारे कर रहा है? संसार के पटल पर सौ साल के स्वतंत्र भारत को कैसा होना चाहिए?

हमें भारतीय सुगंध से भरी हवाओं की जरूरत कश्मीर से कन्याकुमारी तक है। हमें उस गहन मौन को अपने आसपास उतारने की जरूरत है, जहाँ से साधना की सीढ़ियाँ शुरू होती हैं। हमें उस तप की कार्यशालाओं के आयोजन करने होंगे, जो अद्वितीय सिद्धियों तक हमें ले जाएगा। हमें शस्त्र और शास्त्र दोनों में दक्षता की आवश्यकता है। भारत के अध्यात्म में ही आंतरिक और बाह्य समृद्धि और सुरक्षा का आश्वासन है। हम उन बिंदुओं को स्पर्श करना शुरू करें, जहाँ से हमारी सुप्त ऊर्जा सक्रिय होना शुरू कर सकती है। धरती के इतने बड़े किसी और कोने में शायद ही इतिहास ने इतने नक्षत्र चमकाए होंगे, जितने भारत नाम के धरती के इस हिस्से पर उतारे। यह किसका ऋण हमारे ऊपर है, जिसे चुकाया नहीं गया है।

भारत भर में भगवान् शिव के बारह पवित्र ज्योतिर्लिंग हैं और 52 शक्तिपीठों की शृंखला कोने-कोने में है। ये क्या हैं? क्या बस पवित्र यात्राओं के पड़ाव, जहाँ दर्शन-पूजन भर से हम भारतीय होने की इतिश्री करते रहेंगे? क्या ये स्थान हमें कुछ याद नहीं दिला रहे? क्या ये हमारे अतीत के दरवाजे नहीं हैं, जिन्हें खटखटाया ही नहीं गया है। हम फूल चढ़ाकर बाहर से ही लौटकर आते रहे हैं। दरअसल इन स्थानों की तरफ कभी उस रूप में देखा ही नहीं गया, जिसकी दरकार थी।

उत्तर प्रदेश में अयोध्या और मथुरा दो ऐसे शहर हैं, जहाँ भारतीय संस्कृति के आधार महापुरुषों ने जन्म लिया। इनकी शक्ल-सूरत देश के किसी भी दूसरे शहर से श्रेष्ठ होनी ही चाहिए थी, जो हमारी विरासत से हमें गहरे तक जोड़ती, अतीत में उतारती। राम के वनगमन में अयोध्या से रामेश्वरम तक और कृष्ण के वृंदावन से द्वारका के यात्रा मार्ग को आज नक्शे पर चमचमाता हुआ होना ही चाहिए था, मगर हमने अयोध्या और मथुरा को विवादों की गहरी धुंध में खोया हुआ रखा। हमें उनके गुरुत्व का ज्ञान ही नहीं हो पाया। 2047 तक तो हो जाना चाहिए।

वाराणसी, जो एक ज्योतिर्लिंग होने के साथ ही अनादिकाल से तुलसी और

कबीर जैसे कई संत कवियों, ऋषियों और राजवंशों की कर्मभूमि रही है, जहाँ दुनिया भर के जिज्ञासु यात्रियों का आवागमन होता ही रहा है। याद कीजिए, हमने बनारस और वहाँ से अपने प्राण बचाकर बहती हुई डरी-सहमी पवित्र गंगा को आजाद भारत में किस रूप में पतनशील देखा? जैसे किसी को कोई फर्क ही नहीं पड़ता था कि गंगा बचे या मरे, बनारस सड़े या सुवासित हो!

बिहार में बुद्ध और महावीर के अलावा यू.पी. और बिहार में जैन धर्म के सारे महान् तीर्थंकरों और बौद्ध परंपरा के महान् दार्शनिकों के जीवन से जुड़े महत्त्वपूर्ण स्थान हमें अपने महान् अतीत से जोड़ने की मजबूत कड़ी हो सकते थे। मैंने देखा है कि दुनिया भर के बौद्ध देशों से आनेवाले तीर्थयात्री नालंदा विश्वविद्यालय के खँडहरों की ईंटों को बहुत पवित्र भाव से स्पर्श करते हैं, जबकि वह तथागत के बहुत बाद की सदियों में विकसित हुआ और कई सौ साल तक शिक्षा और शोध का सक्रिय केंद्र रहा एक महान् आवासीय विश्वविद्यालय था, जिसे जाहिल इस्लामी हमलावरों ने मिटा डाला।

हमें फाह्यान और व्हेनसांग समेत विदेशों से आए यात्रियों से जुड़े स्थानों को भी एक बार नए सिरे से चिह्नित करने की जरूरत है, ताकि हम उन ब्योरों में उतर सकें और जान सकें कि उनकी आँखों में झिलमिलाया भारत कैसा था। उत्तर प्रदेश में फर्रुखाबाद जिले में संकिसा नाम की एक उजाड़ जगह किसी दौर में हजारों बौद्ध विद्वानों की चहल-पहल से आबाद रही, लेकिन अब एक ध्वस्त टीले के सिवा वहाँ कुछ नहीं है। यहाँ कभी फाह्यान आया था। सदियों तक इस्लामी हमलों को झेलते रहे इस इलाके से अतीत की भारतीय अनुभूति पूरी तरह खत्म है। इसे फिर से सींचने की जरूरत है। यह हमारा ही बाग है। यह पाकिस्तान या अफगानिस्तान की तरह टूटकर अलग नहीं हुआ है। इन्हें बचाना हमारे ही हाथों का काम है।

केरल में कालडि से निकले आचार्य शंकर ने भारत को सांस्कृतिक रूप से सूत्रबद्ध किया था और चार कोनों में चार मठ बनाए थे, जिनकी अटूट परंपरा आज भी कायम है। उथल-पुथल से भरे भारत में बहुत कम ऐसा बच पाया है, जैसी ये मठ परंपराएँ बची रह गई हैं। आठ साल की आयु में आचार्य शंकर मध्य प्रदेश में नर्मदा तट पर ओंकारेश्वर आए थे, जहाँ गुरु गोविंदपाद से शिक्षा प्राप्त करके अपनी यात्रा आगे जारी रखी थी। ओंकारेश्वर 12 ज्योतिर्लिंगों में से एक है, जो मध्य प्रदेश में ही एक और ज्योतिर्लिंग महाकालेश्वर उज्जैन के पास है। यह आदि शंकर की गुरु भूमि है। उज्जैन वह पवित्र स्थान है, जहाँ कृष्ण ने शिक्षा प्राप्त की थी। ये

दोनों पवित्र शहर हमारे पास अतीत के पासवर्ड हैं। दूसरे दसियों शहरों जैसी एक और भीड़ भरी बदहाल बस्तियाँ नहीं। इनके साथ प्रदेश के बाकी दूसरे शहरों से अलग व्यवहार होना ही चाहिए था। ओंकारेश्वर में आचार्य शंकर की स्मृतियों को पुनर्जीवित करने का कार्य सरकार एक बड़े प्रोजेक्ट की तरह कर रही है।

शंकराचार्य द्वारा स्थापित चारों मठों को भी एक अलग प्रकार के टूरिस्ट सर्किट की तरह जोड़ने की जरूरत है। सिख गुरुओं और उनके निकट वीर शिष्यों से जुड़े ऐसे ही महत्त्वपूर्ण स्थानों को हमें अलग संदर्भ में चमकाना चाहिए।

मांस–मदिरा का कारोबार इन पवित्र शहरों की सीमा के बाहर स्थापित करना चाहिए। आप कल्पना कीजिए कि कैसे होंगे ये शहर, जहाँ लाउड स्पीकर के शोर–शराबे को हमेशा के लिए बंद कर दिया जाए और जो सिर्फ मौन का एक निमंत्रण हो जाएँ। जयपुर की पिंक सिटी की तर्ज पर इनके कुछ हिस्सों को आकर्षक कलर थीम में प्लान किया जाए। हमारी आध्यात्मिक या ज्ञान परंपरा से जुड़े ऐसे कस्बों और शहरों में अलग ढंग से वर्तमान पीढ़ी के चित्त में चित्रित करने के लिए इनके सुपर मास्टर प्लान बनने चाहिए, जिनमें केवल एयरपोर्ट, रेलवे स्टेशन, सड़कों, पुलों, इमारतों, चौक–चौराहों के अलावा कुछ हो।

देवी की कथा से जुड़ी शक्तिपीठें मन्नत के धागे, दर्शन और फूल–प्रसाद चढ़ाने के लिए नहीं हैं। वह उस विलक्षण विरासत का मूर्खतापूर्ण दुरुपयोग है। सैन्य प्रशिक्षण और साहसी खेलों से जुड़े दुनिया के सर्वश्रेष्ठ प्रशिक्षण संस्थान इन शक्तिपीठों पर ही होने चाहिए। भारत अपनी शक्ति की साधना यहाँ करे। इन प्रशिक्षण संस्थानों में बिना किसी अवकाश के भारत का उबलता हुआ युवा रक्त दिखाई दे। कुछ इसी तरह के प्रभावी प्रयोग हर स्तर पर करने की जरूरत है और हम इन पासवर्ड के जरिए अपनी खोई हुई विरासत को जागृत कर लेंगे।

विरासत दस रुपए के टिकट पर किसी मुर्दा संग्रहालय में दर्शन करने की विषय वस्तु नहीं है, अगर हम जीवित सत्ता हैं तो विरासत हमारे व्यक्तित्व में झलकनी चाहिए। हमारे आसपास उसकी धड़कन सुनाई देनी चाहिए। स्वतंत्रता प्राप्त भारत अपनी महान् विरासत को पीछे मुर्दा छोड़कर ढाँचागत विकास में जीवन खोजने के लिए दौड़ा दिया गया।

हमारे पाठ्यक्रमों में इतिहास को तो पूरी तरह नए सिरे से लिखने की जरूरत है, जिसमें से पिछले एक हजार साल के मुस्लिम इतिहास के कूड़े को बीनकर अलग किया जाए। यह विदेशी हमलावरों के क्रूर कब्जे का दुर्गंधयुक्त इतिहास है,

जिन्हें इसी रूप में अपराधियों के संक्षिप्त अध्याय में समेट देना होगा। इनकी विस्तृत कहानियाँ लाइब्रेरी में रखी जाएँ, जिनकी रुचि हो, वे जाकर पढ़ें और जानें कि भारत की मिट्टी पलीद करने कौन कहाँ से आया था, कहाँ टिका था और टिककर भारत का दम किस तरह घोंटा गया था। पता नहीं वे हमारे शिक्षा पाठ्यक्रमों में बुरी तरह फैले-पसरे हुए क्यों हैं? इनकी कोई जरूरत अब नहीं है। वे अच्छे या बुरे जैसे भी थे, भविष्य के भारत में उनकी कोई आवश्यकता नहीं है। वे हमारे हजारों सालों की यात्रा की सबसे कड़वी स्मृतियों के सिवा कुछ नहीं हैं। सभ्यता के नाम पर वे हमारे चित्त पर लदे हुए घृणित बोझ हैं, जिन्हें उतार फेंकना सन् 1947 में ही जरूरी था। बेहतर है यह काम 2047 तक ही हो जाए!

इतिहास और साहित्य की पुस्तकों में महान् और अनुकरणीय आदर्श उपस्थित करनेवाले भारतीय राजवंशों के ही विवरण हों। वे राजवंश, जिन्होंने भारत को महान् अर्थ दिए हैं, न कि सिर्फ राज किया। इनके अलावा इतिहास के नायकों की तरह कालिदास, वराहमिहिर, आर्यभट्ट, कुमारिल भट्ट, चैतन्य महाप्रभु, सूरदास, मीरा, रहीम, रसखान, रामकृष्ण परमहंस, स्वामी विवेकानंद, रामतीर्थ, महर्षि अरविंद की विस्तृत जीवनगाथाओं को लाना होगा। हर प्रदेश में हर कालखंड में ऐसी अनगिनत हस्तियाँ हर क्षेत्र और हर जाति समूहों में हुई हैं, जिन्होंने क्षेत्रीय भाषाओं में सर्वश्रेष्ठ साहित्य रचे, स्थापत्य के बेमिसाल स्मारक खड़े किए, कलाओं के विकास में अपना मौलिक योगदान दिया और ज्ञान परंपरा को आगे बढ़ाया। इन सबको हाशिए से उठाकर राष्ट्रीय क्षितिज पर प्रतिष्ठित किए बिना भारत कैसे वह भारत हो सकता है, जो सौ साल की स्वतंत्रता के साथ संसार का सामना करेगा?

यह कैसे संभव है? सरकारों के शिक्षा, संस्कृति और पर्यटन विभागों को विशेष मास्टर प्लान के साथ आगे बढ़ना होगा। दूसरी ओर ग्रामीण और नगरीय विकास से जुड़े विभागों को भौतिक इंफ्रास्ट्रक्चर के लिए अलग और स्पष्ट दृष्टि से समय-सीमा में काम करना होगा। यह सॉफ्टवेयर और हार्डवेयर दोनों में होनेवाले परिवर्तन हैं, जिनमें समाज की सर्वश्रेष्ठ प्रतिभा को जोड़ने की जरूरत होगी, अगर यह बदलाव हम अगले पाँच या दस साल में भी पूरा कर पाते हैं तो कल्पना कीजिए कि 2047 में बीस साल का युवा किस तरह के भारत में साँस ले रहा होगा। वह क्या कुछ अपनी आँखों के सामने देख रहा होगा? वह भारत के असल अर्थों को साक्षात् देख और अनुभव कर रहा होगा।

हमें यह मानना होगा कि भारत को एक नया भारत बनाने का यह महान् कार्य

दिशाहीन और दृष्टिहीन, भ्रष्ट और पारंपरिक राजनीतिक नेतृत्व के बूते का नहीं है और यह काम गले तक भ्रष्ट, बुरी तरह बदनाम और भीतर तक बदहाल मौजूदा ब्यूरोक्रेसी के भरोसे कतई नहीं छोड़ा जा सकता। सुनहरे सपने देखनेवाला संगठित समाज अपने पुरुषार्थ से पूरी तैयार कार्ययोजना के साथ सरकारों पर दबाव जरूर बना सकता है। बेशक इंफ्रास्ट्रक्चर, बजट और नीतिगत बदलावों से जुड़ा यह महत्त्वपूर्ण काम राजनीतिक नेतृत्व और ब्यूरोक्रेसी के बिना हो नहीं सकता। इसलिए बदलाव की तरफ बढ़ने से पहले भारत की नौकरशाही के जकड़न भरे जर्जर और सड़ाँध मारते ढाँचे को पूरी तरह बदलने की तत्काल जरूरत है।

भारत की सबसे प्रभावशाली प्रशासनिक सेवाओं को भारत केंद्रित बनाने का यह बिल्कुल सही समय है। वह अभी पूरी तरह आत्मकेंद्रित और धनकेंद्रित है, जिसके पास भविष्य के भारत को गढ़ने की न नीयत है और न ही कोई ठोस योजना है। कोरोना की दूसरी लहर में हुई तबाही ने यह ठीक से बता दिया है कि हमारी नौकरशाही बहुत उथले पानी में खड़ी हर पाँच-दस साल में बदलनेवाले अपने राजनीतिक आकाओं के साथ अपनी पोजीशन ही एंजॉय कर रही है। क्या वे एक-दूसरे के हितों को संतुलित बनाए रखते हुए बेहतर सामंजस्य के साथ भारत की लाश पर खड़े दावत उड़ाते हुए चील-गिद्धों की प्रजाति नहीं लगते? उनके धरातल को उलटने में बहुत देर हो चुकी है। इसके बगैर हमारी कल्पना के सारे सुधार और परिवर्तन या तो हो नहीं पाएँगे या इनकी गति इतनी धीमी होगी कि पीढ़ियाँ गुजर जाएँगी। कैसी विडंबना है कि एक बार सत्ता में आने के बाद अपनी छवियों को चमकाने और अपनी आत्मपूजा में लगे राजनीतिक नेतृत्व और कहारों की तरह उनकी पालकियों को उठानेवाले ब्यूरोक्रेट्स को कभी लगा ही नहीं कि उन्हें क्या करना चाहिए और वे क्या कर रहे हैं?

भारत के सॉफ्टवेयर के स्तर में बदलाव शिक्षा और संस्कृति के हैं। इन्हें व्यापक सुधारों की तेज रफ्तार से लाया जा सकता है और इनका परिणाम यह होगा कि हम यह आरोपित करना बंद कर देंगे कि स्वतंत्रता के बाद किसने हमारी शिक्षा व्यवस्था का कबाड़ा किया और किराने इतिहास की नदी में गंदे नाले उँड़ेल दिए। तुर्की में अतातुर्क कमाल मुस्तफा पाशा ने सौ साल पहले अपने राष्ट्र का रूपांतरण जिस भाँति किया था, वह दुनिया का इकलौता मॉडल है, जो हमें प्रेरणा दे सकता है। शिक्षा और संस्कृति में व्याप्त हर तरह के प्रदूषण को विसर्जित करने का यह सबसे उत्तम समय है।

भारत के हार्डवेयर, यानी इंफ्रास्ट्रक्चर के स्तर पर आधुनिक विकास की दिशा में बहुत तेज गति से भारत आगे बढ़ रहा है, लेकिन ऊपर वर्णित दो सौ ऐसे शहरों, कस्बों या गाँवों के सुपर मास्टर प्लान की जरूरत है, जिनसे भारत की आध्यात्मिक और सांस्कृतिक पहचान को दुनिया के नक्शे पर चमकाया जा सके। हम यह भूले हुए हैं कि यह सनातन संस्कृति की महान् प्रयोगशाला की भूमि है, जहाँ वेद और उपनिषद के सदियों बाद के विकास क्रम में बौद्ध, जैन और सिख परंपराओं ने भी आकार लिया। हमें नए सिरे से अपने नायक तलाशने होंगे और नए ढंग का भारत गढ़ने के लिए आक्रामक और साहसिक निर्णय लेने होंगे। हमें यह साबित करना ही होगा कि कुछ मौलिक रचने की भारत की संभावनाएँ अंतिम रूप से समाप्त नहीं हुई हैं और हम पश्चिम के पिछलग्गू नहीं हैं।

यह कैसा दुर्भाग्य है कि अध्यात्म की भूमि भारत अपनी जड़ों से कटी एक अराजक भीड़ में बदल गया है। हमने मौन की साधना की और हमारे शहर शोर-शराबे और चीख-पुकार से भरे हुए हैं, अगर उपनिषद काल के ऋषि भी आकर आज का भारत देख लें तो सदमे में चले जाएँ। आचार्य शंकर एक बार फिर अवतरित हों तो निश्चित ही वे स्वयं को एक कबाड़खाने में पाएँगे! यह स्थिति हर भारतीय के लिए शर्मनाक है। सही अर्थों में एक आत्मनिर्भर भारत के लिए जनकल्याण के नाम पर मुफ्त की हर तरह की योजनाएँ बंद करनी होंगी। परिश्रम ही सफलता का एकमात्र रास्ता है, यह सबके जेहन में उतारने की जरूरत है।

भारत को अपनी रोग प्रतिरोधक क्षमता को मजबूत बनाने की जरूरत है, अब यह साफ हो चुका है कि पिछली सरकारों के लिए सुविधाजनक दिव्यांग सेक्युलरिज्म और एकपक्षीय दूषित नीतियों ने देश का अंदरूनी तौर पर बेड़ा गर्क करके रखा हुआ है। मैं साफतौर पर कहना चाहूँगा कि अल्पसंख्यक और बहुसंख्यक की राजनीति ने जातिगत राजनीति से ज्यादा देश और समाज के माहौल को जहरीला बनाया है। कश्मीर से केरल तक इसके दुष्परिणाम हर उस जगह पर दिखाई दिए हैं, जहाँ भी अल्पसंख्यकों के नाम पर मुस्लिमों को एकतरफा आड़ दी गई है। बीस करोड़ की आबादी दुनिया में कहीं अल्पसंख्यक नहीं हो सकती। इस देश में अगर कोई वास्तविक अर्थों में अल्पसंख्यक है तो वे सिर्फ पारसी हैं, जो देश के विकास में महान् योगदान देते आए हैं। वे एक आदर्श समाज हैं, जो आबादी में लगातार घट रहे हैं।

भारत में जारी अल्पसंख्यकों के नाम पर हर तरह की बकवास को बंद किया

जाना चाहिए। मुस्लिमों को राष्ट्र की मुख्यधारा में लाने के लिए यह एक बेहद जरूरी कदम है, जो अब तक उठा लिया जाना चाहिए था। देश को दीमक की तरह चटाकर रही ऐसी तमाम नीतियों और फैसलों की सख्त समीक्षा जरूरी है। धर्मांतरण इसी से जुड़ा हुआ एक जरूरी मसला है, जो हमारी आबादी को धीमी गति से लील रहा है और हर जगह हमारे आसपास राष्ट्र विरोधी फौज खड़ी कर रहा है। छल-बल से धर्मांतरण में लगी ईसाई मिशनरियों और मुस्लिम संगठनों पर हमेशा के लिए रोक ही इसका एकमात्र उपाय है। भारत में अब तक की सरकारों ने बहुत कुछ ऐसे जरूरी कदम छोड़कर रखे हैं, जो वर्तमान सरकार को उठाने चाहिए। अपनी जड़ों से जुड़ा भविष्य का साफ-सुथरा भारत केवल भारतीयों के भविष्य की उम्मीद नहीं है, वह सारी दुनिया के लिए एक आदर्श सभ्यता का प्रतीक है। इस्लामिक समस्याओं के हल के लिए हमें पश्चिम के उन मुल्कों की तरफ देखना चाहिए, जो देर-सवेर अपने यहाँ पृथक् मजहबी पहचानों को खत्म करने के लिए मजबूर हो रहे हैं, अगर समय रहते भारत ने कदम नहीं उठाए तो 2047 तक बहुत देर हो चुकेगी।

हमें यह सच स्वीकार करना होगा कि मुफ्त के राशन, बात-बात पर नकद राशि के भुगतान ने एक ऐसी अकर्मण्य पीढ़ी हमारे बीच खड़ी कर दी है, जिसका राष्ट्र के निर्माण में सिर्फ संख्या के पशु बल का योगदान है। वह सिर्फ एक आबादी है, जो सरकारों की तरफ हाथ फैलाए खड़ी है। राष्ट्र का रूपांतरण करने की ताकत रखनेवाले लीडर सस्ते उपायों से सत्ता में नहीं टिकते। वे लोगों की मानसिकता में बदलाव के बड़े उपाय करते हैं। भिक्षा कभी अधिकार नहीं हो सकती और एक बड़ी आबादी को हमेशा के लिए गरीबों के खाँचे में डालकर नहीं रखा जा सकता, जो स्थायी तौर पर याचक की तरह राजनीतिक दलों और सरकारों के सामने अपनी जरूरतों की फेहरिस्त लिये खड़ी रहे। आत्मनिर्भर भारत केवल एक लुभावना नारा भर नहीं होना चाहिए। हर नागरिक जब आत्मनिर्भर होगा, तभी भारत आत्मनिर्भर होगा। भारत को 2047 तक नए नागरिक का भाव जनता में पैदा करना होगा। एक ऐसे देश के नागरिक, जो याचक नहीं, पुरुषार्थी होंगे। वे अपने आत्मसम्मान से समझौता नहीं करेंगे, परिश्रम करेंगे और सरकारें उनकी प्रतिभा का उपयोग करेंगी। नागरिक ऐसे हों, इसके लिए हर स्तर पर नेतृत्व को ऐसा पहले होना होगा।

हमारे विरोधाभास भी विचित्र हैं। हम राम को पूजते हैं और भाई के खिलाफ अदालत में मुकदमे लड़ते हैं। हम कृष्ण को पूजते हैं, जिन्होंने कर्म की शिक्षा दी और दुनिया में सबसे ज्यादा अवकाश मनानेवाले देश हैं। जाति समूहों को खुश

करने के लिए उनके महापुरुषों की याद में एक सरकारी अवकाश की घोषणा पिछली सरकारों में लोकप्रियता का बहुत सस्ता उपाय रही। ये सारे अवकाश एक सिरे से खत्म होने चाहिए, जिसे अपने महापुरुष को याद करना हो, छुट्टी लेकर आराम से घर जाए और आरती करे। जनता की जेब के पैसे पर यह अय्याशी बंद होनी चाहिए। एक नए भारत के निर्माण के लिए ऐसे तमाम रास्तों पर झाड़ू फेरने की जरूरत है। एक अलग तरह के स्वच्छता अभियान की आवश्यकता है। गाँव-शहरों को साफ-सुथरा करके यह बता दिया गया है कि हम यह कर सकते हैं। अब भारत की सफाई का अगला चरण आरंभ करने की यही शुभ घड़ी है।

□

भारत : 2047

—प्रो. राज नेहरू

प्रस्तावना

भारत शब्द इस राष्ट्र की संस्कृति तथा सभ्यता की व्यापकता का पोषक है। प्राचीन भारत के अध्ययन से स्पष्ट होता है कि प्राचीनकाल में हमारा यह भारतवर्ष सभी क्षेत्रों में समृद्ध था और संपूर्ण विश्व भारत को विश्वगुरु मानता था। तत्कालीन विश्व में जन्मी सभी सभ्यताओं और संस्कृतियों में हमारा यह देश भाषा, संस्कृति, विज्ञान, कला तथा तकनीकी आदि सभी क्षेत्रों में अग्रणी रहा, परंतु गुलामी के कालखंड में हमने बहुत कुछ खोया भी, हमारा राष्ट्र गौरव तथा हमारे ऋषियों-मुनियों द्वारा पोषित यह संस्कृति और सभ्यता परतंत्रता के कारण छिन्न-भिन्न होती चली गई। सन् 1947 की स्वतंत्रता के बाद हमारे महापुरुषों ने इस देश के खोए हुए गौरव को पुनः प्राप्त करने के लिए कुछ संकल्प लिये तथा कुछ लक्ष्य भी निश्चित किए। दुर्भाग्यवश हम आज स्वतंत्रता के 75 वर्ष पूर्ण होने पर भी उन लक्ष्यों को पूरा नहीं कर पाए हैं, इनके कुछ कारण हैं। वर्तमान में भारत की बात करें तो जनसंख्या वृद्धि, अशिक्षा और गरीबी, भाषायी असमानता, भ्रष्टाचार, शहरीकरण आदि भारत के लिए चिंतनीय विषय हैं तो कुछ भविष्य की संभावनाएँ भी हैं, जिसमें स्वत्व का विकास, विश्व बंधुत्व की भावना का विकास, ग्राम सभ्यता का विकास और आंतरिक एवं बाह्य दोनों रूपों में सशक्त भारत की कल्पना हमें सन् 2047 तक भारत के विश्वगुरु होने का मार्ग प्रशस्त करती है।

निबंध

हिमालयम् समारभ्य यावदिंदु सरोवरम्।
तम् देवनिर्मितं देशम् हिन्दुस्थानम् प्रचक्ष्यते॥

भारत भूमि को देवभूमि, पुण्यभूमि और ज्ञानभूमि आदि रूपों में परिभाषित

किया जाता है। भारत प्राचीनकाल से ही संपूर्ण विश्व के लिए सदैव जिज्ञासा का केंद्र रहा है। अपनी ज्ञान की पिपासा को शांत करने के लिए समय-समय पर विश्व के सभी भागों से जिज्ञासु आते रहे हैं और भारत भूमि ने भी कभी उन्हें निराश नहीं किया। भारत की समृद्ध एवं गौरवशाली संस्कृति, ज्ञान और कला की उन्होंने मुक्त कंठ से प्रशंसा की है। विश्वगुरु के रूप में भारत ने प्रत्येक क्षेत्र में न केवल संपूर्ण विश्व का मार्गदर्शन किया, अपितु संपूर्ण विश्व ही हमारा परिवार है, यह 'वसुधैव कुटुंबकम्' के माध्यम से विश्व को समझाया।

प्राचीन भारत की समाज व्यवस्था का सूक्ष्म अध्ययन करने के उपरांत स्पष्ट होता है कि भारत अपने ज्ञान और कौशल के बल पर न केवल आत्मनिर्भर था, बल्कि संपूर्ण विश्व हेतु आत्मनिर्भरता का पथ-प्रदर्शक था। भारत की ग्राम व्यवस्था भारत की मजबूत अर्थव्यवस्था का आधार थी। प्रत्येक ग्राम की व्यवस्था धन आधारित न होकर वस्तु आधारित थी। वस्तुओं का आदान-प्रदान ही ग्राम की अर्थ व्यवस्था का आधार था। इसलिए ग्राम में कोई भी बेरोजगार नहीं था और न ही गरीबी थी। प्रत्येक व्यक्ति अपने कार्य के प्रति समर्पित था और समाज के लिए अपने दायित्व के प्रति निष्ठावान भी था।

भारत ने ज्ञान-विज्ञान व अनुसंधान के प्रत्येक क्षेत्र में कीर्तिमान स्थापित किए थे। भारतीय ऋषियों ने स्वास्थ्य एवं चिकित्सा, शास्त्रार्थ, गणित, विज्ञान, अंतरिक्ष विज्ञान, खगोल शास्त्र, धातु विज्ञान, भाषा विज्ञान आदि विभिन्न क्षेत्रों में न केवल अनुसंधान कर ज्ञान एकत्र किया, अपितु वह मानव-मात्र की सेवा में समर्पित किया। भारतीय ज्ञान तो नर सेवा-नारायण सेवा पर आधारित था।

परंतु समय के परिवर्तन के साथ भारत को बहुत से अवांछित युद्धों का सामना करना पड़ा और भारत को लंबे समय तक गुलामी की जंजीरों में जकड़ दिया गया। गुलामी के कालखंड में जहाँ भारत के ज्ञान विज्ञान के केंद्रों को समाप्त करने का कुत्सित प्रयास किया गया, वहीं भारत के समृद्ध पुस्तकालयों को जलाकर नष्ट कर दिया गया। इसके साथ-साथ भारतीय ज्ञान को चुराकर ले जाया गया तथा भारत की शिक्षा व्यवस्था को परिवर्तित कर दिया गया, ताकि भारतीय अपने ज्ञान-विज्ञान से विमुख हो जाएँ और ऐसा हुआ भी।

भारतीय गुलामी के कारण अपने शिक्षा और संस्कार के केंद्रों से विमुख हो पश्चिम सभ्यता का ही अनुसरण करने लगे और उन्हें अपना सब तरह का ज्ञान-विज्ञान पुरातनपंथी और दकियानूसी लगने लगा। भारतीय अपने आप को ही भूलकर दूसरों का ही सही है, उसका अंधानुकरण करने लगे। ऐसा होना स्वाभाविक ही

था, क्योंकि यह सब योजनाबद्ध तरीके से किया गया था। शिक्षा पद्धति के परिवर्तन द्वारा भारतीयों को इतिहास को तोड़-मरोड़कर पढ़ाया गया, उनके संस्कार केंद्रों को नष्ट-भ्रष्ट कर दिया गया तथा अपनी ही संस्कृति के विरुद्ध खड़ा कर दिया गया।

किसी भी राष्ट्र के विकास में शिक्षा की महत्त्वपूर्ण भूमिका होती है। शिक्षा ही उस राष्ट्र के विचार दर्शन और सभ्यता को प्रकट करती है। शिक्षा के द्वारा ही वहाँ की संस्कृति संरक्षित होती है। भारतीय ज्ञान-विज्ञान और संस्कृति को समाप्त करने के लिए सुनियोजित कुत्सित षड्यंत्र किए गए और भारत को विश्व के मानचित्र से समाप्त करने का भी प्रयास किया गया।

स्वतंत्रता प्राप्ति के बाद भारत ने प्रत्येक क्षेत्र में उल्लेखनीय प्रगति की है। आज भारत की गिनती विश्व के अग्रणी देशों में होती है। भारत शिक्षा और अनुसंधान के द्वारा न केवल स्वयं का विकास कर रहा है, वरन् अन्य देशों के लिए भी सहायक की भूमिका अदा कर रहा है। विश्व के विभिन्न देशों में भारतीय अपनी योग्यता के बल पर भारतीय बुद्धि और क्षमता का लोहा मनवा रहे हैं।

भारत विविधताओं से परिपूर्ण देश है। यहाँ का रहन-सहन, खान-पान, वेश-भूषा, त्योहार, भाषा-बोलियाँ आदि में अनेक प्रकार की विविधताओं के दर्शन होते हैं, यहाँ के बारे में तो कहा भी जाता है कि—

कोस-कोस पर बानी बदले
चार कोस पर पानी।

लेकिन यही विविधता भारत को अन्य सभी से अलग भी करती है तथा ये विविधताएँ भारतीयता के मार्ग को और अधिक प्रशस्त करती दिखाई पड़ती हैं। प्रत्येक क्षेत्र की अपनी विशेषता है और यही विशेषता, जहाँ उस क्षेत्र को भारत में एक महत्त्वपूर्ण स्थान प्रदान करती है, वहीं उस विशेषता के कारण भारत की छवि विश्व में निखरती है।

भारत ऋषि, मुनियों, संतों और महापुरुषों का देश है। देश के चप्पे-चप्पे और कोने-कोने पर इन सबकी अमिट छाप है। इन्होंने जहाँ जीवन के प्रत्येक क्षेत्र का अध्ययन किया, वहीं ज्ञान का नवीन प्रतिपादन भी किया। इन सबकी तपस्या, साधना और कठिन परिश्रम का ही परिणाम है कि आज भारत जीवन के प्रत्येक क्षेत्र में अग्रणी स्थान पर है, चाहे वह अर्थशास्त्र हो, चिकित्साशास्त्र हो, गणित हो, विज्ञान हो, दर्शन हो, अध्यात्म हो, समाजशास्त्र हो। ऐसा कोई क्षेत्र नहीं है, जिसका भारतीयों ने विचार न किया हो और जिसका अध्ययन करके नवाचार न प्रस्तुत किया हो।

विजन का तात्पर्य और उसकी आवश्यकता को समझना अत्यंत आवश्यक है। विजन का निर्माण सदैव इतिहास, वर्तमान और भविष्य को दृष्टिगत रखते हुए किया जाता है। इसके साथ-साथ समस्त विश्व की तुलना में हम वर्तमान में किस स्थिति में हैं और भविष्य में हमारी स्थिति क्या होगी व विजन के आधार पर हम किस स्थिति को प्राप्त कर सकते हैं, इन सब तथ्यों को भी दृष्टिगत रखना अत्यंत आवश्यक है। इस परिप्रेक्ष्य में हम भारत का विचार करें तो हमें 15 अगस्त, 1947 स्वतंत्रता प्राप्ति के पश्चात् तत्कालीन नेताओं का भारत के लिए निर्मित विजन का अध्ययन करना पड़ेगा तथा यह ज्ञात करना पड़ेगा कि हम उस विजन को प्राप्त करने में कितने सफल हुए और किन उद्देश्यों को हम अभी तक प्राप्त नहीं कर पाए हैं। 1947 में हमने भविष्य के प्रत्येक क्षेत्र में उन्नत व विकसित भारत की कल्पना की थी, जो कि संपूर्ण विश्व के लिए आदर्श सिद्ध होगा तथा अपने नागरिकों को अपना उत्तम जीवन जीने के समान अवसर प्रदान करेगा, परंतु आज तक भी हम अपने निर्धारित उद्देश्यों को प्राप्त करना तो दूर, उनके समीप तक भी पहुँच नहीं पाए हैं। इसलिए अब हमें उन परिस्थितियों व बाधाओं को खोजना पड़ेगा, जो हमें अपने निर्धारित उद्देश्यों को प्राप्त करने में बाधक सिद्ध हुई हैं। इन सबकी चर्चा करना आज के समय में अति महत्त्वपूर्ण है। आइए, सर्वप्रथम हम उन बाधाओं का विश्लेषण करते हैं—

बाधाएँ

1. जनसंख्या वृद्धि : स्वतंत्रता प्राप्ति के समय, जहाँ भारत की जनसंख्या लगभग 33 करोड़ थी, वहीं अब यह बढ़कर 135 करोड़ के पास पहुँच चुकी है। संयुक्त राष्ट्र जनसंख्या कोष की रिपोर्ट के अनुसार, 2010 से 2019 के बीच भारत की जनसंख्या 1.2 की औसत वार्षिक दर से बढ़कर 1.36 अरब हो गई है, जो चीन की वार्षिक वृद्धि दर के मुकाबले दोगुनी से ज्यादा है। सुरसा के मुख की तरह बेतहाशा बढ़ती हुई यह जनसंख्या भारत की उन्नति में प्रमुख बाधा है। इतनी बड़ी आबादी के लिए सभी तरह की व्यवस्थाएँ करना अपने आप में एक बड़ी चुनौती है। इसके कारण, जहाँ समाज के समक्ष बड़ी समस्या खड़ी हो गई है, वहीं प्राकृतिक संसाधनों के भी समाप्त होने का संकट खड़ा हो गया है।

2. अशिक्षा व गरीबी : शिक्षा किसी भी देश व समाज के विकास में महत्त्वपूर्ण स्थान रखती है। वहाँ की उन्नति वहाँ के शिक्षित समाज पर निर्भर करती है। भारत की आज भी बहुत बड़ी जनसंख्या अशिक्षित है तथा इसमें भी भारत की

बहुत बड़ी जनसंख्या गाँवों में निवास करती है और वहाँ शहरों की अपेक्षा अशिक्षा का स्तर भी काफी अधिक है। भारत में साक्षरता के मामले में पुरुष और महिलाओं में काफी अंतर है, जहाँ पुरुषों की साक्षरता दर 82.14 है, वहीं महिलाओं में इसका प्रतिशत केवल 65.46 है। भारत में 6-14 साल के आयु वर्ग के प्रत्येक बालक और बालिका को स्कूल में मुफ्त शिक्षा का अधिकार है। यहाँ पर 40 प्रतिशत से अधिक बालिकाएँ 10वीं कक्षा के उपरांत स्कूल त्याग देती हैं। इसका सबसे बड़ा कारण, जहाँ शिक्षा के प्रति उदासीनता है, वहीं अच्छी शिक्षा प्रदान करने में भी देश सफल नहीं हुआ है, जिससे भी जन-समाज में शिक्षा के प्रति रुचि अधिक दिखाई नहीं देती, जिसका सबसे बड़ा दुष्परिणाम यह है कि यह जनसंख्या देश के विकास में भागीदार नहीं बन पा रही है। इतनी बड़ी जनसंख्या को शिक्षित करना और अच्छी शिक्षा प्रदान करना देश के समक्ष चुनौती है।

देश के समक्ष खड़ी इस चुनौती का महत्त्वपूर्ण विचारणीय पक्ष है शिक्षा की दिशा और दशा। आज देश में शिक्षा की दशा बेहद ही दयनीय है, जिसका प्रमुख कारण है शिक्षा की दिशा का उचित निर्धारण न होना। आज की हमारी शिक्षा, जहाँ पढ़े-लिखे बेरोजगार पैदा कर रही है, वहीं इतनी बड़ी युवा शक्ति को उचित रोजगार व सम्मान न मिलने के कारण उन्हें पथभ्रष्ट कर अनुचित मार्गों की ओर भी अग्रसर कर रही है।

विकास योजनाओं के असंतुलित क्रियान्वयन के कारण गरीबी और अमीरी में खाई बढ़ती जा रही है, जिससे गरीब और गरीब होता जा रहा है और अमीर और अधिक अमीर होता जा रहा है। भारत में वर्ष 1947 में 70 प्रतिशत लोग गरीबी की रेखा से नीचे जीवनयापन कर रहे थे, अब वर्ष 2020 में देश की कुल आबादी का लगभग 22 प्रतिशत हिस्सा गरीबी रेखा के नीचे जीवनयापन कर रहा है। अभी भी बहुत बड़ी आबादी ऐसी है, जिसे तीनों समय का भोजन भी नसीब नहीं है, सिर ढकने के लिए छत नहीं है और तन ढकने के लिए पर्याप्त मात्रा में कपड़े भी नहीं है। इनके पास जीवन की मूलभूत आवश्यकताओं यथा रोटी, कपड़ा और मकान का सर्वथा अभाव है। इन अभावग्रस्त लोगों के जीवन स्तर को ऊपर उठाने में भी हम अभी कामयाब नहीं हुए हैं।

3. स्वास्थ्य : भारत में स्वास्थ्य सेवा के लिए निजी स्वास्थ्य क्षेत्र प्रमुख भूमिका निभाता है। यहाँ अधिकांश स्वास्थ्य खर्च बीमा के माध्यम से होने के बजाय रोगियों और उनके परिवारों द्वारा उनकी जेब से भुगतान किया जाता है। इसके चलते स्वास्थ्य खर्चों पर बहुत ही असामान्य व्यय करना पड़ता है एवं परिणामस्वरूप

किसी भी परिवार की आर्थिक स्थिति खराब हो जाती है। यहाँ तक कि जीने के बुनियादी मानकों को बनाए रखने में परेशानियों का सामना करना पड़ता है।

राष्ट्रीय परिवार स्वास्थ्य सर्वेक्षण-3 के अनुसार, निजी चिकित्सा क्षेत्र शहरी क्षेत्रों में रहनेवाले परिवारों के 70 प्रतिशत और ग्रामीण क्षेत्रों में रहनेवाले परिवारों के 63 प्रतिशत के लिए स्वास्थ्य देखभाल के प्राथमिक स्रोत हैं। विभिन्न राज्यों के बीच सार्वजनिक और निजी स्वास्थ्य देखभाल में काफी अंतर है। कई कारणों से निजी स्वास्थ्य क्षेत्र पर निर्भरता बढ़ी है, जिनमें से एक प्रमुख कारण सार्वजनिक क्षेत्र में देखभाल की खराब गुणवत्ता का होना है। 57 प्रतिशत से अधिक परिवारों ने सर्वेक्षण के दौरान यही कारण बताया। लोक स्वास्थ्य की ज्यादातर सेवाएँ ग्रामीण क्षेत्रों की और केंद्रित हैं एवं अनुभवी स्वास्थ्य सेवा प्रदाताओं का ग्रामीण क्षेत्रों का दौरा नहीं करने के कारण सेवाओं में गुणवता गिर जाती है। आज भी इलाज के लिए लोगों को शहरों में भटकना पड़ता है। बहुत से लोग समय पर इलाज के अभाव में अपना जीवन गँवा देते हैं। स्वास्थ्य के प्रति असावधानी के कारण बहुत से लोग असमय ही गंभीर बीमारियों से ग्रस्त हो जाते हैं।

4. भाषायी असमानता : भारत में समय-समय पर भाषा के आधार पर राज्यों तक में झगड़े होते रहे हैं। कुछ राज्यों का तो निर्माण ही भाषा के आधार पर हुआ है। केवल इस आधार पर आपसी सहयोग करने में बहुत बड़ी बाधा उत्पन्न होती है तथा राष्ट्र की एकता पर संकट खड़े होते हैं। भाषा के आधार पर राज्य और राज्य में निवास करनेवाले लोग एक-दूसरे के खून के भी प्यासे हो जाते हैं और अन्य राज्य के लोगों से विद्वेष भी रखते हैं।

5. भ्रष्टाचार : भ्रष्टाचार ने देश की जड़ों को खोखला कर दिया है। भ्रष्टाचार के कारण स्वतंत्रता से लेकर अब तक देश को जहाँ होना चाहिए था, अभी तक उसके समीप भी नहीं पहुँच पाया है। बिना रिश्वत के किसी भी कार्य को पूर्ण कर पाना असंभव है। इससे जहाँ विकास का रास्ता अवरुद्ध हुआ है, वहीं समाज में भी असंतोष व्याप्त हुआ है।

भारत में भ्रष्टाचार चर्चा और आंदोलनों का एक प्रमुख विषय रहा है। आजादी के एक दशक बाद से ही भारत भ्रष्टाचार के दलदल में धँसा नजर आने लगा था और उस समय संसद् में इस बात पर बहस भी होती थी। 21 दिसंबर, 1963 को भारत में भ्रष्टाचार के खात्मे पर संसद् में हुई बहस में डॉ. राममनोहर लोहिया ने जो भाषण दिया था, वह आज भी प्रासंगिक है। उस वक्त डॉ. लोहिया ने कहा था कि सिंहासन और व्यापार के बीच संबंध भारत में जितना दूषित, भ्रष्ट और बेईमान हो

गया है, उतना दुनिया के इतिहास में कहीं नहीं हुआ है।

2005 में भारत में ट्रांसपेरेंसी इंटरनेशनल नामक एक संस्था द्वारा किए गए एक अध्ययन में पाया गया कि 62 प्रतिशत से अधिक भारतवासियों को सरकारी कार्यालयों में अपना काम करवाने के लिए रिश्वत या ऊँचे दर्जे के प्रभाव का प्रयोग करना पड़ा। वर्ष 2008 में पेश की गई, इसी संस्था की रिपोर्ट ने बताया है कि भारत में लगभग 20 करोड़ की रिश्वत अलग-अलग लोक सेवकों को (जिसमें न्यायिक सेवा के लोग भी शामिल हैं) दी जाती है। उन्हीं का यह निष्कर्ष है कि भारत में पुलिस कर एकत्र करनेवाले विभागों में सबसे ज्यादा भ्रष्ट है। आज यह कटु सत्य है कि किसी भी शहर के नगर निगम में रिश्वत दिए बगैर कोई मकान बनाने की अनुमति नहीं मिलती। इसी प्रकार सामान्य व्यक्ति भी यह मानकर चलता है कि किसी भी सरकारी महकमे में पैसा दिए बगैर गाड़ी नहीं चलती।

6. अंधाधुंध शहरीकरण : भारत ने विकास के लिए पश्चिम का अनुकरण किया, जिस कारण कंक्रीट के जंगल तो खड़े हो गए, जिनमें इंसान तो रहते हैं, परंतु इंसानियत नहीं। विकास की इस अंधी दौड़ में आपसी भाईचारा, रिश्ते-नाते, प्रेम-प्यार सब पीछे छूट गए हैं। आगे बढ़ने की होड़ में अपनों का रक्त बहाने में भी लोग हिचकते नहीं हैं। प्रत्येक व्यक्ति शहर की तरफ दौड़ रहा है, जिससे ग्रामीण ढाँचा ध्वस्त हो रहा है और भारतीय सभ्यता व संस्कृति का क्षरण हो रहा है। प्राचीन ग्राम व्यवस्था लुप्त होती जा रही है, यही व्यवस्था भारत की प्रगति का केंद्र बिंदु थी, जिसके आधार पर भारत को सोने की चिड़िया की उपाधि प्राप्त हुई थी।

7. भूगोलीय स्थिति : भारत की भूगोलीय स्थिति अन्य देशों से बहुत अलग है। यहाँ पर, जहाँ हिमालय जैसे ऊँचे पहाड़ हैं, वहीं बड़े-बड़े समतल मैदान हैं, जहाँ राजस्थान जैसे मरुस्थल हैं तो वहीं समुद्र के तटों से युक्त गुजरात, महाराष्ट्र जैसे राज्य भी हैं। ऐसे अलग-अलग स्थानों के कारण यहाँ रहनेवाले लोगों का रहन-सहन, खान-पान, वेश-भूषा, रीति-रिवाज, परंपराएँ आदि सब अलग-अलग हैं। इस कारण बहुत से लोगों के विचार आपस में नहीं मिल पाते और वे व्यर्थ के विरोधों में देश के लिए हानिकारक सिद्ध होते हैं।

8. बाह्य एवं आंतरिक सुरक्षा : भारत आज आंतरिक एवं बाह्य दोनों ही तरफ से सुरक्षा को लेकर बेहद चिंता की स्थिति में है, जहाँ चीन और पाकिस्तान जैसे परंपरागत शत्रु भारत को चारों ओर से घेरने में जुटे हुए हैं, वहीं देश के भीतर भी बहुत से असामाजिक तत्त्व गिद्ध की तरह देश को नोचकर खाने के लिए तत्पर नजर आते हैं। बहुत सी बाहरी शक्तियाँ भारत को किसी भी मूल्य पर अस्थिर करने

के लिए भरसक प्रयास कर रही हैं तथा उन शक्तियों को भारत में बैठे गद्दारों का भरपूर सहयोग भी मिलता रहता है, यद्यपि प्रत्येक देश का निर्धारण करनेवाली सीमा रेखाएँ स्थापित की गई हैं, परंतु बहुत से देश अपनी सीमा को बढ़ाने की कुचेष्टाएँ करते रहते हैं।

9. देशभक्ति की भावना का ह्रास : आज के नौजवानों में देश के प्रति प्रेम की भावना कमजोर नजर आती है। थोड़े से पैसों के लालच व निजी स्वार्थ की पूर्ति हेतु वे कुछ भी करने को तैयार हो जाते हैं, भले ही इससे देश का कितना ही बड़ा नुकसान क्यों न हो जाए। वे अपनी गैर-जिम्मेदाराना हरकतों से देश के समक्ष समस्याएँ पैदा करते रहते हैं, जिससे न केवल देश की प्रगति प्रभावित होती है, अपितु देश में असंतोष का वातावरण उत्पन्न होता है। इस कारण से देश का युवा देश का विचार न करके पथभ्रष्ट हो रहा है और आनेवाली पीढ़ियों को भी गलत रास्तों की ओर अग्रसर कर रहा है। युवाओं की इस स्थिति का फायदा देश को अस्थिर करने की मंशा रखनेवाले लोग उठाते हैं।

10. अलगाववाद : स्वतंत्रता प्राप्ति के पश्चात् देश के गृहमंत्री लौहपुरुष सरदार वल्लभ भाई पटेल जी ने देश को एक करने का बीड़ा उठाया और लगभग 500 से ऊपर छोटी-बड़ी रियासतों को भारत में मिलाया। यह दुष्कर कार्य उन्होंने बड़ी ही कुशलतापूर्वक संपन्न किया, परंतु आज देखने में आता है कि कुछ स्वार्थी व्यक्ति अपने स्वार्थ की पूर्ति हेतु देश को तोड़ने के लिए अलगाव को हवा देते रहते हैं और वे काफी हद तक अपने मंसूबों में सफल होते हुए भी नजर आते हैं। बहुत बार वे भारत से अलग होने के लिए भी प्रयास करते हैं। अपने मंसूबों की पूर्ति हेतु वे हिंसा करने से भी नहीं हिचकते।

इसके अतिरिक्त भी अन्य बहुत सी समस्याएँ यथा—अस्पृश्यता, सामाजिक समरसता, नैतिक मूल्यों का पतन, आतंकवाद, बिजली, पानी, धर्म आधारित असमानता आदि अनेक ऐसी बहुत सी बाधाएँ हैं, जो न केवल भारत के विकास के रास्ते में अवरोधक हैं, अपितु भविष्य के भारत के ऊपर प्रश्नचिह्न हैं।

संभावनाएँ

भारत-2047 की अवधारणा भारत के भविष्य की प्रगति का परिचायक है। आज का भारत जहाँ विश्व के लिए प्रेरणास्रोत के रूप में उभर रहा है, वहीं आनेवाले समय में विश्व गुरु की भूमिका को निभाता हुआ नजर आएगा। भविष्य का भारत न केवल आत्मनिर्भर होगा, अपितु विश्व में शांति स्थापना में भी महत्त्वपूर्ण

भूमिका निभाएगा। इस अवधारणा को फलीभूत होने में अनेक कारक सहायक सिद्ध होंगे, जैसे कि—

1. स्वत्व का विकास : गुलामी के लंबे कालखंड के कारण भारतीयों में गुलामी की मानसिकता गहरी पैठ कर गई है, जिसका प्रमुख कारण जहाँ भारतीयों का लगातार लगभग 800 से 900 वर्षों तक गुलाम रहना है, वहीं भारतीयों को इस प्रकार की शिक्षा प्रदान की गई, जिससे वे स्वत्व के भाव को भूलकर अपना सबकुछ गलत है, इस भावना से ग्रस्त हो गए। इसी कारण आजकल देखने में आता है कि विशेषकर युवा वर्ग अपनी ही विरासत से दूर होता जा रहा है, जब भारत के प्राचीन अनुसंधान को विदेशी धरती पर सम्मान मिलता है तब भारतीयों को पता चलता है कि यह तो हमारे ऋषि-मुनियों ने अनुसंधान किया था। भारतीयों में स्वत्व के भाव का जागरण करके तथा भारतीयों की गुलामी की मानसिकता को समाप्त करके ही भारत का विकास संभव है। भारतीय अपने पूर्वजों द्वारा किए गए कार्यों और अनुसंधानों के प्रति गर्व के भाव को जागृत करके तथा उन अनुसंधान और कार्यों पर आधुनिक तकनीकों के माध्यम से नवाचार करके भारत को विकसित करने में सहायक सिद्ध हो सकते हैं।

2. कौशल आधारित शिक्षा : भारत के पास बहुत बड़ी आबादी युवाओं की है, जो भारत की प्रगति में सहायक बनेंगे। इस आबादी को प्रगति में सहायक बनाने के लिए शिक्षा के साथ-साथ उन्हें कौशल संपन्न बनाया जा सकता है, इस दिशा में भारत ने अपने कदम बढ़ा दिए हैं। भारत की नई शिक्षा नीति शिक्षा के साथ-साथ कौशल संपन्न बनाने का भी निर्धारण करती है। शिक्षा के प्रत्येक स्तर पर विद्यार्थी के लिए अपनी इच्छानुसार कौशल सीखने की व्यवस्था की गई है। इसके अतिरिक्त किसी भी स्तर पर जाकर वह अपनी शिक्षा को छोड़कर अपनी आजीविका हेतु अपना कार्य भी प्रारंभ कर सकता है और अन्य स्थान पर भी रोजगार प्राप्त कर सकता है, इस शिक्षा नीति के माध्यम से विद्यार्थी के संर्वांगीण विकास की योजना की गई है। प्राथमिक से लेकर उच्च शिक्षा तक प्रत्येक स्तर पर गहन चिंतन किया गया है, अतः भारत की युवा पीढ़ी को कौशल संपन्न करना भारत की भविष्य की प्रगति का महत्त्वपूर्ण कारक है।

3. विविधता में एकता : जैसे कि हमने ऊपर भी चर्चा की है कि भारत में बहुत सी विविधताएँ हैं, इन विविधताओं के कारण ही भारत के प्रत्येक क्षेत्र में अनेक प्रकार के कौशल पाए जाते हैं। भारत का प्रत्येक परिवार, वर्ग, जाति किसी-न-किसी कौशल से संपन्न है। प्राचीन समय से ही जीवन के प्रत्येक क्षेत्र

के कौशलों का अनुसंधान भारत में किया गया है, आज उन कौशलों का न केवल विकास किया जा रहा है, अपितु नए-नए नवाचारों के माध्यम से उन्हें वर्तमान परिदृश्य में प्रतिस्पर्धा लायक भी बनाया जा रहा है। इसके साथ ही भारत का युवा विश्व में भी अपने कौशल को प्रदर्शित कर सके, इसके लिए विभिन्न प्रकार के सर्टिफिकेट कार्यक्रमों की भी योजना तैयार की जा रही है।

4. अनुसंधान : भारत में प्रतिदिन विभिन्न प्रकार के हो रहे अनुसंधान भी भविष्य के भारत का चित्र प्रस्तुत करते हैं, हम कोरोना काल को ही लें। कोरोना की प्रथम लहर के समय भारत में न तो सेनिटाइजर की पर्याप्त मात्रा थी, न मास्क थे, न ही पी.पी.ई. किट बनाने की पर्याप्त व्यवस्था थी, परंतु भारत ने आपदा को अवसर में परिवर्तित करते हुए इसी संकटकाल में न केवल इन सबको बनाने की व्यवस्था की, बल्कि अन्य देशों को भी इनकी आपूर्ति की। आज भारत अपनी आवश्यकताओं को पहचानकर उनकी पूर्ति हेतु अनुसंधान करके आत्मनिर्भर बनने की संकल्पना को पूर्ण कर रहा है।

5. विश्व-बंधुत्व की भावना : भारत प्राचीनकाल से ही विश्व बंधुत्व और वसुधैव कुटुंबकम् की भावना के कारण संपूर्ण विश्व को एक परिवार की भाँति मानता है। जिस कारण संपूर्ण विश्व में शांति स्थापित करने में भारत महत्त्वपूर्ण भूमिका निभा रहा है। प्राचीन इतिहास का अवलोकन करने पर स्पष्ट होता है कि भारत अपने नालंदा, तक्षशिला आदि विश्वविद्यालयों के माध्यम से विश्वगुरु के पद पर सुशोभित था, भारत पुनः इस स्थान को प्राप्त करने की ओर अग्रसर है।

6. ग्राम सभ्यता का विकास : भारत की आत्मा ग्रामों में निवास करती है। भारत को जानना हो तो ग्राम व्यवस्था को जानना अति आवश्यक है। ग्राम व्यवस्था ही भारत की सभ्यता और संस्कृति का आधार है। भारत को विकसित और विश्व का अग्रणी राष्ट्र बनाने के लिए आवश्यक है कि ग्राम आधारित भारत का विकास किया जाए। हमारे ऋषि-मुनियों ने विश्व-बंधुत्व की भावना का विचार संपूर्ण विश्व को एक ग्राम-एक परिवार के रूप में ही किया था। हमारी ग्राम व्यवस्था आत्मनिर्भर व्यवस्था थी, जहाँ पर अपनत्व का भाव रचा-बसा था। न कोई गरीब था और न ही कोई बेरोजगार था, सारी व्यवस्था का आधार आपसी वस्तुओं के लेन-देन पर आधारित था। भारत और विश्व को अगर कोई विकास और शांति की राह दिखा सकता है तो वह भारत की सभ्यता, संस्कृति और ग्राम व्यवस्था ही है।

7. आंतरिक एवं बाह्य रूप से सशक्त भारत : भारत को 2047 तक विश्व की महाशक्ति एवं विश्व के मार्गदर्शक के रूप में स्थापित होने के लिए स्वयं

को एकीकृत रूप में सँजोकर रखना अति अनिवार्य है। भारत को जहाँ स्वयं की सीमाओं को सुरक्षित करना जरूरी है, वहीं उससे अधिक आवश्यक है, देश को आंतरिक रूप से नुकसान पहुँचानेवाली ताकतों की पहचान करके उनको समाप्त करना, जैसा कि पिछले कुछ समय से देखने में आ रहा है कि कट्टरपंथी ताकतें चाहे इस्लामिक हों, चाहे साम्यवादी हों या फिर निजी स्वार्थ में देश की शांति को ही दाँव पर लगानेवाली ही क्यों न हों, ये सभी देश की आंतरिक सुरक्षा व शांति के लिए चुनौती बनी हुई हैं। कभी हमें देश के प्रतिष्ठित संस्थानों जैसे जवाहरलाल नेहरू विश्वविद्यालय, अलीगढ़ मुस्लिम विश्वविद्यालय, बनारस हिंदू विश्वविद्यालय आदि में भारत तेरे टुकड़े होंगे—इंशा अल्ला, भारत की बर्बादी तक जंग चलेगी, जैसे नारे सुनने को मिलते हैं। ये कट्टरपंथी ताकतें देश का हित करनेवाले कानूनों के विरोध की आड़ में अपने कुत्सित इरादों को पूरा करने का प्रयास करती हैं। एन.आर.सी. और कृषि कानूनों के असंगत विरोध की आड़ में भी ये शक्तियाँ देश की आंतरिक सुरक्षा और शांति के लिए खतरा बनी हुई हैं, जिससे भारत के चीन, पाकिस्तान जैसे शत्रु देशों को फायदा पहुँचता है, अतः भारत को 2047 तक विश्व की महाशक्ति एवं विश्व के मार्गदर्शक के रूप में स्थापित होने के लिए इन गद्दारों की पहचान कर इनका समूल नाश करके आंतरिक सुरक्षा और शांति स्थापित करनी होगी तथा बाहरी सीमाओं को अभेद्य बनाना होगा।

संपूर्ण तथ्यों का गहन अध्ययन व विवेचन करने के पश्चात् इस निष्कर्ष पर पहुँचा जा सकता है कि भारत में स्वयं को विकसित करने और विश्व का मार्गदर्शन की अपार क्षमता है तथा इस हेतु स्वतंत्रता के सौ वर्ष पूरे होने से पूर्व, अर्थात् 2047 तक, हमें एक ऐसे विजन का निर्माण करना होगा, जो वास्तव में भारतीय सभ्यता और संस्कृति को प्रतिबिंबित करता हुआ इस प्रकार की संभावनाओं से युक्त हो, जो आधुनिक भारत का चित्र प्रस्तुत करता हो। इस विजन में जहाँ आधुनिक तकनीकी के प्रयोग की संभावनाओं का सावधानीपूर्वक प्रयोग किया जाए व तकनीकी के द्वारा होनेवाले नुकसानों को भी नियंत्रित करने की संभावनाओं को तलाशा जाए। इन संभावनाओं को तलाश करने हेतु तथा इस प्रकार के विजन का निर्माण करने के लिए संपूर्ण भारत से सुझाव आमंत्रित किए जाएँ, अलग-अलग स्तरों पर चर्चाओं का आयोजन किया जाए व पूर्ण प्राण-प्रण से निर्धारित लक्ष्यों को प्राप्त करने हेतु प्रत्येक नागरिक के मन में विचार प्रवाह चले, ऐसे प्रयास किए जाएँ। ऐसा करना न केवल समय की आवश्यकता है, अपितु संपूर्ण विश्व के कल्याण के लिए अति आवश्यक भी है।

इस विजन को प्राप्त करना आज की परिस्थिति में कठिन तो लगता है, परंतु भारत के सामर्थ्य के समक्ष यह असंभव नहीं है। महर्षि अरविंद व डॉ. ए.पी.जे. अब्दुल कलाम ने जिस भारत की कल्पना वर्षों पूर्व की थी, उसे हम अपने दृढ़ संकल्प से साकार कर सकते हैं। भविष्य का भारत विश्वगुरु के रूप में संपूर्ण विश्व का मार्गदर्शन करते हुए न केवल शांति स्थापित करने में महत्त्वपूर्ण भूमिका अदा करेगा, अपितु स्वयं आत्मनिर्भर बनकर संपूर्ण विश्व को सहारा प्रदान करेगा।

□

भारत 2047 : विश्व भाषा होगी संस्कृत

—डॉ. कृष्ण चंद्र पांडेय

प्रस्तावना

विश्व की भाषाओं का आधार संस्कृत को माना जाता है। यही कारण है कि आज ज्यों-ज्यों विश्व प्रगति पथ पर आगे बढ़ रहा है, भाषागत साम्यता और वैज्ञानिक भाषा की आवश्यकता का अनुभव कर रहा है। इसी कारण आज विश्व में संस्कृत सीखने की होड़ लगी है। विश्वविद्यालयों में संस्कृत शिक्षण के साथ संस्कृत लर्निंग स्कूल स्थापित किए जा रहे हैं। अमेरिका और यूरोप में अनेक ऐसे संस्थान हैं, जो मायवेब (Myweb) नेटवर्क के माध्यम से संस्कृत सिखा रहे हैं। विश्व भर में संस्कृत शिक्षा देनेवाले संस्थानों की सूची निरंतर बढ़ती जा रही है। उत्तरी अमेरिका में सर्वाधिक संस्कृत शिक्षण संस्थान हैं। अमेरिका में 18 विश्वविद्यालय हैं, जिनमें किसी-न-किसी रूप में संस्कृत का शिक्षण होता है। जर्मनी में 17 विश्वविद्यालयों में संस्कृत का पठन-पाठन होता है।

अमेरिका का अंतरिक्ष अनुसंधान संगठन नासा यह मान चुका है कि संस्कृत भाषा सर्वाधिक वैज्ञानिक भाषा है। अमेरिका ने 1986 में 'कंप्यूटर तकनीकी और भाषा' विषय पर शोध अध्ययन में संस्कृत को सर्वाधिक वैज्ञानिक भाषा माना और कंप्यूटर की भावी भाषा के रूप में संस्कृत को सर्वोत्तम भाषा स्वीकार किया। इसके बाद से दुनिया भर में संस्कृत को भविष्य की भाषा के रूप में देखा जाने लगा और वे मानने लगे कि संस्कृत सीखते ही कंप्यूटर की संभावनाओं का अनंत आकाश खुल जाएगा। अमेरिका ने इसीलिए नर्सरी कक्षा से संस्कृत सिखाने का प्रयास आरंभ कर दिया है। इसके अतिरिक्त विश्व के अनेक देश, जैसे ऑस्ट्रेलिया, ऑस्ट्रिया, बेल्जियम, ब्रिटेन, डेनमार्क, फिनलैंड, फ्रांस, इटली, नीदरलैंड स्विट्जरलैंड, नॉर्वे, जापान, थाईलैंड आदि संस्कृत सीख रहे हैं। बड़ी मात्रा में विदेशी छात्र भारत में

रहकर भी संस्कृत सीख रहे हैं और अनुसंधान भी कर रहे हैं। संस्कृत भाषा अनेक प्रकार के रोजगार उपलब्ध कराने में समर्थ हो सकती है, बस केवल आधुनिक संदर्भ में संस्कृत शिक्षण और अनुसंधान की आवश्यकता है।

विश्व पटल पर आज लोगों में संस्कृत सीखने और संस्कृत में सन्निहित ज्ञान-विज्ञान को जानने की इच्छा भारतीयों की अपेक्षा कहीं अधिक है। उनका मानना है कि विश्व को सुख और शांति का मार्ग संस्कृत भाषा ही दे सकती है। मुझे विश्वास है कि आगे आनेवाले 20-25 वर्षों में संस्कृत विश्व भाषा के रूप में स्वीकार्य होगी।

निबंध

भाषाएँ विशाल रेडवुड वृक्ष की भाँति हैं। ये 700-800 वर्षों में पैदा होती हैं और मर जाती हैं। संस्कृत एकमात्र ऐसी भाषा है, जो हजारों वर्षों से अपने मूल रूप में विद्यमान है, क्योंकि यह अमर भाषा है। संस्कृत पूरे ग्रह ही भाषा मानी जा सकती है, यदि इसे उत्साहवर्धक और आनंददायी तरीके से पढ़ाया जाए।

जो शाश्वत और अनंत है, उसका कभी अंत नहीं होता है। अनंत सूर्य यदि दृष्टिगोचर नहीं होता तो इसका अर्थ यह नहीं कि उसका अस्तित्व समाप्त हो गया है। सूर्य की अनंत चैतन्य शक्ति सभी प्राणियों को जीवंतता प्रदान करती रही है। सूर्य का अनंत चैतन्य प्रवाह सर्वव्यापी और शाश्वत है। जिसे वह दृष्टिगत होता है, वह उसके अस्तित्व को स्वीकार करता है। जिसे दिखाई नहीं देता, वह उसके अस्तित्व को स्वीकार नहीं करता है। संस्कृत भाषा का अनंत शाश्वत सूर्य के समान है, जिसका अस्तित्व कभी समाप्त नहीं हो सकता। यह हमारी दृष्टि पर निर्भर है कि हम उसके अस्तित्व को स्वीकार करते हैं या नहीं। संस्कृत भारत के कण-कण में विद्यमान है, उसका अस्तित्व किसी स्वीकार्यता या अस्वीकार्यता पर निर्भर नहीं है। संस्कृत भारत की आत्मा है। भारत की देह में जब तक संस्कृत है, तब तक भारत जीवित है। इसलिए कहा गया है कि 'संस्कृतम बिना भारतम भारतम नास्ति'। काल के प्रवाह उसका प्रकाश कुछ कम अवश्य हुआ है, परंतु उसका अस्तित्व समाप्त नहीं हुआ है और न कभी हो सकता है। अपनी माँद में सिंह यदि सोया हो तो उसे मृत नहीं मानना चाहिए। संस्कृत भाषा सोए सिंह की तरह पुन: अपनी निद्रा को त्यागकर अपनी सिंह गर्जना से अपनी उपस्थिति का परिचय दे रही है। उसकी गर्जना पुन: सुनाई देनी चाहिए।

संस्कृत केवल भाषा मात्र नहीं है। संस्कृत सभी भारतीय भाषाओं की जननी है, भारत की प्राण शक्ति है। संस्कृत में ज्ञान-विज्ञान का अनंत प्रवाह है। जो

प्राणिमात्र के कल्याण का मार्ग प्रशस्त कर भारतीय ज्ञान के मूलस्रोत को जानने, समझने के लिए संस्कृत भाषा को सीखने के लिए निरंतर प्रयासरत है। 2047 तक कैसी होगी संस्कृत की स्थिति ? इसी का एक चित्र खींचने का प्रयास इस आलेख में किया गया है। आलेख में निम्न बिंदुओं पर विचार रखने का प्रयास किया गया है—

1. विश्व में संस्कृत के प्रति बढ़ती रुचि
2. योग, आयुर्वेद, अध्यात्म और संस्कृत
3. भारत की प्रतिनिधि भाषा होगी संस्कृत
4. संस्कृत में खुलेंगे रोजगार के नए अवसर
   (क) योग
   (ख) आयुर्वेद
   (ग) ज्योतिष
   (घ) सौंदर्य प्रसाधन
   (च) वाक् चिकित्सा
   (छ) प्रबंधन

आज जिस गति से विश्व में संस्कृत भाषा तथा उसमें सन्निहित ज्ञान-विज्ञान के प्रति जिज्ञासा बढ़ रही है तथा भाषा को सीखने के प्रति रुचि बढ़ रही है, वह सुखद आश्चर्य है। दुनिया भविष्य की भाषा के रूप में संस्कृत को देख रही है, जब से नासा के वैज्ञानिकों ने संस्कृत के प्रति रुचि दिखाई है, तब से विश्व के अनेक देशों में संस्कृत के प्रति आकर्षण तेजी से बढ़ रहा है। सृष्टि का आदिम ज्ञान-विज्ञान, जो प्राणीमात्र के कल्याण के लिए अद्‌भुत हुआ, जो वेद के रूप में व्यवहृत हुआ, वह संस्कृत भाषा में ही था। आगे चलकर यही वेद (ज्ञान) ऋग्वेद, यजुर्वेद, सामवेद तथा अथर्ववेद के रूप में संहिता, ब्राह्मण अरण्यक, ग्रंथ, उपनिषद तथा पुराण ग्रंथों के रूप में विभक्त हुए। ये सभी वैदिक साहित्य के ग्रंथ हैं, जो भारतीय ऋषियों (वैज्ञानिकों) के ज्ञान-विज्ञान के क्षेत्र के अनुसंधानिक ग्रंथ हैं। इनके अतिरिक्त भारतीय ज्ञान परंपरा के क्षेत्र में अप्रतिम ग्रंथों की रचना भारतीय ऋषियों ने की। स्वास्थ्य विज्ञान से लेकर योगशास्त्र, न्यायशास्त्र, मीमांसा शास्त्र, अणु विज्ञान के क्षेत्र में वैशेषिक शास्त्र, यंत्र निर्माण के क्षेत्र में भारद्वाज मुनि का यंत्र सर्वस्वम्, इनके अतिरिक्त खगोल विज्ञान से संबंधित अनेक ग्रंथ हैं। यही नहीं, रामायण, महाभारत सदृश ग्रंथ की रचना हुई, तात्कालिक संवैधानिक ग्रंथों के रूप में स्मृति ग्रंथ, इन सभी का माध्यम संस्कृत भाषा है।

संस्कृत भाषा की ध्वनि की वैज्ञानिकता संस्कृत ग्रंथों में सन्निहित ज्ञान-विज्ञान

को न केवल भारत, अपितु संपूर्ण विश्व की दिशा-दशा बदलने का सामर्थ्य रखती है। हजारों वर्ष पूर्व किए गए अनुसंधानों के माध्यम से भारतीय ऋषियों (वैज्ञानिकों) ने जो ज्ञान-विज्ञान संस्कृत ग्रंथों में निबद्ध किया, वह सार्वकालिक, सार्वभौमिक एवं सर्वग्राह्य है। आज संपूर्ण विश्व उस ज्ञान-विज्ञान में अवगाहन कर विज्ञान की नई ऊँचाई तक जाने के लिए आतुर है। हमारे ऋषियों द्वारा स्थापित जीवन मूल्य विश्व कल्याण का मार्ग प्रशस्त करती हैं। आज भौतिकवाद से त्रस्त विश्व भारतीय ग्रंथों में स्थापित मूल्यों की ओर अभिमुख हो रहा है। भविष्य का विश्व भारतीय ज्ञान-विज्ञान के आधार पर अध्यात्मयुक्त विज्ञान की परंपरा के अनुसार होगा और इसका आधार संस्कृत होगी, क्योंकि ज्ञान-विज्ञान की परंपरा का अजस्र धारा का स्रोत संस्कृत भाषा में ही है। आज प्रतीत होता है कि आगे आनेवाले वर्षों में विश्व पटल पर संस्कृत गौरवमय स्थान को प्राप्त करेगी।

आयरलैंड के स्कॉट्स विद्यालय में संस्कृत शिक्षक रटजर कोर्टनहोस्ट्र का कहना है कि "जब से विश्व को संस्कृत के असाधारण गुणों का पता चला है, तब से संस्कृत की वैश्विक पूछ बढ़ी है, यद्यपि भारत इसका आदि देश है, परंतु संस्कृत भाषा में उपलब्ध ज्ञान ने पश्चिम को आकर्षित किया है। चाहे वह आयुर्वेद हो या फिर योग व ध्यान की अनेक तकनीकें या फिर हिंदुत्व, बौद्ध जैसे अनेक व्यावहारिक दर्शन, इनका अपने यहाँ उपयोग कर रहे हैं। इनसे स्थानीय परंपराओं, पंथों के साथ विवाद समाप्त करके समायोजन और जागरूकता फैलाते हैं।" आयरलैंड के विषय में हम सब जानते हैं कि पिछले दिनों जब प्रधानमंत्री नरेंद्र मोदी आयरलैंड गए थे तो आयरिश बच्चों ने उनका स्वागत संस्कृत श्लोक से किया था। ध्यान देने योग्य बात है कि ग्रेट ब्रिटेन और विश्व के अन्य देशों में जॉन स्कॉट्स के 80 विद्यालय चलते हैं, जहाँ संस्कृत को पाठ्यक्रम में शामिल किया गया है।

संस्कृत भाषा को विश्व की सर्वाधिक वैज्ञानिक भाषा होने का गौरव प्राप्त है। विश्व की भाषाओं का आधार संस्कृत को माना जाता है। यही कारण है कि आज ज्यों-ज्यों विश्व प्रगति पथ पर आगे बढ़ रहा है। भाषागत साम्यता और वैज्ञानिक भाषा की आवश्यकता का अनुभव कर रहा है। इसी कारण आज विश्व में संस्कृत सीखने की होड़ लगी है। विश्वविद्यालय में संस्कृत शिक्षण के साथ संस्कृत लर्निंग स्कूल स्थापित किए जा रहे हैं। अमेरिका और यूरोप में अनेक संस्थान हैं, जो मायवेब (फोंट) नेटवर्क के माध्यम से भी संस्कृत सिखा रहे हैं। विश्व भर में संस्कृत शिक्षा देनेवाले संस्थानों की सूची निरंतर बढ़ती जा रही है। उत्तरी अमेरिका में सर्वाधिक संस्कृत शिक्षण संस्थान हैं। अमेरिका में 18 विश्वविद्यालय हैं, जिनमें

किसी-न-किसी रूप में संस्कृत का शिक्षण होता है। जर्मनी में 17 विश्वविद्यालयों में संस्कृत का पठन-पाठन होता है।

अमेरिका के अंतरिक्ष अनुसंधान संगठन नासा के अतिथि वैज्ञानिक रहे दिल्ली के डॉ. ओमप्रकाश पांडेय बताते हैं कि नासा में भर्ती होनेवाले वैज्ञानिक के प्रशिक्षण काल में 15 दिन की संस्कृत कक्षा लगती है। उसमें आर्यभट्ट, वराहमिहिर जैसे भारतीय विद्वानों द्वारा दिए गए वैज्ञानिक सिद्धांतों के अलावा मय दानव का दिया हुआ सूर्य सिद्धांत पढ़ाया जाता है। सूर्य सिद्धांत में ढाई हजार वर्ष पहले सौर मंडल में दिए गए तथ्य और आज के वैज्ञानिक तथ्यों का तुलनात्मक अध्ययन किया जाता है।

यही नहीं, नासा यह भी मान चुका हे कि संस्कृत भाषा सर्वाधिक वैज्ञानिक भाषा है। अमेरिका में 1986 में 'कंप्यूटर तकनीकी और भाषा' विषय पर शोध अध्ययन में संस्कृत को सर्वाधिक वैज्ञानिक भाषा माना और कंप्यूटर की भावी भाषा के रूप में संस्कृत को सर्वोत्तम भाषा स्वीकार किया। इसके बाद से दुनिया भर में संस्कृत को भविष्य की भाषा के रूप में देखा जाने लगा और वे मानने लगे कि संस्कृत सीखते ही कंप्यूटर की संभावनाओं का अनंत आकाश खुल जाएगा। अमेरिका ने इसीलिए नर्सरी कक्षा से संस्कृत सिखाने का प्रयास आरंभ कर दिया है। इसके अतिरिक्त विश्व के अनेक देश, जैसे—ऑस्ट्रेलिया, ऑस्ट्रिया, बेल्जियम, ब्रिटेन, डेनमार्क, फिनलैंड, फ्रांस, इटली, नीदरलैंड स्विट्जरलैंड, नॉर्वे, जापान, बाली, सुमात्रा, इंडोनेशिया, थाईलैंड आदि संस्कृत सिखा रहे हैं। बड़ी मात्रा में विदेशी छात्र भारत में रहकर भी संस्कृत सीख रहे हैं और अनुसंधान भी कर रहे हैं। यह सब संस्कृत के प्रति बढ़ते आकर्षण को दरशाता है। यही कारण है कि भाषा के पंडित संस्कृत को विश्व भाषा के रूप में देख रहे हैं।

आज विश्व भौतिकवाद से त्रस्त होकर जिस प्रकार अध्यात्म की ओर बढ़ रहा है, वह निश्चित रूप से इस बात का संकेत है कि वह यह स्वीकार कर रहा है कि भारतीय जीवन रचना ही सुख और शांति का आधार हो सकती है। इस काम में अनेक संस्थान एवं आध्यात्मिक गुरु लगे हुए हैं। भगवद्गीता, योग, आयुर्वेद के प्रशिक्षण शिविर आयोजित कर संस्कृत भाषा के प्रति आकर्षण पैदा कर रहे हैं। संस्कृत संवर्धन प्रतिष्ठान के न्यासी सचिव श्री च.मू. कृष्ण शास्त्री कहते हैं कि उन्होंने संस्कृत भाषा के कार्य के लिए विश्व के अनेक देशों में प्रवास किया। संस्कृत के प्रति उन देशों की रुचि और जिज्ञासा उनके लिए अकल्पनीय थी। लोगों में संस्कृत सीखने और संस्कृत में सन्निहित ज्ञान-विज्ञान को जानने की

इच्छा भारतीयों की अपेक्षा कहीं अधिक है। उनका मानना है कि आगे आनेवाले वर्षों में संस्कृत विश्व भाषा के रूप में स्थापित होगी। आध्यात्मिक क्षेत्र में लोगों का आकर्षण निरंतर बढ़ रहा है और भारतीय विद्याओं को सीखने के लिए संस्कृत सीखने की प्रवृत्ति तेज गति से बढ़ रही है। इटली में आयुर्वेद का शिक्षण दे रहे मेरे एक मित्र डॉ. स्वामीनाथ मिश्र बताते हैं कि इटली के लोगों का आयुर्वेद और योग के प्रति बहुत आकर्षण है। इस कारण से उनमें संस्कृत सीखने का आकर्षण बढ़ रहा है, पर वहाँ संस्कृत सीखनेवाले नहीं हैं। विश्व में संस्कृत के प्रति आकर्षण निश्चित रूप से संस्कृत के उज्ज्वल भविष्य को दरशाता है। विश्व में योग और आयुर्वेद के प्रति आकर्षण और अध्यात्म को अपने जीवन का हिस्सा बनाने के लिए भगवद्गीता के प्रति लोग अधिक आकर्षित हो रहे हैं। विश्व में भारतीय संस्कृति एवं भारतीय ज्ञान-विज्ञान को जानने की प्रवृत्ति निरंतर बढ़ रही है। इससे भारतीय धर्म (हिंदू धर्म) के ग्रंथों को पढ़ने, उसके मूल भाव को समझने के लिए संस्कृत के प्रति अनुराग बढ़ रहा है। पिछले कुछ वर्षों से विश्व में योग के प्रति लोगों का रुझान निरंतर बढ़ रहा है, इसके कारण भी संस्कृत भाषा सीखने की प्रवृत्ति बढ़ रही है, क्योंकि योग के मूल तत्त्व को समझने के लिए संस्कृत का ज्ञान आवश्यक है। योग की भाँति ही आयुर्वेद के प्रति भी आज विश्व तेजी से आकर्षित हो रहा है। आयुर्वेद के प्रति जिस प्रकार से विश्वास बढ़ रहा है, वह निश्चित ही शुभ संकेत है। वर्तमान वैश्विक महामारी काल में आयुर्वेद का प्रभाव और प्रचलन बहुत तेजी से बढ़ा है, वह अकल्पनीय है। इन सभी का ज्ञान यदि कहीं से होगा तो संस्कृत से ही होगा। इसलिए संस्कृत के प्रति विश्व तेजी से आकर्षित होगा। हमारा विश्वास है कि 2047 में संस्कृत भाषा विश्व में सर्वाधिक सम्मानित होगी।

आज देश में भाषा के आधार पर विभेद दिखाई देता है। उसका प्रमुख कारण है कि देश में जो भाषा भारत की प्रतिनिधि भाषा के स्थान पर है, इसकी स्वीकार्यता राष्ट्र भाषा के रूप में तो है, परंतु व्यावहारिक जगत् में उसकी स्वीकार्यता केवल उत्तर भारत तक ही सीमित दिखाई देती है, जबकि संस्कृत भाषा संपूर्ण देश की प्रतिनिधि भाषा के रूप में सर्वमान्य है। आज बहुजन समाज यह अनुभव करने लगा है कि भारत की राष्ट्र भाषा के रूप में उस भाषा को थोपा गया है, जो केवल उत्तर भारत का प्रतिनिधित्व करती है। हमारे संविधान निर्माताओं को इस बात का आभास था, इसीलिए संविधान सभा के अधिकांश प्रतिनिधि संस्कृत भाषा को राष्ट्र भाषा के रूप में चाहते थे। स्वयं भीमराव आंबेडकर ने संस्कृत को राष्ट्र भाषा बनाने का प्रस्ताव किया था। उन्होंने संविधान समिति में राष्ट्रभाषा एवं राज्य व्यवहार की

अधिकृत भाषा से संबंधित अनुच्छेद में संस्कृत को राष्ट्र एवं राज्य व्यवहार पर्यायी भाषा रखने के विषय में सुझाव दिया।

पत्रकारों ने जब इस विषय में आंबेडकर से पूछा तो उन्होंने कहा, "What is wrong with Sanskrit," संविधान सभा के सदस्य लक्ष्मीकांत मैत्र ने जोरदार समर्थन किया और कहा कि "हिंदी जैसी विशिष्ट प्रांत की भाषा को राष्ट्र भाषा बनाने से शेष प्रांतों में संदेश और कटुता निर्माण हो सकती है। संस्कृत को राष्ट्र भाषा बनाने से वह टाली जा सकती है। संस्कृत को मान्यता देकर दुनिया को हम बता देंगे कि हम अपने गौरव बिंदुओं का कितना सम्मान करते हैं? संसार को अपनी संस्कृति का आध्यात्मिक संदेश देने की इच्छा रखते हैं। संस्कृत को राष्ट्र भाषा स्वीकार कर हम भावी पीढ़ी का उज्ज्वल भविष्य निर्माण कर सकते हैं।" आंबेडकर चाहते थे कि संस्कृत को राष्ट्र भाषा बनाने का प्रस्ताव पास होना चाहिए, परंतु बी.पी. मौर्य जैसे तरुण सदस्यों के कारण यह संभव नहीं हो सका। बाद में बी.पी. मौर्य ने इस बात के प्रति खेद प्रकट किया कि उन्होंने अकारण ही संस्कृत को राष्ट्रभाषा बनाने का विरोध किया। (आंबेडकर सामाजिक क्रांति की यात्रा पृ. 368) संस्कृत भाषा ही एकमात्र ऐसी भाषा है, जो संपूर्ण राष्ट्र में समादृत है। भारत की सभी भाषाएँ संस्कृत भाषा से अनुप्राणित हैं। संस्कृत भाषा के प्रति संपूर्ण देश में एक स्वर दिखाई देता है। भारत की सभी भाषाओं में संस्कृत शब्दों का प्राचुर्य मिलता है। दक्षिण भारत की सभी भाषाओं की शैली संस्कृत भाषा के समान है। मैक्समूलर ने संस्कृत के विषय में लिखा है कि "संस्कृत अकेली भाषा है, जो भारत में सब जगह बोली जाती है।"

डॉ. थॉमस ने संस्कृत के विषय में कहा है कि "भारत की एकता में संस्कृत का बड़ा हाथ है, उन्होंने आगे कहा है कि संस्कृत के सरल रूप को अखिल भारतीय भाषा के रूप में बढ़ावा देना चाहिए। भारत में आज संस्कृत भारती, संस्कृत संवर्धन प्रतिष्ठान एवं अन्य एतादृश संथाएँ संस्कृत के सरल रूप के माध्यम से संस्कृत का प्रचार-प्रसार कर रही हैं। संस्कृत के समाज का आकर्षण बढ़ रहा है। संस्कृत के समर्थन में समाज के साथ जनप्रतिनिधि भी आगे आ रहे हैं। लोकसभा में भी संस्कृत में शपथ लेनेवाले प्रतिनिधियों की संख्या बढ़ रही है। 2014 में लोकसभा में संस्कृत में शपथ लेनेवाले प्रतिनिधि 39 थे, जो 2019 में बढ़कर 44 हो गए। वहीं दूसरी ओर अंग्रेजी में शपथ ग्रहण करनेवाले प्रतिनिधि 2014 में 114 थे, जो 2019 में घटकर 54 रह गए।

भारत में अब संस्कृत के प्रति समाज का दृष्टिकोण बदल रहा है। आनेवाले वर्षों में शपथ लेने में संस्कृत के प्रति आकर्षण और बढ़ेगा। संस्कृत राष्ट्रीय

एकात्मक की प्रतिनिधि भाषा के रूप में सर्वमान्य होगी और 2047 में भारत स्वतंत्रता के 100 वर्ष पूर्ण होने पर भाषाई परतंत्रता से भी स्वतंत्र होगा।

इस बदलते वैश्विक परिदृश्य में जहाँ समाज ने आर्थिक विकास प्राप्त किया है, सब प्रकार की भौतिक प्रगति की है, वहीं दूसरी ओर मानसिक अशांति, अनेक प्रकार की व्याधियाँ, प्रकृति के साथ क्रूरतापूर्ण व्यवहार के कारण पर्यावरण असंतुलन आदि अनेक प्रकार की समस्याओं का जन्म हुआ है। इसका मुख्य कारण है संतुलित विकास की शिक्षा का अभाव। संस्कृत के ग्रंथों के अध्ययन के द्वारा प्रकृति के साथ संतुलन बनाए रखते हुए रोजगार के विभिन्न अवसर प्रदान हो सकते हैं। संस्कृत में ज्ञान-विज्ञान के साथ अध्यात्म का समन्वय है, प्राणिमात्र के कल्याण की भावना है। आज बहुत तेजी से संस्कृत के माध्यम से रोजगार के अवसरों को खोजा जा रहा है। अनेक क्षेत्रों में लोगों ने संस्कृत ग्रंथों के माध्यम से रोजगार के अवसर खोज लिये हैं, जैसे योग के क्षेत्र में न केवल भारत में अपितु संपूर्ण विश्व में रोजगार का सृजन हुआ है, महर्षि पतंजलि के 'योग प्रदीप' ग्रंथ ने सारे विश्व को न केवल रोजगार का अवसर प्रदान किया है, अपितु भारतीय ज्ञान-विज्ञान के प्रति आस्था भी निर्मित की है। संस्कृत से रोजगार ने नए द्वार खुलेंगे, अभी कुछ समय पूर्व काशी हिंदू विश्वविद्यालय में हिदू धर्म शिक्षण विभाग आरंभ किया गया है। इसका अनुकरण देश के अन्य विश्वविद्यालय भी करेंगे। इसके लिए संस्कृत भाषा का ज्ञान होना आवश्यक होगा, अत: शिक्षा के क्षेत्र में रोजगार के नए अवसर खुलेंगे। इसी के साथ-साथ अन्य क्षेत्रों में भी रोजगार की अनंत संभावनाएँ विकसित होंगी। उदाहरण के लिए कुछ क्षेत्र निम्न प्रकार हैं।

आज हम देखते हैं कि संपूर्ण विश्व योग को अपने जीवन का अंग बना रहा है। योग मानव को स्वस्थ रखने का ऐसा सुरक्षा कवच है, जिसे भारत के ऋषियों ने अपनी तपो साधना से हजारों वर्षों के अपने प्रयोगों द्वारा मानव कल्याण की कामना से स्थापित किया। महर्षि पतंजलि द्वारा प्रदत अनुपम प्रयोगों को आज विश्व सीखना चाहता है। इसके लिए प्रशिक्षित योगाचार्यों की माँग संपूर्ण विश्व में बढ़ी है। योग के क्षेत्र में न केवल भारत में अपितु संपूर्ण विश्व में रोजगार का सृजन हुआ है। योग के प्रशिक्षकों के लिए संस्कृत का ज्ञान आवश्यक है, क्योंकि योग के मूल सिद्धांत संस्कृत भाषा में ही निबद्ध हैं, अत: संस्कृत भाषा के ज्ञान के बिना इन सिद्धांतों को समझना असंभव है। जो लोग आज योग के क्षेत्र में कार्य कर रहे हैं या करना चाहते हैं, उनके लिए संस्कृत सीखना आवश्यक है। वर्तमान कोरोनाकाल के महासंकट से भारत ने आयुर्वेद के सामान्य प्रयोगों से कैसे समाज को उबारा।

आयुर्वेद चिकित्सालयों में कोरोना संक्रमण से ठीक होने का औसत सौ प्रतिशत तक रहा, जबकि आधुनिक ऐलोपैथिक चिकित्सालयों में ऐसा देखने को नहीं मिला। आयुर्वेद की प्रामाणिकता हजारों वर्षों के अनुभवों के आधार पर है। जिस समय चिकित्सा के विषय में दुनिया अनभिज्ञ थी, उस समय सारी दुनिया में आयुर्वेद का प्रचार-प्रसार था। शल्य चिकित्सा का जनक सुश्रुत को माना जाता है। आज पुनः उस अनुभूत चिकित्सा व्यवस्था की ओर दुनिया आकर्षित हो रही है। आनेवाले समय में आयुर्वेद चिकित्सा शिक्षण के प्रति आकर्षण बढ़ेगा और आयुर्वेद शिक्षण में संस्कृत की महती भूमिका होगी, इसमें कोई संदेह नहीं है। इसलिए आयुर्वेद के क्षेत्र में रोजगार के अवसर खुलेंगे।

ज्योतिष विद्या के प्रति भी समाज में आकर्षण निरंतर बढ़ रहा है, देश-दुनिया में सर्वत्र ज्योतिष विद्या के प्रति विश्वास बढ़ रहा है। भारतीय ज्योतिष सिद्धांत प्रामाणिकता को आज विश्व स्वीकारने लगा है। खगोलीय पिंडों की गति एवं पृथ्वी पर पड़नेवाले उनके प्रभाव के कारण प्राकृतिक आपदाओं का आकलन ज्योतिष विज्ञान के कारण आसान हो गया है। ग्रह और नक्षत्रों की स्थिति प्रतिक्षण परिवर्तनशील है, अतः प्रतिक्षण होनेवाली घटनाओं की ठीक प्रकार से जानकारी में गणित ज्योतिष की महत्त्वपूर्ण भूमिका है। ज्योतिष की विभिन्न शाखाओं का अध्ययन आज दुनिया भर के विश्वविद्यालयों में आरंभ हो रहा है। भारत में तो प्रत्येक कार्य ही ज्योतिष की गणना के आधार पर किया जाता है। भारत में ज्योतिर्विज्ञान का इतिहास बहुत पुराना है। ज्योतिष शास्त्र की व्युत्पत्ति के विषय में कहा गया है कि सूर्यादि ग्रह और नक्षत्र काल का बोध करानेवाला शास्त्र को ज्योतिष शास्त्र कहा जाता है। भारतीय ऋषियों ने योगाभ्यास द्वारा अपनी सूक्ष्म प्रज्ञा से शरीर के भीतर ही सौर मंडल के दर्शन किए और अपने निरीक्षण के लिए आकाशीय सौर मंडल की व्यवस्था की। अंक विद्या को ज्योतिष शास्त्र का प्राण माना है। भारतीय ज्योतिष शास्त्र के विषय में अलबरूनी ने लिखा है कि "ज्योतिष शास्त्र में हिंदू लोग संसार की सभी जातियों से बढ़कर हैं। अनेक भाषा के अंकों के इसीलिए आज सभी शिक्षण विभाग आरंभ हो गए हैं। आगे आनेवाले समय में यह माँग और भी अधिक होने की संभावना है।"

आयुर्वेद शास्त्र विश्व का प्राचीनतम चिकित्साशास्त्र है। आयुर्वेद के महान् आचार्य सुश्रुत के मतानुसार, "जिनके द्वारा आयु प्राप्त हो, आयु जानी जाए, उसे आयुर्वेद कहते हैं। सुश्रुत के अनुसार सबसे पहले ब्रह्म ने एक लाख श्लोक के आयुर्वेद शास्त्र की रचना की, जिसमें एक हजार अध्याय थे। उसे प्रजापति ने

पढ़ा। प्रजापति से अश्विनी कुमारों, अश्विनी कुमारों से इंद्र ने, इंद्र से धन्वंतरि ने और धन्वंतरि से सुनकर सुश्रुत मुनि ने आयुर्वेद की रचना की। आयुर्वेद के आठ अंग हैं—1. शल्य तंत्र, 2. शालाक्य तंत्र, 3. काय चिकित्सा, 4. भूत विद्या तंत्र, 5. कौमार भृत्य, 6. अगद तंत्र, 7. रसायन तंत्र, 8. वाजीकरण। औषधि का ज्ञान सबसे पहले ऋग्वेद में, उसके बाद अन्य वेदों में, विशेष रूप से अथर्ववेद में आया। आयुर्वेद में सभी आधुनिक चिकित्सा प्रणालियों के विधान हैं। आयुर्वेद श्रेष्ठ आचार संहिता है। यह प्राणिमात्र के कल्याण का शास्त्र है।

भारतीय चिकित्सा शास्त्र का मूल आधार है सेवा धर्म, चिकित्सा क्षेत्र में आज आयुर्वेद पद्धति सर्वाधिक सक्षम पद्धति मानी जा रही है। पिछले कुछ वर्षों में विश्व में आयुर्वेद के प्रति आकर्षण बढ़ रहा है। इसका मुख्य कारण यह भी है कि आयुर्वेद की चिकित्सा पद्धति न केवल रोगों की चिकित्सा करती है, अपितु जीवन जीने की कला भी सिखाती है। आयुर्वेद का सिद्धांत केवल रोग की चिकित्सा नहीं, अपितु शरीर रोगरहित कैसे रहे, यह है। यम-नियम आहार-विहार से सब आयुर्वेद के अंग हैं, जिसमें संस्कृत की महती आवश्यकता होगी। आनेवाले समय में स्पीच थेरेपी के क्षेत्र में रोजगार की अनंत संभावना है।

प्रबंधन के क्षेत्र में भी आज संस्कृत ग्रंथों को महती भूमिका दिखाई देती है। आज के युग में गीता प्रबंधन ग्रंथ के रूप में विश्व में मान्यता प्राप्त कर चुका है। आज के युग में गीता धार्मिक ग्रंथ मात्र नहीं है, अपितु एक व्यावसायिक ग्रंथ के रूप में स्थान ले चुका है। गीता में मैनेजमेंट सूत्र, लीडरशिप के गुण तथा बिजनेस के सूत्र बढ़ी मात्रा में उपलब्ध हैं।

आज अनेक बड़े-बड़े व्यावसायिक संस्थानों में विधिवत् गीता की कक्षाएँ लगती हैं, ताकि सभी कर्मचारियों में मन और बुद्धि का संतुलन रहे तथा परस्पर आत्मीय भाव रहे। वे संस्थान के कार्य को ईश्वर का कार्य मानकर करें, जब वे इस प्रकार का भाव रखते हैं तो उत्पादन और गुणवत्ता दोनों श्रेष्ठ होते हैं। गीता उन्हें लाभ-हानि तथा संकटों का सामना करने तथा उससे उबरने का मार्ग दिखाती है। जापान में सबसे पहले इसका सफल प्रयोग हुआ, आज दुनिया की बड़ी-बड़ी कंपनियाँ अपने मुख्य अधिशासी अधिकारी तथा वरिष्ठ प्रबंधक को भगवद्गीता पर व्याख्यान सुनने के लिए प्रेरित करते हैं। कुछ लोग तो गीता पढ़ने के लिए विधिवत् ट्यूशन ले रहे हैं। दुनिया का श्रेष्ठ प्रबंधकीय संस्थान हार्वर्ड बिजनेस स्कूल, कैलोग स्कूल ऑफ बिजनेस, रास स्कूल ऑफ बिजनेस, वारटन बिजनेस स्कूल आदि में भगवद्गीता का पाठ्यक्रम पढ़ाया जा रहा है। गीता को आत्मसात् करनेवाला मैनेजर

कभी असफलता से घबराता नहीं है। गीता में वह समग्र ज्ञान है, जो किसी मैनेजर के लिए आवश्यक माना गया है। भविष्य में प्रबंधन के क्षेत्र में संस्कृत रोजगार का बढ़ा साधन बन सकती है। इसमें कई नाम सीखे हैं, पर किसी जाति में भी एक हजार से आगे की संख्या के लिए मुझे कोई नाम नहीं मिला। हिंदुओं में अठारह अंकों की संख्या के लिए नाम है, जिनमें अंतिम संख्या का नाम परार्द्ध बताया गया है। फ्रांसीसी पर्यटक वर्नियर ने भारतीय ज्योतिष की प्रशंसा करते हुए लिखा है कि "भारतीय अपनी गणना द्वारा चंद्र ग्रहण और सूर्य ग्रहण की बिल्कुल ठीक भविष्यवाणी करते हैं। इनका ज्योतिष ज्ञान अति प्राचीन और मौलिक है।" आज भले ही विश्व ज्योतिष को विज्ञान न मानता हो, परंतु शीघ्र ही उसे ज्योतिष को विज्ञान स्वीकार करना पड़ेगा और इसके साथ ही वैश्विक स्तर पर ज्योतिष के क्षेत्र में रोजगार के अनंत अवसर खुलेंगे, इसके लिए संस्कृत का ज्ञान आवश्यक होगा। संस्कृत भाषा के ज्ञान के बिना ज्योतिष का ज्ञान असंभव है। इसलिए आनेवाले समय में ज्योतिष के क्षेत्र में रोजगार की संभावना दिखाई देती है।

कॉस्मेटिक (सौंदर्य प्रसाधन) के क्षेत्र में सक्षम पकड़ के लिए संस्कृत की जानकारी अब आवश्यक मानी जा रही है। हर्बल सौंदर्य प्रसाधनों के विख्यात निर्माता शहनाज हुसैन के अनुसार, "संस्कृत साहित्य में सौंदर्य प्रसाधनों के तमाम ऐसे नुस्खे हैं, जिन्हें सामने लाने की आवश्यकता है।" उन्होंने स्वयं जड़ी-बूटियों से निर्मित 300 से अधिक सौंदर्य प्रसाधनों का आविष्कार किया है। फैशन की दुनिया के भी नए तरीके के आइडिया संस्कृत साहित्य में मिलते हैं, अब लोगों का ध्यान उस ओर भी जा रहा है। इसलिए आनेवाले समय में इस क्षेत्र के लिए भी संस्कृत की आवश्यकता होगी।

आज विश्व में उच्चारण की शुद्धता एवं वाक् कला सीखने के लिए स्पीच थैरेपी केंद्र आरंभ हो रहे हैं। स्पीच थैरेपी के प्रति जिस प्रकार से आकर्षण बढ़ रहा है, उसने संस्कृत जगत् के लिए संभावनाओं के और भी द्वार खोल दिए हैं, क्योंकि स्पीच थैरेपी के लिए संस्कृत भाषा का उपयोग किया जाता है। संस्कृत के उच्चारण से वाणी में स्पष्टता आती है। इसलिए इस क्षेत्र के लिए संस्कृत की महती आवश्यकता होगी। आनेवाले समय में स्पीच थैरेपी के क्षेत्र में रोजगार को अनंत माना गया है। भविष्य में प्रबंधन के क्षेत्र में संस्कृत रोजगार का बड़ा साधन बन सकती है। इसमें कोई संदेह नहीं है।

भौतिकवाद से त्रस्त मानव को जीवन का मार्ग संस्कृत से ही मिलेगा। आगे आनेवाले समय में संस्कृत वैश्विक भाषा के रूप में उभरकर सामने आएगी। संस्कृत

भाषा के शब्द निर्माण की शक्ति विश्व में अद्वितीय है। क्रिया, उपसर्ग, प्रत्यय और अपनी व्याकरण गरिमा के द्वारा अनंत कोटि शब्दों के निर्माण का सामर्थ्य संस्कृत भाषा में है। मानव जाति के मलिन मन को छादित करने की शक्ति संस्कृत भाषा में निबद्ध सूक्तियों में है। वैदिक मंत्रों के उच्चारण में अद्वितीय शक्ति है। मंत्रों के उच्चारण मात्र से मानव शरीर के अनेक रोगों का विनाश होता है, इसके साथ ही आसपास के वातावरण में सकारात्मक ऊर्जा का संचार होता है।

संस्कृत की तुलना चौबीस घंटे साथ रहनेवाले शिक्षक से कर सकते हैं। संस्कृत पढ़ने से उम्र बढ़ने के साथ शरीर भले ही कमजोर हो जाए, परंतु मस्तिष्क और विकसित होता जाता है। दुनिया भर में संस्कृत पढ़नेवाले छात्रों का अनुभव है कि संस्कृत उनके मस्तिष्क को तेज, साफ और उर्वर बनाती है। उन्हें शांत और खुश रखती है। बड़ा सोचने के लिए प्रेरित करती है। जिह्वा को साफ और लचीला बनाती है। जिससे किसी भी भाषा का उच्चारण सरलता से किया जा सकता है। संस्कृत के विषय में नासा के रिंक ब्रिग्ग का कहना है कि संस्कृत हमें विशाल और उदारवादी साहित्य प्रदान करती हैं। यह जीवन के हर एक आयाम को पूर्ण दार्शनिक दृष्टिकोण के साथ-साथ वैज्ञानिक अनुसंधानों का भी वर्णन करती है। संस्कृत और कंप्यूटर स्वाभाविक साथी है। नासा अपने आई.टी. और आर्टिफिशियल इंटेलीजेंस के विकास के लिए संस्कृत की ओर देख रहा है।

संस्कृत भाषा में वैश्विक और मानवीय विकास की अनंत संभावनाएँ हैं। भारत का अतीत देखने से यह स्पष्ट होता है कि संस्कृत भाषा तथा उसमें सन्निहित ज्ञान-विज्ञान प्राणिमात्र के कल्याण का मार्ग प्रशस्त करता है और वैज्ञानिक प्रगति के द्वार खोलता है। आधुनिक विज्ञान जगत् में संभावनाओं के अनंत द्वार संस्कृत के ग्रंथों से ही खुलेंगे। अभियांत्रिक, शिल्प विज्ञान, समुद्री उद्योग, गणित विज्ञान, कृषि विज्ञान, राजनीति विज्ञान, शास्त्र विज्ञान, विमान विज्ञान, पर्यावरण विज्ञान, समाज विज्ञान, परमाणु विज्ञान, खगोल विज्ञान तथा अध्यात्म विज्ञान। सभी प्रकार के ज्ञान-विज्ञान, मानवीय मूल्य युक्त विविध संस्कृत ग्रंथों से मिलते हैं। केवल वर्तमान संदर्भ के अनुसार वैज्ञानिक रीति से संस्कृत भाषा के अध्यापन की आवश्यकता है। भौतिकवाद और पाश्विक जीवन से त्रस्त विश्व भारत की ओर देख रहा है। भारतीय जीवन पद्धति के वैज्ञानिक रहस्यों को खोजने का प्रयास कर रहा है। प्रगति के अपने मापदंडों का बदलने और मानवीय मूल्य युक्त जीवन संरचना बनाने का प्रयास कर रहा है। इस कारण आज विश्व के अनेक देश संस्कृत ग्रंथों के आधार पर अपनी प्रगति की दिशा तय करने का प्रयास कर रहे हैं। प्रकृति के साथ मैत्री संबंध स्थापित

कर विज्ञान की प्रगति का मार्ग भारत ने दिया है, जिसका वर्णन संस्कृत में मिलता है। इनको वर्तमान संदर्भ में लाने का प्रयास तेज गति से चल रहा है। दिल्ली स्थित संस्कृत संवर्धन प्रतिष्ठान इस दिशा में महत्त्वपूर्ण कार्य कर रहा है। मुझे विश्वास है कि आनेवाले वर्षों में संस्कृत भाषा का सूर्य अपनी ऊर्जा के साथ पुनः उदय होगा और 2047 में संस्कृत भाषा का सूर्य अपने प्रखर तेज के साथ विश्व गगन पर होगा। □

भारतीय संस्कृति, चुनौतियाँ और समाधान

–श्री पार्थ सारथि थपलियाल

प्रस्तावना

भारत दुनिया की प्राचीनतम संस्कृतियों का देश है। इसका प्रमाण हमारा वैदिक साहित्य है। भारत सिर्फ मिट्टी का भू-भाग नहीं है। यह जीता-जागता राष्ट्र-पुरुष है। भारत की संस्कृति में बताया गया है कि 'एकः सद विप्रः बहुधा वदन्ति'। इस देश में एक ईश्वर को अनेक नामों से जानते हैं। इसीलिए यह धारणा है कि ईश्वर सर्वत्र है। सृष्टि की सभी रचनाओं में ईश्वर है। यथा 'पिंडे तथा ब्रह्मांडे' की उक्ति भी इसीलिए है। यह भावना इस बात को जागृत करती है कि सभी एक ही परमात्मा की संतान हैं। भारत के इस विचार ने 'विश्वबंधुत्व की भावना' को बल दिया और उसे संस्कृति का अंग बनाया।

यं निजः परोवेती गणनां लघु चेतसाम
उदार चरितानान्तु वसुधैव कुटुंबकम्॥

भारतीय संस्कृति में सत्य, अहिंसा, अचौर्य, अपरिग्रह, दया, करुणा, सहिष्णुता, प्रेम, सद्भाव आदि सनातन संस्कृति के बहुमूल्य नाम हैं। यही संस्कृति जब लोक जीवन में उतरी तो उसने समाज को संस्कारवान बनाया। 16 संस्कार भारतीय जीवन का सार हैं। हमारे लोकगीत, लोकनाट्य, लोककलाएँ, लोक-जीवन सभी अद्भुत हैं। हर अंचल का अपना-अपना लोकजीवन।

आधुनिक बाजारवाद ने हर काम को बाजारू बना दिया। बाजार जरूरी है, बाजारवाद नहीं। बाजार आवश्यकताओं की पूर्ति करता है, जबकि बाजारवाद हमारी आवश्यकताओं को बढ़ाता है। बाजारू होना भारतीय संस्कृति में ठीक नहीं माना

जाता है। अनैतिकताओं की छाया भारतीय संस्कृति पर पड़ गई है। मर्यादाएँ टूट रही हैं। भारतीय इलेक्ट्रॉनिक मीडिया और पत्रकारिता अपनी व्यावसायिकता को बढ़ाने के लिए अभिव्यक्ति की स्वतंत्रता की आड़ में सनातन संस्कृति का उपहास उड़ाने के लिए वह सबकुछ कर रहे हैं, जो वे कर सकते हैं। धन लोलुपता में संबंध भी बेचे जा रहे हैं। 'अब दादुर वक्ता भए हमको पूछत कौन' वाली बात हो गई है। संस्कृति और भारतीयता की समझ रखनेवालों ने अपनी इज्जत बचाने के लिए चुप्पी साध ली है।

कुछ लोग हैं, जो संस्कृति की चिंता भी करते हैं, लेकिन संसाधनों की कमी के कारण उनके हाथ में क्रियाशील होने के लिए बहुत ज्यादा नहीं है। हमारी लोक संस्कृति को जीवित रखने से पहले आवश्यकता है उन लोगों को जीवित रखा जाए, जो संस्कृति के जानकार हैं, विभिन्न संस्थाओं के माध्यम से कार्यशालाएँ और समारोहों के माध्यम से हम उन्हें अवसर दें। इसमें भारत सरकार और राज्य सरकारों के सांस्कृतिक कार्यों से जुड़े विभाग महत्त्वपूर्ण भूमिका निभा सकते हैं। तभी हम अपनी संस्कृति को पटरी पर ला सकते हैं। यदि सरकार और आम जनता का समन्वय स्थापित कर आज के युवा वर्ग और रुचि लेनेवाले वर्ग को उन क्रियाकलापों से जोड़ें, जो हमारी विरासत रही हैं तो हम अपनी लुप्त होती संस्कृति और परंपरा को बचा सकते हैं।

निबंध

भारत दुनिया के प्राचीनतम देशों में से एक है। इस देश में मानव संस्कृति पल्लवित और फलित हुई। इसके प्राचीनतम होने का उपलब्ध प्रमाण ऋग्वेद है, जो प्रकृति और पुरुष के सहचर्य को संस्कृति के संतुलन के लिए आवश्यक मानता है। वेदों के उद्गाताओं को ज्ञान था कि अग्नि, जल, वायु, पृथ्वी और आकाश इन पाँच तत्त्वों का उपयुक्त संतुलन बना रहेगा तो जीवन भी रहेगा। इसलिए कुछ आचरणों को धर्म के साथ जोड़ दिया और कुछ आचरणों को संस्कृति के साथ जोड़ दिया। ऋग्वेद का 'नासदीय' सूक्त सृष्टि की रचना की ओर संकेत करता है। कहा जाता है कि ब्रह्मांड के संचालक ईश्वर के मन में एक से अनेक होने का भाव उठा। 'एकोऽहम् बहुस्यामः' विचार सृष्टि के निर्माण का कारक है। यह कहना कठिन है कि मुर्गी पहले हुई या अंडा? लेकिन यह जरूर है कि अत्यंत महाविस्फोट (बिग बैंग थ्योरी) आधुनिक वैज्ञानिकों की खोज है और 'एकोऽहम् बहुस्यामः' प्राचीन मंत्रदृष्टा ऋषियों की खोज है। यह भी मान्यता है कि जगत् और जीव की रचना के

बाद ईश्वर ने मंत्रदृष्टा ऋषियों के माध्यम से ज्ञान का विस्तार किया। यह ज्ञान चार वेदों—ऋग्वेद, यजुर्वेद, सामवेद, अथर्ववेद में श्रुति और स्मृति परंपरा से संरक्षित है। उसी का विस्तार आरण्यकों, ब्राह्मण ग्रंथों, उपनिषदों, पुराणों, रामायण और महाभारत में उपलब्ध ज्ञान के रूप में सनातन संस्कृति को संवर्धित करता आया है। स्मृतिग्रंथ समाज को सुसंस्कृत बनाने के नियामक रहे।

भूतपूर्व प्रधानमंत्री अटल बिहारी वाजपेयी ने अपनी एक कविता में लिखा था—'भारत एक जमीन का टुकड़ा नहीं है, यह जीता-जागता राष्ट्र-पुरुष है।' भारत शब्द का अर्थ है—'ज्ञान में रत या लीन (लगा हुआ)' भू-भाग। इस भू-भाग को भारतीय जनमानस ने माता माना। यजुर्वेद में लिखा है—'माता भूमिः पुत्रोऽहम् पृथिव्याः'। भारत और भारतीय संतानों की, जितनी स्पष्ट और सुंदर व्याख्या विष्णु पुराण में है, वैसी व्याख्या किसी अन्य देश के बारे में कहीं नहीं मिलेगी।

उत्तरं यत् समुद्रस्य हिमाद्रिश्चैव दक्षिणम्
वर्षं भारतम तद् नामः भारती तत्र संतति॥

अर्थात् समुद्र के उत्तर में और हिमालय के दक्षिण में जो देश है, वह भारत है और उसमें निवास करनेवाली संतानें भारतीय हैं। इसी प्रकार मार्कंडेय पुराण के भारत खंड में लिखा है—

दक्षिणे परतोह्यस्य, पूर्वे च महोदधिः
हिमवान उत्तरेणास्य कारमुकस्य यथा गुणः।
तदेद भारतमं वर्षं सर्वबीज द्विजोत्तम॥

अर्थात् 'भारत के पूर्व, पश्चिम और दक्षिण में समुद्र है। उत्तर में हिमालय है। इसका आकार धनुष की खींची हुई प्रत्यंचा जैसा है। यह है भारतवर्ष, जो सबका बीज है।'

हम भारतीय, जिस संस्कृति को लाखों वर्ष पुरानी मानते हैं, उसे पाश्चात्य इतिहासकार और भारतीय वामपंथी इतिहासकार भी पाँच हजार साल पुरानी मानते हैं। जिस संस्कृति में चार युगों में वर्षों की संख्या 43 लाख 20 हजार वर्ष बताई गई हो, जिसमें सृष्टि की आयु 432 करोड़ वर्ष बताई गई हो, इसका प्रमाण अथर्ववेद में (8/1/21) में वर्णित है—'शतं ते युत हायनान द्वे युगे त्रीणि चत्वारि कृण्म', अर्थात् दस लाख की गणना के लिए इकाई से बाईं ओर शून्य लिखें, फिर 234 लिखें, यही सृष्टि का काल है (4,32,00,00,000 वर्ष), जिस मानव सभ्यता ने युगों पूर्व ब्रह्मांड के बारे में बहुत पहले लिख दिया था, पृथ्वी सूर्य की और चंद्रमा पृथ्वी की परिक्रमा करता है। इसी ज्ञान के माध्यम से 14 लोकों का दर्शन हमें होता है। त्रिलोक

में स्वर्गलोक, भूलोक और पाताल लोक हैं। भूलोक से ऊपर 7 लोक हैं—भू-लोक, भुवः लोक, स्वः लोक, महलोक, जनलोक, तपलोक और सत्यलोक। भूलोक से नीचे 7 लोक—अतल, वितल, सुतल, तलातल, रसातल और पाताल। जिस समाज की अपनी प्रांजल भाषा देववाणी 'संस्कृत', जिसे पूर्वकाल में 'गीर्वाण' नाम से जाना गया, उसका उन्नत होना पाँच हजार वर्षों में कैसे संभव है? जिस समाज में सूर्य, चंद्रमा और पृथ्वी की स्थितियों का अध्ययन कर सूक्ष्म काल गणना कर ग्रहों की चालें और पृथ्वी से उनकी दूरियाँ ज्योतिषीय गणना के आधार पर तब कर दी थीं, जब आज जैसे संसाधन नहीं थे, उदाहरण के लिए बताए जा रहे हैं—काल (समय) की सूक्ष्म अवस्था/गणना परमाणु है, 2 परमाणु की 1 अणु, 3 अणु की 1 त्रसरेणु, 3 त्रसरेणु की 1 त्रुटि, 10 त्रुटि की 1 प्राण, 10 प्राण की 1 वेध, 3 वेध की 1 लव, 3 लव की 1 निमेष (एक बार पलक झपकने का समय), 2 निमेष का 1 विपल, 3 निमेष का 1 क्षण (5 निमेष की 2.5 त्रुटि या 1 सेकंड), 20 निमेष का 10 विपल या 4 सेकंड, 5 क्षण की 1 काष्ठा, 15 काष्ठा का 1 दंड या 1 लघु, 2 दंड का 1 मुहूर्त, 15 लघु की 1 घटी/घड़ी, 1 घड़ी का 24 मिनट, 2.5 घटी/घड़ी का 60 मिनट/1 घंटा, 2 घटी/घड़ी का 1 मुहूर्त, 7.5 घटी का 1 प्रहर/याम, 8 प्रहर या 60 घटी का 1 अहोरात्र (दिन-रात), 7 दिन-रात का 1 सप्ताह, 15 अहोरात्र का 1 पक्ष, 2 पक्ष का 1 मास, 2 मास की 1 ऋतु, 3 ऋतु का 6 मास, 6 मास का 1 अयन, 12 मास/6 ऋतु 3 ऋतु का 1 अयन, 2 अयन का 1 वर्ष/साल/संवत्सर, 10 वर्ष संवत्सर/अब्द का 1 दशाब्द/दशाब्दी, 10 दशाब्द/100 वर्ष का 1 शताब्द/शताब्दी मासों की गणना सूर्य और चंद्रमा की गति के आधार पर होती है। तदनुसार उन्हें सौर मास और चंद्र मास कहते हैं। सौर मास में एक वर्ष में 365 दिन 6 घंटे 15 मिनट 7 सेकंड होते हैं। चांद्र वर्ष 354/55 दिन का होता है। सौर और चांद्र माह में आए 11 दिनों के अंतर को तीसरे वर्ष पुरुषोत्तम मास/मलिन मास द्वारा समायोजित कर दूर किया जाता है। कोई समाज 5 हजार वर्षों में इतना ज्ञान अर्जित नहीं कर सकता।

परमाणु सिद्धांत और गति नियम के जनक कणाद ऋषि : कणाद ऋषि ने वैशेषिक दर्शन में बताया है कि भौतिक जगत् की उत्पत्ति सूक्ष्मातिसूक्ष्म कण परमाणुओं के संघनन से होती है। न्यूटन से काफी पहले कणाद ऋषि ने गति के नियम बताए थे—

वेग: निमित्तविशेषात कर्मणो जायते। वेग: निमित्तापेक्षात कर्मणो जायते नियतदिक क्रियाप्रबन्धहेतु। वेग: संयोगविशेषविरोधी॥

—वैशेषिक दर्शन

अर्थात् वेग या मोशन (Motion) पाँचों द्रव्यों पर निमित्त व विशेष कर्म के कारण उत्पन्न होता है तथा नियमित दिशा में क्रिया होने के कारण संयोग विशेष से नष्ट होता है या उत्पन्न होता है।

ऐसे ही अनेक ऋषियों की तपस्या से प्राप्त ज्ञान से भारतीय वांङ्मय में भरा हुआ है। यह ज्ञान मानव की उत्पत्ति के 5 हजार वर्षों में होना संभव नहीं है।

कुछ लोग आक्रांताओं का औचित्य सिद्ध करने के लिए भारत को चलते-फिरते लोगों की सराय मानते हैं और प्राय: कह देते हैं—

सर जमीन-ए-हिंद पर अक्वाम-ए-आलम के फिराक काफिले बसते गए, हिंदुस्तान बनता गया।

विश्व में धर्म केवल 'सनातन धर्म' है। सनातन धर्म का कोई प्रवर्तक नहीं है। यह मानवीय संवेदनाओं, भावनाओं और वैदिक दर्शन से ऋषियों को प्राप्त नैसर्गिक ज्ञान से युक्त सर्व कल्याणकारी आचरण है। अन्य जो भी स्वयं को धर्म कहते हैं, वे मजहब, रिलीजन या पंथ हैं। उनको नियमों में बाँधनेवाला कोई-न-कोई व्यक्ति रहा है। सनातन धर्म में प्रकृति के अनुकूल सदाचारी जीवन की बातें हैं। उन बातों को अपनाने की बाध्यता नहीं, अद्‌भुत धर्म है, जिसमें किसी अन्य व्यक्ति की संचालक के तौर पर कोई आवश्यकता नहीं है, जैसे इस्लाम के प्रवर्तक पैगंबर मोहम्मद हैं और संचालन मुल्ला-मौलवियों के हाथ में है।

भारतीय समाज में सनातन धर्म उसकी आत्मा है। ज्ञान का मूल स्रोत वैदिक चिंतन रहा, जिसमें चार वेद—ब्राह्मण, ग्रंथ, आरण्यक, 108 उपनिषद, 18 पुराण, रामायण और महाभारत रहे। विचार मंथन के लंबे कालखंड में ज्ञान और अज्ञान के मध्य मत मतांतर भी हुए, कुछ नए दर्शन और नए पंथ भी उत्पन्न हुए। शैव दर्शन, वैष्णव दर्शन, शाक्त, ब्राहस्पत्य, गाणपत्य दर्शन के साथ-साथ सांख्य दर्शन, न्याय, वैशेषिक, योग, मीमांसा और वेदांत दर्शन के अलावा लोकायतन दर्शन भारतीय संस्कृति के मूल स्रोत हैं।

इन दर्शनों के आधार पर विभिन्न आस्थाओं के पंथ भी इसी धरती पर विकसित हुए, जैसे बौद्ध दर्शन, जैन दर्शन, खालसा (सिख) पंथ। इन सभी की विशेषता यह है कि ये सभी धर्म/पंथ मानव कल्याण की बात करते हैं, उसे अपने व्यवहार में लाते हैं। जिनमें मतांतर मुख्यत: उपासना पद्धति और पारलौकिक चिंतन को लेकर है। सहिष्णुता भारत का मूल मंत्र रहा है, यही कारण है कि जो धर्म भारत की धरती पर विदेशों से आकर पल्लवित हुए हैं, उनके माननेवालों को भी अपने धर्म के अनुसार जीने और धार्मिक स्वतंत्रता का अधिकार है।

संस्कृत भाषा में 'धृ' धातु का अर्थ है धारण करना। इसी से धर्म शब्द बना, जिसका अर्थ है धारण करना। धार्यते इति धर्मः॥ महाभारत में धर्म के लिए लिखा हुआ है—'धारणाद् धर्ममित्याहुः धर्मो धार्यते प्रजा', अर्थात् जो धारण किया जाए और जिसे प्रजा पहले ही धारण किए हुए है, वही धर्म है। ऋषि कणाद, जो वैशेषिक दर्शन के प्रवर्तक हैं, उन्होंने धर्म की परिभाषा में बताया है कि यतो अभ्युदय निःश्रेयस सिद्धि सः धर्मः॥ अर्थात् जिससे इस लोक में उन्नति हो और जो परलोक में मोक्ष दायक हो, वह धर्म है। मनुस्मृति में धर्म के दस लक्षण बताए गए हैं—

धृति क्षमा दमोस्तेयं शौचमिन्द्रीय निग्रहः।
धीर्विद्या सत्यमक्रोधोः दशकम धर्म लक्षणं॥

गोस्वामी तुलसीदास कहते हैं—

दया धर्म को मूल है, पाप मूल अभिमान।
तुलसी दया न छोड़िए जब तक घट में प्राण॥

भारतीय दर्शनों में जितनी भी बातें मिलेंगी, उनका सार यह है कि धारण करने योग्य गुण तो सदाचार है। इस शब्द में समग्र भारतीय चिंतन छुपा हुआ है। यही सदाचार अहिंसा, सत्य, दया, करुणा, दूसरों के लिए त्याग, प्रेम आदि मानवीय गुणों को विकसित करता है, जिससे इस लोक में कल्याण और परलोक में मोक्ष की कामना रहती है। सदाचार, जो सात्विक प्रवृत्तियों का प्रकटन है, वही धर्म है।

आत्मा और परमात्मा को जानने का प्रयास करना अध्यात्म का मार्ग है। प्रभु स्मरण करना, भक्ति मार्ग पर चलकर ईश्वर का ज्ञान प्राप्त करना। इसके लिए नवधा भक्ति-श्रवण, कीर्तन, स्मरण, अर्चन, वंदन, आत्मनिवेदन, सख्यभाव, दास्यभाव और हर जीव में परमात्मा का भाव स्थापित करना। पाप (गलत) कर्म न करना, पुण्य (अच्छे) कार्यों और सत्संग में मन लगाना। बुद्धि का बेहतर उपयोग करना, दूसरों की सहायता करना आदि। इसी बात को गोस्वामी तुलसीदासजी ने इन शब्दों में कहा है—

परहित सरिस धर्म नहीं भाई पर पीड़ा सम नहीं अधमाई।

धर्म के माध्यम से व्यक्ति मोक्ष की प्राप्ति या पुनर्जन्म के बंधन से मुक्त होने के लिए सद्कार्य करता है। इस संदर्भ में सनातन धर्म की कुछ मान्यताएँ हैं, जैसे—

1. ईश्वर है, वही समस्त चराचर जगत् का संचालक है।
2. ईश्वर कण-कण में, घट-घट में विद्यमान है।
3. सृष्टि की उत्पत्ति और प्रलय निश्चित है।
4. पुनर्जन्म में विश्वास।

5. कर्म प्रधान विश्वास।
6. न्याय के लिए पाप-पुण्य की अवधारणा।
7. पुण्य कार्यों के लिए स्वर्ग और पाप कर्मों के लिए नरक की अवधारणा।
8. अपने कर्मों का फल कर्म करनेवाले को ही भोगना है। यही दर्शन जब जीवन में उतरता है तो व्यवहार में बन जाती है संस्कृति।

भारतीय संस्कृति क्या है?

भारतीय संस्कृति मानव संस्कृति है। इसमें कहा गया है—

श्रूयतां धर्म सर्वस्वं श्रुत्वा चैवाव धार्यताम्।
आत्मनः प्रतिकूलानि परेषां न समाचरेत॥

धर्म का सर्वस्व जिसमें समाया है, ऐसे धर्म-सार को सुनिए, सुनकर हृदय में उतारिए (मनन कीजिए), अपनी आत्मा को जो पीड़ादायक/दुःखदायी लगे, ऐसा व्यवहार किसी के भी साथ न कीजिए। राष्ट्र कवि रामधारी सिंह 'दिनकर' ने अपनी पुस्तक 'संस्कृति के चार अध्याय' में संस्कृति के विषय में लिखा है—संस्कृति में किसी भी समाज के रीति-रिवाज, विश्वास, धर्म, कला, विज्ञान, नैतिकता, सामाजिक व्यवस्था, आर्थिक विचार, राजनीतिक विचार, परंपरा और वे सभी तत्त्व आ जाते हैं, जो एक समाज के जीवन में समाहित हो जाती है। सार रूप में किसी राष्ट्र, देश अथवा समुदाय के जीवन जीने के ढंग को 'संस्कृति' कहते हैं। वैदिक ज्ञान से प्रेरित भारतीय संस्कृति ने जीवन जीने के दो पहलुओं को ग्राह्य बनाया, उनमें से एक है—वैदिक संस्कृति और दूसरी लौकिक संस्कृति। वैदिक संस्कृति में सृष्टि की उत्पत्ति, विकास, पंचतत्त्व, ईश्वरीय ज्ञान, अध्यात्म, प्रकृति, देवता इत्यादि शामिल हैं, जबकि लोक-संस्कृति में लोक-जीवन, लोक-ज्ञान, लोक-संगीत, नृत्य, कला, लोक संस्कार, खान-पान, परिधान, शृंगार, बोली भाषा, लोक व्यवहार आदि शामिल हैं।

आधुनिक काल में भारतीय संस्कृति के प्रमुख समालोचक राहुल सांकृत्यायन, मुक्तिबोध, पं. हजारी प्रसाद द्विवेदी, रामधारी सिंह 'दिनकर' और हिंदी साहित्य समालोचक डॉ. रामविलास शर्मा ने भारतीय संस्कृति के मूल तत्त्वों की विस्तृत विवेचना की है। उन्होंने अपने-अपने ढंग से इसे पहचाना। उदाहरण के लिए डॉ. रामविलास शर्मा का मानना है कि संस्कृति भूषण रूपी सम्यक् चेष्टाओं का नाम है, जिनके द्वारा मानव समूह अपने आंतरिक और बाह्य जीवन को शारीरिक और मानसिक शक्तियों को संस्कारवान बनाता है। इसी संस्कार प्रक्रिया के माध्यम से

भारत भू-भाग पर बसे लोग अपने सदाचार और ज्ञान के कारण विश्व में प्रतिष्ठित रहे। पश्चिमी दुनिया, जो आज वैज्ञानिक जगत् में नवीन आविष्कारों के साथ अग्रणीय स्थिति में है, यह स्थिति पिछले लगभग 500 सालों के अंदर ही हुई है। हमें यह नहीं भूल जाना चाहिए कि गुप्तकाल के बाद भारत पर किए गए तरह-तरह के आक्रमणों और अत्याचारों ने भारत को कमजोर किया और लगभग एक हजार वर्षों तक विदेशी आक्रांताओं ने जो लूटपाट इस देश में की, जो बर्बरता भारतीय महिलाओं पर की, भारत को गुलाम बनाया गया, उसकी संस्कृति को ध्वस्त करने के प्रयास किए गए, उससे आधुनिक वैज्ञानिक अनुसंधान में भारत बहुत पिछड़ गया। धर्म परिवर्तन करवाने पर विरोध करनेवाले लाखों लोगों का कत्लेआम किया गया। इस्लामी आततायियों और अंग्रेजों, डचों, फ्रांसिसियों सहित अनेक कबीलाई लोगों ने भी सनातन संस्कृति उसके आस्था के केंद्र मंदिरों, मठों और पुस्तकालयों को लूटा, उनमें तोड़-फोड़ की गई, आग लगा दी गई। भारत अपनी सांस्कृतिक अस्मिता को बचाने के प्रयास में लगा रहा। अन्यथा अध्यात्म, योग, दर्शन, अंकगणित, बीजगणित, ज्यामिति, कालगणना, खगोल विज्ञान, अंतरिक्ष विज्ञान, अणु विज्ञान, रस विज्ञान, आयुर्वेद, शल्यक्रिया, वनस्पति विज्ञान आदि के प्रकांड आचार्य भारत में थे। विदेशों से विद्यार्थी यहाँ के तक्षशिला, विक्रमशिला और नालंदा विश्वविद्यालयों में शिक्षा ग्रहण करने आते थे और यहाँ की संस्कृति व सभ्यता और आदर्श जीवन को देखकर अचंभित होते थे। इसीलिए अल्लामा इकबाल ने अपने कौमी तराने में लिखा था—

ईरान-ओ-मिस्र-रोमा सब मिट गए जहाँ से
अब तक मगर है, बाकी नामो-निशाँ हमारा॥
कुछ बात है कि हस्ती मिटती नहीं हमारी
सदियों रहा है दुश्मन दौरे जहाँ हमारा॥

भारतीय संस्कृति का भू-भाग : संस्कृति के विभिन्न पहलुओं पर आगे बढ़ने से पहले उस भू-भाग को भी समझ लिया जाए, जहाँ भारतीय संस्कृति का पल्लवन हुआ। वैदिक मंत्रों में सप्तद्वीप वसुंधरा का विवरण है। इन सप्त द्वीपों में एक द्वीप, जिसे 'जंबूद्वीप' कहा जाता है, यह द्वीप आज के एशियापर्यंत था। आज भी वैदिक परंपरा में संकल्प पढ़ते हुए पंडित उच्चारण करते हैं—जंबू द्वीपे, भारत खंडे, आर्यावर्तान्तर्गते भारतवर्षे...अमुक क्षेत्रे...अमुकग्रामे...। जिस भारतवर्ष का नाम लिया गया, उसके सांस्कृतिक क्षेत्र में पारस (ईरान), अफगानिस्तान, पाकिस्तान, तिब्बत (त्रिविष्टप देश), नेपाल, भूटान, बांग्लादेश, श्रीलंका, म्याँमार

(ब्रह्मदेश), थाईलैंड (स्याम), मलेशिया, जावा, सुमात्रा, बोर्नियो, वियतनाम (चंपा), इंडोनेशिया, कंबोडिया, लाओस, सिंगापुर आदि देश भारतीय संस्कृति के पोषक रहे हैं, अब भारत का भू-भाग कुछ चीन के कब्जे में है तो कुछ पाकिस्तान के कब्जे में। इस प्रकार आज भारत बहुत सीमित हो गया है। इस पर भी अनेक राष्ट्रद्रोही शक्तियों की नजर है, जिसे वे उग्रवाद, आतंकवाद, नक्सलवाद, मादक पदार्थों की तस्करी, धार्मिक उन्माद, सांप्रदायिकता आदि के माध्यम से कमजोर करने में लगे हुए हैं।

सनातन संस्कृति किसी के प्रति द्वेष की भावना नहीं रखती। मानव स्वभाव में तो प्रकट होता है, लेकिन संस्कृति में स्वीकार्य नही। सनातन संस्कृति की कुछ विशेषताएँ निम्नवत् हैं—

आचार-व्यवहार का सतत प्रवाह ही संस्कृति

भारतीय संस्कृति मुख्यरूप से सनातन संस्कृति है। लोकजीवन में मानव का श्रेष्ठ व्यवहार क्या हो सकता है, उस व्यवहार को पहचानकर करनेवाले योग्य व्यवहार को सदाचार कहा गया और उसका प्रतिफल पुण्य बताया गया। न किए जानेवाले व्यवहार को वर्जित माना गया, फिर भी कोई अतिक्रमण कर दे तो उसे पाप की श्रेणी में रखा गया। सदाचार करनेवाले व्यक्ति को मोक्ष भी मिल सकता है अथवा जल्दी ही मनुष्य योनि में जन्म मिल सकता है। दुराचार या पाप कर्म करनेवाले को नरक भोगना होगा या 84 लाख योनियों में भ्रमण करना होगा। आचार-व्यवहार में मूल तत्त्व सदा बने रहे, लेकिन समाज ने आधुनिकता को अपनाने में परहेज नहीं किया। सनातन संस्कृति के लोगों ने अपनी परंपराओं को सँजोए रखा और बाह्य परिवर्तन से परहेज भी नहीं किया।

सनातन धर्म की यह मान्यता है कि ईश्वर एक है, वह अजन्मा है, वह समस्त ब्रह्मांड का सृजक, पालक और संहारक है, उसका रूप नहीं है। अथर्ववेद (13. 4. 2) में लिखा है—एको: ब्रह्म: द्वितीयो नास्ति:, अर्थात् ईश्वर एक है, दूसरा नहीं। ब्रह्म सूत्र में लिखा है—एकं ब्रह्म द्वितीय: नास्ति, नेह न नास्ति किंचिन:, अर्थात् ईश्वर एक है, दूसरा नहीं, नहीं है, नहीं है, अंशभर भी नहीं है। यजुर्वेद कहता है—न तस्य प्रतिमा अस्ति। उस ईश्वर का कोई रूप या प्रतिमा नहीं है। ईशावास्योपनिषद में लिखा है—

ॐ ईशावास्यमिदम् सर्वं यत्किंच जगत्यां जगत।
तेनत्येक्तेन भुञ्जीथा मा गृध: कस्य स्विद्धनम॥

ईश्वर सर्वव्यापक है, जो कुछ भी जगत् में है, उसमें ईश्वर विद्यमान है। त्याग की भावना रखकर, किसी के धन पर गिद्ध की तरह हड़पने का व्यवहार मत करो।

वैदिक संस्कृति में मंदिर नहीं था, मूर्ति नहीं थी। यज्ञ ही धार्मिक कृत्य था।

'देवता' शब्द सनातन संस्कृति में वैदिक काल से है। 'देव' शब्द दिव धातु से बना है, जिसका अर्थ है प्रकाश। ज्ञान ही तो प्रकाश है। इसका एक अर्थ है—'जिसमें देने की क्षमता है'।

पार्थिव देवता : अग्नि, जल, सोम, बृहस्पति।

आकाशीय देवता : इंद्र, रुद्र, वायु, वात, मरुत।

स्वर्गस्थ देवता : द्योन्स, मित्र, सूर्य, सावित्री, विष्णु , आदित्य, उषा, अश्विनी।

उत्तर वैदिक काल में : ब्रह्मा, विष्णु, महेश आदि देवताओं का उल्लेख मिलता है। अलग-अलग ग्रंथों में देवताओं का विवरण भिन्न-भिन्न मिलता है। समाज के व्यवहार में तो यह देखा गया, जो हितैषी है, वह देवता है। भारत में कुछ लोगों ने एक और भ्रम फैलाया हुआ है कि भारत में 33 करोड़ देवता हैं। 33 कोटि का अर्थ है—33 प्रकार के देवता। इनका विवरण है—12 आदित्य, 8 वसु, 11 रुद्र और 2 अश्विनी कुमार।

भगवान् : ऐश्वर्य, धर्म, लक्ष्मी, ज्ञान और वैराग्य इन छह गुणों को 'भग' कहते हैं। भग से युक्त जो है, वह भगवान् है। समाज में तो यह भी प्रचलित है कि मैं भयंकर कष्ट में था, ठीक उसी समय अमुक आदमी भगवान् के रूप में आया, उसने मुझे कष्ट से बचा दिया। इसलिए हमारी आस्थाएँ देवताओं और भगवानों के प्रति सांस्कृतिक हैं।

सर्वभूत हितेरतः : चाहे कोई भी जीव है, उसके हित या कल्याण के बारे में चिंतन करना, चिंतन को व्यवहार में लाना। यह शिक्षा सभी धार्मिक आयोजनों में उद्घोष के रूप में कही जाती है। धर्म की जय हो, अधर्म का नाश हो, प्राणियों में सद्भावना हो, विश्व का कल्याण हो। क्या विश्व के किसी धर्म में ऐसी कामना की जाती है ? विचारिए।

विश्व-बंधुत्व की भावना : दुनिया में कहीं भी कोई रह रहा है, उसके बारे में बुरे विचार न रखना, बल्कि उसे अपना बंधु-बांधव मानना, जैसे कि सूक्ति भी है—

अयं निजः परोवेति गणना लघु चेतसाम्।
उदार चरितानांतु वसुधैव कुटुम्बकम्॥

प्रकृति और पर्यावरण की रक्षा—

देवान् भावयतानेन ते देवा भावयन्तु वः।
परस्परं भावयन्तः श्रेयः परम् अवाप्स्यथ॥

(गीता अध्याय 3, श्लोक 11)

पृथ्वी, जल, वायु, आकाश, अग्नि, वनस्पति आदि जीवन के आधार स्तंभ हैं। इनके बिना जीवन संभव नहीं। हमारी संस्कृति में इन्हें देवता माना गया है। सृष्टि में पाँच तत्त्वों का संतुलन बनाए रखने के लिए आवश्यक है कि हमारा लोक व्यवहार प्रकृति के अनुरूप हो। इसलिए प्रकृति का सम्मान करो और पर्यावरण को प्रदूषण से मुक्त रखो। यही कारण है कि सनातन संस्कृति में वनस्पतियों, पेड़-पौधों को धार्मिकता के साथ जोड़ा गया है। तुलसी, पीपल, आम, बरगद, चंदन आदि अनेक पेड़-पौधे भारतीय संस्कृति के नित्यकर्म के साथ जुड़े हुए हैं।

सहिष्णुता : यह भारतीय संस्कृति की एक बड़ी विशेषता है। धैर्य से बातों को सुनना, जानना, मनन करना, अपनी बात कहते हुए उग्र न होना, हिंसा न करना।

चारित्रिक श्रेष्ठता : भारतीय संस्कृति चरित्र की शुद्धता पर बल देती है। इसलिए कोई भी आचरण और व्यवहार नैतिकतापूर्ण होने चाहिए। व्यक्ति गिरे हुए चरित्र का है तो वह मान-प्रतिष्ठा के योग नहीं रहता। गीता में लिखा है—

यद्यदाचरति श्रेष्ठः तत्तदेवेतरो जनः।
स यत् प्रमाणं कुरुते लोकःतदनुवर्तते॥

(गीता 3/21)

अर्थात् जैसा-जैसा आचरण श्रेष्ठ अथवा बड़े लोग करते हैं, शेष लोग भी उन्हीं के समान आचरण करते हैं। श्रेष्ठ लोग अपने आचरण का जैसा प्रमाण रखते हैं, लोग उसके अनुसार ही व्यवहार करते हैं।

संयुक्त परिवार : संयुक्त परिवार भारतीय समाज की पहचान है, अब इसमें काफी अंतर आ रहा है। मातृदेवो भवः, पितृदेवो भवः, आचार्य देवो भवः, जैसे संस्कार समाज में व्याप्त थे। पहले 2-3 पीढ़ी तक एक ही पारिवारिक सत्ता में घर के लोग रहते थे। एक-दूसरे के साथ प्यार से जीते थे। महिलाओं, बच्चों और वृद्धों का बड़ा मान था, अब यह विशेषता दुष्प्रभावित हो चुकी है। संयुक्त परिवार में एक जुटता, आपसी प्रेम, लगाव, सद्भाव, सहचरी, सहिष्णु, आपसी तालमेल, सुख-दुःख के समान साथी, बच्चों का उचित पालन-पोषण, लोक शिक्षण, संस्कार जैसे अच्छे व्यवहार व गुण पल्लवित होते थे, जिससे घर-परिवार में आत्मिक सुख रहता था। बड़े-बुजुर्गों का बड़ा मान होता था। आज बड़े-बुजुर्गों को अनुपयोगी के तौर पर देखा जा रहा है।

भारत में वृद्धाश्रमों की संख्या बढ़ती जा रही है। यह दु:खद स्थिति है।

उदारता और समन्वयात्मक : भारत में जब मुसलमान, इसाई, यहूदी, पारसी या अन्य कोई भी धर्मवाले आए, उन्हें भारतीय समाज ने उदारता से स्वीकार किया। उन्हें पूर्ण धार्मिक आजादी के साथ जीने दिया। विभिन्न धर्मों के मध्य समन्वय स्थापित करना भारतीय संस्कृति की विशेषता रही, जबकि बाह्य धर्मावलंबियों ने तलवार, बंदूक, लोभ-लालच और छद्‌म रूप से भारतीयों का धर्मांतरण किया। भारत को गुलाम बना दिया। यह कार्य अभी भी धार्मिक स्वतंत्रता के नाम पर हो रहा है, जो छद्‌म राजनीति का हिस्सा है।

अध्यात्म और योग दर्शन : भारत में ऋषि-मुनियों ने स्वयं के बारे में खोज की। मैं कौन हूँ? कहाँ से आया हूँ? मैं कहाँ जाऊँगा? सृष्टि का कर्ता कौन है? वह कहाँ है? क्या करता है? मृत्यु क्यों होती है? मृत्यु के बाद क्या होता है? आत्मा और परमात्मा का क्या संबंध है? आदिगुरु शंकराचार्य ने, जिसे सूत्र रूप में कहा, वह ब्रह्म जिज्ञासा अध्यात्म की पहली सीढ़ी है। जिसके संदर्भ में आदिगुरु शंकराचार्य ने उद्‌घोष किया—अहम ब्रह्मास्मि तत्त्वमसि॥ 'ब्रह्म सत्यं जगदमिथ्या' आदि। उस ब्रह्म की खोज करने की प्रक्रिया का नाम ही अध्यात्म है। यह भारतीय संस्कृति का महान् पक्ष है। अध्यात्म के साथ ही योग भी भारत की विश्व को बड़ी देन है। योग के विषय में लोगों में चेतना बढ़ी है।

आश्रम व्यवस्था : भारतीय संस्कृति की यह अद्‌भुत परंपरा रही है। जीवन को 25-25 वर्ष के 4 आश्रमों में बाँटा हुआ था। ब्रह्मचर्य, गृहस्थ, वानप्रस्थ और संन्यास। यह व्यवस्था भी चरमरा गई है। आधुनिकता ने इंसान को भोगवादी बना दिया है।

पुरुषार्थ चतुष्ट्य : जीवन जीने का एक उद्‌देश्य स्थापित था। धर्म, अर्थ, काम और मोक्ष, ये चार पुरुषार्थ थे। लोग इसका अनुगमन करते थे। धार्मिक तरीके से जीवन जीना, धन कमाना, इच्छाओं की पूर्ति करना और इच्छाओं से मुक्ति प्राप्त करना।

इस देश में जो लोग विचारशून्य हैं, उन्हें लगता है कि दक्षिणपंथी विचारधारा के लोगों को अनावश्यक ही संस्कृति या राष्ट्र की चिंता है। आखिर सरकारों को हम क्यों चुनते हैं? इन्हें कौन बताए कि राजनीतिक दल अपने एजेंडे पर संविधान के अनुरूप काम करते हैं, अगर उन्हें लगता है कि इन कामों को एजेंडे में रखने पर, वे चुनाव जीत सकते हैं तो वे खुश करने के लिए कभी-कभी राष्ट्रीय महत्त्व की बातें भी एजेंडे में शामिल कर लेते हैं। अन्यथा यह काम समाज का है, जब तक किसी

देश का समाज जाग्रत नहीं होता, तब तक राजनीति करनेवाले अपना उल्लू सीधा कर लेते हैं। इसलिए जो लोग राष्ट्र हित पर चिंतन करते हैं, उन्हें राष्ट्र की चुनौतियाँ भी बतानी चाहिए। आइए, कुछ चुनौतियाँ प्रस्तुत हैं—

धीरे-धीरे राजनीतिक प्रभावों व सांस्कृतिक बदलाओं के फलस्वरूप अनेक क्षेत्र भारतवर्ष से छूटते गए। वर्तमान भारत के निकट के कई देश भारत से अलग होते गए, जैसे अफगानिस्तान 1876 में, भूटान 1906 में, श्रीलंका 1935 में, म्याँमार 1937 में, पाकिस्तान 1947 में, बांग्लादेश (पूर्वी पाकिस्तान 1947 में, 1971 में बांग्लादेश) 1971 में भारत से विभाजित होकर नए देश बने। इतिहास के वर्तमान काल में भारत का विभाजन 1947 में हुआ। इस विभाजन ने कई छुपे पन्ने खोले। भारतीय संस्कृति ने अन्य धर्मों के लोगों को जिस विशालता और उदारता से अपनाया, उनके साथ सहिष्णुता का व्यवहार किया, अन्य बाह्य धर्मों ने भारत के साथ छलावा किया।

इस्लाम के अनुयायी, जो कुरान और शरिया कानून से शासित होते हैं, उन्होंने भारत विभाजन करवाया। 1941 की गणना के अनुसार उस समय भारत की आबादी लगभग 33 करोड़ थी। उनमें से लगभग 29 करोड़ हिंदू और 4 करोड़ मुसलमान थे। शेष धर्मों के लोग कुछ ही लाख थे। इस विभाजन के कारण 72 लाख 26 हजार मुसलमान भारत छोड़कर पाकिस्तान गए और 72 लाख 49 हजार हिंदू/सिख भारत आए। इस दौरान, जो अत्याचार हिंदू/सिख महिलाओं पर किए गए, वे अकथनीय हैं। उनके साथ सामूहिक बलात्कार किए गए, उन्हें नंगा कर दौड़ाया गया। इस विभाजन के कारण उपजी सांप्रदायिक हिंसा में 5 से 10 लाख लोगों को अपनी जानें गँवानी पड़ी। यह सब भारतीय संस्कृति तो नहीं है। 1951 की जनगणना में हिंदुओं की जनसंख्या 30 करोड़ 60 लाख थी, जबकि मुसलमानों की जनसंख्या 3 करोड़ 54 लाख थी। आज 2020 तक अनुमानित मुस्लिम जनसंख्या 22 करोड़ के करीब है।

16 अगस्त, 1946 को बंगाल में अंतरिम सरकार में मुख्यमंत्री थे सोहरावर्दी, उन्होंने मुस्लिम लीग के उकसाने पर बंगाल पुलिस को तीन दिन की छुट्टी पर भेज दिया। तीन दिनों में बंगाल में 20 हजार हिंदुओं का कत्लेआम किया गया, 30 हजार से अधिक घायल हुए और लगभग एक लाख हिंदू बेघर हुए। ऐसा करने के पीछे इस्लाम की उम्म अवधारणा है, जो एक दिन पूरे विश्व में इस्लामी साम्राज्य चाहता है।

प्रधानमंत्री विश्वनाथ प्रताप सिंह की सरकार में जब केंद्रीय गृहमंत्री सैयद

मुफ्ती मोहम्मद थे, तब जनवरी 1990 में कश्मीर में हिंदू पंडितों के साथ उन्हीं के मुस्लिम पड़ोसियों ने लूटपाट की, महिलाओं के साथ बलात्कार किया, उन्हें अपमानित किया। कश्मीरी पंडित दया की भीख माँगते रह गए, लेकिन कश्मीरियत के झंडाबरदारों का दिल नहीं पसीजा। घरों पर नोटिस चिपका दिए गए—इस्लाम स्वीकार कर लो, अपनी औरतों को हमारे हवाले कर दो और भाग जाओ, अन्यथा मार दिए जाओगे। लगभग 5 लाख हिंदुओं ने 19 जनवरी तक कश्मीर खाली कर दिया। फारूक अब्दुल्ला, जो उस समय मुख्यमंत्री थे, ने विधानसभा में एक कानून 'रोशनी एक्ट' पास किया कि हिंदुओं के छोड़े घरों को रोशन करना जरूरी है, अत: जो लोग चाहते हैं, वे नाममात्र की फीस देकर मकान अपने नाम कर लें। यह भी एक चाल थी।

इस देश में बौद्ध, जैन, सिख सनातन संस्कृति की ही शाखाएँ हैं। बाह्य धर्मों के भारत में आने के बाद दो धर्म इस्लाम और ईसाई बहुत जल्दी फैल गए। उदारवादी सहिष्णु हिंदू चुप रहे। मुस्लिम शासकों ने अत्याचार कर हिंदुओं को मुसलमान बनाया और अंग्रेजों ने ईसाई मिशनरीज और अंग्रेजियतवाली शिक्षा नीति को लागू कर हिंदुओं का धर्मांतरण किया। यह प्रक्रिया आज भी यथावत् जारी है। बिहार, झारखंड, ओडिशा, छत्तीसगढ़ पश्चिम बंगाल, मध्य प्रदेश, में ईसाई मिशनरीज बहुत सक्रियता से धर्मांतरण के कार्य में लगे हुए हैं। पर्वतीय राज्यों हिमाचल और उत्तराखंड में भी इनकी गतिविधियाँ बढ़ गई हैं। पश्चिम बंगाल के कुछ जिलों में जनसंख्या का अनुपात देखिए—

मुर्शिदाबाद में हिंदू	23 लाख और मुसलमान 47 लाख
मालदा में हिंदू	19 लाख और मुसलमान 20 लाख
दीनाजपुर में हिंदू	14 लाख और मुसलमान 15 लाख

300 साल पहले केरल में 99 प्रतिशत हिंदू थे, वर्तमान में यह संख्या 54.7 प्रतिशत हो गई है। राष्ट्रीय स्वयंसेवक संघ के विचारक जे. नंदकुमार ने अपनी पुस्तक 'हिंदुत्व' में सप्रमाण लिखा है कि इस्लामिक षड्यंत्रकारी बिहार का कुछ भाग, पश्चिम बंगाल और असम को मिलाकर ग्रेटर बांग्लादेश बनाने के लिए सक्रिय हैं।

भारतीय संस्कृति को बदलने के प्रयास में ब्रिटिश शासनकाल में शिक्षा नीति में परिवर्तन कर दिया गया।

लॉर्ड थॉमस बेबिंगटन मैकाले ने 2 फरवरी, 1835 को ब्रिटिश पार्लियामेंट को संबोधित करते हुए कहा था—"मैं भारत में चारों ओर घूमा हूँ, मैंने ऐसा कोई व्यक्ति

नहीं पाया, जो भिखारी या चोर हो। मैंने इस देश में ऐसी संपदा देखी है, ऐसे उच्च आदर्श देखे हैं, ऐसे उच्च चरित्र के लोग देखे हैं, मैं नहीं सोचता कि बिना इस देश के आध्यात्मिक और सांस्कृतिक विरासत, जो कि रीढ़ की हड्डी है, को तोड़े बिना हम इस देश को जीत पाएँगे। इसलिए मैं प्रस्ताव करता हूँ कि हम उसकी प्राचीन शिक्षा प्रणाली और उसकी संस्कृति को बदलें, ताकि भारतीय यह समझें कि जो विदेशी संस्कृति और भाषा है, वह उनकी संस्कृति और भाषा से बड़ी है, वे अपनी मुख्यधारा और संस्कृति को छोड़ेंगे और वे, वह बन जाएँगे, जो हम चाहते हैं। सही मायने में एक गुलाम राष्ट्र।" भारत अपनी महान् संस्कृति को खोता गया और भारत के अनेक राज्य ईसाई बहुल या मुस्लिम बहुल हो गए। कुछ प्रमुख राज्य, जहाँ हिंदुओं की जनसंख्या 2011 की जनगणना के अनुसार निम्नवत् है—

मिजोरम—2.75 प्रतिशत, नागालैंड—8.75 प्रतिशत, मेघालय—11 प्रतिशत, अरुणाचल प्रदेश—29.04 प्रतिशत, मणिपुर—41.39 प्रतिशत, असम-34.04 प्रतिशत, केरल—27 प्रतिशत। 1947 में कश्मीर छोड़कर किसी भी राज्य में हिंदू अल्पमत में नहीं थे। भारत के विभिन्न राज्यों में 90 जिले ऐसे हो गए हैं, जहाँ मुसलमान बहुमत में हैं। यह बहुमत सत्ता का रास्ता बताता है, जो संविधान बदलने की ताकत रखता है।

ईसाई मिशनरीज आदिवासी क्षेत्र में तो धर्मांतरण करवाते आए हैं, लेकिन अब वे भगवा वस्त्र धारण कर, सनातन संस्कृति के लोगों को भारतीय साधु-संतों की शब्दावली के साथ (ईसाई प्रचारक) स्थानीय लोगों को भरमा रहे हैं और धर्मांतरण के कार्य में लगे हुए हैं। इस्लामवाले तब्लीगी जमात के माध्यम से सुदूर ग्रामीण अंचलों में हिंदू समाज के पिछड़े, शोषित, दलित और वंचित वर्ग के लोगों को धर्मांतरण के लिए लुभाते हैं, जिन्हें अनेक मुस्लिम देशों से आर्थिक सहायता मिलती है। इस काम को सिमी और पॉपुलर फ्रंट ऑफ इंडिया और अन्य लगभग एक सौ संस्थाओं, संगठनों के माध्यम से किया जा रहा है। पाकिस्तान की खुफिया एजेंसी ISI और विश्व के अनेक मुस्लिम आतंवादी संगठन भारतीय संगठित संस्कृति को तोड़कर इस्लामी राष्ट्र बनाने की प्रक्रिया में हैं। इन्हे छद्म वामपंथी बुद्धिजीवियों, पत्रकारिता को माफिया रूप में उपयोग करनेवाले मक्कार और धूर्त पत्रकारों की छत्रच्छाया मिलती रहती है।

क्या है उम्म अवधारणा : इस्लाम में खिलाफत की अवधारणा है। पूरी धरती पर केवल इस्लाम होगा, उसका मुखिया खलीफा होगा। सभी मुस्लिम आपस में भाई हैं, जब भी कोई मुस्लिम कठिनाई में होगा, चाहे वह गलत ही क्यों न हो,

अपनी बिरादरी का साथ देगा। पूरी दुनिया को इस्लामी बनाने के लिए निम्नलिखित कार्यों को करना इनका लक्ष्य है—

दारुल इस्लाम : जहाँ बहुमत में आ जाओ, वहाँ शरीयत लागू करवाओ। आपको याद होगा, जब म्याँमार में रोहिंग्या मुसलमान इसी भाईचारे को बढ़ा रहे थे, तब एक बौद्ध भिक्षु आशिन ने इन्हें अपने देश से निकाल दिया। ये बांग्लादेश होते हुए भारत में आ गए। बंगाल के हजारों मुसलमान उनके समर्थन में प्रदर्शन करने सड़कों पर उतर आए। उस समय प्रदर्शनकारियों द्वारा कलकत्ता की सड़कों पर नारे लगाए जा रहे थे—रोहिंग्या हमारे भाई हैं, आर्यन वापस जाओ। इन्हीं के समर्थन में मुंबई के आजाद मैदान में जो तोड़-फोड़ की गई थी, वह उम्म की अवधारणा पर किया जा रहा था। इनमें से कुछ हजार रोहिंग्या मुसलमानों को महबूबा मुफ्ती ने जम्मू में बसा दिया, यह भी षड्यंत्र है।

दारुल हरब : जहाँ कमजोर हो, वहाँ शांतिपूर्वक रहो और अपनी जनसंख्या बढ़ाओ।

काफिर : जो मूर्ति पूजक है या इस्लाम को नहीं मानता है, उससे दोस्ती न करो। दोस्ती हो भी जाए तो अपना काम निकलने के बाद उसे कत्ल कर दो।

जेहाद : अपनी संख्या बढ़ाने के लिए जेहाद (धर्म युद्ध) करो। काफिरों की औरतों को लुभाओ, उनका धर्म परिवर्तन कर निकाह करो। इसके लिए लव जिहाद, जमीन जिहाद जैसे हथकंडे अपनाए जा रहे हैं।

अल तकैया : जो इस्लाम को स्वीकार न करे, उसे चालाकी, चतुराई या धोखे से इस्लाम में शामिल करो।

गजबा-ए-हिंद : ऐसा एक हदीस में है कि पैगंबर मोहम्मद ने कहा था कि मुझे भारत की ओर से खुशबूदार हवा महसूस हो रही है। इसका अर्थ यह निकाला गया है कि जबतक पूरे भारत का इस्लामीकरण नहीं होता, तब तक पैगंबर का काम अधूरा है।

गंगा-जमुनी संस्कृति : यह एक और फ्रॉड है। गंगा भी भारत की नदी और यमुना भी भारत की नदी। इसमें मिलावट क्यों की जा रही है? हिंदू मजारों और दरगाहों पर पवित्र भाव से जाते हैं, क्या कोई मुसलमान किसी मंदिर में या गुरुद्वारे में या मठ में सिर झुकाने जाता है? क्या मंदिर में दर्शन करता है? क्या किसी रामनवमी या दुर्गा पूजा में शामिल होता है? वह कभी नहीं हो सकता, क्योंकि कुरान में लिखा है कि अल्लाह और रसूल के सिवा कोई पूजनीय नहीं। 2021 के बंगाल विधान सभा चुनाव प्रचार के दौरान और चुनाव परिणाम आने के बाद के दौरान खेली गई

खून की होली को देखें तो गंगा-जमुनी संस्कृति का सच सामने आ जाएगा।

भारत को वामपंथी विचारधारा से भारी नुकसान हुआ है। इन्होंने भारतीय संस्कृति के विरुद्ध बहुत बड़ा जनमानस तैयार कर दिया है। इस्लाम की ही तरह ये भी अपनी विचारधारा को विस्तार देते हैं। विभिन्न देशों में कम्युनिस्ट पार्टियों के साथ इनके संबंध सदैव संदिग्ध देखे गए हैं। इन्होंने अपने प्रयासों से समाज के दलित, शोषित, वंचित समाज को अपने उद्देश्यों में लगाया हुआ है। जो अल्पसंख्यक समाज के बहुसंख्यक वर्ग से गठजोड़ कर आगामी 15-20 वर्षों में 40 प्रतिशत जनसंख्या होते ही भारत में राजनीतिक संकट पैदा कर सकते हैं। वामपंथ की माओवादी धारा नक्सलवाद के माध्यम से राष्ट्र विरोधी कार्यों में संलग्न है। यह पिछड़े और आदिवासी समुदाय के मध्य न्याय पंचायतों के माध्यम से अपनी गतिविधियाँ देश के बड़े भू-भाग में चला रहे हैं।

भारत में अधिकतर राजनीतिक दलों की राष्ट्र हित की विचारधारा नहीं है। विचार नहीं तो मंथन करने का संस्कार भी नही। अधिकतर राजनीतिक दल व्यक्तिनिष्ठ या परिवारवादी हैं। ये सत्ता में लोक कल्याण के बजाय आत्म कत्लेआम के लिए आते हैं। अपने स्वार्थों की पूर्ति के लिए ये दल येन-केन-प्रकारेण सत्ता पर काबिज होना चाहते हैं। जिन लोगों ने घर की नाली को कभी साफ नहीं किया, वे विशाल देश के नाले को साफ करने का दावा करते हैं। प्रधानमंत्री वी.पी. सिंह की सरकार, चंद्रशेखर की सरकार, एच.डी. देवगौड़ा की सरकार, इंद्रकुमार गुजराल की सरकार और डॉ. मनमोहन की सरकार की बहुत सी गतिविधियों से लोग जानकार हैं। इसी प्रकार कर्नाटक में कुमार स्वामी सरकार, उत्तर प्रदेश में अखिलेश कुमार यादव, राहुल गांधी व मायावती का गठजोड़, महाराष्ट्र में बेमेल सरकार के मुखिया शिवसेना प्रमुख उद्धव ठाकरे इसके अच्छे उदाहरण हैं। परिवारवादी एवं जातिवादी राजनीति में गांधी-नेहरू परिवार, मुलायम सिंह यादव परिवार, बहन मायावती, लालू प्रसाद यादव परिवार, प्रकाश सिंह बादल परिवार, शरद पवार परिवार, करुणानिधि परिवार वर्तमान में हैं। दिल्ली में अरविंद केजरीवाल की (अराजक) सरकार, जो घूस के नए उपकरण 'मुफ्त का माल' मतदाताओं को खिलाकर वोट पक्के कर रही है, यह प्रवृत्ति राष्ट्र के लिए घातक है। यह लोकतांत्रिक शासन की कमजोरी है कि देश का भाग्य कुछ परिवारों के पास निर्धारित है, जो मौका मिलते ही सरकार बना सकते हैं या दूसरी सरकार बना सकते हैं। मौकापरस्त राजनीति राष्ट्र के लिए घातक है।

इस देश के जन-मन को भारत की कोई ऐसी राजनीति स्वीकार नहीं होगी, जो

हमारी इस सांस्कृतिक यात्रा का अगला पड़ाव न हो।

आधुनिकता ने समाज को अनुशासनहीन बना दिया है। परिवार पर परिवार के मुखिया का नियंत्रण होता था, जीने का अधिकार और बोलने के अधिकार ने पारिवारिक मुखियाओं के अधिकार मिट्टी में मिला दिए हैं। समाज भी दायित्व रखता था, कोई गलत कर रहा होता तो बड़े-बुजुर्ग रोकते-टोकते थे, अब यह काम इतना आसान नहीं रह गया। कुतर्क और बदजुबानी ही सुनने को मिलेगी। समाज स्वच्छंद हो रहा है। लोकतांत्रिक शासन व्यवस्था ऐसा कोई सामाजिक ढाँचा तैयार नहीं कर पाई। परिणामस्वरूप हर मामला पुलिस थाने तक जाएगा, जहाँ सामाजिक व्यवस्था नहीं है। घूस-रिश्वत के अलावा कुछ भी नहीं है।

नवविवाहित लोग अब बड़े-बुजुर्गों के साथ रहना पसंद नहीं करते। पहली बात तो यह कि जीवन निर्माण में इतना समय लगा देते हैं कि उचित समय पर युवा विवाह नहीं कर पा रहे। परिपक्व होने पर दोनों की प्रवृत्तियाँ कठोर हो चुकी होती हैं। उनके संबंधों में लचक नहीं रह पाती कि एक-दूसरे को सयुंक्त कर सकें, समझ सकें। आजकल देर से होनेवाले विवाह संबंधों में संबंध विच्छेद की प्रवृत्ति अधिक बढ़ रही है। निजता और स्वच्छंदता का स्पेस पाने की वृत्ति ने बड़े-बुजुर्गों को वृद्धाश्रम का रास्ता बता दिया। एक संतान के प्रचलन ने बहुत से संबंधों की परिभाषा ही खत्म कर दी। भविष्य में ताऊ, चाचा, बुआ, मौसी, दीदी जैसे संबंधों के अपनत्व को कैसे प्रकट किया जाएगा। बच्चे कुछ हद तक अपनी उम्र के चचेरे, ममेरे भाई-बहनों से भी सीखते हैं हँसी देने की प्रवृत्ति, बाँटकर खाने या कपड़े पहनने की आदत, लड़ने-झगड़ने और सुलह करने में माफी माँगने का भाव बच्चा एक-दूसरे से सीखता है। यह सब गंभीरता से सोचने की बात है।

पहले पत्रकारिता के माध्यम से पाठक दुनिया को जानते थे, जिसमें प्रकाशित सामग्री में नैतिकता का भी ध्यान रखा जाता था। नई आर्थिक नीतियों के दौर में गलाकाट प्रतियोगिता के चलते मीडिया के चरित्र में गिरावट ही नहीं, बल्कि अनैतिकता को कानूनी जामा पहनाकर पेश किया जा रहा है। न्यूज चैनल नाममात्र के न्यूजवाले हैं, अधिकतर चैनल मीडिया की आड़ में धंधा करते हैं। इसलिए वे प्रेस कोड को कतई नहीं अपनाते। मनोरंजन चैनल्स अश्लीलता, नग्नता, फूहड़ता के अलावा कुछ नहीं देते। इस सुसंस्कृत देश में अपसंस्कृति को बढ़ावा देनेवाले धारावाहिक एक बहुत बड़े बाजार का हिस्सा हैं। ओटीटी प्लेटफॉर्म पर दिखाई जा रही धारावाहिक फिल्में सेंसर बोर्ड के दायरे में नहीं हैं। वे धन कमाने के लिए कुछ भी दिखा सकते हैं। यही तो अभिव्यक्ति की स्वतंत्रता है।

बाजार का बाजारू होना

बाजार व्यक्ति की आवश्यकताएँ पूरा करते थे। बाजार खत्म होते जा रहे हैं, अब बाजार अपनी आवश्यकताओं की पूर्ति के लिए उपभोक्ताओं को फँसाता है। अनेक बहुराष्ट्रीय कंपनियाँ मॉल के जरिए अपने ग्राहकों को रिझा रही हैं। बड़े आकर्षक विज्ञापन, होर्डिंग, स्कीम देकर लुभा रही हैं। फैशन के नाम पर अपसंस्कृति को बढ़ा रही हैं। भारतीय संस्कृति पाश्चात्य बनती जा रही है। जिन व्यवहारों को भारतीय समाज कुछ समय पूर्व तक अपसंस्कृति मानता था, वही अब स्वीकार्य है। विज्ञापनों ने गर्लफ्रेंड-बॉयफ्रेंड का एक पाश्चात्य कल्चर भारत में शुरू कर दिया। विवाह पूर्व संबंध आम होने लगे हैं। क्या यह भारतीय संस्कृति के लिए चुनौती नहीं है?

सनातन संस्कृति में समाज को संस्कारित करने के लिए संस्कारों का बड़ा महत्त्व रहा है। बड़ों के चरण स्पर्श करना, बड़ों से विनम्रता से बात करना, माता-पिता और गुरु की आज्ञा का पालन करना, नारी को माता और बहन के समान मान देना, अतिथि-सत्कार करना, भूखे-प्यासे को भोजन-पानी देना, बाल और वृद्ध का विशेष ध्यान रखना हमारे समाज में सहज और सामान्य परंपरा रही है। 16 संस्कार भी इसी भारतीय समाज में रहे हैं, जिससे समाज नैतिकता के मार्ग पर चलता था। 16 संस्कार—पुंसवन, सीमन्तोन्नयन जातकर्म, निष्क्रमण, अन्नप्राशन, चूड़ाकर्म (मुंडन संस्कार), विद्यारंभ, कर्णवेध, वेदारंभ, केशांत, समावर्तन, विवाह संस्कार और अंत्येष्टि। जीवन को सुसंस्कारित रखने के लिए समाज में ये सभी परंपराएँ सनातन समाज में थीं। लोग सत्यनिष्ठ थे। करुणा, त्याग और मानवता लोगों में कूट-कूट कर भरी हुई थी, अब सबके हाथ में मोबाइल है। आभासी दुनिया से आदमी जुड़ा हुआ है। घर में चार आदमी हों तो वे बाह्य दुनिया से जबरदस्त जुड़े हुए हैं, मधुरता से बातें करते हुए, लेकिन ये चारों लोग अपने आप से प्रेमपूर्वक बतियाते भी नहीं हैं। आभासी संबंध भी आभास दिलानेवाले होते हैं। कोरोनाकाल में इनकी भी जाँच हो गई।

लगभग एक हजार साल की गुलामी के बाद भारत 1947 में विदेशियों के शासन से मुक्त हुआ, लेकिन शासन पद्धति भारतीय नहीं हुई, पद्धति विदेशी ही रही। लॉर्ड मैकाले ने 1835 में शिक्षा का जहरीला बीज बोया था, उसने 'भारत को ही विदेश' बना दिया। भारत को 2022 में तथाकथित स्वतंत्र हुए 75 वर्ष पूरे होने जा रहे हैं, इतने वर्षों में भारतीय संस्कृति के जो मानवीय तत्त्व थे, हमने उन्हें प्रदूषित होने दिया। ऐसा जान-बूझकर किया गया। पाश्चात्य संस्कृति में पले-बढ़े भारतीय

नेताओं और नौकरशाहों ने आधुनिकता के नाम पर वह नया किया, जिसकी इस देश को बिल्कुल भी आवश्यकता नहीं थी। एक कहावत है—'शेर जंगल का राजा होता है, उसकी मर्जी वह अंडा दे या बच्चा।'

इसलिए भारत के सामने उसके सांस्कृतिक वैभव को बचाने, सुरक्षित और संरक्षित करने के लिए हमे सामाजिक स्तर, शैक्षणिक स्तर और राजनीतिक स्तर पर कुछ महत्त्वपूर्ण कदम उठाने चाहिए—

संपूर्ण भारत के लिए यह योजना बनानी होगी कि हम भारत को रैन बसेरा या सराय न मानें, इसे एक जीवंत राष्ट्र पुरुष की तरह मानें, इस धरा को माँ जैसा सम्मान दें। इसके गौरव गान को समस्त माध्यमों से प्रसारित करने के लिए राष्ट्रीय योजना बनाएँ। भारतीय संस्कृति के उदात्त पक्ष को बढ़ावा देने का प्रयास करें। विभिन्न अंचलों की संस्कृति हमारी महान् सांस्कृतिक विरासत की वाहिकाएँ हैं, उनका भी सुंदरीकरण करें। हम उन विभिन्न क्षेत्रों को तलाशें, जिनमें यह देश आगे था। भारत की प्राचीन ज्ञान की पुस्तकों की वैज्ञानिक अध्ययन व्यवस्था स्थापित करें। उस ज्ञान पर अनुसंधान करें। उस ज्ञान को जन-जन तक पहुँचाएँ। विश्व को बताएँ कि विज्ञान केवल वही नहीं, जिसे पश्चिम आज प्रस्तुत कर रहा है। हम अपनी गौरवशाली संस्कृति से समस्त भारत को परिचित करवाएँ। राष्ट्रीय विचारों के पोषक साहित्यकारों, लेखकों, कलाकारों को आर्थिक प्रोत्साहन दें, ताकि वे पूर्ण मनोयोग से लोगों में सकारात्मकता पैदा कर सकें। भारत सरकार की एक भारत श्रेष्ठ भारत, मेक इन इंडिया जैसी योजनाओं के प्रचार-प्रसार भी इस योजना में शामिल हों, एक ऐसा नागरिक तंत्र स्थापित हो, जो सत्ता संपन्न राजनीतिक लोगों को राष्ट्र से विमुख होने से रोक सके। राष्ट्र कवि मैथिली शरण गुप्त के काव्य 'भारत भारती' की ये पंक्तियाँ आज भी राष्ट्र प्रेम के लिए प्रेरक हैं—

जिसको न निज गौरव तथा निज देश का अभिमान है।
वह नर नहीं, नर पशु निरा और मृतक समान है॥

भारतीय संविधान में 1976 में आपातकाल के दौरान भारतीय संविधान की प्रस्तावना में स्वार्थपूर्ण उद्देश्यों की पूर्ति के लिए 'धर्मनिरपेक्ष' शब्द जोड़ा गया था, इसको पूर्ववत् किए जाने की आवश्यकता है। भारत एक सहिष्णु राष्ट्र है। सहिष्णुता उसके स्वभाव में है। सेकुलरवाद के नाम पर हम अपनी प्राचीन सभ्यता और संस्कृति को खत्म होने के लिए नहीं छोड़ सकते। 'धर्मनिरपेक्ष' शब्द का सर्वाधिक दुरुपयोग 1990 में मुफ्ती मोहम्मद सईद ने किया। सरकारी कार्यक्रमों में दीप प्रज्ज्वलन, सरस्वती वंदना या अन्य ऐसी कोई बात, जिसमें सनातन संस्कृति

झलकती हो, उसे बंद करवा दिया। रेडियो कार्यक्रमों में 'किसान भाइयो 'राम-राम' संबोधन पर भी रोक लगाने के प्रयास किए गए थे। 15 सूत्रीय कार्यक्रम के सूत्र समानता के अधिकार को भी प्रभावित करते हैं। इसलिए 15 सूत्री कार्यक्रम की समीक्षा करते हुए उन बिंदुओं को हटाया जाए, जो समानता के अधिकार का अतिक्रमण करते हैं।

सरकारी-गैर-सरकारी शिक्षण संस्थाओं में भारतीय संस्कृति के अनुरूप दैनिक/साप्ताहिक/मासिक और वार्षिक कार्यक्रमों में सभी विद्यार्थियों को अवसर दिए जाए। इससे विद्यार्थियों में गायन, वादन, नृत्य, नाटक, भाषण, कविता, कहानी, चित्रकला, रंगोली आदि सांस्कृतिक गतिविधियों में रुचि भी बढ़ेगी और ये परंपराएँ आगे भी बढ़ेंगी। इनमें रुचि रखनेवालों को आजीविका मिलेगी, कलाकारों को प्रदर्शन करने का अवसर और रोजगार मिलेगा। विभिन्न प्रकार के वाद्ययंत्र बनानेवालों और बेचनेवालों को भी रोजगार मिलेगा। विभिन्न स्तरों पर सांस्कृतिक प्रतिभाओं को प्रतियोगिताओं के माध्यम से अपनी प्रतिभा को बढ़ाने का अवसर मिलेगा। सोशल मीडिया के माध्यम से भी स्वरोजगार स्थापित कर सकते हैं।

राजनीति में कम्युनिस्ट विचारधारा भारत में धीरे-धीरे कमजोर पड़ती जा रही है, लेकिन अपने सत्ता काल में वामपंथियों ने विश्वविद्यालयों में बड़ी संख्या में प्राध्यापक नियुक्त किए हैं, जो छात्रों को वामपंथ की ओर आकर्षित करते हैं। इसी प्रकार मीडिया में भी इनकी भरमार है। इनमें शहरी नक्सलवादी भी हैं, जो बुद्धिजीवी का लबादा ओढ़कर नक्सली योजनाओं को जनमत के माध्यम और राजनीतिक संरक्षण के माध्यम से आगे बढ़ाते हैं। ये लोग अभिव्यक्ति की स्वतंत्रता के अधिकार का दुरुपयोग करते हुए दर्शकों/श्रोताओं को अपनी विचारधारा के अनुरूप ढालने का प्रयास करते हैं। भारत में मीडिया को प्रेस काउंसिल ऑफ इंडिया द्वारा निर्धारित दिशा-निर्देशों का पालन अथवा आकाशवाणी और दूरदर्शन के प्रसारण कोड का पालन करने को मजबूर किया जाना चाहिए। इस दौर में 'भारत तेरे टुकड़े होंगे', 'भारत तेरी बर्बादी तक जंग करेंगे, जंग करेंगे', जैसे नारों के पोषक बहुत हो गए हैं। इन लोगों ने देश के गरीब, मजबूर, असंतुष्ट लोगों को भड़काकर एक नया मंतव्य देशभर में फैला दिया है। जिसकी भाषा राष्ट्र विरोधी बनती चली जा रही है। ये लोग मेनस्ट्रीम मीडिया और सोशल मीडिया के माध्यय से समाज में विकृति पैदा कर रहे हैं। राष्ट्रविरोधी भावना को भड़काने को अभिव्यक्ति की स्वतंत्रता से बाहर कर देना चाहिए।

□

भारत-2047 में धर्म एवं संस्कृति

—डॉ. शैलेंद्र कुमार

प्रस्तावना

संसार की छियालीस सभ्यताओं में से भारत एकमात्र जीवंत सभ्यता है और इसका मूल कारण शाश्वत धर्म, पातालस्पर्शी संस्कृति और भाषायी समृद्धि है, परंतु आज सभ्यता के ये तीनों स्तंभ घोर संकट में हैं और इसका सबसे बड़ा कारण संविधान में इन तीनों स्तंभों की घोर उपेक्षा है, जबकि विडंबना यह है कि भारतेतर संस्कृति के संरक्षण के लिए यही संविधान अल्पसंख्यक वर्गों को विशेषाधिकार देता है। इस प्रकार बहुसंख्यक वर्ग के विरुद्ध ऐसी अन्यायपूर्ण व्यवस्था संसार भर में नहीं है। स्पष्ट है कि भारत की पंथनिरपेक्षता वस्तुतः भारतीय धर्म, संस्कृति और भाषाओं की कीमत पर ही कायम है। इसलिए इस आलेख में परिकल्पना की गई है कि सही अर्थों में देश में समानता स्थापित करने के लिए 2047 के भारत में संविधान की उद्देशिका से 'समाजवाद' और 'पंथनिरपेक्षता'—दोनों शब्द हटाए जा चुके होंगे, अल्पसंख्यकों के विशेषाधिकार संबंधी अनुच्छेद (25 से 30 तक) समाप्त किए जा चुके होंगे, स्वभाषा को यथोचित स्थान मिल चुका होगा, स्व-इतिहास लिखा जा चुका होगा और सनातन मंदिरों का अधिग्रहण समाप्त हो चुका होगा, अतः 2047 का भारत धार्मिक, सांस्कृतिक, भाषायी एवं आर्थिक दृष्टि से संपन्न होगा और वह विश्वगुरु बनकर सारी धरा पर शांति और समृद्धि सुनिश्चित करने में अपना यथाशक्ति योगदान करेगा।

निबंध

शाश्वत धर्म, पातालस्पर्शी संस्कृति और भाषायी समृद्धि के कारण भारत विश्व की एकमात्र जीवंत सभ्यता है। सारे संसार में छियालीस सभ्यताएँ रही हैं,

शेष समाप्त कर दी गईं या हो गईं। इस प्रकार यदि धर्म और संस्कृति के बिना हम आर्थिक रूप से सबल हो भी गए तो हमारी सभ्यता नष्ट हो सकती है, अत: हमारी परिकल्पना में 2047 का भारत धार्मिक, सांस्कृतिक एवं आर्थिक दृष्टि से संपन्न होगा और वह सारी धरा पर शांति और समृद्धि सुनिश्चित करने में यथाशक्ति योगदान करेगा, जबकि धर्म-विमुख होने के कारण कई देशों ने अपनी आर्थिक संपन्नता के बावजूद दूसरों का अहित किया है। इसके विपरीत हमारा आदर्श है—

विद्या विवादाय धनं मदाय शक्तिः परेषां परपीडनाय।
खलस्य साधोर्विपरीतमेतत् ज्ञानाय दानाय च रक्षणाय॥

अर्थात् हमारा विद्यावान, धनवान और शक्तिशाली होना संपूर्ण मानवजाति के लिए कल्याणकारी होगा। यही विश्वगुरु का दर्शन है, पर आज धर्म और संस्कृति का अस्तित्व संकट में है, अत: धर्म और संस्कृति की रक्षा एवं उन्नयन के लिए तीन कार्य अपरिहार्य प्रतीत होते हैं। पश्चिम के अल्पसंख्यकवाद को तिलांजलि देना; भारतीय भाषाओं को यथोचित स्थान दिलाना और अपना इतिहास लिखना। अल्पसंख्यकवाद के रहते हमारे धर्म और संस्कृति की रक्षा एवं उन्नयन नहीं हो सकता; अंग्रेजी के रहते हमारी नैसर्गिक प्रगति नहीं हो सकती और आयातित इतिहासबोध से हमारा गौरव-गान नहीं हो सकता।

उद्देशिका : संविधान की उद्देशिका के पहले वाक्य—"…भारत को एक संपूर्ण प्रभुत्व-संपन्न समाजवादी पंथनिरपेक्ष लोकतंत्रात्मक गणराज्य…" से 'समाजवादी' तथा 'पंथनिरपेक्ष' शब्दों को निकालना चाहिए, जहाँ समाजवाद एक असफल विचारधारा है, वहीं पंथनिरपेक्षता ('सेक्यूलर' का हिंदी रूप) एक धर्म-विरोधी विचारधारा है, जब संविधान पंथों के मध्य भेदभाव नहीं करता तो पंथनिरपेक्ष शब्द का प्रयोग व्यर्थ है। सूर्यकांत बाली कहते हैं कि समाजवाद, धर्मनिरपेक्षता जैसे उम्रदराज और निस्सार बना दिए जा चुके इन तथाकथित सिद्धांतों से देश को मुक्ति मिलनी चाहिए, क्योंकि ऐसे निरर्थक और देश-तोड़क सिद्धांत देश का निर्माण करनेवाले निर्धारक तत्त्व नहीं हो सकते।

विडंबना यह है कि 'पंथनिरपेक्षता' के बचाव के लिए सरकारी पुस्तकों का दुरुपयोग किया जा रहा है। एन.सी.ई.आर.टी. की पुस्तक 'राजनीतिक सिद्धांत' के 'धर्मनिरपेक्षता' अध्याय में कुछ प्रश्नों यथा, क्या धर्मनिरपेक्षता भारतीय मिट्टी में रोपा गया एक पश्चिमी पौधा है? क्या धर्मनिरपेक्षता में पक्षपात के चिह्न हैं? क्या इससे अल्पसंख्यकों का 'तुष्टिकरण' होता है? क्या यह धर्मविरोधी है? आदि पर विचार किया गया है, परंतु इस अध्याय में एक भी बात तर्कसंगत नहीं है। ऐसा

प्रतीत होता है, जैसे बलात् अधर्मी, वामपंथी तथा इब्राहिमी कुतर्कों की झड़ी लगा दी गई है। सर्वाधिक आपत्तिजनक बात तो यह है कि इसमें अधिकतर हिंदुओं की सामाजिक कुरीतियों का वर्णन है, जबकि बहुविवाह, तलाक-हलाला, मुताह, बुर्का, जैसी अनेक घिनौनी और अमानवीय कुरीतियाँ मुसलमानों में तथा पाप-स्वीकारोक्ति संबंधी शोषण, गर्भपात को ईसाई-विरोधी मानना, मिशनरियों द्वारा छल-बल से पंथपरिवर्तन कराना आदि कुरीतियाँ ईसाइयों में व्याप्त हैं, जिनका उल्लेख तक नहीं है। इससे स्पष्ट है कि यह अध्याय हिंदू-विरोधी है। इसमें यह भी बताया गया है कि भारतीय धर्मनिरपेक्षता यूरोपीय मॉडल से भिन्न और विशेष है और यह भिन्नता तीन प्रकार की है (पृ. 114-115)—

1. भारतीय धर्मनिरपेक्षता ने अंत:धार्मिक और अंतर-धार्मिक वर्चस्व पर एक साथ ध्यान केंद्रित किया। इसने हिंदुओं के अंदर दलितों और महिलाओं के उत्पीड़न और भारतीय मुसलमानों अथवा ईसाइयों के अंदर महिलाओं के प्रति भेदभाव तथा बहुसंख्यक समुदाय द्वारा अल्पसंख्यक धार्मिक समुदायों के अधिकारों पर उत्पन्न किए जा सकनेवाले खतरों का समान रूप से विरोध किया।
2. भारतीय धर्मनिरपेक्षता का संबंध व्यक्तियों की धार्मिक आजादी से ही नहीं, अल्पसंख्यक समुदायों की धार्मिक आजादी से भी है। इसके अंतर्गत हर आदमी को अपनी पसंद का धर्म मानने का अधिकार है। उसी प्रकार धार्मिक अल्पसंख्यकों को भी अपनी खुद की संस्कृति और शैक्षणिक संस्थाएँ कायम करने का अधिकार है।
3. चूँकि धर्मनिरपेक्ष राज्य को अंतर-धार्मिक वर्चस्व के विषय पर भी समान रूप से चिंतित रहना है, अत: भारतीय धर्मनिरपेक्षता में राज्य समर्थित धार्मिक सुधार की गुंजाइश भी है और अनुकूलता भी। इसीलिए भारतीय संविधान ने अस्पृश्यता पर प्रतिबंध लगाया है। भारतीय राज्य ने बाल-विवाह के उन्मूलन और अंतरजातीय विवाह पर हिंदू धर्म के द्वारा लगाए गए निषेध को खत्म करने हेतु अनेक कानून बनाए हैं।

सुधार-संबंधी बातें केवल हिंदुओं पर लागू होती हैं। अन्य बातें अल्पसंख्यकों के पक्ष में हैं, क्योंकि अल्पसंख्यक समुदायों को अतिरिक्त धार्मिक स्वतंत्रता प्राप्त है। इन बातों से भी यही सिद्ध होता है कि हमारी धर्मनिरपेक्षता यूरोपीय मॉडल का अत्यंत विकृत रूप है।

उद्देशिका में आगे लिखा है—'सामाजिक, आर्थिक और राजनीतिक न्याय,

विचार, अभिव्यक्ति, विश्वास, धर्म और उपासना की स्वतंत्रता¨।' 'रिलिजन' को 'धर्म' कहना एक विसंगति है, क्योंकि रिलिजन केवल इब्राहिमी मजहबों—ईसाइयत, इस्लाम और यहूदी के संदर्भ में ही प्रयुक्त होता है। रिलिजन को धर्म मानने से ही देश धर्मविहीन होता जा रहा है, जबकि यहाँ तो राजकाज भी धर्म है। प्रवीण गुगनानी के अनुसार, गांधीजी ने कहा था—"जो यह मानते हैं कि धर्म का राजनीति से कोई लेना-देना नहीं है, वे यह नहीं जानते हैं कि धर्म क्या है।" धर्म एक व्यापक जीवन संहिता है, जबकि रिलिजन एक व्यवस्था है, जिसमें एक गॉड, एक पुस्तक और एक मसीहा अनिवार्यत: होते हैं। रिलिजन के जन्मदाता—इब्राहीम, मूसा, ईसा, मुहम्मद आदि मनुष्य हैं, इसलिए रिलिजन मनुष्य की तरह नश्वर है। धर्म शाश्वत है। अपनी नश्वरता को टालने के लिए ईसाइयत और इस्लाम (यहूदी धर्मांतरण नहीं कराता) दूसरों को अपने में मिलाते हैं। इस तरह धर्म शिकार और रिलिजन शिकारी है। धर्म सर्वसमावेशी है। रिलिजन एकांतिक (एक्सक्लुसिव) है। यह अन्य संप्रदायों के साथ मिलकर नहीं रहना चाहता। यह केवल अपने गॉड/अल्लाह को ही सर्वोपरि मानता है, जबकि दूसरों के देवी-देवताओं को निकृष्ट मानकर उनकी निंदा करता है। रिलिजन दूसरों को मूर्तिपूजक, हीथेन, पेगन, अविश्वासी, काफिर आदि अपमानजनक और घृणित नामों से संबोधित करता है। धर्म मूर्तियों को पूजता है, पर रिलिजन उन्हें तोड़ना अपना कर्तव्य समझता है, अत: धर्म और रिलिजन बेमेल हैं। दो हजार वर्ष पूर्व सारे संसार में हमारी तरह ही मूर्तिपूजक और बहुदेववादी हुआ करते थे। रोम, यूनान, माया, ईरान, बेबिलोन, मिस्र, मेसोपोटामिया, एजटेक आदि सभ्यताओं के मंदिर और देवी-देवता बहुत सीमा तक हमारे जैसे हैं। अनेक धार्मिक विद्वान् तथा कुछ मुसलमान और ईसाई विद्वान् भी यह स्वीकार करते हैं कि बहुदेववादी उदार होते हैं, जबकि एक अल्लाह/गॉडवाले कट्टर होते हैं। इनमें विचार-विमर्श, शास्त्रार्थ, खंडन-मंडन आदि बौद्धिक क्रियाकलाप के लिए कोई स्थान नहीं होता है। कोई आश्चर्य नहीं कि पिछले दो हजार वर्षों में ईसाइयत और इस्लाम ने करोड़ों लोगों को मारा और अनेक सभ्यताएँ नष्ट कीं। दुर्भाग्य से अब भी ऐसे प्रयास जारी हैं।

अत: उद्देशिका में रिलिजन के पर्याय के रूप में 'धर्म' शब्द की उपस्थिति से अनर्थ हो रहा है। इसी धार्मिक स्वतंत्रता को आधार बनाकर ईसाइयत और इस्लाम मुख्यत: हिंदुओं का पंथ-परिवर्तन कराते हैं, अत: आवश्यक है कि 'धर्म' शब्द को हटाया जाए। धर्म का अंग्रेजी में अनुवाद असंभव है, इसलिए जहाँ कहीं भी रिलिजन के लिए हिंदी रूपांतर की आवश्यकता हो, वहाँ पंथ या संप्रदाय जैसे शब्दों का

प्रयोग किया जाए। यदि कहीं धर्म ही अभिप्रेत हो तो अंग्रेजी में भी धर्म ही लिखा जाए। धर्म संबंधी विसंगति को लेकर बाली लिखते हैं, "भारत के संविधान में कुछ विसंगतियाँ इस रूप में हैं कि भारत के इस नवधर्मशास्त्र में कुछ ऐसी बातें नहीं आ पाईं, जो आ जानी चाहिए थीं। मसलन, भारत एक धर्मप्रधान और धर्मपरायण देश है, इसलिए धर्म के स्वरूप की व्याख्या और प्रतिष्ठा देश में होनी चाहिए, ऐसा कोई भी प्रावधान, प्रावधान तो छोड़िए, कोई संकेत तक भारत के इस नवधर्मशास्त्र में नहीं हो पाया।" प्रश्न उठता है कि क्या किया जाए? तो हमें कम-से-कम 'सभी धर्म बराबर हैं', 'सभी हिंसा की निंदा करते हैं', 'सभी शांति और प्रेम सिखाते हैं', जैसी मिथ्या धारणाओं को चुनौती देनी होगी। धर्म और रिलिजन के भेद को स्पष्ट करना होगा। रिलिजन की धर्म-विरुद्ध बातों को निरस्त करना होगा। अल्पसंख्यकों को दिए गए विशेषाधिकारों को समाप्त करना होगा, सभी संप्रदायों के लिए एकसमान कानून बनाना होगा। याद रहे, भारत धर्म की अंतिम शरणस्थली है।

मूलाधिकार : संविधान के अंतर्गत 'धर्म की स्वतंत्रता का अधिकार' है। इसका प्रावधान अनुच्छेद 25 में इस प्रकार है—"अंत:करण की और धर्म को अबाध रूप से मानने, आचरण और प्रचार करने की स्वतंत्रता।" यह वास्तव में उद्देशिका का ही विस्तार है, जैसा कि पहले ही कहा गया है, सामान्यत: इब्राहिमी रिलिजन इसे अपने प्रसार की स्वतंत्रता मानते हैं, जबकि 'धर्म' में स्वयं को प्रसारित करने की कोई व्यवस्था ही नहीं होती। इस प्रकार यह प्रावधान धर्म की कीमत पर रिलिजनों को दी गई एक स्वतंत्रता है। इसी अनुच्छेद के स्पष्टीकरण 1 में प्रावधान है कि "कृपाण धारण करना और लेकर चलना सिख धर्म के मानने का अंग समझा जाएगा।" सिखों को दिया गया यह विशेषाधिकार समानता के अधिकार का उल्लंघन है।

अनुच्छेद 28 के प्रावधान इस प्रकार हैं—

"कुछ शिक्षा संस्थाओं में धार्मिक शिक्षा या धार्मिक उपासना में उपस्थित होने के बारे में स्वतंत्रता—

(1) राज्य-निधि से पूर्णत: पोषित किसी शिक्षा संस्था में कोई धार्मिक शिक्षा नहीं दी जाएगी।

(2) खंड (1) की कोई बात ऐसी शिक्षा संस्था पर लागू नहीं होगी, जिसका प्रशासन राज्य करता है, किंतु जो किसी ऐसे न्यास के अधीन स्थापित हुई है, जिसके अनुसार उस संस्था में धार्मिक शिक्षा देना आवश्यक है।

(3) राज्य से मान्यता प्राप्त या राज्य-निधि से सहायता पानेवाली शिक्षा संस्था में उपस्थित होनेवाले किसी व्यक्ति को ऐसी संस्था में दी जानेवाली धार्मिक शिक्षा में भाग लेने के लिए या…की जानेवाली धार्मिक उपासना में उपस्थित होने के लिए तब तक बाध्य नहीं किया जाएगा, जब तक कि उस व्यक्ति ने या उसके संरक्षक ने, इसके लिए अपनी सहमति नहीं दे दी है।

खंड (1) को खंड (2) निरर्थक बना देता है, क्योंकि खंड (1) की बात उस संस्था पर लागू नहीं होगी, जिसका प्रशासन राज्य करता है, किंतु जो किसी न्यास के अधीन स्थापित हुई है, जिसके अनुसार उस संस्था में धार्मिक शिक्षा देना आवश्यक है। तात्पर्य यह कि केवल अल्पसंख्यक ही कथित धार्मिक शिक्षा दे सकेंगे, क्योंकि केवल उन्हें ही धार्मिक शैक्षणिक संस्थाओं को स्थापित करने का अधिकार है। इस प्रकार हिंदू धर्म की शिक्षा किसी भी संस्था में नहीं दी जा सकती, चाहे उसकी स्थापना हिंदुओं द्वारा ही क्यों न की गई हो! यह विनाशकारी व्यवस्था है। जिस धर्म के कारण इस देश का अस्तित्व है, उसकी शिक्षा नहीं दी जा सकती, लेकिन जो मजहब आक्रमणकारी रहे हैं और जो आज भी राष्ट्रद्रोह जैसे कार्यों में लिप्त हैं, उनकी शिक्षा की पर्याप्त व्यवस्था है। इसलिए यह कुव्यवस्था पूर्णत: अस्वीकार्य है। खंड (3) की आड़ लेकर विद्यालयों में की जानेवाली प्रार्थनाओं का विरोध किया जा रहा है। स्पष्ट है कि पूरा-का-पूरा अनुच्छेद न केवल अल्पसंख्यकों को विशेषाधिकार देता है, वरन् धर्म और हिंदू-विरोधी भी है।

अनुच्छेद-29 में 'संस्कृति और शिक्षा संबंधी अधिकार' के प्रावधान दिए गए हैं—

(1) भारत के राज्यक्षेत्र के नागरिकों के किसी अनुभाग को, जिसकी अपनी विशेष भाषा, लिपि या संस्कृति है, उसे बनाए रखने का अधिकार होगा।

(2) राज्य द्वारा पोषित या राज्य-निधि से सहायता पानेवाली किसी शिक्षा संस्था में प्रवेश से किसी भी नागरिक को केवल धर्म, मूलवंश, जाति, भाषा या इनमें से किसी के आधार पर वंचित नहीं किया जाएगा।

प्रथम दृष्ट्या उपरोक्त अनुच्छेद के प्रावधान निर्दोष लगते हैं, परंतु अनुच्छेद 30 के प्रावधानों से मिलाकर देखने से हमें समझ में आता है कि यह किस सीमा तक हिंदू और राष्ट्र-विरोधी है।

अनुच्छेद-30 में 'शिक्षा संस्थाओं की स्थापना और प्रशासन करने का

अल्पसंख्यक वर्गों का अधिकार' के प्रावधान हैं—

(1) धर्म या भाषा पर आधारित सभी अल्पसंख्यक वर्गों को अपनी रुचि की शिक्षा की स्थापना और प्रशासन का अधिकार होगा।

(2) शिक्षा संस्थाओं को सहायता देने में राज्य किसी शिक्षा संस्था के साथ इस आधार पर विभेद नहीं करेगा कि वह धर्म या भाषा पर आधारित किसी अल्पसंख्यक वर्ग के प्रबंध में है।

30 (1) से पूर्णरूपेण स्पष्ट हो जाता है कि धर्म या भाषा के आधार पर केवल अल्पसंख्यक वर्गों को ही अपनी रुचि की शिक्षा संस्था की स्थापना और प्रशासन का अधिकार होगा। 30 (2) तो आगे बढ़कर राज्य द्वारा ऐसी संस्थाओं को सहायता देने की बात करता है। एन.सी.ई.आर.टी. की पुस्तक में धर्मनिरपेक्षता के यूरोपीय मॉडल का उल्लेख करते हुए कहा गया है, "राज्य किसी धार्मिक संस्था को मदद नहीं देगा। वह धार्मिक समुदायों द्वारा संचालित शैक्षणिक संस्थाओं को वित्तीय सहयोग नहीं दे सकता।" (पृ. 112) इस प्रकार हमारी पंथनिरपेक्षता यूरोपीय मॉडल का विकृत रूप है, क्योंकि यह केवल अल्पसंख्यक समुदायों की धार्मिक संस्थाओं को वित्तीय सहायता देती है। 30 (1) और 30 (2) ऐसे विशेषाधिकार हैं, जो केवल अल्पसंख्यकों को ही प्राप्त हैं। इसी का परिणाम है कि देश में लाखों की संख्या में मदरसे हैं और ईसाइयों के शिक्षा संस्थान तो इतने हैं कि पूरे देश के संस्थानों में 22 प्रतिशत हैं, जबकि देश की जनसंख्या में ईसाई मात्र ढाई प्रतिशत हैं। इन्हीं शिक्षा संस्थानों का सहारा लेकर हिंदुओं को ईसाई बनाया जाता है, वैसे भी इन मजहबों का उद्‌देश्य भारत की सभ्यता एवं संस्कृति को नष्ट करना रहा है। कैसी विडंबना है कि जिससे हमारा सर्वनाश होता है, उसे प्रोत्साहन मिलता है और जिससे हमारा उन्नयन हो सकता है, वह प्रतिबंधित है!

स्पष्ट है कि राष्ट्र और धर्म-विरोधी होने के कारण पूरे संविधान में अनुच्छेद 30 सर्वाधिक विनाशकारी है। इसीलिए प्रवीण गुगनानी अनुच्छेद 30 के औचित्य पर प्रश्न उठाते हैं। वह लिखते हैं कि गांधीजी इस्लाम व ईसाइयत को स्वतंत्र भारत में धर्म प्रचार की छूट दिए जाने के प्रबल विरोधी थे, अतः यदि भारत में अनुच्छेद 30 का कोई आदि विरोधी है तो वह स्वयं गांधी हैं। गांधीजी ने कहा था—"अगर सत्ता मेरे हाथ में हो और मैं कानून बना सकूँ तो मैं धर्मांतरण का यह सारा धंधा ही बंद करा दूँ। ईसाई मिशन की दुकानों में मरडोक की पुस्तकें बिकती हैं। इन पुस्तकों में सिवाय हिंदू धर्म की निंदा के और कुछ है ही नहीं।" धर्म प्रचार के विषय में लगभग ऐसे ही विचार स्वामी विवेकानंद और बाबा साहेब आंबेडकर

के भी हैं। कोई आश्चर्य नहीं कि आज अनुच्छेद 30 को समानता के अधिकार को सर्वाधिक हानि पहुँचानेवाला बताया जा रहा है। गुगनानी बताते हैं कि इस अनुच्छेद से मदरसों में कुरान और हदीस की शिक्षा एक कानूनी अधिकार है, जबकि किसी भी शासकीय, अर्धशासकीय या निजी शिक्षण संस्थाओं में रामायण, महाभारत, गीता या वेद-पुराण पढ़ाने की अनुमति नहीं है। समूचे विश्व को नालंदा, तक्षशिला जैसे विश्वस्तरीय व दिव्य शिक्षण संस्थान देनेवाला देश इन कानूनों के कारण ही सांस्कृतिक व शैक्षणिक घुटन का शिकार हो गया है। इस देश का मूल विचार, मूल सिद्धांत, मूल जीवन-शैली, मूल आहार-विहार ही शिक्षा व्यवस्था से गायब है। यह अनुच्छेद सांप्रदायिक असंतुलन उत्पन्न करने का एक बड़ा स्रोत बन गया है। यहाँ उल्लेखनीय है कि जैसे हिंदू धर्म की शिक्षा प्रतिबंधित है उसी तरह अनेक बड़े हिंदू मंदिरों पर सरकार का नियंत्रण है, जबकि मुसलमानों, ईसाइयों या सिखों के पूजास्थल सरकार के नियंत्रण में नहीं लिये जा सकते। मंदिर अधिग्रहण का कानून अंग्रेजों के समय से ही चलता आ रहा है। इस कानून को भी समाप्त करना पड़ेगा।

कैसी विडंबना है कि इस्लाम के गढ़ सऊदी अरब के विद्यालयों के पाठ्यक्रम में रामायण, महाभारत, योग, आयुर्वेद आदि शामिल किए जा रहे हैं। पश्चिमी देशों में पहले से ही हिंदू धर्म पढ़ाया जा रहा है। इसलिए अब हिंदुओं को अपने धर्म का अध्ययन करने के लिए ईसाई और मुसलमान-बहुल देशों में जाना पड़ेगा।

सबसे विचित्र बात यह है कि संविधान में 'अल्पसंख्यक' शब्द की कोई परिभाषा नहीं है। हृदयनारायण दीक्षित बताते हैं कि राष्ट्रीय अल्पसंख्यक आयोग अधिनियम, 1992 में कहा गया है कि 'अल्पसंख्यक वह समुदाय है, जो केंद्र सरकार अधिसूचित करे।' ऐसी पहचान के लिए अधिनियम में कोई मानक भी नहीं है। संविधान के अनुच्छेद 29 व 30 के शीर्षक क्रमश: 'अल्पसंख्यक वर्गों के हित संरक्षण व शिक्षा संस्थाओं की स्थापना तथा संचालन' हैं, परंतु संविधान निर्माताओं ने ऐसी सुविधाएँ देते समय भी 'अल्पसंख्यक' की परिभाषा नहीं दी। परिणाम सामने है। भारी संख्या के बावजूद मजहबी संप्रदाय अल्पसंख्यक हैं। अल्पसंख्यक होने की माँग लगातार बढ़ी है। रामकृष्ण मिशन और लिंगायत संप्रदाय ने अपने विद्यालयों को सरकारी नियंत्रण से मुक्त कराने के लिए अल्पसंख्यक समुदाय के रूप में मान्यता प्राप्त करने के लिए प्रयास किया। रामकृष्ण मिशन तो सर्वोच्च न्यायालय तक गया, अत: यदि यह अनुच्छेद बना रहा तो हिंदू धर्म के अस्तित्व पर ही प्रश्नचिह्न लग जाएगा। कभी हिंदू धर्म के विशाल परिवार का हिस्सा रहे जैन, बौद्ध और सिख आज मुख्यतः इसीलिए पृथक् हैं, क्योंकि उन्हें अनुच्छेद 30 से विशेषाधिकार प्राप्त हैं।

समझ में नहीं आता कि कैसे संविधान सभा ने ऐसे अनुच्छेद को अपनाया! दीक्षित बताते हैं कि भारत की अल्पसंख्यक समस्या कट्टरपंथी सांप्रदायिकता से पैदा हुई। ब्रिटिश सत्ता ने इसे बढ़ाया। कम्युनल अवॉर्ड इसी षड्यंत्र का परिणाम था। भारत टूट गया। संविधान सभा में पी.सी. देशमुख ने कहा, "संविधान में अल्पसंख्यक से अधिक क्रूरतापूर्ण और कोई शब्द नहीं है।" सभा के उपाध्यक्ष एच.सी. मुखर्जी ने कहा, "यदि हम एक राष्ट्र चाहते हैं तो हम मजहब के आधार पर अल्पसंख्यक को मान्यता नहीं दे सकते।" सभा में तजम्मुल हुसैन ने कहा, "हम अल्पसंख्यक नहीं हैं। यह शब्द अंग्रेजों ने निकाला था, वे चले गए, अब इसे भी विदाई दी जाए।" इन वक्तव्यों से संविधान निर्माता अल्पसंख्यकवाद के विरुद्ध दिखते हैं, पर लगता यही है कि बहुमत इस अनुच्छेद के पक्ष में था। दीक्षित प्रश्न करते हैं कि आखिरकार 'अल्पसंख्यक' होने का अर्थ क्या है? क्या 51 प्रतिशत को बहुसंख्यक कहेंगे और 49 को अल्पसंख्यक? इस गणना का आधार क्या होगा? आखिरकार सभी नागरिकों को एक समान मौलिक अधिकार देनेवाले राष्ट्र में भी कोई अल्पसंख्यक क्यों है? जबकि आठ राज्यों में हिंदू अल्पसंख्यक हैं, परंतु उन्हें अल्पसंख्यक नहीं माना जाता।

अल्पसंख्यक वर्गों को विशेषाधिकार देने का कहीं यह अर्थ तो नहीं कि इस्लाम और ईसाइयत भारत की पहचान हैं? बाली अपनी पुस्तक के 'पूर्वकथन' में लिखते हैं कि इस्लाम या ईसाइयत या पश्चिमपरस्ती भारत का परिचायक, प्रतिनिधि या प्रतीक नहीं है। भारत का प्रतीक, प्रतिनिधि और प्रस्तोता हिंदू समाज ही है, हिंदू धर्म ही है, हिंदू जीवन-दर्शन ही है। ''भगवा' ही है भारत की पहचान' अध्याय में बाली लिखते हैं कि "इतिहास में की गई जोर-जबरदस्तियों, प्रलोभनों, उत्पीड़नों के परिणामस्वरूप यहाँ आतंक का माहौल बनाकर लोगों को मुसलमान और ईसाई बनाया गया। इस प्रकार ये सभी धर्मांतरित विधर्मी वास्तव में हिंदू ही हैं, अतः अपने पिता, दादा, परदादाओं के धर्म, शिक्षा-दीक्षा, संस्कारों व परंपराओं में फिर से मिलकर घुल-मिल जाने में ही समस्याओं के समाधान प्राप्त हो सकते हैं।" वास्तव में संविधान का उद्देश्य होना चाहिए था कि इतिहास की गलतियों को सुधारे, न कि अल्पसंख्यक और बहुसंख्यक के बीच की खाई को और बढ़ाए। बाली मानते हैं कि धर्मांतरण करवानेवाले इन विधर्मी लोगों के राजनीतिक उद्देश्यों के कारण भारत अनेक समस्याएँ झेलने को मजबूर है। अन्यथा भारत के दस हजार साल के इतिहास में धर्म को लेकर कभी कोई समस्या पैदा नहीं हुई। कश्मीर, पूर्वोत्तर तथा जनजातीय क्षेत्रों में जो अलगाववाद, आतंकवाद, घुसपैठ और नक्सल

जैसी समस्याएँ हैं, मुख्यत: विधर्मियों के कारण हैं।

जिन्हें मुसलमान और ईसाई बनाया गया, उन्हें भी सिवाय हानि के कोई लाभ नहीं हुआ। बाली लिखते हैं, "सिर्फ भारत ही नहीं, अखंड भारत के बलूचिस्तान, सिंध, पाकिस्तान, कश्मीर, वजीरिस्तान, गिलगित-बाल्टिस्तान, अफगानिस्तान, सीस्तान, फारस आदि सभी इस्लामी बना दिए गए इलाकों में यह सवाल बड़ी तेजी से उठ रहा है कि अरे, हम तो हिंदू थे, हम मुसलमान क्यों हो गए? इस्लाम तो अरबों का था।" अत: हमें अपने पड़ोसियों को भी अपनी ओर खींचना होगा, ताकि उनकी भी प्रगति हो और अखंड भारत का सपना साकार हो।

अल्पसंख्यकवाद आरक्षण की तरह है, जिसे पाने की चाह बढ़ रही है। अत: इसे अविलंब समाप्त करने के अतिरिक्त हमारे पास कोई विकल्प नहीं है। अल्पसंख्यकवाद के एक परिणाम के रूप में सिख पंथ को समझना प्रासंगिक होगा। सिख पंथ को अंग्रेजों ने बनाया और अल्पसंख्यकवाद ने इसे अलगाववाद और आतंकवाद तक पहुँचाया। एस.सी. मित्तल और जोगिंदर सिंह बताते हैं कि कैसे अंग्रेजों ने जनगणनाओं में सिखों के लिए अलग व्यवस्था की। सन् 1855 में पंजाब में पहली जनगणना हुई, जिसमें पूरे पंजाब में सिख हिंदुओं में ही शामिल किए गए, परंतु लाहौर डिविजन (पाँच जिलों) में सिखों की अलग से गणना की गई। कुल 34,58,694 लोगों में 1,81,172, अर्थात् मात्र पाँच प्रतिशत ने ही स्वयं को सिख के रूप में दर्ज कराया। बाद में पूरे पंजाब के सिखों को शामिल करने और अंग्रेजों के कुत्सित प्रयासों के बावजूद 1901 तक सिख 7.80 प्रतिशत ही थे, पर 1911 से 1931 के बीच इसमें अभूतपूर्व वृद्धि हुई और अब सिखों का प्रतिशत 13 से ऊपर जा पहुँचा। कुल आबादी में 37 प्रतिशत की वृद्धि दर के मुकाबले सिख आबादी की वृद्धि की दर 131 प्रतिशत रही। इस प्रकार संख्या के हिसाब से सिख पंथ का इतिहास सौ साल से भी कम है, जब सिखों की संख्या 1855 में लगभग दो लाख थी तो गुरुनानक के समय में क्या स्थिति रही होगी? महर्षि दयानंद लिखते हैं कि "नानकजी के सामने कुछ उनका संप्रदाय व बहुत से शिष्य नहीं हुए थे।" इस प्रकार तीन सौ साल से भी अधिक समय के बाद सिखों की इतनी ही संख्या हो पाई थी। प्रश्न उठता है कि 1911 से 1931 के बीच सिखों की संख्या में अचानक इतनी वृद्धि क्यों हुई? वास्तव में तब लंदन में होनेवाले गोलमेज सम्मेलनों में राजनीतिक लाभ पाने के लिए मोल-भाव की तैयारी चल रही थी। इन सम्मेलनों में उज्ज्वल सिंह और संपूरण सिंह ने सिखों का प्रतिनिधित्व किया था। जहाँ एक ओर भगत सिंह जैसे स्वतंत्रता सेनानी अपना सर्वोच्च बलिदान दे रहे थे

और जलियाँवाला बाग का नरसंहार हो रहा था, वहीं कुछ सिख नेता अंग्रेजों के साथ मिलकर समाज और देश-विभाजन की सौदेबाजी कर रहे थे।

आरंभ में जनगणना में समस्या यह थी कि 'सिख' किसे कहा जाए? सिंह लिखते हैं कि "जनगणना अधिकारियों को लगता था कि सिखों और हिंदुओं की विभाजक रेखा 'घोर अस्पष्ट' है। इसलिए सबसे अच्छा रास्ता यही था कि जो 'खुद को सिख रूप में दर्ज कराए, उसे सिख दर्ज किया जाए। केशधारी हों या सहजधारी, शुद्ध रूपेण हिंदुओं से सिखों के संबंध इतने गाढ़े थे कि उनमें अंतर करना असंभव था। माझा के केशधारी कोई 15 साल की उम्र में पहल (अमृत) छकने से पहले अपने बच्चों के बाल कटवाते थे। इस तरह एक ही परिवार में एक भाई केशधारी, दूसरा सहजधारी और तीसरा हुक्का पीनेवाला सरवरिया हो सकता था।" राष्ट्रकवि दिनकर बताते हैं, "सिखों की संख्या बढ़ाने को, प्रायः यह परंपरा चल पड़ी कि हर हिंदू परिवार अपने ज्येष्ठ पुत्र को गुरु की शरण में उत्सर्ग कर दे। अभी भी पंजाब में ऐसे हिंदू परिवार हैं, जिनका एक सदस्य सिख होता है।"

मूल बात यह है कि 1857 की क्रांति को दबाने में सिखों के इस्तेमाल के लिए और कालांतर में हिंदुओं में फूट डालने के लिए अंग्रेजों ने एक नए सिख धर्म को गढ़ा। कुछ स्वार्थी सिख न केवल अंग्रेजों के प्रति निष्ठावान बने, वरन् हिंदुओं से अलग होने के उपक्रम भी किए। सोलहवीं शताब्दी के स्वर्ण मंदिर या हरिमंदिर में 'मंदिर' शब्द है, जबकि कालांतर में 'मंदिर' को त्यागकर 'गुरुद्वारा' अपना लिया गया और गुरुद्वारे में चित्र या मूर्ति को वर्जित कर दिया गया। स्वर्ण मंदिर में अनेक मूर्तियाँ थीं, जिनकी श्रद्धालु पूजा करते थे, परंतु उन्हें हटाकर दुर्गियाना मंदिर में छोड़ दिया गया। इस्लाम के प्रभाव और निराकार ब्रह्म की पूजा करने के कारण सिख मूर्ति पूजा नहीं करते और इस्लाम के निंदा कानून की तरह 'बेअदबी' का भी अनुसरण करते हैं, पर एक ग्रंथ को पूजते हैं। महर्षि दयानंद लिखते हैं, "सिख मूर्ति पूजा तो नहीं करते, किंतु विशेष ग्रंथ की पूजा करते हैं। क्या यह मूर्ति पूजा नहीं है?...जैसे पुजारी लोग मूर्ति का दर्शन कराते, भेंट चढ़वाते हैं, वैसे ही नानकपंथी ग्रंथ की पूजा करते, कराते और भेंट भी चढ़वाते हैं।" फिर भी गुरुनानक का यह उद्देश्य कि हिंदुओं और मुसलमानों को सिख समाज में लाया जाए, पूर्णतः असफल सिद्ध हुआ। मुसलमान तो आए नहीं, केवल हिंदू ही सिख बने। कालांतर में महात्मा गांधी का 'ईश्वर-अल्ला' वाला प्रयास भी इसी तरह औंधे मुँह गिरा। अल्लाहवाले तो आए नहीं, ईश्वरवाले ही रह गए।

एक फेसबुक पोस्ट में आर्य समाज लिखता है कि गुरु गोविंदसिंह ने 'चंडी

चरित्र' (उकति बिलास), 'चंडी चरित्र-2', 'वार दुरगा की', 'चौबीस अवतार' (रामावतार और कृष्णावतार) आदि विशुद्ध सनातन धर्म संबंधी रचनाएँ कीं। इन रचनाओं के संग्रह 'श्री दसम-ग्रंथ साहिब' का पहले सिखों में बड़ा सम्मान था। श्री आदिग्रंथ के साथ ही इसका भी समान रूप से आदर-सत्कार और नित्य ही पाठ किया जाता था, परंतु अंग्रेजों से नैकट्य बढ़ाने और हिंदुओं से दूरी बढ़ाने के उद्देश्य से कुछ सिख विद्वानों ने श्री दसम-ग्रंथ साहिब की प्रामाणिकता पर शंका करना आरंभ कर दी। बाद में बैसाखी और दीपावली जैसे त्योहारों पर 'खालसा दीवान' द्वारा ऐसे मेले आयोजित किए जाने लगे, जिनमें हिंदुओं जैसी रीतियों, ठाकुरों-देवमूर्तियों और विशेषकर श्री हरिमंदिर के प्रमुख पूजास्थल और परिक्रमा-मार्ग में पहले से सुप्रतिष्ठित देवमूर्तियों की पूजा इत्यादि विषयों की निषेधपरक आलोचना की जाती थी। अंग्रेजों की प्रेरणा से ही 1898 में भाई काहन सिंह नाभा की अलगाववादी रचना 'हम हिंदू नहीं' और 1909 में मैकालिफ की पुस्तक 'द सिक्ख रिलिजन' प्रकाशित हुई, जो अलगाववादी सिखों का मूल प्रेरणा स्रोत हैं। इनमें गुरुवाणी की भ्रष्ट व्याख्या करने के विविध तरीके सुझाए गए हैं। इन्हीं पुस्तकों के आधार पर सिख लोग स्वयं को एक अलग पंथ मानकर अलगाववादी मार्ग पर चलने लगे हैं और अपने ही प्रिय गुरु गोविंदसिंह के श्री दसम-ग्रंथ साहिब की प्रामाणिकता पर संदेह करने लगे हैं। उनके लिए इससे बड़ा दुर्भाग्य और भला क्या हो सकता है!

आर्य समाज मानता है कि इस प्रकार की आलोचना द्वारा सिख पंथ को एक ऐसी दिशा की ओर ले जाने का कुप्रयास किया जा रहा था, जो भारतवर्ष की मुख्य सांस्कृतिक धारा से किसी-न-किसी अंश में दूर ले जानेवाला था। वस्तुतः अंग्रेज विचारकों के संपर्क और प्रभाव में आए सिख विद्वानों के मानस से इसी समय से अलगाववाद की वह धारा फूट निकली थी, जिसके फलस्वरूप आगे चलकर 1980 के दशक में इसने सारे पंजाब में बड़ा ही उग्र रूप धारण कर लिया था। इस प्रकार जब एक बार कुछ सिखों को हिंदुओं से पृथक् करने का प्रयास किया गया तो उसकी परिणति पृथकतावादी विद्रोह के रूप में ही हुई। इससे यही सिद्ध होता है कि सिखों का हिंदुओं से अलग होना किस सीमा तक विनाशकारी रहा है!

अंग्रेजों ने तो जो किया सो किया, पर स्वतंत्रता के बाद क्या हम ऐसा कुछ नहीं कर सकते थे, जिससे सिख हिंदुओं के निकट आते। आज भी सिख और हिंदुओं के बीच का विभाजन बिल्कुल कृत्रिम है। अधिकतर सिख मंदिरों के आगे नतमस्तक होते हैं। अनेक सिखों ने मंदिर बनवाए हैं और बनवा रहे हैं। अपने घरों

में देवी-देवताओं की मूर्तियाँ और चित्र रखते हैं। एक ही परिवार में सिख और हिंदू दोनों मिल जाते हैं। वेद और गुरुवाणी के विद्वान् प्रो. जगबीर सिंह कहते हैं कि "लोग मुझे अल्पसंख्यक समुदाय का मानते हैं, पर मैं नहीं मानता।" वह कहते हैं, "मैं 'हिंदू-सिख' हूँ।" वह हिंदू और सिख के बीच कोई अंतर नहीं मानते। दिनकर लिखते हैं, "गुरुनानक वेदांत की भावना से भरे हुए थे। उनका सृष्टि-विकास का सिद्धांत वेदांत का सिद्धांत है। वे कर्म को मानते हैं, पुनर्जन्म को मानते हैं, निर्वाण और माया को मानते हैं एवं ब्रह्मा, विष्णु और महेश के त्रिदेवत्व में विश्वास करते हैं।" अतः दिनकर मानते हैं कि "सिख धर्म और हिंदुत्व, ये दो नहीं, एक ही धर्म हैं…।" वैसे भी 'सिख' शब्द 'शिष्य' का अपभ्रंश है। इस तरह शिष्य होने मात्र से कोई धर्म नहीं बन सकता। धर्म निर्माण की वस्तु भी नहीं है। दिनकर मानते हैं कि "हिंदुत्व ने इस्लाम के अखाड़े में अपना जो रूप प्रकट किया, वही सिख या खालसा (शुद्ध) धर्म है। सिख गुरुओं ने हिंदू धर्म की रक्षा और सेवा के लिए अपनी गरदनें कटाईं, अपने जीवन का बलिदान दिया तथा उन्होंने अपना जो सैनिक संगठन खड़ा किया, उसका लक्ष्य भी हिंदू धर्म को जीवित एवं जागरूक रखना था। इसी कारण, सिख सारे भारतवर्ष में हिंदुओं के प्रिय रहे हैं।"

सिख गुरुओं ने अपने बलिदान से जो अपूर्व यश और ख्याति अर्जित की थी, उसको पृथकतावादी विचारधारा ने कलंकित कर दिया, अतः पृथकतावाद से सर्वाधिक हानि सिखों की ही हुई है। देश में ही नहीं, विदेशों में भी। दाढ़ी और पगड़ीवाली अलग पहचान के कारण पश्चिमी देशों में प्रायः सिखों को मुसलमान आतंकवादी समझकर निशाना बनाया जाता है। यहूदियों और मुसलमानों के बाद सिखों को अमेरिका में तीसरा सर्वाधिक घृणित संप्रदाय माना जाता है और यही स्थिति अनेक अन्य देशों में है। मुसलमान तक इनसे सहानुभूति नहीं जताते, क्योंकि पाकिस्तान और अफगानिस्तान में हिंदुओं की भाँति सिख भी उत्पीड़ित होते हैं। 'पंच ककार', जिनमें दाढ़ी-पगड़ी शामिल है, को लेकर महर्षि दयानंद लिखते हैं कि "यह रीति गोविंदसिंहजी ने अपनी बुद्धिमत्ता से उस समय [युद्ध] के लिए की थी, अब इस समय उनका रखना कुछ उपयोगी नहीं है।" अतः अपने गौरवशाली अतीत और यश को पुनर्जीवित करने के लिए अपरिहार्य है कि सिख सनातन धर्म से जुड़ जाएँ। महर्षि दयानंद भी यही सुझाते हैं, "इन सबने भोजन का बखेड़ा बहुत सा हटा दिया है, जैसे इसको हटाया वैसे विषयासक्तिदुरभिमान को भी हटाकर वेदमत की उन्नति करें तो बहुत अच्छी बात है।"

स्पष्ट है कि अल्पसंख्यक संबंधी विशेषाधिकारों को समाप्त करके ही हम

हिंदू-सिख के बीच के अंतर को मिटा सकते हैं। इस संबंध में दिनकर एक अति महत्त्वपूर्ण बात कहते हैं, "सिख मत हिंदू धर्म के धड़ से वीर-बाँह की तरह निकला था। यह भुजा हिंदुत्व की रक्षा की भुजा थी। सिखों ने जो अपरिमित बलिदान किए, उनका सुफल सबसे अधिक हिंदुत्व को प्राप्त हुआ, फिर भी आज हिंदू और सिख परस्पर लड़ते हैं, क्योंकि उनकी लिपियाँ दो हैं। इसे बुद्धि का दिवाला नहीं तो और क्या कहा जाए?" पंजाब में एक साथ गुरुमुखी और देवनागरी चलती हैं, जबकि शायद ही कोई पंजाबी हो, जो देवनागरी न जानता हो। पंजाब उन राज्यों में है, जिन पर सर्वाधिक समय तक मुसलमानों का राज रहा, जिसके परिणामस्वरूप वहाँ देवनागरी का प्रयोग अत्यल्प हो गया। 'पंजाब' देश का एकमात्र राज्य है, जिसका नाम विदेशी भाषा, अर्थात् फारसी में है। इससे भी समझा जा सकता है कि फारसी का कितना प्रभाव रहा होगा। शहीद भगत सिंह ने पंजाब की दयनीय भाषायी स्थिति पर काफी चिंता जताई है। गुरुओं की वाणी को जब संकलित करने की बात आई तो कश्मीर की शारदा लिपि से प्रभावित गुरुमुखी बनाई गई, पर अब ऐसी कोई बात नहीं है। गुरुमुखी की तुलना में देवनागरी न केवल श्रेष्ठ है, वरन् सार्वदेशिक भी, परंतु लिपि के एकीकरण में भी सबसे बड़ी बाधा अनुच्छेद-29 और 30 ही हैं। हमारे देश में अनेक भाषाओं से भी बड़ी समस्या अनेक लिपियों की है। लिपियाँ जितनी कम हों, उतना श्रेयस्कर, जब एक महादेश के रूप में यूरोप ने यह कर दिखाया है तो एक देश के रूप में भारत के लिए यह और भी आसान है, जब लिपि एक होगी तो पंजाबी अपने आप एक हो जाएँगे।

अल्पसंख्यकवाद से अन्य प्रकार की हानि भी हो रही है। बिना किसी प्रयोजन के अल्पसंख्यक मंत्रालय और अल्पसंख्यक आयोग जैसी संस्थाएँ बना दी गई हैं, जिनका सालाना बजट कई हजार करोड़ रुपए का है। इस विशाल धनराशि का अधिकांश मुसलमानों पर ही खर्च होता है, क्योंकि ईसाई अपेक्षाकृत अच्छी स्थिति में हैं और सिख, पारसी, जैन आदि समुदाय वैसे ही समृद्ध हैं। इस प्रकार मुसलमानों को हम धन देकर उनको और भी पिछड़ा बना रहे हैं, क्योंकि अभी भी मुसलमान बच्चे मदरसों में पढ़कर मुअज्जिन, इमाम, काजी, मुल्ला-मौलवी, मुफ्ती आदि बनते हैं। अच्छा होता कि बिना मजहब देखे गरीबों पर ध्यान दिया जाता, अतः राष्ट्रहित में इस विभेदकारी व्यवस्था को समाप्त करना पड़ेगा।

अंग्रेजी से संभव है, सीमित अर्थों में हम आर्थिक प्रगति तो कर लें, किंतु यह प्रगति न तो हमारी पूरी क्षमता के अनुरूप होगी और न ही सबके लिए होगी। अंग्रेजी से सर्वांगीण प्रगति असंभव है, क्योंकि 'निज भाषा उन्नति अहै, सब उन्नति

को मूल'। 'पानी' और 'जल' का भेद हमारी भाषाएँ ही कर सकती हैं। 'गंगा' के साथ हम 'जल' का प्रयोग करते हैं। अंग्रेजी में तो बस 'वाटर' है, जब हम 'शिवलिंग' कहते हैं तो जो भाव हमारे मन में बनता है, वह अंग्रेजी में असंभव है। तात्पर्य यह कि हमारे शब्द हमारी संस्कृति के अविभाज्य अंग हैं और अंग्रेजी में उनका भावानुवाद असंभव है, पर इस अंग्रेजी को सीखने में हम अपने जीवन का कितना समय, धन और ऊर्जा व्यय करते हैं कि अनुमान लगाना कठिन है, फिर भी देखिए कि हम किस सीमा तक जड़विहीन हो गए हैं कि आज माँ-बाप को अपने बच्चों को मम्मी-डैडी/पापा बोलने को कहना पड़ रहा है। निस्संदेह हम अभारतीयकरण के चरम पर पहुँच चुके हैं। यह सब अनायास और अनवरत हो रहा है, क्योंकि यह हमारे अवचेतन में प्रवेश कर चुका है, जबकि कोई बाहरी शक्ति हमें ऐसा करने को विवश नहीं करती। वास्तव में हम यह भूल चुके हैं कि हमारे पास कुछ भी ऐसा है, जिसे अपनाया जा सके, जब हमें अपने पर ही विश्वास नहीं है, तो हम क्या प्रगति करेंगे! स्वभाषा और स्वगौरव के मध्य अन्योन्याश्रय संबंध होता है। अपने को हीन माननेवाला समाज प्रगति नहीं कर सकता। कोई आश्चर्य नहीं कि लाख बौद्धिक होने का दावा करने के बावजूद शायद ही किसी क्षेत्र में हमने कुछ मौलिक किया हो! यदि हमने अपनी भाषाओं को नहीं अपनाया तो हम सदा विदेशियों की जूठन खाने को अभिशप्त रहेंगे। ज्ञान-विज्ञान तभी सर्वत्र फैलेगा, जब हम अपनी भाषाओं में अध्ययन करेंगे। भाषा का विषय राष्ट्र-निर्माण से जुड़ा है, जब तक हम अंग्रेजी की बैसाखी के सहारे चल रहे हैं, तब तक हमारा राष्ट्र लँगड़ा है। बिना अपनी वाणी के हमारा राष्ट्र गूँगा है।

सूर्यकांत बाली लिखते हैं कि चूँकि अब तक देश की आकांक्षा और स्वभाव के विपरीत समाजवाद और धर्मनिरपेक्षता जैसे तत्त्व ही राष्ट्र के निर्धारक रहे हैं, इसलिए देश कुछ ऐसी समस्याओं का सामना कर रहा है, जिनका बहस के पहले घंटे में ही समाधान हो जाना चाहिए। मसलन, भारत की राष्ट्रभाषा अंग्रेजी नहीं है। अंग्रेजी हमारी गुलामी का प्रतीक और कारण रही है। कोई विदेशी भाषा किसी देश की राष्ट्रभाषा नहीं हो सकती, पर चूँकि देश आज भी सदियों के सभ्यता-संघर्ष के परिणामों और इस संघर्ष से पैदा हुई कुंठाओं से उबर नहीं पाया है, इसलिए ऐसी स्थिति है।

दुर्भाग्यवश अंग्रेजीदाँ बुद्धिजीवी वर्ग भाषा समस्या को कोई समस्या नहीं मानता, क्योंकि यह अंग्रेजी ही खाता-पीता और बिछाता-ओढ़ता है। इसलिए जो हिंदी या अन्य भारतीय भाषाओं के अधिकाधिक प्रयोग की बात करते हैं, वे लाचार महसूस करते हैं और सरकार की ओर आशाभरी नजरों से देखते रहते हैं,

पर यदि हिंदी समाज पूरी निष्ठा के साथ हिंदी के साथ खड़ा हो जाए तो हिंदी की स्थिति सुधर जाएगी। वैसे जहाँ हिंदी कमाई से जुड़ी है, जैसे, सिनेमा, पत्र-पत्रिकाएँ, टी.वी., सोशल मीडिया, वाणिज्य-व्यापार आदि, वहाँ हिंदी सबसे आगे है। अंग्रेजी इसके सामने कहीं नहीं ठहरती। उदाहरणार्थ, जब सौ लोग टी.वी. पर हिंदी समाचार देखते हैं तो दो लोग ही अंग्रेजी समाचार देखते हैं। प्रत्येक राज्य में अपनी-अपनी भाषा के टी.वी. चैनल हैं, परंतु दिल्ली और प्रसारण केंद्र होने के कारण मुंबई को छोड़कर कहीं भी अंग्रेजी चैनल नहीं है। यदि अंग्रेजी महत्त्वपूर्ण होती तो सभी राज्यों में अंग्रेजी चैनल होते, अत: प्रयास होना चाहिए कि हम सर्वत्र हिंदी का प्रयोग करें—बोलचाल से लेकर लेखन तक। समस्या यह है कि हम अंग्रेजी की अनिवार्यता का बहाना बनाकर हिंदी के प्रयोग से बचते हैं। वास्तव में हम दोहरा चरित्र जीते हैं। हम हिंदी की पैरवी करते हुए भी अंग्रेजी पत्र-पत्रिकाएँ, पुस्तकें आदि पढ़ते हैं, अंग्रेजी में हस्ताक्षर करते हैं, अंग्रेजी में अपना नामपट्ट लगाते हैं, अत: यदि ध्यान दें तो हम पाएँगे कि अभी भी 80 से 90 प्रतिशत स्थानों पर अपनी भाषा का प्रयोग किया जा सकता है। निरर्थक हम अहिंदीभाषियों की चिंता करते हैं, जैसे हिंदी-बाजार में प्रवेश के लिए अहिंदीभाषी हिंदी सीख लेते हैं, वैसे ही लेखन के लिए भी सीख सकते हैं, पर सच तो यह है कि हम उनसे अधिक अंग्रेजी के समर्थक हैं। किसी विद्वान् ने कहा है, यदि भारत की सारी भाषाएँ नदियाँ हैं तो हिंदी महानदी है। इस प्रकार यदि हिंदी नहीं रही तो शेष भाषाएँ भी नहीं बचेंगी, अत: देश की सभी भाषाओं की प्रगति के लिए भी हिंदी की प्रगति अत्यावश्यक है, जहाँ तक अंग्रेजी की बात है तो यह वहीं चली है, जहाँ भाषा विपन्नता रही है। भारत जैसे भाषा-समृद्ध देश में यह दीर्घकाल तक नहीं चल पाएगी। अंग्रेजी मिथ्या और भारतीय भाषाएँ सत्य हैं।

किंतु जब तक समाज हिंदी को नहीं अपनाएगा, सरकार इसके पक्ष में नहीं खड़ी होगी, जब सरकार हमारी भावना से परिचित हो जाएगी तो वह इसके अनुरूप काम करेगी। दुनिया में ऐसी कोई सरकार नहीं जो जनता की भावना की अनदेखी कर सके या उसके विरुद्ध जाए! इसलिए हम बुद्धिजीवियों पर महती दायित्व है। हम अनुमान नहीं लगा सकते कि अपनी भाषाओं के प्रयोग के फलस्वरूप राष्ट्र निर्माण में कितनी बड़ी संख्या में लोग अपना योगदान दे पाएँगे। छोटे-से-छोटा व्यक्ति भी आत्मविश्वास से परिपूर्ण होगा, तब जाकर देश की सर्वांगीण प्रगति होगी, अत: 2047 का अकुंठ भारत अंग्रेजी वर्चस्व से मुक्त और अपनी भाषाओं में बोलने-लिखनेवाला होगा।

आयातित इतिहास बोध से हमारे राष्ट्र को अपूरणीय क्षति पहुँची है! उदाहरण के लिए, एन.सी.ई.आर.टी. की एक पुस्तक में सुधा अरोड़ा ने ज्योतिबा फुले की संक्षिप्त जीवनी लिखी है। अरोड़ा लिखती हैं, "आदर्श परिवार के बारे में उनकी अवधारणा है—'जिस परिवार में पिता बौद्ध, माता ईसाई, बेटी मुसलमान और बेटा सत्यधर्मी हो, वह परिवार एक आदर्श परिवार है।'" स्पष्ट है कि फुले को ईसाइयत, इस्लाम और हिंदू धर्म की समझ नहीं थी। यदि फुले ने बाइबल और कुरान पढ़े होते तो ऐसी बात नहीं करते। ईसाइयत और इस्लाम एकांतिक (एक्सक्लुसिव) समाज की परिकल्पना करते हैं और इतने कट्टर होते हैं कि इनकी पुस्तकों में लिखे एक भी शब्द पर कोई प्रश्न नहीं उठा सकता, अतः ईसाइयत और इस्लाम फुले का आदर्श नहीं हो सकते थे? फुले ने अमरीकी दास प्रथा पर पुस्तक (गुलामगीरी) तो लिखी, पर यह नहीं सोचा कि ईसाइयों ने ही इतनी बड़ी संख्या में लोगों को दास बनाने का घृणित काम किया था। फुले को इस बात की भी जानकारी नहीं थी कि केवल दोनों अमेरिकी महादेशों में ही ईसाइयों ने दस करोड़ स्थानीय लोगों को मार दिया। आज मात्र दो प्रतिशत स्थानीय लोग जीवित हैं और उनकी पहचान, सभ्यता, संस्कृति आदि नष्ट की जा चुकी है। इसी प्रकार ईसाइयों ने रोम और यूनानी सभ्यताओं को भी नष्ट किया। कालांतर में इस्लाम ने भी मिस्र, सीरिया, ईरान, मध्य एशिया, तुर्की आदि देशों के धर्म, भाषा, संस्कृति आदि नष्ट करके सबको मुसलमान बना दिया, पर फुले का ऐसा लिखना आश्चर्यजनक नहीं है, क्योंकि ईसाई उन्हें वही जानकारी देते, जिससे वे फुले की दृष्टि में श्रेष्ठ सिद्ध होते। फुले की शिक्षा-दीक्षा मिशनरी स्कूल में हुई थी। अधिक आश्चर्यजनक यह है कि अरोड़ा ने फुले की जीवनी लिखने से पहले कोई शोध नहीं किया! उससे भी बड़ा आश्चर्य यह कि ऐसी पुस्तकें आज भी पढ़ाई जा रही हैं। हम कल्पना ही कर सकते हैं कि बच्चों में कैसा संदेश जाता होगा!

एन.सी.ई.आर.टी. की दूसरी पुस्तक में भी फुले पर बहुत कुछ लिखा गया है। पुस्तकांश इस प्रकार है—"फुले का तर्क था कि आर्य विदेशी थे, जो उपमहाद्वीप के बाहर से आए थे और उन्होंने इस मिट्टी के असली वारिसों—आर्यों के आने से पहले यहाँ रह रहे मूल निवासियों—को हराकर उन्हें गुलाम बना लिया था, जब आर्यों ने अपना प्रभुत्व स्थापित कर लिया तो वे पराजित जनता को नीच, निम्न जातिवाला मानने लगे।" आगे लिखा है—"बीसवीं सदी के आरंभ में गैर-ब्राह्मण आंदोलन शुरू हुआ।...उन गैर-ब्राह्मण जातियों का...तर्क था कि ब्राह्मण तो उत्तर से आए उन आर्य आक्रमणकारियों के वंशज हैं, जिन्होंने यहाँ के मूल

निवासियों—देशी द्रविड़ नस्लों—को हराकर दक्षिणी भू-भाग पर विजय हासिल की थी।" पुस्तक में दक्षिण भारत के ब्राह्मण-विरोधी आंदोलन के सरगना—ई.वी. रामास्वामी नायकर 'पेरियार' के विषय में लिखा है—"उनका कहना था कि मूल तमिल और द्रविड़ संस्कृति के असली वाहक अछूत ही हैं, जिन्हें ब्राह्मणों ने अपने अधीन कर लिया है।···पेरियार हिंदू वेद-पुराणों के कट्टर आलोचक थे। खासतौर से मनु द्वारा रचित संहिता, भगवद्गीता और रामायण के वे कटु आलोचक थे। उनका कहना था कि ब्राह्मणों ने निचली जातियों पर अपनी सत्ता तथा महिलाओं पर पुरुषों का प्रभुत्व स्थापित करने के लिए इन पुस्तकों का सहारा लिया है।" महिलाओं के बारे में पेरियार के विचार हैं—"तारा मुकुर्तम जैसे शब्दों के आगमन के बाद हमारी महिलाएँ अपने पतियों के हाथों की कठपुतली बन गई थीं। हमें ऐसे पिताओं के संरक्षण में जीना पड़ा, जो अपनी बेटियों को सलाह देते हैं कि उन्हें पतियों को उपहार में दिया जा चुका है और अब वे अपने पति के घर का हिस्सा हैं। यह संस्कृत के साथ हमारी घनिष्ठता का परिणाम है।"

रमाबाई, जिन्हें 'पंडिता' और 'सरस्वती' जैसे विभूषणों से विभूषित किया गया, वह ईसाई बनकर जीवन भर हिंदू धर्म को खरी-खोटी सुनाती रहीं। इसी तरह राजा राममोहन राय हैं, जो अंग्रेजों से लाभ पाने के लिए इंग्लैंड जाकर ईसाई बने और वहीं ईसाई रीति से दफनाए गए, पर एन.सी.ई.आर.टी. की पुस्तकों में कहीं नहीं मिलेगा कि रमाबाई ईसाई थीं और राममोहन राय ईसाई बन गए थे। ईसाइयों ने 'सती' को बढ़ा-चढ़ाकर न केवल हिंदुओं की सबसे बड़ी कुरीति बताया, वरन् इसके साथ 'प्रथा' भी जोड़ दी। राममोहन राय ने ईसाइयों की इस मिथ्या को ही सच मान लिया। इससे हिंदुओं में हीन भावना पनपी। दूसरी ओर, मनगढ़ंत आर्य-द्रविड़ सिद्धांत से सामाजिक विभाजन तेज हुआ, जबकि रवींद्रनाथ ठाकुर रचित 'राष्ट्रगान' में द्रविड़ सहित ये सारे-के-सारे शब्द—'पंजाब सिंध गुजरात मराठा द्राविड़ उत्कल बंग, विंध्य हिमाचल यमुना गंगा,' भारत के भौगोलिक स्वरूप को दरशाते हैं। इन शब्दों का किसी जाति या रेस से कोई संबंध नहीं है। अंग्रेजी के 'रेस' के समानांतर भारत में कोई शब्द ही नहीं है। पश्चिम के विद्वानों ने बहुत प्रयास किया कि दक्षिण के लोगों को उत्तर से भिन्न दिखाएँ और इसके लिए सुनियोजित ढंग से दक्षिण के लोगों की नाक की चौड़ाई नापी गई। 'आर्य' शब्द का अर्थ श्रेष्ठ होता है और इसका अभिप्राय इतना ही है। 'अनार्य' शब्द का बिगड़ा हुआ रूप 'अनाड़ी' है।

चूँकि पेरियार ने सभी कुरीतियों के लिए संस्कृत को उत्तरदायी ठहराया है,

इसीलिए आज भी तमिलनाडु में हिंदी विरोध है। हिंदी को संस्कृत के साथ जोड़कर देखा जाता है। दुर्भाग्य से यही पेरियार तमिलनाडु के सभी द्रविड़ राजनीतिक दलों के मार्गदर्शक हैं। इस तरह पश्चिमी विद्वानों ने भारत के साथ बहुत गहरा षड्यंत्र किया था। संतोषजनक बात यह है कि अब दक्षिण के विद्वानों ने ही इस तथाकथित आर्य-द्रविड़ सिद्धांत को निरस्त कर दिया है, अत: जैसे-जैसे पेरियार के विचार धूमिल होंगे, वैसे-वैसे हिंदी-विरोध भी कम होने लगेगा, लेकिन समस्या यह है कि अभी भी सरकारी पुस्तकों में वही बातें पढ़ाई जा रही हैं, अत: भारत-2047 में इतिहास सत्य पर आधारित होगा और हमारे विद्वानों द्वारा लिखा होगा। इस इतिहास में विश्व की एकमात्र जीवंत सभ्यता का गौरवगान होगा। भारत ही नहीं, अब इसका इतिहास भी अपराजेय होगा।

जिस सनातन धर्म व संस्कृति के कारण हमारी सभ्यता जीवंत है, उनके उन्नयन के लिए अल्पसंख्यकवाद को समाप्त करना आवश्यक है। रिलिजन और धर्म को एक न माना जाए। अल्पसंख्यकवाद के नाम पर संस्कृति, भाषा, लिपि के संरक्षण के लिए अनुच्छेद 25 से 30 तक निरस्त किए जाएँ। किसी स्थान विशेष की संस्कृति एक-सी होती है, क्योंकि पहनावा-ओढ़ावा, खान-पान, बात-व्यवहार, बोली-बानी आदि एक जैसी होती है। इस दृष्टि से वनों और पर्वतों पर रहने के कारण जनजातियों की संस्कृति भिन्न मानी जा सकती है, फिर भी प्रकृतिपूजक होने के कारण जनजातियों और हिंदुओं में पर्याप्त समानता है। विद्वान् मानते हैं कि ये जनजातियाँ हिंदू संस्कृति से जितना जुड़ेंगी, उतनी ही लाभान्वित होंगी, पर जब इन जनजातियों को ईसाई या मुसलमान बनाया जाता है, तो इनका धर्म और संस्कृति नष्ट हो जाती है। देश से अलग करने की 'इनरलाइन परमिट' व्यवस्था के आधार पर पूर्वोत्तरीय राज्यों को शेष भारत से काटकर मिशनरियों ने बेरोक-टोक पंथ-परिवर्तन किया और कर रहे हैं, जिसका दुष्परिणाम है कि इन ईसाई-बहुल राज्यों का धर्म, भाषा और संस्कृति नष्ट हो चुकी है, अत: जब जनजातियों के लिए किसी विशेषाधिकार का औचित्य नहीं दिखता तो मुसलमानों और ईसाइयों के लिए तो प्रश्न ही नहीं उठता, वैसे भी ये बाहर से नहीं आए। ये तो यहीं के हैं। हिंदुओं के वंशज हैं, अत: संस्कृति, भाषा, लिपि आदि के नाम पर इन्हें पृथक् करना और विशेषाधिकार देना समाज और राष्ट्र-विभाजक है। संसार भर के लोग अमरीका जाकर बसे, पर वहाँ के समाजशास्त्रियों ने एक ही 'पैन अमेरिकन संस्कृति' को माना। इस प्रकार अनेक विविधताओं को समेटे हमारी भी केवल एक 'भारतीय संस्कृति' होगी। इसलिए 2047 के भारत में संविधान की उद्देशिका से

'समाजवाद' और 'पंथनिरपेक्षता'—दोनों शब्द हटाए जा चुके होंगे, मूलाधिकार संबंधी अनुच्छेद 25 से 30 तक समाप्त किए जा चुके होंगे, स्वभाषा को यथोचित स्थान मिल चुका होगा, स्व-इतिहास लिखा जा चुका होगा और हिंदू मंदिरों का अधिग्रहण समाप्त हो चुका होगा, अंततः सही अर्थों में समानता स्थापित हो चुकी होगी। इसके बाद विश्वगुरु के रूप में भारत का मार्ग प्रशस्त होगा।

□

समृद्ध एवं सुखी गाँव होंगे भारत का भविष्य

—डॉ. अमरेंद्र कुमार आर्य

प्रस्तावना

प्राचीनकाल में 'सोने की चिड़िया' कहलानेवाला हमारा देश धन-धान्य से परिपूर्ण था, परंतु विदेशियों के निरंतर आक्रमण तथा इसके पश्चात् अंग्रेजों का आधिपत्य होने के उपरांत भारतीय गाँवों की दशा अत्यंत दयनीय व सभी के लिए चिंता का विषय बन गई। भारतीय गाँव समय के साथ बेरोजगारी, अज्ञानता तथा पिछड़ेपन का पर्याय बनकर रह गए। गाँवों की दयनीय व जर्जर अवस्था के अनेक कारण हैं। इतिहास की ओर यदि हम दृष्टि डालें तो हम देखते हैं कि मुगलों के आक्रमण के पश्चात् जब देश में अंग्रेजों का आधिपत्य हुआ, तब गाँवों की दशा अत्यंत चिंतनीय थी। इसका प्रमुख कारण था कि अंग्रेजों ने कभी भी भारत को आत्मसात् नहीं किया। उनका दृष्टिकोण सदैव भारत के प्रति व्यावसायिक ही रहा, जिसके फलस्वरूप यहाँ के कुटीर उद्योग तथा कृषि व्यवस्था का ह्रास होता रहा। अंग्रेजों के साथ-साथ जमींदारों व सेठ-साहूकारों के निरंतर शोषण ने भी ग्रामीणों को तंगहाली से उबरने का कभी अवसर नहीं दिया। जिसके कारण वे स्वतंत्रता प्राप्ति के सात दशकों के बाद भी विकास की प्रमुख धारा से स्वयं को पृथक् किए हुए हैं। इसलिए हमें एक योजना बनाकर कार्य करने की आवश्यकता है। योजना के साथ गाँव केंद्रित व्यवस्था निर्माण करने और सोच में परिवर्तन करने से सर्वश्रेष्ठ भारत का लक्ष्य पाया जा सकता है। इसके लिए हमें व्यवस्था परिवर्तन करने की जरूरत होगी। हमें विश्वास हैं कि व्यवस्था परिवर्तन के साथ आनेवाले 25 वर्षों में ग्रामीण भारत आत्मनिर्भर हो जाएगा। ग्रामीण क्षेत्रों में पुनः स्वावलंबन का चक्र

चलने लगेगा। सामाजिक सौहार्द स्थापित हो जाएगा। भारत वैश्विक स्तर पर अपनी सर्वोच्चता सिद्ध कर सकेगा। इस निबंध में इन्हीं विषयों को आधार बनाकर श्रेष्ठ-गाँव, सर्वश्रेष्ठ भारत की कल्पना की गई है।

निबंध

ग्रामीण भारत की कहानी लिखना कठिन है, क्योंकि उसका नायक तो गाँव ही है, जिसका हजारों वर्षों का इतिहास है, उस कालखंड के एक बिंदु पर हम खड़े हैं तो महज अपनी कहानी ही लिखी जा सकती है, लेकिन गाँव की एक खासियत होती है कि वह अपनी कहानी पीढ़ी-दर-पीढ़ी कहता रहता है। यह लिखित नहीं होता, लेकिन सब जानते हैं। भारतवर्ष के महत्त्व का वास्तविक मूल्यांकन यहाँ के गाँवों से ही संभव है। उन्हें किसी भी दृष्टिकोण से पृथक् नहीं किया जा सकता। भारत में ग्रामीण विकास की प्रक्रिया पुरातनकाल से किसी-न-किसी रूप में चलती आ रही है, अगर हम भारत के अतीत में झाँकें तो हमारे यहाँ प्राचीनकाल से ही पंचायती राज व्यवस्था अस्तित्व में रही है, भले ही इसे विभिन्न नाम से विभिन्न कालखंडों में जाना जाता रहा हो। भारत के प्राचीनतम उपलब्ध ग्रंथ ऋग्वेद में 'सभा' एवं 'समिति' के रूप में लोकतांत्रिक स्वायत्तशासी संस्थाओं का उल्लेख मिलता है। ऋग्वेद ग्रंथ में 'ग्रामणी' शब्द भी आता है, जो पंच का पर्याय है। रामायण, महाभारत महाकाव्यों के काल में शासन की सबसे छोटी इकाई ग्राम थे। गाँव के पंच लोगों द्वारा स्थानीय जन से कर वसूल कर राजा का सहयोग करना वर्णित है। मनुस्मृति में भी महर्षि मनु ने ग्राम के प्रशासन में स्वशासन का उल्लेख किया है। इसके अलावा कौटिल्य के अर्थशास्त्र में भी कम-से-कम 100 परिवार तथा अधिक-से-अधिक 500 परिवार के एक गाँव की रचना का उल्लेख किया गया है।

प्राचीनकाल में 'सोने की चिड़िया' कहलानेवाला हमारा देश धन-धान्य से परिपूर्ण था, परंतु विदेशियों के निरंतर आक्रमण तथा इसके पश्चात् अंग्रेजों का आधिपत्य होने के उपरांत भारतीय गाँवों की दशा अत्यंत दयनीय व सभी के लिए चिंता का विषय बन गई। भारतीय गाँव समय के साथ बेरोजगारी, अज्ञानता तथा पिछड़ेपन का पर्याय बनकर रह गए। गाँवों की दयनीय व जर्जर अवस्था के अनेक कारण हैं। इतिहास की ओर यदि हम दृष्टि डालें तो हम देखते हैं कि मुगलों के आक्रमण के पश्चात् जब देश में अंग्रेजों का आधिपत्य हुआ, तब गाँवों की दशा अत्यंत चिंतनीय थी। इसका प्रमुख कारण था कि अंग्रेजों ने कभी भी भारत को आत्मसात् नहीं किया। उनका दृष्टिकोण सदैव भारत के प्रति व्यावसायिक ही रहा,

जिसके फलस्वरूप यहाँ के कुटीर उद्योग तथा कृषि व्यवस्था का ह्रास होता रहा। अंग्रेजों के साथ-साथ जमींदारों व सेठ-साहूकारों के निरंतर शोषण ने भी ग्रामीणों को तंगहाली से उबरने का कभी अवसर नहीं दिया। जिसके कारण वे स्वतंत्रता प्राप्ति के सात दशकों के बाद भी विकास की प्रमुख धारा से स्वयं को पृथक् किए हुए हैं।

विकास की तेज रफ्तार दौड़ में फँसकर 'नगरवासी' लोग गाँव को भुलाते जा रहे हैं। ग्रामीण समाज इस दौड़ के हिसाब से 'मिसफिट' है। संदेश बड़ा साफ है, 'अगर गाँव को जीना है तो उसे शहर बनना ही पड़ेगा।' चूँकि वर्तमान परिवेश में शहर ही मानव विकास की पराकाष्ठा है, इसलिए शहर में ही 'संभावना शेष' है। दूसरी ओर गाँव का जो स्वावलंबी रूप रहा है, वह इतिहास की बात होती जा रही है। अभी भी क्षेत्रफल और जनसंख्या को देखें तो गाँव का ही पलड़ा भारी पड़ता है। यह अलग बात है कि विकास की मानसिकता के साथ अब भारत माता को 'ग्रामवासिनी' मानने को कोई तैयार नहीं है, जिसके कारण उद्योग और विकास के मार्ग में गाँव को बाधा के रूप में देखने की परिपाटी शुरू हो गई है। यह कल सभी रूपों में साकार हो जाए तो आश्चर्य नहीं होगा, अब गाँवों का रंग-रूप और चाल-ढाल बदल रहा है। शहर ने इसे बाजार के हवाले कर लीलना शुरू कर दिया है। बाजार की दस्तक इतनी मायावी है कि वह बिना किसी सूचना के गाँव के सहज स्वभाव को बदलती जा रही है। गाँव के लोग भी शहरी पैंतरे और दंद-फंद में शहर को न्योता दे रहे हैं और शहरी होने को ही अपना अंतिम गंतव्य ठहराने लगे हैं। परिणाम यह हो रहा है कि अपना और साथ में अन्य लोगों का भरण-पोषण करनेवाले गाँव की आभा सिमटती-सी जा रही है।

ग्रामीण जीवन खेती के इर्द-गिर्द समायोजित होता है। बिल्कुल ही प्रकृति के करीब। ठीक इसके विपरीत शहर असंदिग्ध रूप से प्रकृति के क्षेत्र में मानवी दखल का स्मारक बन रहा है। दखलअंदाजी से उपजे तमाम विकार से सभी जूझ रहे हैं। उच्च होता तापमान, वन विनाश, जल प्रदूषण और वायु प्रदूषण आदि ऐसी ही कहानी कह रहे हैं। साथ में हिंसा, तस्करी, भ्रष्टाचार, अपराध और नशा सेवन के व्यसन की सौगात भी मिल रही है। आपाधापी में जीवन कैसे और कहाँ बीत जाता है, यह सब विकास की चमकीली और भड़कीली रोशनी में नजर ही नहीं आता। गाँव का समाज पारंपरिक मूल्यों से था—बँधा था, जिसे प्रबल होते आर्थिक सरोकार तहस-नहस करने पर आमादा हैं। वहाँ जाति और वर्ग के, ऊँच-नीच के भाव जरूर गहरे पैठे थे, पर विभिन्न जातियों और समुदायों की आपसी निर्भरता भी थी, जो रीति-रिवाज और उनसे जुड़े धर्म-कर्म की मर्यादा में परिसीमित थी। व्यक्तिवाद के

बदले सामूहिक मानदंड और शास्त्र की जगह साझे के अभ्यासों में ढले लोकाचार के अनुरूप विभिन्न जातियों की खास भूमिका भी हुआ करती थी, जो लोगों को खास रिश्तों में बाँधती थी। खेती-किसानी में मिल-जुलकर काम करना होता था, सब श्रम साध्य था, इसलिए श्रम का आदर था। किसी भी श्रम को नीच या ऊँच की श्रेणी में नहीं देखा गया। यहाँ कोई मालिक और नौकर की श्रेणी में नहीं था। संघर्ष के बदले समन्वय की परंपरा थी। सभी ग्रामीण सामाजिक समरसता के साथ सहजीवन जीते थे। सामाजिकता के अवसर उत्सव बन जाते थे। समस्याओं को चौपाल/पंचायत में स्थानीय स्तर पर ही हल करने की कोशिश की जाती थी। अब अर्थ की प्रधानता के साथ जीवन के प्रति नजरिया बदल रहा है, जो शहर से बढ़ती संपर्कहीनता की भावना को बढ़ा रहा है। सरकारी नीतियों और अन्य परिस्थितियों के चलते समस्याएँ कितनी गहरी रही हैं, इसका अंदाजा देश के कई क्षेत्रों में हो रही किसानों की आत्महत्या के मामलों से लगाया जा सकता है। खेती झमेला होती जा रही है। बीज, खाद, सिंचाई और बाजार तक पहुँच आदि की मुश्किलों से खेती घाटे का सौदा हो जाता है।

यह नियति का विधान है कि ग्रामीण क्षेत्रों की अधिकता के बावजूद विकास और प्रगति का केंद्र शहर है। नई पीढ़ी एक आकर्षक और संपन्न जीवन की तलाश में गाँव से पलायन कर रही है। नगर और महानगर उफना रहे हैं और वहाँ बढ़ती भीड़ के लिए आवश्यक संसाधन मुहैया करना टेढ़ी खीर साबित हो रहा है। गाँव छोड़ शहर पहुँच रहे अकुशल गाँव के युवा वर्ग को गुजर-बसर करना मुश्किल हुआ जा रहा है। गाँवों को नष्ट कर नगर बसाने की नीति से उपजता बेतरतीब विकास असंतुलित और अनिष्टकारी साबित हो रहा है। भविष्य की चिंता शामिल न होने से इसमें टिकाऊपन तो नहीं ही है। वह भस्मासुर की तरह स्वयं अपने ही विनाश का कारण हुआ जा रहा है। पश्चिम आधारित व्यवस्था को दबाव में लागू करने के कारण गाँव की पुरानी व्यवस्था बदल गई, लेकिन जो नई व्यवस्था आई, वह मुकम्मल नहीं हो पाई। अनजाने ही शहरीकरण हमारा आदर्श हो गया है। गाँव की कीमत पर शहरीकरण को बढ़ावा दिया जा रहा है। गाँव को शिक्षा, चिकित्सा और रोजगार के केंद्र बनाने की कोशिशें नहीं हुईं हैं। शहर की नकल करते हुए गाँवों ने अपना स्वरूप खो दिया। वे न तो शहर बने और न ही गाँव रह पाए। शहरों के स्वरूप में बेतहाशा वृद्धि हुई। ग्रामीण आबादी का शहरों में पलायन हुआ। एक तरह से देखें तो विकास के शहर केंद्रित मॉडल की गाड़ी ही उलाड़ हो गई। सत्तर से ज्यादा फीसदी आबादी गाँवों में रहती है, इसे नजरअंदाज करते हुए विकास का

अर्थ शहरीकरण समझा गया। ग्राम अपने आप में समग्र इकाई के रूप में विकसित हों, यह देश की स्वाधीनता के 75 वर्ष में भी हमारी सोच में ही नहीं आया। कृषि आधारित रोजगार में बड़ी संभावनाएँ हैं, लेकिन वे निगाह में नहीं आतीं। कोई आई.टी.आई. कृषि विद्यालय यह नहीं पढ़ाता कि ग्रामीण उद्यमशीलता के क्या रास्ते हैं। पशुपालन, बीज, कृषि रसायन, खाद्य, मृदा परीक्षण, बागवानी आदि में ही रोजगार के बहुत से रास्ते बन सकते हैं, लेकिन ऐसी सोच विकसित नहीं हुई, अब ऐसी सोच विकसित करने होंगे। मेरी कल्पना है कि स्वाधीनता के शताब्दी वर्ष तक हम अपने सोच को बदलेंगे और गाँव को विकास का धुरी समझेंगे। स्वाधीनता का अमृत वर्ष सबके हित में फलदायी होगा, अगर गाँवों को आधारभूत सुविधाओं से लैस कर रहने के लिए लायक बनाया जाए। प्राकृतिक सुषमा के कारण गाँव जीवनदायी होते हैं। देश के विकास की योजना में गाँवों को केंद्रीय बनाते हुए उन्हें विशेष स्थान देना होगा। गाँव सिर्फ शहर के लिए एक संसाधन नहीं हैं। देश की लगभग दो-तिहाई आबादी गाँवों में ही निवास करती है। यदि हम अपने देश की उन्नति चाहते हैं तो हमें गाँवों की अवस्था में सुधार लाना होगा। भारतीय गाँवों को विकास की प्रमुख धारा में लाए बिना देश को ऊँचाई पर ले जाना असंभव है, अतः यह आवश्यक है कि अपनी सांस्कृतिक विरासत को बचाए रखने के साथ ही हम गाँवों के विकास हेतु नई-नई योजनाएँ विकसित करें और उन्हें कार्यान्वित करें। इस प्रकार निश्चय ही हमारा देश विश्व के अग्रणी देशों में से एक होगा।

दरअसल, गाँवों की इस स्थिति के लिए शासन और प्रशासन दोनों ही जिम्मेदार हैं। दोनों की उपेक्षा से ही गाँव बीमार हो गए हैं। आजादी के बाद से अब तक जितनी भी विकास योजनाएँ बनी हैं, उनमें गाँवों को शहरों के लिए कच्चे माल के भंडार के नजरिए से ही सोचा गया है। गाँवों के संसाधनों से शहरों के विकास की कल्पना की गई है, लेकिन कभी शहरों की अर्जित पूँजी से विकसित गाँवों की कल्पना नहीं की गई, जब-जब देश के विकास की योजनाएँ बनीं, उसमें गाँवों की जिंदगी, जीवन-शैली, रहन-सहन तथा जीविकोपार्जन की गतिविधियों को महत्त्व ही नहीं दिया गया। अभी भी विकास का ब्लूप्रिंट शहर केंद्रित है, अपितु गाँवों की जीवन-शैली को पिछड़ी और भदेस मानने की हमेशा से हमने गर्वभरी भूल की है। यही कारण है कि गाँव के लोगों ने शहरों की जीवन-शैली का अंधाधुंध अनुकरण किया है, जिसका नतीजा यह निकला है कि शहर विनाश की जिन परिस्थितियों का शिकार हुए, थोड़ी रफ्तार जरूर धीमी रही, मगर आज गाँव भी उन्हीं का शिकार हो रहे हैं।

कुछ वर्ष विगत् तक गँवई जीवन-शैली में तालाबों, पोखरों आदि का बहुत महत्त्व था। ग्रामीण भारत में हजारों की तादाद में ऐसे तालाब थे, जहाँ का पानी लोग पीने में इस्तेमाल करते थे। नहाने-धोने और जानवरों के पीने में तो इन तालाबों का पानी इस्तेमाल होता ही था, जब तालाबों की गाँव के जीवन में इतनी महत्त्वपूर्ण भूमिका थी तो गाँव के लोग भी तालाबों के प्रति संवेदनशील थे। बरसात आते ही गाँव के लोग सामूहिक रूप से तालाबों की मरम्मत करते थे, बरसात के मौसम के बाद उसके खरपतवार की नियमित रूप से सफाई करते थे, लेकिन शहरी केंद्रित विकास की अवधारणा तालाब के पानी को पाइप से जोड़कर शहर में आपूर्ति की जाने लगी। एक तालाब का पानी समाप्त तो दूसरे तालाब से पानी लेने के लिए दौड़ पड़े। नतीजा सामने आया कि कुछ दिन में ही तालाब सूखने लगे। तालाब में पानी का तल बना रहे, इसके लिए कोई योजना धरातल पर नहीं बनती। संसाधन को उपभोग करने की मानसिकता से सभी योजनाएँ शहरों में 'टेस्ट' कर गाँवों में लागू कर दी जाती हैं। इससे हमें बाहर निकलना होगा।

आर्थिक विकास व उपभोग के उपलब्ध आँकड़े दर्शाते हैं कि देश में ग्रामीण लोगों की माली हालत और बुनियादी वस्तुओं के उपभोग की स्थिति शहरी लोगों के मुकाबले बेहद पिछड़ी अवस्था में है। आर्थिक उदारीकरण के दौर में शहर विकास की धुरी बनकर उभरे हैं, जिससे गाँव और शहरों के बीच असमानता बढ़ी है। राष्ट्रीय आय में एक बड़ा अंश ग्रामीण क्षेत्र का होने के बाद भी गाँव बहुत पीछे हैं। नेशनल सैंपल सर्वे संगठन की ताजा रिपोर्ट देश के ग्रामीण इलाकों और शहरी जीवन के बीच की गहरी खाई को दरशाती है। दोनों के बीच खर्च और उपभोग के स्तर व परिमाण के मामले में गहरा अंतर है। रिपोर्ट बताती है कि शहरी आबादी और ग्रामीण आबादी के खर्च करने की प्राथमिकताएँ भिन्न हैं। एन.एस.एस.ओ. की रिपोर्ट यह भी बताती है कि शहरीकरण सकारात्मक कारणों से, मसलन बेहतर जीवन की आकांक्षा के कारण नहीं बढ़ा, बल्कि गाँवों की जिंदगी इतनी कठिन हो गई है कि लोग वहाँ से शहरों की तरफ पलायन करने के लिए मजबूर हैं। हमें यह भी समझना होगा कि शहरों की ओर पलायन सिर्फ आर्थिक कारणों से नहीं होता। शहर और बाजार दलितों व पिछड़ों को मनुष्य की पहचान देते हैं। गाँवों में अभी भी 'दक्षिण टोला' मौजूद है। आज भी किसी 'दक्षिण टोला' के निवासी को उसकी जाति के तोड़े-मरोड़े नाम से ही पुकारा जाता है, माँ-बाप का दिया नाम तो उसे शहर में आकर याद आता है। 'दक्षिण टोला' से निकलकर वे शहरों में किसी गंदे नाले या रेल लाइन के किनारे झुग्गी-झोपड़ी के नरक में सिर्फ इसलिए नहीं रहते कि

वहाँ उन्हें आर्थिक सुरक्षा मिलती है, बल्कि इससे अधिक उन्हें मनुष्य जैसी पहचान भी मिलती है। शहरों की ओर लगातार हो रहे पलायन को रोकने के लिए गाँवों के हालात बेहतर बनाने होंगे।

हजारों वर्ष तक भारत के गाँव ज्ञान केंद्र के रूप में रहे थे। ऐसा नहीं था कि यहाँ शहर नहीं थे, हर साम्राज्य में बड़े-बड़े नगर थे, लेकिन नगर व्यापार के केंद्र थे और गाँव ज्ञान के। मगध में पाटलिपुत्र व्यापार और शक्ति का केंद्र था, लेकिन नालंदा, राजगीर मिथिला के गाँव ज्ञान के केंद्र थे। ऐसा ही कुछ दक्षिण भारत में भी था। ग्रामीण सभ्यता में शहर एवं शहरी सभ्यता में गाँव के होने में बहुत अंतर है। ज्ञान और गाँव का यह रिश्ता गांधी के अलावा रवींद्रनाथ ठाकुर को भी समझ में आता था। इसलिए उन्होंने शांति निकेतन को न केवल गाँवों के बीच बनाया, बल्कि विश्वविद्यालय की कोई चाहरदीवारी नहीं बनाई। ग्रामीणों को भी उनकी प्रबंध समिति का हिस्सा बनाया। यहाँ तक कि ऑक्सफोर्ड विश्वविद्यालय के भाषण में अपने दर्शन का स्रोत बाउल गायकों को बताया। इस ग्रामीण संस्कृति की खासियत ज्ञान सृजन करने की क्षमता थी। इस ज्ञान के साथ जुड़ा खास सामाजिक मूल्य था। इस सामाजिक मूल्य का अंतर ही संस्कृतियों का अंतर है। एक संस्कृति में ज्ञान का मूल उद्‌देश्य लोक कल्याण है, दूसरे में शक्ति और धन संचय। एक में ज्ञान सामूहिक है और दूसरे में व्यक्तिगत। एक में ज्ञान के उपयोग में ईमानदारी मूल्य है और दूसरे में नीति। इसलिए हमें ज्ञान के केंद्रों की स्थापना ग्रामीणों के बीच करनी होगी। इसके लिए 'इंडिया' केंद्रित संसाधनों को 'भारत' केंद्रित बनाना होगा। संसाधनों का विकेंद्रीकरण भी करना होगा।

आर्थिक क्षेत्र में ग्रामीण भारत को एक नया मॉडल अपनाने की आवश्यकता है। यह मॉडल अपनी प्रकृति में देशज और स्थानिक होगा। यह सत्य है कि कोरोना संकट ने भारत के सामने अपनी अर्थव्यवस्था के व्यापक विकास और अंतरराष्ट्रीय विस्तार का ऐतिहासिक अवसर उपलब्ध कराया है। अमेरिका से लेकर यूरोपीय और अफ्रीकी देशों में भारत की विश्वसनीयता बढ़ी है। यह बढ़ी हुई विश्वसनीयता कोरोना संकट से निपटने में भारत द्वारा प्रदर्शित अभूतपूर्व क्षमता और अंतरराष्ट्रीय सहयोग और समन्वय के लिए की गई उसकी पहल की परिणति है। इस समय भारत को भौतिक विकास की जगह वैकल्पिक सभ्यता के विकास को प्राथमिकता देने की आवश्यकता है। भारतीय संस्कृति भौतिकतावादी कभी नहीं रही। वास्तव में वह मानव मूल्यवादी आध्यात्मिक संस्कृति है। भारत को फिर से अपनी जड़ों की ओर लौटते हुए विकास का एक वैकल्पिक मॉडल विश्व के सामने रखना चाहिए।

इस वैकल्पिक मॉडल में 'ग्लोबलाइजेशन' के बरक्स 'लोकलाइजेशन' पर ध्यान केंद्रित करना चाहिए। वर्तमान केंद्र सरकार ने यह अवसर भी हमें 'ग्लोबल' से 'लोकल' का मंत्र देकर उपलब्ध कराया है। आवश्यकता है इस संकल्पना को सिद्धि तक ले जाने की, अगर हम इस संकल्पना पर आगे बढ़ पाए तो आने वाले 25 वर्ष ग्रामीण भारत के लिए कायाकल्प के जैसे होंगे।

विकसित भारत के निर्माण के लिए गाँव में सामाजिक परिवर्तन के साथ शिक्षा एवं चिकित्सा की मुकम्मल व्यवस्था करनी होगी। शिक्षा के लिए गाँवों में विद्यालयों, महाविद्यालयों का जाल बिछाना होगा। कम-से-कम हर गाँव में एक प्राथमिक, माध्यमिक और उच्च विद्यालय होना चाहिए। पाँच गाँवों के ऊपर एक महाविद्यालय और सौ गाँवों के ऊपर एक विश्वविद्यालय की स्थापना जब होगी तो ग्रामीण भारत शिक्षा के क्षेत्र में सिरमौर बन जाएगा। विद्यालयों को संचालित करने, व्यवस्था निर्माण करने का अधिकार गाँव के पास होना चाहिए। महाविद्यालय का संचालन पाँच गाँवों की एक संयुक्त समिति के द्वारा और विश्वविद्यालय का संचालन जिला स्तर पर समिति का निर्माण कर किया जाना चाहिए। विद्यालयों, महाविद्यालयों और विश्वविद्यालयों में पाठ्यक्रमों का निर्धारण स्थानीय आवश्यकता के अनुसार, स्थानीय लोगों की सहभागिता से तैयार होना चाहिए। इन केंद्रों में बालिका/बालक/किशोर/किशोरी/युवा/युवती/प्रौढ़ स्तर के व्यक्तियों के लिए सामान्य शिक्षा, मानवीय शिक्षा, कृषि आधारित शिक्षा, कौशल विकास आधारित शिक्षा की व्यवस्था होनी चाहिए। इन संस्थानों के संचालन के लिए कृषि, सिंचाई, उद्योग, पशुपालन, ग्रामीण विकास और शिक्षा विभाग को आपस में समन्वयन करना चाहिए। हमें इन संस्थानों में श्रम की प्रतिष्ठा, वैज्ञानिकता और रोजगार से शिक्षा की तरफ जाने के संकल्प पर आधारित योजना को मूर्त रूप देना होगा। हमें ऐसी व्यवस्था करनी होगी कि जहाँ काम चल रहा है, वहीं पढ़ाई की सुविधा उपलब्ध हो। हमें ऐसी व्यवस्था करने होगी, जहाँ विद्यार्थियों के घरेलू कार्य भी प्रभावित न हों और वे शिक्षण-प्रशिक्षण से वंचित भी न हों। मेरा मानना है कि ऐसा प्रयोग हाशिए पर खड़े व्यक्ति में शिक्षा के माध्यम से क्रांतिकारी बदलाव ला सकता है। इसके लिए ग्रामीण क्षेत्रों में उच्च शिक्षा के अच्छे एवं मानक महाविद्यालय, कौशल विकास केंद्र खोलने होंगे। गाँवों को सड़कें, बिजली, शुद्ध पेयजल सहित अन्य बुनियादी सुविधाओं से लैस किया जाना चाहिए। आज गाँव नशे में डूब रहा है। इससे बचने के लिए अभियान चलाने की आवश्यकता है।

चिकित्सा के क्षेत्र में स्वास्थ्य का तात्पर्य रोगों से मुक्ति मात्र नहीं, निरोगी

काया की रचना करना है। भारत जैसे गाँव बहुल देश में प्रारंभिक चिकित्सा के साथ वैकल्पिक चिकित्सा का ज्ञान स्वस्थ भारत की पृष्ठभूमि निर्मित कर सकता है। प्राथमिक स्वास्थ्य और देखभाल की शिक्षा विद्यार्थियों को माध्यमिक विद्यालयों से देना शुरू कर देना चाहिए। इसके लिए पंचायत स्तर पर प्रायोगिक केंद्र, प्रखंड स्तर पर एडवांस केंद्र और जिला स्तर पर क्रिटिकल केंद्र की व्यवस्था करने की आवश्यकता होगी। इन केंद्रों का संचालन भी जन-भागीदारी से किया जाना सुनिश्चित करना होगा। ऐसी व्यवस्था होनी चाहिए कि गाँव का विद्यार्थी अपनी पंचायत में प्राथमिक चिकित्सा के कौशल को जान ले। एडवांस की पढ़ाई करने के लिए ही उसे पंचायत से बाहर और क्रिटिकल स्तर की चिकित्सा की पढ़ाई के लिए ही जिला स्तर पर या वहाँ से बाहर जाना पड़े, अगर ऐसी व्यवस्था हो जाती है तो नीम-हकीम से ग्रामीणों को छुटकारा मिल जाएगा, जो आज गाँव की बड़ी समस्या है। इससे आजीविका की तलाश में गाँवों से शहरों के लिए पलायन कर रहे ग्रामीणों का प्रतिस्थापन रुकेगा। स्थानीय स्तर पर एक सक्षम स्वशासन, ग्राम राज्य के माध्यम से रामराज्य प्राप्त करने का साधन बन सकेगा।

गाँव स्तर पर विवाद समाधान के लिए एक व्यवस्थित प्रणाली बनाने की आवश्यकता है। स्थानीय न्याय व्यवस्था की खूबी यह है कि लोग जानते हैं कि वास्तव में समस्या क्या है और झगड़े में दो या अधिक पक्ष हैं, उनमें किस-किसकी कितनी गलती है। स्थानीय लोग एक या दो बैठकों में झगड़े का समाधान करा देते हैं। इसलिए गाँवों में न्याय पंचायत या ग्राम न्यायालयों की स्थापना करने से त्वरित न्याय का अवसर नागरिकों के लिए उपलब्ध होगा। इसका काम प्राकृतिक न्याय के व्यापक सिद्धांत पर आधारित रहते हुए बहुत सरल बनाया जा सकता है। इनको दीवानी के अलावा कुछ छोटे आपराधिक क्षेत्राधिकार भी दिए जा सकते हैं। सिविल प्रक्रिया संहिता या दंड प्रक्रिया संहिता का पूर्णतः पालन करने की छूट दी जा सकती है। गाँव में धार्मिक न्याय की अवधारणा 'प्रमाण' आधारित न्याय व्यवस्था के पहले प्रचलित है। हमारे न्यायालय मंदिर होते रहे हैं। आज भी गाँव में ऐसा माना जाता है कि मंदिर में व्यक्ति झूठ नहीं बोलता। प्राचीनकाल से ही 'पाप' के विरुद्ध 'पुण्य' की अवधारणा पर न्याय का प्रचलन रहा है। इस तरह देखें तो गाँव आधारित स्थानीय न्याय पर व्यवस्था अतीत से चलन में है। आवश्यकता है इसे व्यवस्थित एवं सशक्त बनाने की। आनेवाले दिनों में हम स्थानीय न्याय व्यवस्था में सुधार कर 'शक्तिमान' बन सकते हैं।

देश में पंचायती राज व्यवस्था को स्थायी रूप एवं स्वरूप देने के लिए

73वाँ संविधान संशोधन अमल में लाया गया, लेकिन वह मूर्त रूप नहीं ले सकता। बिहार में ग्राम कचहरी व्यवस्था है। यहाँ सरपंच के साथ न्यायमित्र भी होते हैं। न्यायमित्र कानून की पढ़ाई करनेवाले बनते हैं। पूरे देश में अकेला बिहार ही ऐसा राज्य है, जहाँ पर ग्राम कचहरी के चुनाव ग्राम पंचायत के साथ कराए जाते हैं। बिहार में ग्राम पंचायतों के बराबर ग्राम कचहरियों का सामाजिक दायरा बढ़ा है। गाँव में अधिकतर विवाद, झगड़े-फसाद जमीन पर कब्जे, गंदे पानी की निकासी एवं मारपीट के साथ वर्चस्व और स्वाभिमान-अभिमान से सबंधित होते हैं। इसे दूर करने के लिए ग्राम पंचायतों में स्थानीय न्याय समिति को महत्त्व देना जरूरी है। इससे उनकी कार्य-कुशलता बढ़ेगी, अगर गाँव स्तर पर न्यायालय की स्थापना होती है तो न केवल गाँव के लोगों को त्वरित न्याय मिलेगा, बल्कि वरीय न्यायालयों से मुकदमों का बोझ भी कम होगा। ग्राम सभा के सदस्यों के साथ मिलकर पंचायत में विभिन्न समितियों यथा शिक्षा, स्वच्छता, स्वास्थ्य, स्वावलंबन, कृषि एवं अन्य आवश्यकतानुसार गठन कर पंचायत के लोगों को शामिल करना होगा। इससे इन निकायों की कार्यप्रणाली में पारदर्शिता आएगी। हर स्तर के पंचायतकर्मियों को विभिन्न विषयों पर प्रशिक्षित किया जाना जरूरी है। इससे उन्हें वित्तीय, प्रशासनिक और राजनीतिक प्रक्रियाओं को समझने में आसानी होगी तथा पंचायती राज संस्थाओं को और भी प्रभावी बनाया जा सकेगा। देश भर से अच्छी प्रक्रियाओं और उदाहरणों को संकलित कर स्थानीय भाषा में पंचायती राजकर्मियों को उपलब्ध कराने से उन्हें मदद मिलेगी।

पंचायती राज संस्थाओं का विकास प्रक्रिया में सक्रिय योगदान सुनिश्चित करने के लिए 73वें संविधान संशोधन के सभी प्रावधानों को अक्षरशः लागू करना जरूरी है। कुछ राज्यों ने स्थानीय निकायों को अधिकार दिए हैं, पर अन्य राज्यों में इस प्रक्रिया को पूरा किया जाना अभी शेष है। अन्यथा इस महत्त्वपूर्ण कानून का उद्देश्य ही पूरा नहीं होगा। ओडिशा के मुख्यमंत्री नवीन पटनायक ने इसे लागू कर दिखाया है। उन्होंने कोविड-19 संक्रमण के विरुद्ध अभियान में गाँव के सरपंच की केंद्रीय भूमिका को पहचाना और उन्हें अपने-अपने क्षेत्र में जिलाधिकारी के अधिकार प्रदान किए, जिससे कोविड के विरुद्ध युद्ध में ससमय जीतने में सक्षम हुए। ऐसे प्रयोग एवं अवसर उपलब्ध कराने की आवश्यकता है, जब भी गाँव पर भरोसा किया गया है, उसने अपने आप को साबित किया है। यह स्मरण रहना चाहिए कि प्राचीनकाल से ही स्थानीय स्वशासी निकाय भारतीय समाज का अभिन्न हिस्सा रहे हैं। महाभारत, कौटिल्य-अर्थशास्त्र, जातक कथाओं से ज्ञात होता है कि ग्राम सभाओं को अनेक

अधिकार प्राप्त थे और वे ग्रामीण जीवन में महत्त्वपूर्ण भूमिका निभाती थीं। वे भारत की सामाजिक-आर्थिक संरचना का महत्त्वपूर्ण स्तंभ थीं, अगर प्रयास किया जाए तो अगले 25 वर्षों में यह भारत की भूमि पर पुनः संभव होगा।

स्वाधीनता के 75वें वर्ष में पंचायतों के अधिकारों तथा कर्तव्यों को और स्पष्टता से परिभाषित करने की आवश्यकता है। उदाहरण के तौर पर 11वीं अनुसूची के अनुसार कृषि को पंचायतों को दिए गए 29 विषयों में सम्मिलित किया गया है। कृषि अपने आप में एक व्यापक विषय है। यदि हम 'अमृत वर्ष' के अवसर पर यह स्पष्ट कर सकें कि कृषि के कौन से आयाम या पक्ष पंचायतों का दायित्व हैं, तो 'शताब्दी वर्ष' में कृषि क्षेत्र में बदलाव के परिणाम देखने को मिलने लगेंगे।

भारत में ग्राम आधारित कुटीर उद्योगों को पुनर्जीवित करके और छोटे एवं मझोले उद्योग-धंधों को मजबूती प्रदान करके ही समस्याओं का समाधान किया जा सकता है। उद्योग जगत् और सेवा-क्षेत्र के व्यापक विस्तार के बावजूद भारतीय अर्थव्यवस्था अपनी प्रकृति में मूलतः कृषि आधारित है। खेतीबाड़ी और उससे संबंधित कामों पर देश की दो-तिहाई जनसंख्या की निर्भरता है। इसके बावजूद भारत में किसान, किसानी और गाँव उपेक्षित हैं। किसानी के क्रमशः लाभरहित उद्यम बनते चले जाने की मजबूरी में मजदूरी और छोटे-मोटे काम की तलाश में शहरों की ओर पलायन करनेवाले ग्रामीणों की संख्या बढ़ती जा रही है। इसे रोकने के लिए व्यापक निर्णय लेने होंगे और गाँवों को रहने लायक बनाने की दूरगामी रणनीति बनानी होगी। गांधीजी द्वारा प्रतिपादित ग्राम स्वराज के आधारभूत तत्त्व—समानता, स्वावलंबन, स्वदेशी, विकेंद्रीकरण और सर्वधर्म समभाव आदि हैं। गांधीजी ने भारत के ग्रामों के स्वनिर्भर होने की कल्पना की थी। अच्छा होता अगर हमारे गाँव आत्मनिर्भरता के साथ विकास की सीढ़ियाँ चढ़ते रहते। बदलते सामाजिक, लोकतांत्रिक व प्रशासनिक समीकरणों में हमने अपने गाँवों के अंतर्निहित विरोधाभासों के समाधान के रास्ते नहीं खोजे। स्वतंत्रता के तुरंत बाद का समय ग्रामीण सशक्तीकरण का सही समय था। दीनता के शिकार हमारे गाँव अपनी शक्ति का अहसास नहीं कर सके। आज गाँवों को आत्मनिर्भरता की शिक्षा जरूरी है। वे अपने निर्णय ले सकें, विवादों का समाधान कर सकें। गलत को गलत कह सकें। उनमें अपने संसाधनों की समझ हो, उद्यमिता की पहल विकसित हो, अब तक हमने उन्हें सरकार के आसरे रहना सिखाया है। अब आवश्यकता है कि प्रत्येक गाँव को किसी-न-किसी कौशल या विशेषज्ञता के लिए जाना जाए। यह हम आनेवाले 25 वर्षों में कर सकते हैं।

ऐसे समय में 'स्मार्ट गाँव' बनाने से ज्यादा जरूरी काम गाँवों को आत्मनिर्भर बनाना है। ग्रामीण अर्थव्यवस्था की मजबूती और विकास ही भारत का भविष्य है। इस दिशा में ठोस कदम उठाकर ही 'अंत्योदय' के साथ-साथ समावेशी और सतत विकास सुनिश्चित किया जा सकता है। रोजी-रोटी की तलाश में ग्रामीणों का शहरों की ओर पलायन रोका जा सकता है। इससे शहरी जीवन की स्लम, प्रदूषण, अपराध, ट्रैफिक जाम जैसी तमाम व्याधियों का उपचार भी संभव है। भारत जैसे देश में गाँव की आत्मनिर्भरता ही मानवीय गरिमा की गारंटी है। भारत में एक ओर संपन्नता के ऊँचे टीले हैं तो दूसरी ओर अभाव के अतल गड्ढे हैं। भारतीय समाज व्यवस्था की इस ऊबड़-खाबड़ और ऊसर होती भूमि पर पाटा चलाकर समतल और उर्वर बनाने की आवश्यकता है। संयोगवश स्वाधीनता के 75 वर्ष ने वह अवसर उपलब्ध कराया है कि हम न केवल स्वाधीनता के शताब्दी वर्ष पर असाध्य विषमता को मिटाने के लिए प्रयत्नशील हों, बल्कि नई समाज-व्यवस्था के लिए भी कृत-संकल्प हों।

स्वतंत्रता के बाद से जैसे-जैसे समय बढ़ा, कृषि और ग्रामीण भारत उपेक्षित होता चला गया। सरकारों का पूरा ध्यान शहरों के विकास व औद्योगीकरण पर रहा। इन कारणों से रोजगार के लिए गाँवों से शहरों की तरफ पलायन बढ़ता गया, लेकिन जब मैन्युफैक्चरिंग और सर्विस सेक्टर के व्यापक विस्तार के बावजूद बड़ी आबादी बेरोजगार ही रही तब सरकार को ग्रामीण भारत के विकास पर फोकस करना पड़ा। अन्य क्षेत्रों के व्यापक विस्तार के बावजूद भारत की अर्थव्यवस्था मूलतः कृषि आधारित ही है। खेतीबाड़ी और उससे संबंधित कार्यों पर देश की 55 प्रतिशत से अधिक आबादी निर्भर है। ऐसे में आर्थिक क्षेत्र में भारत को एक देसी और स्थानीय मॉडल अपनाने की आवश्यकता है। विगत दिनों पंचायती राज दिवस के अवसर पर अपने एक महत्त्वपूर्ण संबोधन में प्रधानमंत्री नरेंद्र मोदी ने ग्राम स्वराज की स्थापना पर बल दिया था। उन्होंने 'मेक इन इंडिया' को भारतीय अर्थव्यवस्था का आधार बनाने का संकल्प भी व्यक्त किया है। इस ध्येय वाक्य को और सटीक और सार्थक बनाने के लिए 'मेक इन रूरल इंडिया' करने की आवश्यकता है। गाँवों को आत्मनिर्भर बनाकर ही भारत को आत्मनिर्भर बनाने की शुरुआत हो सकती है।

गाँव से आत्मनिर्भरता, सामुदायिकता और मानवीय मूल्यों का लोप हो गया है। ग्रामीण जीवन के इन आधार मूल्यों का अपहरण आधुनिक औद्योगिक सभ्यता ने किया है। आज गाँव द्वेष और क्लेश के अखाड़े बन गए हैं। वे विकृति, विद्रूप और व्यक्तिवाद के नवोदित महाद्वीप हैं। नशाखोरी और एकाकीपन वहाँ की नई

जीवनचर्या है। देश की स्वाधीनता का शताब्दी वर्ष ग्राम्य-संस्कृति की पहचान रहे प्राचीनतम मूल्यों की घरवापसी का स्वर्णिम अवसर है। संतुलित और सतत विकास, सीमित उत्पादन और संयमित उपभोग ही भविष्य का रास्ता है। भारत को विकास को परिभाषित करते समय पश्चिमी देशों का मुँह ताकना बंद करना होगा। भारत में ग्राम आधारित कुटीर उद्योगों को पुनर्जीवित करके और छोटे एवं मझोले उद्योग-धंधों को मजबूती प्रदान करके ही भुखमरी, बेरोजगारी तथा अपराध जैसी समस्याओं का समाधान किया जा सकता है। इन उद्योगों की मजबूती ही खुशहाली का प्रवेशद्वार है। इसी से अंत्योदय भी संभव होगा। हाशिए पर खड़े अंतिम जन की चिंता करके ही आधुनिक राज्य अपनी सार्थकता सिद्ध कर सकता है।

आत्मनिर्भर भारत का अभियान भारत की वैचारिक परंपरा का हिस्सा रहा है। बदलते परिदृश्य में जिस तरह से सरकार का फोकस ग्रामीण भारत के विकास पर है, उस आधार पर हम कह सकते हैं कि आत्मनिर्भर गाँव की मजबूती व विकास ही भारत का भविष्य है। स्वतंत्रता आंदोलन के समय से ही इसकी चर्चा होती रही है। महात्मा गांधी के ग्राम स्वरोजगार की अवधारणा इस विचार से मेल खाती है। ऐतिहासिक परिप्रेक्ष्य की बात करें तो यूरोपीय उपनिवेशवाद के पहले तक भारतीय गाँव आत्मनिर्भर ही होते थे, जहाँ की आवश्यकताएँ व उत्पादन बाजार समेकित थे। शहर केंद्रित विकास की नई परिभाषा ने गाँवों की आत्मनिर्भरता को छिन्न-भिन्न कर दिया और वे महज बाजार बनकर रह गए। आज भी लगभग 55 प्रतिशत आबादी कृषि एवं प्राथमिक क्षेत्र के कार्यों पर निर्भर है, जबकि जी.डी.पी. में इसका योगदान महज 13 प्रतिशत ही है। गाँवों को आत्मनिर्भर बनाने के लिए संरचनात्मक व्यवस्था का विकास बेहद आवश्यक है। इसके अलावा संवैधानिक प्रावधानों को और भी मजबूत किया जाए।

इतिहास में ऐसे अनेक मौके आए, जब केंद्र में राजनीतिक उथल-पुथल के बावजूद सत्ता परिवर्तनों से निष्प्रभावित रहकर भी ग्रामीण स्तर पर ये स्वायत्तशासी इकाइयाँ, पंचायतें आदिकाल से निरंतर किसी-न-किसी रूप में कार्यरत रही हैं। इसी तरह मौर्यकाल, गुप्तकाल, सल्तनतकाल, मध्यकाल तथा ब्रिटिशकाल तक गाँव के शासन में केंद्र का हस्तक्षेप कम-से-कम था। यह फिर से संभव हो सकता है। इसके लिए गाँव के संसाधनों पर पहला अधिकार गाँवों का ही होना चाहिए। ग्राम पंचायतों को और अधिकार दिए जाएँ, विशेषकर वित्तीय मामलों में, जिससे नीतियों का क्रियान्वयन सही से हो। ग्रामीण स्तर पर निर्वाचित प्रतिनिधि परिणाम देने में सक्षम नहीं हैं, क्योंकि उनके पास वित्तीय स्वायत्तता की कमी है। पंचायतों को

उनके विवेक पर उपयोग के लिए धन देना होगा। वर्तमान में पंचायत धन के लिए नौकरशाही की मंजूरी पर निर्भर हैं। नौकरशाही भी शहर केंद्रित है। नौकरशाही में हमारे नीति निर्माताओं और अधिकारियों के वे लोग शामिल होते हैं, जिनको आदत होती है चोटी पर से नीचे समस्या को देखने की, जबकि ग्रामीण विकास के लिए जरूरत होती है समस्या को नीचे से ऊपर देखने की। इसलिए नौकरशाही शहर की ओर से गाँव को देखता है। गाँव के विकास को पहली पंक्ति का कार्य नहीं मानता। इसलिए भारत में नौकरशाही के बदले 'लोकसेवकों' का एक ग्रामीण कैडर बनाने की आवश्यकता है। उनका प्रशिक्षण मॉड्यूल भी ग्रामीण आवश्यकताओं को ध्यान में रखकर तैयार किया जाए। गाँव केंद्रित इन 'लोकसेवकों' को भारतीय अवधारणा पर कार्य करने के अनुरूप अवसर उत्पादित करने और संधान करने का वातावरण उपलब्ध कराया जाए। उसका कार्य गाँव के अंतिम व्यक्ति की समस्याओं, आवश्यकताओं का संधान करते हुए समाधान की ओर जाना होगा। उसका कार्यक्षेत्र समाज का यही 'निचला तबका' होगा, जहाँ 'बड़का लोग' कार्य करने से मना करते हैं या टालते हैं।

आज जब देश में स्वाधीनता का अमृत महोत्सव मनाया जा रहा है, तब यह देखना जरूरी है कि स्थानीय स्तर तक सक्षम स्वशासी संस्थाएँ स्थापित करने का उद्देश्य कहाँ तक पूरा हुआ है? क्या स्थानीय पंचायती राज संस्थाओं को वित्तीय, कार्मिक और कार्यक्षेत्र संबंधी पर्याप्त स्वायत्तता प्रदान की गई है? निस्संदेह, देश की लगभग 2.5 लाख पंचायतें, जो स्थानीय स्तर पर हमारे विकेंद्रीकृत प्रशासनिक ढाँचे की नींव हैं, देश में लोकतंत्र की जड़ों को मजबूत करने में बड़ी भूमिका निभा रही हैं, हालाँकि हमारा अनुभव बताता है कि राष्ट्रपिता महात्मा गांधी ने जिस स्वायत्त ग्राम-स्वराज का स्वप्न देखा था, उस स्तर तक पहुँचने के लिए अभी बहुत कुछ किया जाना शेष है। इसे मूर्त रूप देने का सुअवसर हमारे सामने आया है।

आज भारत की आर्थिक व्यवस्था कृषि एवं ग्रामीण विकास पर आधारित है। भारत की लगभग 70 प्रतिशत आबादी भारत के लगभग 7 लाख ग्रामों में रहती है, जो कृषि तथा कृषि पर आधारित उद्योगों पर आश्रित है। शेष 30 प्रतिशत लोग शहरों में निवास करते है। भौगोलिक क्षेत्रफल में लगभग 90 प्रतिशत भूमि का उपयोग किया जाता है। वन 6.57 करोड़ हेक्टेयर में फैले हैं तथा बोई गई भूमि का क्षेत्रफल 13.94 करोड़ हेक्टेयर है और फसलें 16.40 करोड़ हेक्टेयर में उगाई जाती हैं, किंतु सिंचित क्षेत्रफल केवल 23 प्रतिशत (फसली क्षेत्र का) है। आज भी संपूर्ण देश में 7.05 करोड़ कृषि जोते हैं और औसत जोत का क्षेत्रफल 2.06 प्रति हेक्टेयर

आता है। खाद्यान्न फसलों का उत्पादन 80 प्रतिशत तथा अन्य फसलें 20 प्रतिशत उत्पादित की जाती हैं। राष्ट्रीय आय में कृषि उत्पादन से होनेवाली आय लगभग 48 प्रतिशत है। परंपरागत रूप से चली आ रही भारत कि भौगोलिक, सामाजिक व्यवस्था में यह बात निर्विवाद हो चली है कि आरंभ से ही यह एक कृषि प्रधान देश है और भविष्य में भी यह आधार बना रहेगा।

गाँवों का देश भारत सहकारिता के लिए व्यापक कार्यक्षेत्र है। जहाँ सहकारिता अपने सभी उद्देश्यों को ग्रामीण विकास प्रक्रिया में सहज ही प्राप्त कर सकती है। यातायात एवं संचार की सुविधाओं ने देश में शहरीकरण को बहुत अधिक प्रोत्साहित किया है। हर व्यक्ति किसी-न-किसी बड़े शहर में रहना चाहता है, भले ही वहाँ का जीवन कष्टपूर्ण हो, अतः हमें विकास की दिशा को पूर्णतः ग्रामीण क्षेत्रों की ओर मोड़ना होगा। इसके लिए देश में उपलब्ध संसाधनों का विकेंद्रीकरण करने के साथ शहरों के दमघोटू वातावरण से दूर ग्रामीण क्षेत्रों में प्रसारित करना होगा। संसाधनों में ग्रामीणों की हिस्सेदारी तय करने से ही विकसित ग्रामीण भारत का सपना साकार हो सकता है।

भारत को वैश्विक महाशक्ति बनाने के लिए ग्रामीण क्षेत्र को विकसित करना अनिवार्य ही नहीं, वरन् एकमात्र श्रेष्ठतम विकल्प है। ग्राम विकास ही राष्ट्र विकास के कार्यक्रम का आधार है। महात्मा गांधी की बातें आज भी मौजूँ हैं। वे कहते थे कि 'आदर्श ग्राम पूर्णतया स्वावलंबी होना चाहिए, घरों में पर्याप्त प्रकाश एवं हवा की व्यवस्था होनी चाहिए, वे सभी स्थानीय साधन सामग्री से संपन्न होने चाहिए। उनमें पानी की उचित व्यवस्था के साथ-साथ आपसी भेदभाव मिटाने के लिए सार्वजनिक मिलन-स्थल भी होने चाहिए। सार्वजनिक चरागाह, दुग्धशाला, शिक्षा संस्थाएँ, जिनमें औद्योगिक शिक्षा उपलब्ध हो तथा अपनी पंचायत प्रत्येक गाँव में होनी चाहिए, रक्षा के लिए ग्रामरक्षक भी होना चाहिए।' आज आवश्यकता इस बात कि है की सच्चे दिल से जन-कल्याण एवं राष्ट्र-कल्याण की भावना को ध्यान में रखकर इस बात पर विचार किया जाए कि देश में इतनी बड़ी मशीनरी एवं करोड़ों रुपए के प्रावधान के बावजूद भी ग्रामीणों के उत्थान के लिए लाभप्रद क्यों नहीं हो सका? अगर हम इन कारणों पर विस्तार से विचार कर सके तो मशीनरी का सदुपयोग कर संकल्पित ग्रामीण भारत का लक्ष्य प्राप्त किया जा सकता है।

आज की रफ्तार भरी जिंदगी में इंसान मशीनों की तरह कठपुतली बनकर रह गया है, इसलिए जीवन में सुकून का महत्त्व बढ़ गया है। लोग इस शोर से थोड़ा दूर आना चाहते हैं। ग्रामीण पर्यटन इसके लिए उपयुक्त जगह है। भारत की समृद्ध

सांस्कृतिक, ऐतिहासिक, धार्मिक और प्राकृतिक धरोहरें पर्यटन, रोजगार सृजन और विकास के व्यापक अवसर प्रदान करती हैं। कोई भी ऐसा पर्यटन, जो ग्रामीण जीवन, कला, संस्कृति और ग्रामीण स्थलों की धरोहर को दरशाता हो, जिससे स्थानीय समुदाय को आर्थिक और सामाजिक लाभ पहुँचता हो, साथ ही पर्यटकों और स्थानीय लोगों के बीच संवाद से पर्यटन अनुभव के अधिक समृद्ध बनने की संभावना हो तो उसे 'ग्रामीण पर्यटन' कहा जा सकता है। ग्रामीण पर्यटन एक ऐसी गतिविधि है, जो देश के देहाती इलाकों में संचालित होती है। यह बहुआयामी है, जिसमें कृषि, पर्यटन, सांस्कृतिक पर्यटन, प्राकृतिक पर्यटन, साहसिक पर्यटन और पर्यावरण पर्यटन शामिल हैं। परंपरागत पर्यटन के विपरीत ग्रामीण पर्यटन की कुछ खास विशेषताएँ हैं, जैसे यह अनुभवान्मुखी होता है, इसके पर्यटक स्थलों पर आबादी बिखरी हुई होती है, इसमें प्राकृतिक जीवन-शैली व प्राकृतिक वातावरण की प्रमुखता होती है। ग्रामीण भारत में पर्यटकों की बढ़ती संख्या के साथ लोगों के बीच व्यापार का स्तर बढ़ने से उनकी आय का स्तर भी बढ़ेगा। इससे युवाओं के लिए रोजगार के अवसर पैदा होंगे। पर्यटन के माध्यम से पर्यटकों को स्थानीय लोगों से तैयार उत्पाद सीधे खरीदने का लाभ प्राप्त होता है। इसका समूची अर्थव्यवस्था पर सकारात्मक प्रभाव पड़ता है। पर्यटकों के साथ विचारों के आदान-प्रदान से ग्रामीण लोगों में नए विचार सृजित होंगे। इससे शिक्षा, स्वास्थ्य देखभाल, आधुनिक उपकरणों आदि के प्रति लोगों की रुचि बढ़ेगी। इससे साक्षरता का सर्वत्र प्रसार करने में भी मदद मिलेगी। अधिकाधिक पर्यटकों द्वारा गाँवों की यात्रा करने से सड़कों के माध्यम से संपर्क में सुधार आएगा और सार्वजनिक परिवहन में बढ़ोतरी होगी।

अभयारण्यों और सुरक्षित उद्यानों के निकट रहनेवाले ग्रामीण अपने शहरी सहभागियों को प्रकृति के संरक्षण की शिक्षा दे सकते हैं। सदियों से प्रकृति की शरण में रहने के कारण उन्हें प्रकृति के संरक्षण के तौर-तरीकों की जानकारी निश्चित रूप से अधिक होती है। गाँव में बहुत सारे स्थान ऐसे हैं, जो बहुत सुंदर होते हैं, परंतु प्रशासन की अनदेखी की वजह से विकसित नहीं हो पाते हैं। विदेशी पर्यटक स्थानीय धार्मिक स्थलों और परंपरागत अनुष्ठानों में बहुत रुचि रखते हैं। ग्रामीण पर्यटन कृषि, खेती, स्थानीय शासन आदि के बारे में जानकारी हासिल करने में मदद करता है। ग्रामीण पर्यटन ग्रामीण जीवन-शैली के बारे में ऐसे भ्रम दूर करने में सहायक है, जो सामान्यत: शहरी लोगों को होते हैं, जैसे ग्रामीण लोगों का अस्वस्थ वातावरण में रहना या ग्रामीण जीवन असुरक्षित होना आदि। ग्रामीण पर्यटन को बढ़ावा देने से जहाँ एक ओर विश्व की विभिन्न संस्कृतियों के समागम

का अवसर उपलब्ध होगा, वहीं दूसरी ओर ग्रामीणों के अंतर्मन में अपनी संस्कृति, आचार-विचार और राष्ट्रीय संसाधनों के प्रति जागरूकता बढ़ेगी। साथ ही 'जननी जन्म भूमिश्च स्वर्गादपि गरीयसी' की भावना बढ़ेगी, जिससे ग्रामीण विस्थापन व ग्रामीण प्रवास रोकने में मदद मिलेगी। ग्रामीण पर्यटन से प्रति व्यक्ति आय बढ़ने के साथ-साथ विभिन्न प्रकार की बेरोजगारी को भी रोकने में मदद मिलेगी।

अंत में इस संदर्भ में एक उदाहरण देखें कि बिहार के मधुबनी जिले में एक गाँव है सरिसब पाही। इस गाँव में न्याय और मीमांसा दर्शन के बड़े-बड़े विद्वान् हुआ करते थे। उनमें से प्रसिद्ध कहानी है चौदहवीं-पंद्रहवीं शताब्दी के विद्वान् अयाचि मिश्र की। लोग उन्हें अयाचि कहते थे, क्योंकि गरीब होने के बावजूद उनका प्रण था कि किसी से याचना नहीं करेंगे। स्वयं तो उद्भट विद्वान् थे ही, उनका पुत्र भी बाल्यावस्था में ही काफी ज्ञानवान था। एक बार राजा ने खुश होकर अपना मूल्यवान हार उस बालक को उपहार में दे दिया। बालक ने माँ को दिया। माँ ने उसे उस दलित महिला को दिया, जिसने उसके जन्म के समय प्रसव में सहायता की थी और परंपरा के अनुसार बालक की पहली कमाई पर उसका अधिकार था। हार लेकर वह महिला दुविधा में पड़ गई और लौटाना चाहा, लेकिन यह संभव नहीं था, अंत में उस महिला ने हार को बेचकर गाँव के लिए एक विशाल पोखर का निर्माण करवाया। आज भी यह पोखर गाँव में है। इतना ही नहीं, उस गाँव में कोई भी शुभ कार्य बिना इस दलित महिला के द्वारा निर्मित पोखर के पानी से संपन्न नहीं होता है। ग्रामीण संस्कृति की यही नैतिक परंपरा इसे शहरी सभ्यता से अलग करती है, लेकिन क्या कभी ऐसा भी हो सकेगा कि इन ग्रामीण इलाकों में ऐसे कई केंद्र बन जाएँ, जहाँ लोग ज्ञान अर्जन के लिए वापस आने लगें? मैं यह कतई नहीं कहना चाहता हूँ कि आज के युग में शहरी सभ्यता से बचा जा सकता है, लेकिन क्या भारत की खासियत रही ग्रामीण सभ्यता को भी उसके साथ ही जीवित किया जा सकता है? क्या ज्ञान की उस नैतिक परंपरा को पुनः जीवित किया जा सकता है, जिसमें ज्ञान का उद्देश्य बाजार में बिकना नहीं, बल्कि लोक कल्याण हो? मुझे अब 'चलो चलें गाँव की ओर' के नारे का मतलब कुछ-कुछ समझ में आने लगा है।

जब एक तरफ मैं गाँव से पलायन रोकने की कोशिश, संसाधन, सुविधा, उपयोगिता के लिए सपना देख रहा हूँ तो दूसरी तरफ यूट्यूब पर लाइव एक कार्यक्रम में नीदरलैंड के सरनामी भोजपुरी और डच भाषा के गायक राजमोहन अपना गीत गिटार की हलकी धुन पर सुना रहे हैं—दुई मुट्ठी एक दिन की मजूरी,

कइसे भला चले, हाथ गोड़ में जांगर बा, अउर पीठ भी जबर, हौसला भी सबमें डबल है, साथ में इरादा भी अटल है, अब दुःख रही न चिंता, जेब रही न खाली, घर आँगन आपन रही, रही जिंदगी मा खुशहाली, निकल रे सरनाम के ओरे···राजमोहन सूरीनाम में गिरमिटिया की पाँचवीं पीढ़ी के हैं, लेकिन उनके बाप-दादा की पीड़ा और हमारे गाँव की पीड़ा एक जैसी ही है। उनके गीतों में भी अतीत के छाँव के साथ भविष्य के बोल हैं तो मेरे आलेख में भी पूर्व के आधार पर भविष्य को सँजोने का सपना है। उनके गीतों के बोल और संगीत कानों में ध्वनित हो रहा है···और अब भी मेरे कानों में गूँज रहा है···।

□

वायु प्रदूषण मुक्त भारत : एक परिकल्पना

—डॉ. के.सी. अरोड़ा

प्रस्तावना

दैनंदिन जीवन में हम सभी सड़कों पर लगनेवाले गहन प्रतिरोध (जाम) और कार्बन डाइऑक्साइड सहित अन्य विषाक्त गैसों का उत्सर्जन करनेवाले वाहनों के धुएँ से फैलते प्रदूषण के कारण होनेवाली जनहानि से भलीभाँति परिचित हैं। इसका एकमात्र कारण है—इन वाहनों में प्रयोग होनेवाला ईंधन, अर्थात् पेट्रोल और डीजल के स्थान पर ऊर्जा का स्रोत यदि विद्युतधारा हो जाए तो इस समस्या से निजात पाई जा सकती है। वायु प्रदूषण कम हो जाएगा, वायु गुणवत्ता सूचकांक भी सामान्य हो जाएगा। पूरे विश्व में इस दिशा में प्रयास चल रहे हैं और प्रयास सफल भी हो रहे हैं। सभी देशों की सरकारें और सभी वाहन निर्माता कंपनियाँ इस ओर ध्यान दे रही हैं। प्रस्तुत लेख में अपने देश का दृश्य वर्ष 2047 में कैसा होगा, इसी की परिकल्पना की गई है।

निबंध

आज प्रत्येक भारतवासी, महानगर ही नहीं, अपितु किसी भी द्वितीय अथवा तृतीय श्रेणी के नगर का निवासी भी एक विचित्र-सी समस्या का सामना कर रहा है। प्रत्येक व्यक्ति ने कहीं-न-कहीं, कभी-न-कभी, किसी-न-किसी स्थान पर सड़क पर चल रहे वाहनों के बीच उत्पन्न हुए यातायात अवरोध को झेला ही है। उस व्यक्ति को तब यह स्थिति अत्यंत कष्टदायक महसूस होती है, जब वह किसी अपने का जीवन बचाने के लिए उसे एक एंबुलेंस में लिटाकर एक विशिष्ट अस्पताल के लिए लेकर जा रहा होता है। आप कल्पना कीजिए एक युवक की, जिसे नौकरी के लिए साक्षात्कार में उपस्थित होना होता है और वह सड़क पर लगे यातायात जाम में

फँसा है। आप सोचकर देखिए, एक विद्यार्थी के विषय को, जो अपने भावी जीवन के लिए सर्वाधिक महत्त्वपूर्ण प्रतियोगी परीक्षा इसलिए नहीं दे पाया, क्योंकि वह सड़क पर लगे जाम के कारण परीक्षा केंद्र पर समय पर उपस्थित ही नहीं हो पाया।

ऐसी अनेक घटनाएँ हमारे अपने ही परिवारजनों अथवा परिचितों के साथ हो चुकी होंगी, परंतु अंत में हम यही कहकर अपने मन को समझा लेते हैं कि शायद परमात्मा को यही मंजूर था।

ऐसा भी हमने देखा होगा अथवा सुना या पढ़ा होगा कि दोपहिया वाहन चालक जाम की अनदेखी कर लालबत्ती की अवहेलना कर तेज गति से आगे बाइक चलाकर भागते हैं, ऐसी अवस्था में वह शायद चालान से तो बच जाते हैं, परंतु कहीं-न-कहीं दुर्घटना में अपनी जान से हाथ धो बैठते हैं। पिछले वर्ष सड़क दुर्घटनाओं में मरनेवालों की संख्या लगभग 1,51,000 है।

यातायात अवरोध में फँसे होने पर भी अपनी गाड़ी के इंजन को बंद कर देना संभवतः हमारे स्वभाव में नहीं है। इंजन चलता रहता है और विषाक्त गैसों का उत्सर्जन भी होता रहता है। आप जरा कल्पना कीजिए कि सैकड़ों गाड़ियाँ जाम में फँसी हैं, परंतु उन सभी में से कार्बन डाइऑक्साइड, कार्बन मोनोक्साइड जैसी विषाक्त गैसें निकल रही हैं तो पर्यावरण प्रदूषण की स्थिति कितनी भयावह होगी। यही कारण है कि वायु की गुणवत्ता का मापदंड 60 से बढ़कर 300 तक पहुँच जाता है और वायु प्रदूषण से मरनेवालों की संख्या 1,96,000 हो जाती है, अर्थात् लगभग 3 लाख 47 हजार व्यक्ति प्रतिवर्ष सड़क यातायात के कुप्रबंधन अथवा अनियंत्रित संचालन तथा पेट्रोल और डीजल से निष्पादित गैसों के उत्सर्जन से स्वर्ग सिधार जाते हैं।

स्थिति को बदला कैसे जाए?

इस स्थिति को बदलने का एकमात्र उपाय है ऊर्जा का वह स्रोत, जिससे वाहनों के इंजन चलते हैं और वाहन को गति प्रदान करते हैं, वह स्रोत बदल दिया जाए। यह स्वाभाविक भी है और आवश्यक भी, जैसे उस समय को याद कीजिए, जब रेलगाड़ी भाप के इंजन से चला करती थी। ऊर्जा का स्रोत कोयला हुआ करता था। कोयले को जलाकर, पानी को भाप में बदला जाता था और वह भाप अपनी ऊर्जा से गाड़ी के पहियों को गति देती थी। रेलगाड़ी के ऐसे इंजन को 'स्टीम इंजन' कहा जाता था। आज भी ऐसा एक स्टीम इंजन भारतीय रेलवे के संग्रहालय में रखा हुआ है, जिसे विदेशी पर्यटक उत्सुकतावश देखने के लिए भारत आते हैं। समय बदला, ऊर्जा का स्रोत बदला। कोयले का स्थान डीजल ने ले लिया। स्टीम इंजन

डीजल इंजन में बदल गया, अब सभी रेलगाड़ियाँ डीजल से चलने लगीं। सड़क पर चलनेवाले सभी वाहन पेट्रोल और डीजल से ही चलते हैं, परंतु हलके वाहन—कारें, बाइक, स्कूटर आदि पेट्रोल से चलते हैं, अब कुछ हलके वाहन कार और बाइक भी डीजल से ही चलने लगे हैं।

जैसे-जैसे जनसंख्या बढ़ने लगी, वाहनों की संख्या भी बढ़ने लगी। विश्व व्यापार संगठन का घटक और व्यापार के वैश्वीकरण का संवाहक होने के कारण हमारे देश में भी अनेक वाहन निर्माता कंपनियों का वाहन निर्माण कार्य प्रारंभ हो गया। परिणामत: सड़क पर दौड़नेवाले वाहनों की संख्या में अप्रत्याशित बढ़ोतरी हुई और उसके साथ ही पर्यावरण प्रदूषण की समस्या भी गहराती चली गई। विचार होने लगा कि ऊर्जा का स्रोत बदला जाए, जिससे प्रदूषण कम किया जा सके तो फिर सी.एन.जी. और पी.एन.जी. पर ध्यान केंद्रित हुआ। सभी ऑटो, बसें, टैक्सी सी.एन. जी. से चलने लगीं। कारें भी सी.एन.जी. से चल रही हैं। कुछ समय पूर्व ही केंद्रीय परिवहन मंत्री श्री नितिन गडकरीजी ने अपने ट्रैक्टर को सी.एन.जी. चालित किया तो अब ट्रैक्टर भी सी.एन.जी. चालित होने लगे हैं।

पर्यावरण प्रदूषण की समस्या अभी भी चिढ़ा रही थी। देश के कई भागों में तो वायु गुणवत्ता सूचकांक, जिसका मूल्य 60 होना चाहिए, 400-450 तक पहुँच जाता है। कह दिया जाता है कि यह बस पराली जलाने के कारण होता है, परंतु वास्तविकता यह है कि इतना अधिक प्रदूषण केवल पराली जलाने से नहीं होता, सड़क पर दौड़नेवाले वाहनों का भी योगदान इसमें होता है, अत: एक बार फिर ऊर्जा का स्रोत बदलने की चर्चा शुरू हुई। रेलगाड़ियों को लेकर तो यह बदलाव काफी समय पहले ही आ गया और रेलगाड़ियाँ बिजली के इंजन से दौड़ने लगीं। लगभग पूरे भारतवर्ष में रेलवे का पूर्ण विद्युतीकरण पूरा होनेवाला है।

अब बारी आती है सड़क पर चलनेवाले वाहनों की। बैटरी से चलनेवाले ऑटो, स्कूटर और कुछ कारें और बसें भी बाजार में उपलब्ध हैं। भारत सरकार ने वर्ष 2032 तक सभी वाहनों को विद्युत वाहन में बदल देने का लक्ष्य रखा है। इस दिशा में इसरो ने भी उच्च गुणवत्तावाली बैटरी, जो एक बार चार्ज करने पर 250 किमी. तक गाड़ी को चला सकती है, विकसित की है। प्राय: सभी वायुयान गैसोलीन (पेट्रोल का शुद्धतम रूप) ईंधन के रूप में प्रयोग करते हैं, परंतु कुछ समय पूर्व ही हाइब्रिड इंजन वायुयान भी चलने लगे हैं, जो गैसोलीन और विद्युत ऊर्जा का उपयोग करते हैं।

15 मई, 2017 को स्टेनफोर्ड के अर्थशास्त्री प्रो. टोनी सेबा ने एक शोध-पत्र

प्रकाशित किया, जो शोध-पत्र कम था, भविष्यवाणी अधिक थी। शीर्षक था—'परिवहन पुनर्विचार : 2020-2030' मुख्य बिंदु कुछ इस प्रकार थे—

(1) आगामी 8 वर्षों में पेट्रोल से चलनेवाली कारें विलुप्त हो जाएँगी।

इसके पीछे उनका तर्क तकनीकी विकास था, न कि जलवायु परिवर्तन। उनका कहना है कि सभी सड़क पर चलनेवाले वाहन विद्युत चालित होंगे। विद्युत चालित वाहनों के इंजन में छोटे-बड़े कुल मिलाकर 18 कलपुर्जे होते हैं, जो गतिशील होते हैं, जबकि पेट्रोल-डीजल से चलनेवाली गाड़ियों में आंतरिक दहन प्रणाली के इंजन लगे होते हैं, जिनमें लगभग 2000 कलपुर्जे ऐसे होते हैं, जो गतिशील अवस्था में होते हैं। परिणामत: ऐसे वाहनों की स्थिति में बिगाड़ होने की संभावना अधिक होती है, अत: वारंटी अवधि कम होती है। विद्युत चालित वाहनों में कुल 18 कलपुर्जे ही गतिशील अवस्था में होने के कारण बिगाड़ की संभावना न के बराबर होती है, अत: वारंटी असीम होती है। कार निर्माता कंपनी टेस्ला ने अपनी विद्युत चालित कार मॉडल एस.के. विषय में कहा है कि आप इसे चाँद तक चलाकर ले जाइए और वापस भी चलाकर ले आइए तो भी इसकी वारंटी बची होगी।

(2) आनेवाले समय में कोई भी व्यक्ति अपनी कार नहीं खरीदेगा और न ही कोई व्यक्ति आपको कार चलाता दिखाई देगा। कारण, उस समय तक सभी कारें बिना ड्राइवर के चलनेवाली होंगी (चालकरहित) और आपके बुलाते ही विद्युत चालित वाहन आपके सामने होगा। (व्हीकल ऑन डिमांड)। निर्धारित किराया लेने पर आपको आपके गंतव्य स्थान पर छोड़ देगा।

अभी से इसका प्रभाव दिखाई दे रहा है। ओला, उबर और लिफ्ट जैसी कंपनियों ने विद्युत चालित वाहनों, बिना चालकों के वाहनों की खोज और उनका रजिस्ट्रेशन तेज कर दिया है। अभी-अभी उबर ने 5000 ऐसे वाहनों की माँग दिल्ली और आसपास के क्षेत्रों के लिए समाचार-पत्रों में दी है।

(3) पेट्रोल पंप और स्पेयर पार्ट्स के स्टोर ढूँढ़े नहीं मिलेंगे। ओपेक देशों के लिए यह एक खतरे की घंटी है। केवल सी.एन.जी. का उपयोग कर समुद्री जहाज चलाए जाएँगे।

(4) आनेवाला समय 'कंप्यूटर्स ऑन व्हील्स' का है। यदि टेस्ला, जनरल मोटर्स और जर्मन कार उद्योग ने डिजिटलाइजेशन को नहीं अपनाया तो इनका नाम भी कोडक की तरह इतिहास के पन्नों में समा जाएगा। वाहन उद्योग की गतिविधियों की कमान गूगल, एप्पल और फॉक्सकोन के हाथों में होगी और सिलिकॉन वैली केंद्र बनेगी।

(5) ऐसी स्थिति का निर्माण भी हो सकता है कि हमें अपने निजी वाहनों से मुक्ति पाने के लिए अपनी जेब से ही कुछ पैसा देना पड़े।

इन मुख्य बिंदुओं को देखने पर यह भविष्यवाणी ही दिखाई देती है, हालाँकि यह आधारित तो शोध पर ही है।

अपने देश में ही विद्युत वाहनों की बैटरी को चार्ज करने के लिए चार्जिंग स्टेशन बनाने की जब बात आई तो इस विषय पर बहस छिड़ गई कि चार्जिंग को 'सेवा' माना जाए अथवा एक 'व्यावसायिक गतिविधि', क्योंकि दोनों स्थितियों में कर वसूलने की दर अलग-अलग होगी।

विद्युत वाहनों की बिक्री को प्रोत्साहन देने के लिए भारत सरकार ने कुछ प्रोत्साहन योजनाओं की भी घोषणा की है, जैसे विद्युत चालित कार खरीदनेवाले को रजिस्ट्रेशन शुल्क नहीं देना होगा। विद्युत चालित स्कूटी चलानेवाले के लिए ड्राइविंग लाइसेंस और हेलमेट पहनने की बाध्यता नहीं है। चार्जिंग स्टेशन पर चार्जिंग शुल्क नहीं देना होगा।

यह ठीक है कि यह सभी प्रोत्साहन योजनाएँ एक निश्चित समयावधि के लिए ही हैं।

अत: परिवर्तन अवश्यंभावी है। कोरोना महामारी के कारण जो आर्थिक मंदी सर्वे पूरे विश्व में व्याप्त है, उसकी समय-सीमा आगे बढ़ सकती है। भारत ने जो लक्ष्य 2032 में पूर्ण करना था, हो सकता है कि 5 वर्ष और आगे बढ़ जाए, परंतु यह तो निश्चित है कि वर्ष 2047 में जब भारत अपनी स्वतंत्रता के 100 वर्ष मना रहा होगा तो भारत की सड़कें पेट्रोल और डीजल के वाहनों से मुक्त होंगी, अर्थात् वायु प्रदूषण से मुक्त होगी। जाम से मुक्ति मिलेगी, क्योंकि तब तक सड़क पर चलते जाम की स्थिति देखकर कारें उड़कर जाम की स्थिति लाँघकर फिर से चलने लगेंगी। सड़क पर चलनेवाली और उड़ सकनेवाली ऐसी कारों का निर्माण भी प्रारंभ हो गया है।

स्पष्ट दिखाई दे रहा है और परिकल्पना की सत्यता पर विश्वास भी हो रहा है कि जनसंख्या वृद्धि के होते हुए भी वाहनों की संख्या नियंत्रण में रहेगी और पर्यावरण प्रदूषण से मुक्त होकर वायु गुणवत्ता निर्धारित मापदंड के आसपास ही रहेगी। वायु प्रदूषण के कारण लगभग 2 लाख लोगों को मरने से बचाया जा सकेगा। अपना देश भारत तो परिवहन के क्षेत्र में होनेवाले अगले ऊर्जा बदलाव की तैयारी में भी लग गया है। अगला ऊर्जा बदलाव सौर ऊर्जा का आनेवाला है। सौर ऊर्जा का कुछ सीमा तक उपयोग वाहन चालन में प्रारंभ हो चुका है। विश्व का सबसे बड़ा

सौर ऊर्जा उत्पादन केंद्र गुजरात के कच्छ में बनने जा रहा है, जिसमें 30 जी.डब्ल्यू. का उत्पादन होगा। पूरे भारत में 175 जी.डब्ल्यू. ऊर्जा उत्पादन का लक्ष्य रखा गया है। सौर ऊर्जा का उपयोग वायुयान और रेलगाड़ी चलाने में होनेवाला है। बचे तथा अन्य छोटे वाहन भी सौर ऊर्जा से ही चलेंगे। संभवत: स्वतंत्रता शताब्दी वर्ष के बाद ही यह विषय गति प्राप्त करेगा। वर्तमान में पूरे विश्व में सर्वाधिक सौर ऊर्जा उत्पादन करनेवाला देश भारत ही है और इस ऊर्जा का उपयोग 'सर्वजन हिताय' ही होनेवाला है। सर्वजन उत्कर्ष ही निष्कर्ष है।

□

2047 का भारत कैसा हो

–डॉ. उदय भान सिंह

प्रस्तावना

हर किसी के हृदय में भारतीय स्वतंत्रता के सौ साल पूरे होने के बाद 'भारत कैसा होगा' इसकी जिज्ञासा है। प्रस्तुत निबंध में वर्तमान राजनीतिक परिदृश्य के दृष्टिगत 2047 के राजनीतिक भारत की कल्पना रेखांकित करते हुए एक परिपक्व राजनीतिक व्यवस्थाओं की कल्पना की गई है, जहाँ सभी राजनीतिक दृष्टि से परिपक्व और जागरूक हों तथा राजनीति के कर्ता–धर्ता पूर्णतः ईमानदारी से जनता की अभिलाषाओं को पूरा करनेवाले बनें। अर्थव्यवस्था ऐसी हो कि समाज के अंतिम छोर पर खड़े मानव का भी संपूर्ण विकास हो सके। अर्थव्यवस्था पं. दीनदयाल उपाध्यायजी की कल्पनाओं के अनुरूप हो। भारत सांस्कृतिक दृष्टि से पहले भी समर्थवान रहा है, किंतु 2047 तक भारतीय संस्कृति का परचम पूरे विश्व भर में गूँजे, ऐसी स्थिति का निर्माण हो। समाज सर्वसमावेशी स्वभाव का बने। जहाँ किसी को कोई भी अभाव न हो और परस्पर निर्भरता से समाज की आकांक्षाओं की पूर्ति हो। ऐसा भारतीय समाज बने। शिक्षा रोजगार देने तक सीमित न हो, बल्कि मानवीय चरित्र के निर्माण का माध्यम बन समाज और राष्ट्र की आवश्यकताओं को पूरा करनेवाली बने। 2047 के भारत का पर्यावरण पूर्णतः मानवीय जीवन के अनुकूल हो तथा हर प्रकार के प्रदूषण से मुक्त भारत हो। संविधान की वह कमियाँ, जिनके कारण विकास व राजनीतिक पथ अवरुद्ध होता है। उन्हें निकालकर एक आदर्श संविधान हो, जो जनाकांक्षाओं का प्रतिबिंब हो। प्रशासन पूरी तरह से विधियों और लाल फीताशाही के बधनों से मुक्त संवेदनशील हो। समाज की मातृशक्ति सब अधिकारों से सुसज्जित और आत्मनिर्भर हो। सेना और सुरक्षा बल अत्याधुनिक उपकरणों और तकनीकी से परिपूर्ण हों, ताकि सुरक्षा

व्यवस्था पूरी तरह से चाक-चौबंद व नागरिक सुरक्षा भावना से आशान्वित रहे। विदेश नीति राष्ट्र नीति से प्रभावित और विश्व बंधुत्व की पैरोकार हो। भारतीय धर्म और अध्यात्म विश्व का पथ प्रदर्शक बने। देश का युवा रोजगार के लिए लालायित न होकर स्वरोजगार में दक्ष हो। देश की आधार संरचना उच्च कोटि की हो और देश के विकास की सहगामिनी हो। इसी तरह से स्वास्थ्य सुविधाएँ, भारत का ग्रामीण क्षेत्र, आदिवासी जनजीवन, खेल-कूद, योग, मीडिया इत्यादि क्षेत्र में भारत पूर्ण विकास और शेष विश्व के लिए आदर्श और अनुकरणीय भूमिका में रहे। ऐसे भारत की कामना 2047 में है।

निबंध

भारत आनेवाले 2047 में 100 साल का समृद्ध अनुभववाला राष्ट्र हो जाएगा। सौ साल के बाद भारत कैसा होगा ? इस विषय पर सबकी अपनी-अपनी संकल्पना और अपेक्षाएँ हो सकती हैं, किंतु विद्यार्थियों और समाज जीवन के भिन्न-भिन्न वर्गों के बीच रहने के कारण तथा उनकी मन:स्थिति को समझने के बाद मेरी अपनी धारणा भी इस संदर्भ में बनी है। मेरी कल्पना, सपने और अपेक्षा का भारत कैसा हो ? इसे मैं निम्नलिखित बिंदुओं के आधार पर अभिव्यक्त कर सकता हूँ—

आज के राजनीतिक परिदृश्य में समाज का युवा वर्ग और प्रबुद्ध वर्ग अपने को असहज महसूस कर रहा है। स्वातंत्र्य समर के दौर में समाज के नौजवानों और बुद्धिजीवियों ने जिस प्रकार से अपनी भूमिका स्वतः स्फूर्त चेतना से तय की थी, उसका परिणाम रहा कि देश 15 अगस्त, 1947 को स्वतंत्र हो गया, मगर आज की राजनीति में नकारात्मकता और अमर्यादित आचरण की बहुलता के कारण गंभीर युवा और प्रबुद्ध जन निरंतर दूर हुए हैं। इसका देश को गंभीर नुकसान उठाना पड़ रहा है। अच्छे लोग न चाहते हुए भी राष्ट्र की राजनीतिक प्रक्रिया से दूर हैं। यही स्थिति महिलाओं की भी है। आज भी भारतीय राजनीतिक प्रक्रिया में समाज की मातृशक्ति दूर है। ऐसे में आवश्यकता है कि भारतीय राजनीतिक प्रक्रिया को शुद्ध, सात्विक और शुचितावादी परंपराओं से परिपूर्ण किया जाए। इसके लिए जरूरी है कि भारतीय राजनीति को व्यावसायिक सिद्धांतों से सुसज्जित किया जाए। इस क्षेत्र में जाने के इच्छुक नागरिकों को व्यवस्थित रूप से प्रशिक्षण देते हुए आचरण संहिता का निर्माण किया जाए और उनके पालन और क्रियान्वयन पर बारीक नजर रखने के लिए एक नियामक संस्थान की स्थापना की जाए। जिस तरह से प्रशासनिक, न्यायिक, वित्तीय, कराधान, प्रबंधन, अभियांत्रिकी व अन्य क्षेत्रों के अधिकारियों के

लिए प्रशिक्षण व संहिताओं का प्रावधान है, उसी प्रकार से राजनीतिक क्षेत्र में जाकर कार्य करने के लिए भी व्यवस्थित नियमन की आवश्यकता है। मेरे मत में 2047 की भारतीय राजनीति ऐसी हो, जो नियमित, व्यवस्थित और आचरण संहिता से प्रतिबद्ध हो। जहाँ भ्रष्टाचार, भाई-भतीजावाद, वंशवाद, जाति और अन्य विद्रूपताओं से मुक्त हो।

एक समय था, जब भारतीय अर्थव्यवस्था का डंका पूरी दुनिया में बजता था, मगर मुगलों और अंग्रेजों के आने के बाद भारतीय अर्थव्यवस्था बद से बदतर हो गई। आजादी के बहुत समय बाद तक भी देश को अपने पैरों पर खड़े होने में काफी मशक्कत का सामना करना पड़ा, मगर धीरे-धीरे ही सही, आज भारत न केवल अपने पैरों पर खड़ा हुआ है, बल्कि दुनिया में अपनी कई उपलब्धियों के लिए बड़े सम्मान से जाना जाता है। सूचना क्रांति, श्वेत क्रांति, नीली क्रांति, कृषि क्रांति व अन्य क्षेत्रों में भारत ने आशातीत सफलता हासिल की है। मेरी अपेक्षा है कि 2047 में भी यह गति और बढ़े तथा भारत हर क्षेत्र में न केवल आत्मनिर्भर हो जाए, बल्कि दुनिया से मात्र आयातक भर न रहे, बल्कि दुनिया का सबसे बड़ा निर्यातक देश बने। इसके साथ ही भारत के नागरिक, विशेष रूप से युवाओं को प्राथमिक शिक्षा के बाद से ही कौशल प्रधान पाठ्यक्रम के माध्यम से कुशल बनाकर उन्हें सक्षम और आत्मनिर्भर बनाने का कार्य किया जाएगा, यद्यपि इस अच्छे कार्य की शुरुआत केंद्र और राज्य स्तर पर हो चुकी है, मगर 2047 का भारत ऐसा हो, जहाँ हर नागरिक कुशल और सक्षम हो तथा देश का नौजवान नौकरी न माँग रहा हो, बल्कि दुनिया के लोगों को नौकरी देनेवाला बने। भारतीय मुद्रा का मूल्य विश्व में सर्वाधिक हो। भारतीय अर्थव्यवस्था भारी-भरकम उद्योगों से नहीं, बल्कि छोटे-छोटे कुटीर और ग्रामीण उद्योगों से परिपूर्ण होकर तथा स्वदेशी उद्यमिता से संरचित हो। भारत किसी भी वस्तु के लिए दूसरे देशों पर निर्भर न हो। भारत में एक ऐसी अर्थव्यवस्था हो जिसका अनुकरण पूरा संसार करे।

भारतीय सभ्यता और संस्कृति की समृद्धि पहले भी थी और आज भी है, मगर बीच के कालखंड में इसका प्रभाव पराधीनता और उससे उपजी गरीबी के कारण कम होती गई। 2047 के भारत में हमारी अपेक्षा है कि भारत की विविध कला, ललित कला, साहित्य, शास्त्रीय संगीत, नृत्य, अभिनय, चलचित्र व अन्य कलाएँ ऐसी हों, जो मानवीय गरिमा से युक्त होकर जीवन को शुद्ध और सात्विक विश्राम दे सकें।

2047 का भारतीय समाज निश्चित रूप से जातिविहीन, सामाजिक विद्रूपताओं

से मुक्त और हर प्रकार की अस्पृश्यता से दूर होना चाहिए , क्योंकि इन विसंगतियों के कारण भारतीय समाज को बहुत नुकसान उठाना पड़ा है, अब यह सब सहने को भारतीय समाज तैयार नहीं है। मैं चाहता हूँ कि एक ऐसा भारतीय समाज, जहाँ धर्म, अध्यात्म और विज्ञान का सुंदर समन्वय हो। अंधविश्वास और कुरीतियों की जगह वैज्ञानिक सोच को आत्मसात् कर तार्किक रूप से जीवन को जीनेवाला समाज हो। एक-दूसरे की भावनाओं को समझनेवाला संवेदनशील समाज हो।

2047 की शिक्षा व्यवस्था ऐसी हो, जो सर्वसमावेशी हो। ज्ञान, कौशल तर्क, धर्म और अध्यात्म का मिश्रण तथा व्यावहारिक हो। केवल सैद्धांतिक ज्ञान ही न हो, बल्कि प्रयोजनमूलक बनकर राष्ट्रीय अर्थव्यवस्था, समाज व्यवस्था और मानवीय जीवन की आवश्यकताओं को पूरा करनेवाली हो। स्वदेश की जरूरतों को पूरा करनेवाली स्वदेशी शिक्षा प्रणाली हो। पूर्व में भारत की शिक्षा व्यवस्था ऐसी ही थी। आज भी जहाँ गुरुकुल हैं, वहाँ पर परंपरागत शिक्षा देने के साथ-साथ व्यावसायिक व व्यावहारिक शिक्षा-दीक्षा विद्यार्थियों को दी जा रही है। गुरुकुलों के विद्यार्थी कक्षाओं में पढ़ने-लिखने के बाद गुरुकुल की खेती योग्य भूमि में जाकर कृषि कार्य करते हैं। गौशाला में जाकर दूध दुहते हैं। गोबर उठाते हैं। गोबर से यज्ञ हेतु समिधा व अन्य हवन सामग्री बनाते हैं। पंचगव्य औषधियाँ बनाते और विक्रय का कार्य देखते हैं, अब तो अनेक गुरुकुलों में कक्षा आठवीं से ही बिजली, इलेक्ट्रॉनिक, लकड़ी, तरह-तरह के पकवान, दुग्ध पदार्थों का निर्माण, खिलौने, कलाकृतियों, पेंटिंग्स, विभिन्न प्रकार के खेल व तरह-तरह की विधाओं में पारंगत करके उन्हें सक्षम और आत्मनिर्भर नागरिक बनाने का उपक्रम प्रारंभ हो चुका है। मैं चाहता हूँ कि 2047 की शिक्षा व्यवस्था भी ऐसी ही हो, ताकि आत्मनिर्भर भारत के सपनों को साकार किया जा सके।

आज पर्यावरण की भयावह तसवीर से पूरी दुनिया सहमी हुई है। भारत में समय-समय पर आनेवाली प्राकृतिक आपदाओं से अपार जन-धन और प्राकृतिक संसाधनों की क्षति होती है, जिसके कारण विकास कार्य अवरुद्ध होते हैं। 2047 में ऐसी स्थिति का निर्माण हो कि प्राकृतिक आपदाओं की सूचना पहले ही मिल जाए, ताकि समय रहते ही प्रंबधन किया जा सके। एक हरित भारत के लक्ष्य को पाने के हर अवसर पर पौधे लगाए जाएँ और वर्तमान में वित्तीय संसाधनों का संरक्षण योजनाबद्ध तरीके से करने की तकनीक विकसित हो। आजादी के सौ साल का भारत पर्यावरणीय दृष्टि से समृद्ध हो। जल, थल और नभ शुद्ध रूप से मानवीय और प्रकृति उन्मुख हो। जीवन-शैली पूरी तरह से पर्यावरण के अनुसार हो। शोर-गुल

से मुक्त समाज और आबोहवा हो। सभी वाहन इलेक्ट्रॉनिक और गैस आधारित हों, जिनसे न धुआँ निकले, न ही ध्वनि प्रदूषण हो।

भारत की आजादी के साथ ही भारतीय संविधान भी लगभग सौ साल का होनेवाला होगा, अब तक 126 से भी अधिक संविधान संशोधनों ने यह सिद्ध कर दिया है कि भारतीय संविधान में आमूल-चूल परिवर्तन की जरूरत है। 2047 का संविधान योग्यता के आधार पर सबको समान अवसर देनेवाला, जातिविहीन, आर्थिक रूप से गरीब और पिछड़े वर्गों के उत्थान को समर्पित, अंत्योदय का सर्वांगीण विकास, ग्रामीण भारत को विकास के पथ पर अग्रसर करनेवाला, राजनीतिक, आर्थिक, प्रशासनिक, धार्मिक, सांस्कृतिक और अध्यात्मिक व वैज्ञानिक उन्नति के पथ को प्रशस्त करनेवाला हो। भारतीय धर्म और आध्यात्म के महान् मूल्यों को आत्मसात् करते हुए राजनीतिक नैतिकता और शुचिता से परिपूर्ण हो।

2047 का भारतीय प्रशासन संवेदनशील, लचीला, राष्ट्रीय मूल्यों से परिपूर्ण, प्रभावोत्पादक और सेवा तथा कर्तव्य बोध से प्रेरित हो। राष्ट्र के सर्वांगीण विकास के लिए पहल करनेवाला, लाल फीताशाही से मुक्त शीघ्रातिशीघ्र निष्पादन करने में सक्षम भारतीय प्रशासनिक व्यवस्था हो। एक ऐसी प्रशासनिक व्यवस्था हो, जो बिल्कुल दक्ष, कुशल, व्यवसायी, मानवीय व राष्ट्रीय आवश्यकताओं की पूर्ति के लिए विशेषज्ञतापूर्ण कार्य करनेवाली हो।

मातृशक्ति भारत की आधी जनसंख्या है, लेकिन इस शक्ति का भरपूर लाभ राष्ट्र को अब तक नहीं मिला। 2047 के भारत तक उम्मीद करता हूँ कि समाज जीवन के प्रत्येक क्षेत्र में मातृशक्ति की बराबर की भूमिका होगी। उनके खिलाफ होनेवाले अपराधों की दर शून्य होगी तथा राजनीति, प्रशासन, उद्योग, उद्यमिता, शिक्षा, सुरक्षा, विज्ञान, तकनीक, प्रबंध, अभियांत्रिकी, मीडिया, सेना, पुलिस, सांस्कृतिक व अन्य सभी क्षेत्रों में वह प्रभावी भूमिका निभाते हुए पुनः कुंती, गार्गी और विद्योत्तमा जैसी सुप्रसिद्ध विद्वान् और वैज्ञानिक भारत की नारी के रूप में ख्यात होंगी।

आज सेना व अन्य सुरक्षा बलों की स्थिति पहले से यद्यपि बहुत ज्यादा संगठित और सशक्त है, किंतु फिर भी भारत के जनमानस की अपेक्षा है कि आनेवाले 2047 तक भारतीय सैन्य और सुरक्षा बल और आधुनिक सैन्य संसाधनों से सुसज्जित हों। आयुध अत्याधुनिक, प्रभावी मारक क्षमता से पूर्ण और ऐसे हों, जो दुर्लभ हों। साथ ही सैन्य साजो-सामान देश में निर्मित हों और इस मामले में आत्मनिर्भर बन शेष विश्व को आपूर्ति करनेवाले बनें। जिस तरह से आज इस विषय

में एक मॉडल है, उसी तरह से भारत भी सैन्य क्षेत्र में एक ताकत बनकर उभरे और सैन्य तथा आयुध सामग्री का निर्यातक बने।

2047 की विदेश या राजनय नीति राष्ट्रीय हितों की पूर्ति करनेवाली हो तथा विश्व शांति की उदात्तता हो। राष्ट्र की एकता और अखंडता को अक्षुण्ण रखते हुए निरंतर वैश्विक परिवार की अवधारणा को मजबूत करनेवाली हो। विश्व को ज्ञात हो कि भारत शांति का अग्रदूत तो है, लेकिन अपने राष्ट्रीय हितों से कोई भी समझौता नहीं कर सकता।

भारत का धर्म और अध्यात्म पहले से ही उन्नत स्थिति में है। जरूरत इस बात की है कि अब इसे पूरी दुनिया के कोने-कोने तक प्रचारित और प्रसारित किया जाता है। 2047 तक यह सपना पूरा होगा और दुनिया भारतीय धर्म, अध्यात्म, संस्कृति और कला का लोहा मानते हुए बड़ी संख्या में इसे अंगीकार करेगी। इसके लिए पूरा भारत पूरी निष्ठा, परिश्रम और प्रतिबद्धता से कार्य करता मिलेगा।

2047 में भारत की स्वतंत्रता के सौ साल पूरे होने पर रोजगार की स्थिति ऐसी हो कि किसी को भी रोजगार ढूँढ़ना न पड़े, बल्कि नागरिक स्वयं आत्मनिर्भर रहें। साथ ही आवश्यकता होने पर योग्यता के आधार पर राजकीय अधिकारियों, कर्मचारियों, शिक्षकों, सैनिकों व अन्य नौकरियों के लिए चयन हो। बेरोजगारी जैसे शब्द का अस्तित्व ही न हो, वरन् सब श्रमाधारित व योग्यताधारित श्रम क्षेत्र से बँधे हों।

भारत की आजादी के सौ साल पूरे हो जाने के बाद देश की आधारभूत संरचना का परिदृश्य अभी से कुछ-कुछ परिलक्षित होने लगा है। इसे और तेजी से बढ़ाकर और ज्यादा व्यवस्थित बनाने की अपेक्षा है। आज जो हाइवे, फ्लाईओवर, सड़क मार्ग, जलमार्ग, वायु यातायात की जो सुविधाओं का विस्तार हुआ है, वह 2047 तक राष्ट्रव्यापी बने तथा ग्रामीण व कस्बाई क्षेत्र भी ऐसी आधारभूत विकसित सुविधाओं का भरपूर लाभ लेते दिखें। भारत के अंदरूनी हिस्से में जलमार्ग का बहुत कम इस्तेमाल होता है। आशा है, देश की नदियाँ और नहरें जल परिवहन का सशक्त माध्यम बनकर उभरेंगी।

वर्तमान कोरोनाकाल ने हमारी स्वास्थ्य सुविधाओं को चुनौती दी है। इसलिए आनेवाले समय 2047 तक भारत में स्वास्थ्य सुविधाओं का ऐसा संजाल बिछाना होगा कि आकस्मिक रूप से आनेवाली विपदाओं से भारत तुरत-फुरत निपटने में सक्षम हो। आजादी के सौ साल बाद भी हम स्वास्थ्य सुविधाओं के लिए दर-दर भटकें, वह किसी भी प्रकार से औचित्यपूर्ण नहीं होगा। संतोष की बात है कि इस

दिशा में विभिन्न सरकारें गंभीरता व तेजी से काम कर रही हैं। 2047 में मेरा सपना है कि देश स्वास्थ्य के मामले में पूरी तरह से सक्षम होगा। आधारभूत स्वास्थ्य सुविधाओं से सुसज्जित होगा।

भारत अब भी गाँवों में बसता है, अत: मेरी अपेक्षा है कि ग्रामीण भारत शहरी भारत से पिछड़ा नहीं होगा, बल्कि हर दृष्टि से नगरीय भारत से श्रेष्ठ होगा। लोग शहरों में बसने की अपेक्षा गाँवों में बसने की सोचें। गाँव की सड़क, बाजार, खेती-बाड़ी, रहन-सहन सब आधुनिक होकर भी परंपरा अनुसार हो। अनपढ़ता, गरीबी और पिछड़ेपन से मुक्त रहने लायक आदर्श जगह का रूप धारण किए हुए हो।

वनों, पहाड़ों और मरुस्थलों में रहनेवाले अनुसूचित जनजातियों की समृद्ध संस्कृति का संरक्षण करते हुए समाज और राष्ट्र की मुख्यधारा से जोड़कर उन्हें राष्ट्र कार्य में अग्रसर भूमिका दी जाएगी। जनजातीय समाज भी मुख्यधारा से जुड़कर राष्ट्रोत्थान में महती भूमिका निभा रहा होगा, यह मेरी अपेक्षा है।

उक्त सभी बिंदुओं अथवा क्षेत्रों के अलावा भी अनेक क्षेत्र है, जहाँ 2047 तक आत्मनिर्भरता, संपूर्णता और संपन्नता से परिपूर्ण स्थिति की कामना है। चाहे समाज के दलित, पिछड़े, खेल-कूद, योग, कला, साहित्य, मीडिया और व्यक्तिगत गौरव का क्षेत्र ही क्यों न हो। हर क्षेत्र में भारत समृद्ध, प्रबुद्ध, संपन्न, प्रभावी, आत्मनिर्भर, सक्षम और सारी दुनिया के लिए अनुकरणीय हो—सौ साल बाद के भारत को लेकर मेरी यही अपेक्षा है तथा ऐसा ही भारत में जीते-जी देखना चाहता हूँ।

विश्व में गूँजे हमारी भारती
जन-जन उतारे आरती॥

□

लोक कल्याण के लिए संवाद

–डॉ. पवन सिंह मलिक

प्रस्तावना

प्राचीन ज्ञान का विकास वाद-विवाद संवाद से हुआ था। स्वयं से असहमत होकर सर्वमान्य को स्वीकार करने का साहस संवाद है। संवाद में संपूर्ण मानवता का लोकमंगल है। सम्यक् संवाद की भारत में एक दीर्घ परंपरा रही है। जब से असहिष्णुता हमारे समाज में घर करने लगी है और उदारता की भावना क्षीण होने लगी है, तब से हमारा समाज संवाद से संवादहीनता की ओर बढ़ने लगा है। वैश्विक महानगरीय जीवन में किसी के पास दूसरे के लिए समय नहीं है। सभी अपनी-अपनी दिनचर्या में व्यस्त हैं। अन्य समस्त कार्यों के संपादन के लिए समय है, परंतु स्वस्थ संवाद की स्थापना के लिए समयाभाव की स्थिति है। माता-पिता के पास अपने बच्चों से बात करने तक का समय नहीं है। समाज के हर वर्ग में परस्पर बातचीत की प्रक्रिया सिकुड़ गई है। ऐसे में हम न केवल अपने सुख को बाँटने से वंचित रह जाते हैं, बल्कि अपना दुःख भी नहीं बाँट पाते। सुख बाँटने के लिए कोई न भी मिले तो भी कोई विशेष प्रभाव नहीं पड़ता, परंतु दुःख बाँटने के लिए यदि कोई न मिले तो जीवन हताशा व अवसादग्रस्तता की ओर बढ़ता है। इसलिए माना जाता है कि स्वस्थ संवाद भ्रमों व संदेहों का निवारण करता है और जीवन को सही दिशा की ओर ले जाता है। संवाद के अभाव से वैचारिक संकीर्णता घर करती जा रही है। बढ़ती वैचारिक संकीर्णता व जड़ता परस्पर लड़ाई-झगड़े का कारण है। संवाद का स्तर गिरने से समाज में अशांति का वातावरण बनता है। प्रत्येक व्यक्ति एक-दूसरे को संदेह की दृष्टि से देखने लगता है। यही संदेह आगे चलकर भयंकर विनाश व त्रासदी का कारण बनता है। सामाजिक व पारिवारिक जीवन में विभिन्न व्यक्तियों में परस्पर मतभेद और मनमुटाव एक स्वाभाविक

प्रक्रिया है। ऐसा इसलिए, क्योंकि प्रत्येक व्यक्ति के मस्तिष्क में भिन्न-भिन्न विचार होते हैं, परंतु यही मतभेद व मनमुटाव परस्पर संवाद के अभाव के चलते कब बड़ी दरार में परिवर्तित होकर अपूर्णनीय क्षति का कारण बनता है, इसका पता ही नहीं चलता। मशीनीकरणवाले समाज में संबंध बिखर रहे हैं। परिवार टूट रहे हैं। व्यक्ति का जीवन एकांकी और अवसादग्रस्त बनकर नरक में परिवर्तित हो रहा है। चारों तरफ बेतहाशा दौड़ है, जिसमें कहीं विराम नहीं दिखाई पड़ रहा। आनेवाले दिनों में इसमें तीव्रता से बढ़ोतरी होना तय है। समाज की अनेक समस्याओं का समाधान संवाद में निहित है। बशर्ते हम परस्पर संवाद की भावना का विकास करें। आज आवश्यक है कि कल के भारत को संवादहीनता से बचाने एवं रचनात्मक, विवेकवान और चिंतनशील बनाने का प्रयास शुरू किया जाए। यह पारस्परिक सामाजिक संवाद के बिना संभव नहीं है। आज और आनेवाले कल में संवाद की अधिक जरूरत है। प्रस्तुत आलेख में प्राचीन संवाद परंपरा से सबक लेते हुए लोकमंगल हेतु भविष्य के संवाद का निर्माण ही लक्ष्य है।

निबंध

मानव संस्कृति एवं समाज के प्रत्येक क्षेत्र में संवाद एक मौलिक विषय है। लोकतांत्रिक एवं धर्म-निरपेक्ष राजनीति की सफलता के लिए बौद्धिक बहुलतावाद एवं सार्वजनिक वाद-विवाद आवश्यक है। संवाद की जरूरत प्रत्येक व्यक्ति और समाज को है। जीवंत, पारदर्शी और प्रभावशाली लोकतंत्र में संवाद, असहमति, वाद-विवाद, प्रतिरोध के लिए सदैव स्थान बना रहा है और बना रहेगा। संवाद में ही असहमति का भी सौंदर्य है। भारतीय इतिहास में व्यक्तियों ने ही नहीं, संगठन और समूह ने भी समय-समय पर सत्ता, शासन-प्रशासन और भिन्न मतावलंबियों से प्रश्न किए हैं। असहमति, मतभेद, वैचारिक भिन्नता, संदेह, तर्क, वाद-विवाद, बहस आदि की हमारे यहाँ एक सुदीर्घ परंपरा है, जिसने जाति-व्यवस्था, वर्ण-व्यवस्था, पितृसत्ता आदि पर प्रश्न खड़े किए। संवादरत होना सामाजिक, तार्किक, चिंतनशील और विचारवान होना है। आज हमें व्यक्ति और समाज, समाज और राज्य के आपसी संबंधों एवं संवादों को देखने-समझने की जरूरत है। इसके अतिरिक्त संकेतों, आशयों, निहितार्थों, गूढ़ार्थों को पकड़ने एवं राजनीति में ही नहीं, कला, साहित्य और संस्कृति में भी यह संवाद आवश्यक होता है।

प्राचीन भारतीय विद्वानों के बीच वाद-विवाद के मानदंडों में एक बहुत ही शिक्षाप्रद मार्ग और दूसरी ओर राजाओं और उनके विषयों पर ज्ञान का वर्णन

प्राचीन ग्रंथों में व्याप्त है। प्राचीन भारत में वाद-विवाद शांत एवं तनावमुक्त वातावरण में हुआ करते थे, जिसमें प्रतिभागी अपनी राय बदलने में संकोच नहीं किया करते थे। ये चर्चाएँ राजनीतिक शासकों के साथ हुए उन समझौतों से बहुत दूर होती थीं, जहाँ एक बहस को जीतना जीवन और मृत्यु का प्रश्न हुआ करता था। महाभारत में भी भीष्म ने युधिष्ठिर को गण संघर्ष का कारण संवादहीनता बताया था। संवाद के परिणाम हमेशा सुखद होते हैं, लेकिन इसके पहले वाद-विवाद भी होते हैं। दुनिया के सभी समाजों का गठन और पुनर्गठन सतत संवाद से ही संभव हुआ है। संवाद अनिष्ट दूर करने का मंत्र है। संवाद का कोई विकल्प नहीं। संवाद का घनत्व अपनत्व है। संवादहीनता में तनाव है, युद्ध भी है। भारतीय ग्रंथों में संवाद के सूक्त का निर्माण किया गया है। यहाँ सूक्त का मतलब है कि जिनमें दो या दो से अधिक देवताओं, ऋषियों या किन्हीं और के मध्य वार्त्तालाप की शैली में विषय को प्रस्तुत किया गया हो। वेदों में विभिन्न सूक्तों के माध्यम से विभिन्न देवताओं की स्तुति तथा विभिन्न विषयों को प्रस्तुत किया गया है। उनमें कुछ सूक्त, 'संवाद-सूक्त' के नाम से जाने जाते हैं। प्रमुख संवाद सूक्त ऋग्वेद में प्राप्त होते हैं। संवाद सूक्तों की व्याख्या और तात्पर्य वैदिक विद्वानों का एक विचारणीय विषय रहा है; क्योंकि वार्त्तालाप करनेवालों को मात्र व्यक्ति मानना संभव नहीं है। इन आख्यानों और संवादों में निहित तत्त्वों से उत्तरकाल में साहित्य की कथा और नाटक विधाओं की उत्पत्ति हुई है।

भारतीय समाज में संवाद का सदा से एक विशिष्ट स्थान रहा है। संवाद बगैर भारतीय समाज की परिकल्पना भी असंभव है। संवाद सकारात्मकता का स्रोत है। संवाद में वह आकर्षण है, जिसके कारण विश्व का उत्कृष्ट ज्ञान हमें मिला। गीता जैसा महान् ग्रंथ संवाद का ही तो परिणाम है। अर्जुन में युद्ध के लिए तत्परता संवाद के कारण ही तो जन्म ले पाई। संवाद हमारे मनोभाव में तरलता बनाए रखता है। भारतीय समाज में कई ऐसे उदाहरण हैं, जहाँ संवाद की प्रमुखता हमें देखने को मिलती है। रावण जैसे महापापी तक से भगवान् राम ने संवाद के लिए रावण के राज दरबार में अंगद को दूत बनाकर भेजा। बातचीत से विवाद के निपटारे की संभावना कई गुना बढ़ जाती है और यह वह द्वार है, जिसे सदा खुला रहना चाहिए, अगर आधुनिक दौर की बात करें तो संवाद के रास्ते घटे हैं। संवादहीनता के कारण समाज में विनाश के तत्त्वों को फलने-फूलने का अवसर मिला है। संवादहीनता पीठ दिखाकर सत्य से दूर करती है। अपनी बात दूसरे पर लादकर दूसरे की बात न सुनने का भ्रम पालती है। व्यक्ति से लेकर विभिन्न राष्ट्रों के बीच संघर्ष की जो स्थिति है,

उसका एक प्रमुख बुनियादी कारण संवादहीनता ही है, अगर संवाद कायम किया जाए तो व्यक्ति और राष्ट्रों के मध्य मतभेद खत्म हो सकते हैं। हमें संवादहीनता की स्थिति को खत्म कर पारस्परिक संवाद कायम करना चाहिए। संवाद की पहल से कोई छोटा नहीं हो जाता, बल्कि यह तो एक तरह से बड़प्पन की निशानी होती है।

श्रवण की पहली शर्त, किसी को बोलने की छूट देना है। दूसरे के बोलने के दौरान चुप रहना, दूसरी शर्त है। कोई सुनने का नाटक भी कर सकता है, परंतु उसके लिए उसका खाली रहना जरूरी है। हम सब इसे 'शून्यचित्त श्रवण' कहते हैं। यह ऐसा सुनना है, जिसमें श्रोता भौतिक रूप से तो उपस्थित है, परंतु मानसिक रूप से अनुपस्थित होता है। यह कुंठा को बाहर निकालने का अवसर प्रदान करता है। अच्छे श्रवण के लिए और भी कुछ होना चाहिए। भारतीय आध्यात्मिक गुरु जे. कृष्णमूर्ति ने इस बिंदु को अच्छी तरह से रखा है। "श्रवण के दो तरीके होते हैं। एक श्रवण केवल शब्दों तक सीमित होता है, जिसमें आप सुनने में रुचि नहीं रखते हैं या जब आप किसी समस्या की गहराई को समझने की कोशिश नहीं कर रहे होते हैं। दूसरे प्रकार के श्रवण में कही हुई बात का वास्तविक महत्त्व समझा जाता है।" संक्षेप में कहें तो अच्छा श्रवण सहानुभूतिपूर्ण और आरामदायक होता है। इसमें किसी के लिए स्वयं के दृष्टिकोण से बाहर निकलने की क्षमता शामिल होती है और दूसरों के दृष्टिकोण से घटनाओं को देखने की समझ होती है। अच्छे श्रवण से दूसरे व्यक्तियों के विचार, अनुभूति, अनुभव और अर्थ को सटीक रूप से समझने में मदद मिलती है, अगर कोई आत्म-केंद्रित है और यह समझता है कि सत्य और अच्छाई केवल एक ही तरफ होते हैं तो वह अन्य व्यक्तियों के विचारों को नहीं समझ सकता। सुनने का गुण हमें यह बताता है कि दूसरों के पास हमें सिखाने के लिए बहुत कुछ है। ये दूसरे, वे लोग लोग कहे जा सकते हैं, जो हमसे भिन्न दृष्टिकोण रखते हैं। गहरी असहमति के दौर में इस तरह के अच्छे श्रवण की विशेष रूप से आवश्यकता होती है। कई बार हम यह भूल जाते हैं कि जितने लोग हैं, उतने ही विचार हैं। स्वयं को यह विश्वास दिलाने में असमर्थ हो जाते हैं कि दुनिया दो में विभाजित है—हम और वे। हम मानने लगते हैं कि केवल दो तरह के दृष्टिकोणों का अस्तित्व होता है और जिसे हम धारण करते हैं, वह सही होता है। एक ध्रुवीकृत संसार में लोग एक-दूसरे के विचारों को सुनने से परहेज करते हैं। भारतीय स्वतंत्रता का अमृत महोत्सव वह उचित समय है, जब हमें सुनने की शुरुआत को प्रोत्साहित करना चाहिए। इसके माध्यम से हम अपने अनुभवों के क्षितिज का विस्तार कर सकते हैं और मतभेदों को खारिज करने की भयानक आदत को छोड़ सकते हैं।

श्रवण से एक-दूसरे की समानताओं का खुलासा होता है और सहयोग बढ़ता है। यह गलत धारणाओं को दूर करता है। यह अधिक-से-अधिक स्वीकृति लाता है। वर्तमान के बँटे हुए समय में क्या यह लोकतांत्रिक सरकारों का कर्तव्य नहीं होना चाहिए कि वे लोगों के बीच की कड़वाहट को दूर करने के लिए प्रयास करें। अच्छी लोकतांत्रिक सरकारें समावेशी होने का प्रयास करती हैं। सभी का विश्वास जीतने के लिए उन्हें बहुतों की बात माननी चाहिए, बहुश्रुत बनना चाहिए। लोकतांत्रिक लोग जान-बूझकर अच्छे तर्कों को महत्त्व देते हैं और अपने निर्णयों को निर्धारित करने के लिए उच्च कोटि के तर्कों की कामना करते हैं, लेकिन क्या हम कभी समझ सकते हैं कि अच्छे तर्क कौन से हैं, अगर हमने सभी को ध्यान से न सुना हो, अगर हमने यह सुनिश्चित नहीं किया कि सभी बिंदुओं को ध्यान में रखा गया है या नहीं। ऐसा समावेश तब तक संभव नहीं है, जब तक दमितों और शक्तिहीनों की पहले दबाई गई आवाजों को न सुना गया हो।

आज के वैश्विक महानगरीय जीवन में किसी के पास दूसरे के लिए समय नहीं है। सभी अपनी-अपनी दिनचर्या में व्यस्त हैं। अन्य समस्त कार्यों के संपादन के लिए समय है, परंतु स्वस्थ संवाद की स्थापना के लिए समयाभाव की स्थिति है। सामाजिक व पारिवारिक जीवन में विभिन्न व्यक्तियों में परस्पर मतभेद और मनमुटाव एक स्वाभाविक प्रक्रिया है। ऐसा इसलिए, क्योंकि प्रत्येक व्यक्ति के मस्तिष्क में भिन्न-भिन्न विचार होते हैं, परंतु यही मतभेद व मनमुटाव परस्पर संवाद के अभाव के चलते कब बड़ी दरार में परिवर्तित होकर अपूर्णनीय क्षति का कारण बनते हैं, इसका पता ही नहीं चलता। संबंध बिखर रहे हैं। परिवार टूट रहे हैं। व्यक्ति का जीवन एकाकी और अवसादग्रस्त बनकर नरक में परिवर्तित हो रहा है। चारों तरफ बेतहाशा दौड़ है, जिसमें कहीं विराम नहीं दिखाई पड़ता। आज के दौर की कठिनाई यह है कि इस युवा पीढ़ी के लड़के/लड़कियाँ उच्च डिग्रियाँ हासिल किए हुए होते हैं, अत्यधिक शिक्षित होते हैं, बड़ी-बड़ी संस्थाओं में नौकरी कर रहे होते हैं, परंतु वह संवाद नहीं कर पाते या कहें कि संवाद स्थापित करने का गुण उनमें नहीं हैं। माँ-बाप से अपनी बात नहीं कह पाते। अपने मन की नहीं कह पाने के कारण ही तो यह अनिष्ट समाज में हो रहा है। संवाद तो भारत के मूल में था, लेकिन आज पाश्चात्य संस्कृति का रंग हम पर जब से चढ़ा है। परिवार की महत्ता के विरुद्ध अकेलेपन को जब से हमने तरजीह दी है, पश्चिम जैसा दिखने की मानसिकता जब से हममें विकसित हुई है, तब से समाज का बुरा दौर शुरू हुआ है, तभी से समाज नरकाग्नि में जल रहा है। संवाद सदैव ही बेहतर परिणामों को

जन्म देता है। संवाद के कारण हमें आर या पार के बजाय दोनों के मध्य का रास्ता खोजने में सरलता होती है। इसलिए समाज सुखद है, हितकारी है, गुणकारी है। संवाद सदैव हमारे भले का है। समाज का दायरा अत्यंत व्यापक है। इसमें व्यक्ति विशेष से लेकर राष्ट्र तक सब समाहित हैं। संवाद को राष्ट्र के परिप्रेक्ष्य में देखने पर बड़ी तसवीर नजर आती है, जैसे हाल ही में कोरोनाकाल के दौरान हमने देखा कि सरकार का जनता से ठीक प्रकार से संवाद न होने के कारण खामियाजा पूरे राष्ट्र को उठाना पड़ा। यह दरशाता है कि संवाद कितना महत्त्वपूर्ण है।

व्यावहारिक व सामाजिक जीवन में आपसी संवाद का महत्त्व निर्विवाद है। निजी जीवन में सफलता हासिल करने का एक गुण संवाद कला में पारंगत होना है। संवाद गुरुत्वाकर्षण है। सात्विक आँखों से दृष्टि मिलाने में दिव्यता प्रथम सोपान है। संवाद करने में आँखें निरंतर अपलक निहारती हैं। संवादहीनता संदेह की खाई है। वह बढ़ती ही जाती है। इसे पाटने के लिए किसी बड़े-से-बड़े को छोटा बनना पड़ता है। झुकनेवाला बड़ा हो जाता है। बड़े का झुकना क्षमादान का ही दूसरा नाम है। सच तो यह है कि संबंध का सूत्रपात संवाद से होता है। संवाद सुख-दुःख की पड़ताल करके उचित मार्गदर्शन करता है। संवाद की सार्थकता के लिए एक व्यक्ति को कुछ झुकना पड़ता है, जिसे देखकर सामनेवाले के मन में भी विनम्रता स्वाभाविक रूप से आ जाती है। संवादहीनता अकारण बढ़ती है। कभी-कभी यह प्रतिशोध की आग लगाती है। कारण के बगैर कार्य होना मूढ़ता की श्रेणी में गिना जाता है। क्रिया के बाद उसकी प्रतिक्रिया सामान्य बात है। सहनशीलता कहीं-कहीं दिखाई पड़ती है। संवादहीनता के कारण कोई भी मुद्दा तिल का ताड़ बन सकता है। संवादहीनता बढ़ानेवाले से स्वाभिमानी बचने का प्रयास करते हैं। स्वाभिमानी का संकोच अद्भुत होने के कारण संवादहीनता करनेवाले मनमानी करते हैं। अदूरदर्शिता संवाद घटाती है। संवादहीनता परस्पर दोष खोजने के लिए विवश करती है, जबकि संवाद दोषमुक्त रखता है। संवाद यथार्थ से मुँह न चुराकर वास्तविकता का ज्ञान कराता है। संघर्ष करने पर समस्या का निदान निकलता है।

बोली गई बातें किसी भी रिश्ते की एक महत्त्वपूर्ण कड़ी होती हैं। यदि उन्हें समझने में जरा भी भूल की जाए, तो बात का बतंगड़ बन जाता है और फिर रिश्तों में दरार तो आनी ही है। कई बार ऐसा देखने-सुनने में आता है कि जरा सी गलतफहमी के कारण आपसी संबंधों में दरार पड़ जाती है व तनाव होने से रिश्तों में दूरियाँ बढ़ती जाती हैं। ऐसा अधिकतर तभी होता है, जब आपके द्वारा कही गई किसी भी सीधी-सही बात का अनुचित अर्थ निकालकर उसका वास्तविक मतलब

ही बदल दिया जाए। आज समय बहुत बदल गया है, जहाँ पहले परिवार में 'हम' की भावना होती थी, अब 'मैं और सिर्फ मैं' की भावना हावी है। यही कारण है कि प्रेम तथा अपनत्व के स्थान पर स्वार्थ व राग-द्वेष प्रबल होते जा रहे हैं और जहाँ सोचने, समझने की क्षमता कम हो रही है, वहीं विशेषकर धैर्य व एक-दूसरे के प्रति भावनात्मक संवेगों की अत्यधिक कमी भी दृष्टिगोचर हो रही है। मेरी एक परिचिता का अपने रिश्तेदार के यहाँ काफी आना-जाना था, एक बार मेरी परिचिता ने उनसे बातों-ही-बातों में कह दिया कि तुम खूब खिलाने-पिलानेवाली हो, सारा दिन तुम्हारे यहाँ तो कुछ-न-कुछ बनता ही रहता है, बस इसी में व्यस्त रहती हो। इस बात को उक्त रिश्तेदार ने गलत तरह से लिया। उन्होंने सोचा कि मुझ पर व्यंग्य किया जा रहा है। मैं बहुत चटोरी हूँ, सारा दिन खाने के अलावा मुझे और कुछ काम नहीं है और इसी में अपना वक्त खराब करती हूँ। बस, फिर क्या था, जो आपसी संबंध इतने अच्छे थे कि एक-दूसरे के साथ ही हर समय का उठना-बैठना, मिलना-जुलना था, वे न के समान रह गए। प्राय: इस तरह की बातें हर घर में ही होती रहती हैं, जिनका असल में कोई औचित्य ही नहीं है, किंतु यदि नासमझी में इनको गलत या सही मानें तो जरा सी लापरवाही से बात का बतंगड़ बन जाता है व हम अपने को अपनों से दूर कर लेते हैं।

यह तो हम सभी जानते हैं कि जिंदगी बहुत छोटी है, फिर क्यों हम छोटी-छोटी सी बातों पर आपसी मतभेद कायम कर मनमुटाव की स्थिति उत्पन्न कर लेते हैं व शारीरिक-मानसिक रूप से स्वयं को कमजोर बना लेते हैं। सौ फीसदी सच है कि रिश्तों में खटास आने पर हममें से किसी को भी अच्छा नहीं लगता, बात कहनेवाला यह सोचकर दु:खी रहता है कि मेरे कहने का यह मतलब नहीं था व जिसके लिए बात कही जाती है या जो सुनता है, वो यह जानकर परेशान होता है कि उसने मेरे बारे में ऐसा क्यों कहा? परंतु यदि आपस में प्यार है, संबंधों की डोर में स्नेह व विश्वास की गाँठ है तो निश्चित ही इस स्थिति को नकारा जा सकता है तथा अलगाव के पलों को भी रोका जा सकता है। हर रिश्ते की अपनी अहमियत होती है, कोई भी रिश्ता छोटा-बड़ा या फिर कम या ज्यादा महत्त्वपूर्ण नहीं होता, इसलिए कभी इस तरह का अहसास भर भी हो कि आपकी किसी बात से दूसरे व्यक्ति को दु:ख या पीड़ा पहुँची है तो बिना किसी विचार-विमर्श के सीधे ही अपनी बात को सही मायने में समझाने की कोशिश करें कि आपका ऐसा मतलब कतई नहीं था, ताकि आपस में माधुर्य बना रहे। ऐसा ही प्रयत्न सामनेवाले व्यक्ति की ओर से भी होना चाहिए कि वह दूसरे के स्नेह व भावनाओं की कद्र करते हुए बात को बढ़ने

से रोके और बिना किसी जल्दबाजी के सोच-समझकर रिश्तों को टूटने से बचाए, क्योंकि जुड़ने की अवधि बड़ी होती है, जबकि अलग होने की सिर्फ एक क्षण।

नागरिकों का आपसी विचार-विमर्श खासा मायने रखता है। अच्छा संवाद हमेशा अच्छे श्रवण पर ही निर्भर करता है। सरकार को अपना न केवल सुश्रुत, बल्कि बहुश्रुत होने का कर्तव्य याद रखना चाहिए। नागरिकों को भी इन सार्वजनिक गुणों को विकसित करने का दायित्व लेना चाहिए। कवि, लेखक, बुद्धिजीवी के समक्ष आज के समय में संवादरत होना जरूरी है। यह समाज और लोकतंत्र के लिए आवश्यक है, जब शब्द का वास्तविक अर्थ तिरोहित हो रहा हो, भाषा की अपनी शक्ति खतरे में हो, विसंवादी स्वरों का बाहुल्य हो, तब प्रत्येक सचेत नागरिक का संवादरत होना आवश्यक है। इसलिए आजादी के अमृत महोत्सव वर्ष के अवसर पर यह तय करना उचित होगा कि हमारा सारा संवाद अपनों के बीच होता रहेगा। विरोधी विचारवाले व्यक्तियों, समूहों, संगठनों, दलों से संवाद करने की आवश्यकता पहले से ज्यादा करने का प्रयास करने की आवश्यकता होगी। हमें समाचार पत्र-पत्रिकाएँ, विचार-चर्चाएँ, गोष्ठियाँ-संगोष्ठियाँ, सर्वत्र संवाद का सभी रूपों में व्यापक कार्य करना होगा। साक्ष्यों, तर्कों, प्रमाणों सहित बहसों के लिए अब कम जगह बच रही है। इस दिशा में भी कार्य करने की आवश्यकता है। वैचारिक भिन्नता एक स्वस्थ 'फेनामेनन' है। यह समय 'छवि निर्मिति' और 'छवि ध्वंस' करने का माध्यम बन गया है। इससे बाहर निकलने की आवश्यकता है। इसे रचनात्मक, विवेकवान और चिंतनशील बनाना पारस्परिक संवाद के बिना संभव नहीं है, इसलिए आज संवाद की अधिक जरूरत है।

झारखंड में चक्रीय विकास योजना जैसे कुछ प्रयोग तो हुए हैं, जिसमें पानी की कमी से निजात पाने की तरकीब खोजने का प्रयास सफल रहा है। इस प्रयोग की शुरुआत करनेवाले पी.आर. मिश्राजी मृदा वैज्ञानिक थे और चंडीगढ़ के सूखो माझी प्रयोग के कारण बहुत प्रसिद्ध हुए थे, जिसने सुखना झील को बचा लिया था। उनका मानना था कि इस प्रयोग के सफल होने के पीछे सबसे बड़ा कारण संवाद था, जो ग्रामीणों और विशेषज्ञों के बीच हो पाया। गाँव के एक बूढ़े व्यक्ति ने उनके जैसे मृदा वैज्ञानिक को यह ज्ञान दिया कि वृक्षारोपण कैसे किया जाना चाहिए। यही आई.आई.टी. के पूर्ववर्ती छात्र दिनेश मिश्रजी का भी कहना है, जिनकी प्रसिद्धि पानी पर काम करने के लिए है। उनका मानना है कि ग्रामीणों के पारंपरिक ज्ञान से उन्होंने भी बहुत कुछ सीखा है। मसलन ग्रामीणों को हर नदी के चरित्र के बारे में पता है। एक लंबी परंपरा रही है इन नदियों के चरित्र को

कहानियों में पिरोकर संकलित करने की। यदि विशेषज्ञ उन कहानियों को केवल कथा नहीं समझकर उन्हें डिकोड कर सकें तो शायद बहुत कुछ निकल सकता है। भारत के जलपुरुष राजेंद्र सिंह के प्रयोग को यदि देखें तो यह बात और स्पष्ट हो जाएगी। उन्होंने एक कार्यक्रम में बताया कि एक वृद्ध सज्जन ने उन्हें नदियों को पुनर्जीवित करने का गुरुमंत्र दिया था। इसी तकनीक से उन्होंने अरवारी, रूपरेल, सरसा, भगिनी और जहाजवाली जैसी पाँच नदियों को पुनर्जीवित किया। उजड़ते हुए लगभग हजार गाँवों को पुन: बसाया। राजस्थान में पारंपरिक जोहड़ प्रथा को पुनर्जीवित किया। उनका भी मानना है कि बाढ़ की समस्या के समाधान के लिए विशेषज्ञों और ग्रामीणों के बीच संवाद जरूरी है। कुछ ऐसा ही प्रयोग औरंगाबाद के संजय सज्जनजी ने किया है और एक पूरी नदी को पुनर्जीवित कर लिया है। आज की स्थिति में ग्रामीणों से कोई संवाद नहीं है। इस संकट से निकालने के लिए जल-संवाद शुरू करने की जरूरत है, जिसमें सरकार, विशेषज्ञ और आम जनता के दृष्टिकोणों पर साफतौर पर बहस हो सके। इन बहसों से ही शायद नदियों और तालाबों को बचाने की मुहिम भी शुरू हो पाएगी। बाँध बनाने की मानसिकता से हमें मुक्ति मिल पाएगी। यह जानना जरूरी है कि हमारी भारतीय संस्कृति जल-संस्कृति है। उनका जीवन जल के आसपास सजा-धजा है। पानी और नदियों के बारे में आधुनिक चिंतन से शायद उनकी सोच बेहतर थी। इसलिए इस संवाद का महत्त्व केवल उनके लिए नहीं होगा, बल्कि देश और दुनिया के दूसरे हिस्से के लिए भी होगा। विकास के लिए संवाद और संपर्क स्थापित करना बुनियादी जरूरत है। विकास के लिए हमें संवाद को मजबूत बनाना होगा।

प्रजातंत्र ही सरकार का वह एकमात्र रूप है, जिसमें नागरिकों और सरकार के बीच, विद्वानों और शासकों के बीच होनेवाले विवादों का एक सम्मिलित रूप दिखाई देता है। वाद-विवाद तो भयमुक्त वातावरण में ही होते हैं। विवादों के दौरान त्रुटियों को स्वीकारा जाता है और विचार बदल जाते हैं। किसी की त्रुटि उजागर होने पर क्रोध या अपमान की कोई भावना नहीं पनपती है। सार्वजनिक दलीलें सरकारों को अपनी गलतियों को स्वीकार करने और नीतियों को बदलने के लिए मजबूर करती हैं। यह कहा गया है कि शक्तिशाली लोगों को बोलने का विशेषाधिकार प्राप्त है और बहुत से शक्तिहीन लोग सिर्फ सुनते हैं। प्रजातंत्र की सुंदरता ही इसमें है कि वह शक्तिशाली लोगों को सुनने के लिए बाध्य करता है। यह दुर्भाग्य है कि प्रजातांत्रिक सरकारें भी हमेशा अपने मतदाताओं को नहीं सुनती हैं, परंतु जैसे ही उनको जनता के प्रति बहरेपन के रुख से अपना अस्तित्व संकट में दिखाई देने

लगता है, वैसे ही उन्हें श्रवण के महत्त्व का ज्ञान हो जाता है। श्रोता होने का गुण विकसित करना चाहिए। उन्हें सुश्रुत बनना चाहिए। लोकतंत्र में संवाद सबसे जरूरी है। असहमति का सम्मान, विभिन्न विचारधाराओं को समाहित करके देश के ढाँचे को मजबूत करना लोकतंत्र की पहचान है। संसद् का मंच स्वस्थ और सार्थक बहस का सबसे उपयुक्त प्लेटफॉर्म है। भारत के संसद् की यात्रा लोकतंत्र की उच्च परंपरा की गवाह है। भारत के लोकतंत्र को समझना है तो अतीत के अहम मौकों पर हुई चर्चा-परिचर्चा को जरूर पढ़ना और सुनना चाहिए। एक लोकतंत्र में रहते हुए संवाद-विवाद की अनंत धाराएँ बहनी ही चाहिए, भारत तो संवाद परंपरा का सबसे जिम्मेदार उत्तराधिकारी है, लेकिन यह संवाद वितंडावाद न बने। कोई भी संवाद समस्या का हल लेकर समाप्त हो, न कि नए विवादों को जन्म दे दे।

राजनीति के क्षेत्र में सोशल मीडिया के बढ़ते उपयोग और किराए के टट्टुओं ने हालात और बदतर किए हैं। संवाद की शुचिता तो दूर अपने विपक्षी की हर बात की आलोचना और गलत भाषा के इस्तेमाल का चलन बढ़ा है। सारी क्रांति फेसबुक पर कर डालने की मानसिकता से लैस लोग यहाँ विचरण कर रहे हैं, जिनके पास अध्ययन, तर्क, परंपरा, ज्ञान, सामयिक यथार्थ चिंतन का भी अभाव दिखता है, पर वे हैं और अपनी चौंकानेवाली घटिया टिप्पणियों से मनोरंजन कर रहे हैं। मोदी भक्त और मोदी विरोधियों ने सार्वजनिक संवाद को जिस स्तर पर ला दिया है, वहाँ से इसे अभी और नीचे जाना है। आनेवाले समय में हमारे सार्वजनिक संवाद का चेहरा कितना खौफनाक होगा, यह चीजें हमें बता रही हैं। 28 राज्यों के 748 जिलों और 8 केंद्रशासित प्रदेशोंवाले भारत के अलग-अलग क्षेत्रों में तरह-तरह की बोलियाँ बोली जाती हैं। हर क्षेत्र की अपनी विशेष भाषा और संस्कृति है, जो कई बार तो एक ही राज्य में अलग-अलग होती है। ऐसे में इस संकट को लेकर संवाद करना भारत के लिए बहुत जटिल समस्या बन गया। भारत की सरकार को न केवल 1.3 अरब जनता से संवाद करना था, बल्कि इसी के साथ सरकार को हर राज्य के लिए विशेष संवाद की व्यवस्था तैयार करनी थी, जो इस संकट के समय संवाद को सुचारु रूप से बनाए रख सके। इस संवाद का मकसद देश के हर राज्य के समाज के हर तबके, खासतौर से गरीबों और समाज के हाशिए पर पड़े लोगों तक सही सूचना पहुँचाना था। भारत में नए कोरोना वायरस के प्रकोप के शुरुआती दिनों में पहले संक्रमण के शिकार हुए राज्यों ने अपने-अपने स्तर पर इस महामारी को लेकर जानकारियों और संवाद का तरीका अपने-अपने हिसाब से अपनाया था, जबकि केंद्र सरकार उस समय तक इस बात को लेकर स्पष्ट नीति नहीं बना सकी

थी कि उसे इस महामारी से निपटने की कैसी राष्ट्रव्यापी नीति का निर्माण करना है। साफ है कि इस महामारी को लेकर केंद्र और राज्य सरकारों के बीच समन्वय और बेहतर हो सकता था। अलग-अलग राज्यों की सरकारों ने महामारी की रोकथाम के लिए कर्फ्यू और धारा 144 लागू करने जैसे उपाय अपनाने शुरू कर दिए थे। वहीं, केंद्र सरकार की तरफ से इस बारे में पहली स्पष्ट सूचना 19 मार्च को आई, जब प्रधानमंत्री नरेंद्र मोदी ने राष्ट्र के नाम अपने संबोधन में पूरे देश की जनता से 22 मार्च को जनता कर्फ्यू का पालन करने की अपील की और देश के तमाम हिस्सों में कई जगहों पर बड़ी संख्या में लोग पाँच मिनट के लिए ताली बजाने और घंटी बजाने के लिए इकट्ठा हो गए। इसका मकसद महामारी से लड़ रहे स्वास्थ्य कर्मियों का सम्मान करना था। पुलिसकर्मियों और मीडिया का हौसला बढ़ाना था। जरूरी सेवाओं के निष्पादन में लगे लोगों का मान बढ़ाना था, लेकिन जिस तरह ताली बजाने और घंटी बजाने के नाम पर भीड़ इकट्ठा हुई, उससे साफ हो गया कि देश की जनता के एक बड़े हिस्से में सोशल डिस्टेंसिंग को लेकर कोई गंभीरता नहीं थी। ताली बजाने को लेकर देश में इतना उत्साह बढ़ गया कि इस दौरान केंद्रीय वित्त मंत्री निर्मला सीतारमण के नेतृत्व में कोरोना वायरस की महामारी से निपटने के लिए बनाई गई आर्थिक प्रतिक्रिया की टास्क फोर्स के गठन की प्रमुख खबर ही दब गई। दो दिन बाद प्रधानमंत्री मोदी ने पूरे देश में 21 दिनों के लिए पूरी तरह से लॉकडाउन लागू करने का ऐलान किया। इससे देश के कई हिस्सों में केंद्र सरकार की तरफ से इस महामारी को लेकर दी गई दोनों ही सूचना प्रतीकात्मक रूप से तो बहुत व्यापक थी, मगर इनमें स्पष्टवादिता और विस्तार से समझाए जाने का अभाव था। इसके विपरीत केरल और महाराष्ट्र समेत कई राज्यों ने इस संकट से जुड़े संवाद को लेकर एक व्यापक एवं समग्र नीति पर अमल आरंभ किया था। हड़कंप मच गया। लोग बेवजह ही सामान की खरीदारी करके जमाखोरी करने लगे। इसके विपरीत केरल और महाराष्ट्र समेत कई राज्यों ने इस संकट से जुड़े संवाद को लेकर एक व्यापक एवं समग्र नीति पर अमल आरंभ किया था। इन राज्यों की सरकारें अपने नागरिकों से लगातार संवाद कर रही थीं। उन्हें महामारी से जुड़े आँकड़े नियमित रूप से दे रही थीं। इन राज्यों की सरकारों ने मीडिया के तमाम माध्यमों के जरिए अपनी जनता को बताया कि वो इस महामारी से निपटने के लिए कौन-कौन से उपाय कर रही हैं। जनता और सरकार के बीच ये संवाद देखकर, कई बार ऐसा भी लगा कि एक ही बात को बार-बार दोहराया जा रहा है, लेकिन इसका एक फायदा यह हुआ कि ये राज्य सरकारें अपनी जनता के हर तबके तक अपनी बात

पहुँचाने में सफल रहीं और इस कारण जनता के बीच बेवजह खौफ का माहौल बनने की आशंका को कम-से-कमतर किया जा सका। अब जबकि कोविड-19 महामारी भारत में 'शुरुआती दौर' से आगे बढ़ चुकी है और हम अब संकट के महासागर के बीचों-बीच खड़े हैं तो केंद्र सरकार को चाहिए कि अब वो इस बारे में संवाद को नए स्तर पर ले जाए, जिसके तहत इस संकट के तमाम पहलुओं और स्वास्थ्य व्यवस्था की खामियों जैसे पेचीदा मसलों पर जनता से स्पष्ट रूप से बात की जा सके। इसे संवाद की Rhetorical Arena Theory भी कहा जाता है। जिसके तहत अलग-अलग किरदार मिलकर किसी संकट के बारे में संवाद करते हैं। इस सिद्धांत के तहत संकट से निपटने में जुटे तमाम विभाग और लोग अपने-अपने तरीके से जनता से ऐसे संवाद करते हैं कि उनके बीच आपसी समन्वय भी बना रहे और बात दोहराई न जाए। न ही संवाद में जनता को विरोधाभास दिखे, जैसे कि केंद्र और राज्यों के सरकारी अधिकारी, अर्धसरकारी संस्थाएँ, आपदा प्रबंधन में लगी टीमें, मीडिया के प्रतिनिधि और गैर-सरकारी संगठन आपस में मिलकर लगातार सलाह-मशविरा करके, आँकड़े साझा करके और परिचर्चा करके, संकट से जुड़ी जानकारी जनता तक पहुँचाएँ। ऐसे आपसी सहयोगवाली साझेदारियों से संवाद, जमीनी स्तर तक पहुँचा पाने में मदद मिलती है। इससे संवाद एक ही दिशा में चलता है और उसमें छोटे स्तर से लेकर व्यापक स्तर तक कोई विरोधाभास नहीं होता। साथ-ही-साथ आपसी समन्वय से ये सभी भागीदार, फेक न्यूज या अफवाहें फैलानेवालों को काबू में रख पाते हैं।

किसी भी संकट, खासतौर से सार्वजनिक स्वास्थ्य की चुनौती के समय के संवाद की रणनीति तभी असरदार साबित होती है, जब सटीक जानकारी को जनता के हर तबके तक पहुँचाया जाए। चूँकि संवाद शब्द अपने आपमें सबको समेटनेवाला है, ऐसे में किसी भी सूचना की व्याख्या और उसे किस रूप में देखा जाएगा, ये अलग-अलग समुदायों में अलग-अलग होता है। हालाँकि अभी इस बात पर विवाद बना हुआ है कि भारत में कोरोना वायरस की महामारी किस चरण में प्रवेश कर चुकी है। ये तीसरे चरण, यानी कम्युनिटी ट्रांसमिशन में जा चुकी है या नहीं। ऐसे में लोगों तक जानकारी पहुँचाने में जुटे हर विभाग और समूह के लोगों को चाहिए कि ऐसा समावेशी संवाद तैयार करें, जो इस संकट से निपटने के लिए आवश्यक हर तबके तक पहुँच सके। जो लोगों की चिंताओं को दूर कर सके, जो हर सामाजिक और आर्थिक तबके की आवश्यकताओं का ध्यान रखकर बनाया जाए। चूँकि सार्वजनिक संवाद अलग-अलग माध्यमों से होते हुए लोगों तक

पहुँचता है, ऐसे में यह सुनिश्चित करना होगा कि यह समाज के किसी भी वर्ग को न तो नीचा दिखाए और न ही किसी के बीच भेदभाव करे। इससे भी अधिक महत्त्वपूर्ण यह है कि सरकार और इसके प्रतिनिधि जो भी घोषणाएँ करते हैं, उनसे नागरिकों के बरताव पर कोई उलटा असर नहीं पड़ना चाहिए। उदाहरण के तौर पर दिल्ली की सरकार अपने राज्य से बड़ी संख्या में अप्रवासी मजदूरों के उत्तर प्रदेश को पलायन को नहीं रोक सकी। इस संकट ने दिल्ली सरकार के जनता से संवाद की रणनीति में आवश्यक तत्त्वों के अभाव को पूरी तरह से सामने ला दिया। वहीं, दूसरी तरफ महाराष्ट्र के मुख्यमंत्री उद्धव ठाकरे ने अपने राज्य में रह रहे अप्रवासियों को अपनी ओर से भरोसा दिया। उद्धव ठाकरे इन लोगों को यह समझाने में सफल रहे कि वो उनके हितों का ध्यान रखेंगे। इसके लिए उन्होंने सुरक्षा शिविर बनाने की घोषणा की। इस तरह से उद्धव ने एक ऐसी मिसाल पेश की, जिसका अनुगमन देश के अन्य राज्यों की सरकारें भी कर सकती हैं। संवाद में ऐसी समावेशी रणनीति, विश्व स्वास्थ्य संगठन के उन दिशा-निर्देशों के अनुरूप है, जिन्हें इंटरनेशनल हेल्थ रेग्यूलेशन (IHR) के नाम से जारी किया गया है। जिनके अंतर्गत सरकारों से अपील की गई है कि वो संवाद की रणनीति में मानवाधिकारों का सम्मान करने का विशेष ध्यान रखें।

इतिहास में ऐसा पहली बार हो रहा है कि सभी एशियाई देश आदान-प्रदान और आपसी सीख के विषय पर चर्चा करने के लिए एक साथ नजर आने लगे हैं और उम्मीद की जा रही है कि यह संवाद सम्मेलन अतीत को प्रतिबिंबित करने और भविष्य की ओर देखने का अवसर प्रदान करेगा। वैश्वीकरण एक यथार्थ है और इसके साथ खास तरह के डायलॉग (संवाद) की जरूरत है। आज 47 एशियाई देशों और एशिया से बाहर के देशों के प्रतिभागी, भारत सरकार के साथ सांस्कृतिक विविधता का जश्न मनाने, सांस्कृतिक संबंध बढ़ाने और समुदाय की एक नई भावना को बढ़ावा देने के लिए आगे बढ़ रहे हैं। यह कदम विभिन्न सभ्यताओं, संस्कृतियों और धर्मों के बीच सामंजस्यपूर्ण सह-अस्तित्व की तलाश करने का एक प्रबल और सजीव उदाहरण पेश करता है। सम्मेलन की महत्ता इस बात से भी लगाई जा सकती है कि भारत के प्रधानमंत्री अलग-अलग मंचों पर कई बार एशियाई सभ्यताओं के बीच आदान-प्रदान और एशिया में अधिक विकास और सहयोग जीवन शक्ति को बढ़ावा देने की बात कह चुके हैं। इस तरह के संवाद की आवश्यकता हमने अतीत में और वर्तमान में इसकी रचनात्मक क्षमता के कारण प्रचुर मात्रा में अच्छे से देखी है। सभ्यताओं के बीच आदान-प्रदान न केवल एशियाई देशों, बल्कि एशिया से

बाहर के देशों की जनता के हित में है और यकीनन विभिन्न देश इस तरह के संवाद सम्मेलन की जरूरत महसूस कर रहे होंगे। एशिया का एक गौरवशाली इतिहास है, साथ ही मानव सभ्यताओं का स्रोत भी है। देखा जाए तो एशियाई सभ्यताएँ सबसे ज्यादा स्थायी, स्थिर और लचीली सभ्यताओं से संबंधित हैं। अक्षीय युग में मानवता की पाँच विचार प्रणालियों में से चार का जन्म यहीं हुआ। इस क्षेत्र में दुनिया के सबसे लोकप्रिय धर्म—ईसाई धर्म, इस्लाम, हिंदू धर्म, बौद्ध धर्म और ताओ धर्म, सब मौजूद हैं, वैसे भी पिछले साल भारत के प्रधानमंत्री नरेंद्र मोदी ने सिंगापुर में छात्रों को एशिया के उज्ज्वल भविष्य के सामने चुनौतीवाले प्रश्न का जवाब देते हुए कहा था कि 21वीं सदी एशिया की शताब्दी है। 21वीं सदी को एशिया की सदी बनाकर रहना है, यह हमारे लिए चुनौती है। यह अपने आप में विश्वास करना और यह जानना आवश्यक है कि अब हमारी बारी है। हमें इस अवसर का फायदा उठाना होगा और उसका नेतृत्व करना होगा। एशियाई दृश्य एक सामंजस्यपूर्ण संतुलन है, जिसमें सभी संपूर्ण भाग हैं। पूरी उम्मीद है कि यह संवाद सम्मेलन एशियाई देशों के बीच साझा किए गए निहित सिद्धांतों की पहचान करने की कोशिश करेगा। इस संवाद का एक प्रमुख लक्ष्य एक बहुत ही आवश्यक प्रक्रिया शुरू करना भी है, जिसके दौरान एशियाई युवा अपनी समृद्ध विविध सभ्यताओं के बीच सहयोग और आपसी सीख की सदियों पुरानी भावना का पता लगा सकेंगे। यकीनन भारत एशिया सहित दुनिया के लिए एक आदर्श बन सकता है।

अकसर ऐसा कहा जाता है कि भविष्य निर्माण के लिए अतीत को स्मरण रखना अति आवश्यक होता है। एक शानदार अतीत हमें गौरवान्वित करता है। ऊर्जा से भर देता है, ताकत देता है। राष्ट्र निर्माण के लिए प्रेरणा का स्रोत बनता है। हमारे महापुरुषों का इतिहास आधार बनता है, एक उन्नत भविष्य का, इसलिए युवा पीढ़ी की बातचीत में भारत के अतीत पर वार्त्ता होना अति आवश्यक है, ताकि जुड़ सकें इतिहास से, ताकि जान सकें शिवाजी, महाराणा प्रताप, गुरु गोबिंद सिंह को। औपनिवेशिक काल का प्रभाव हम पर अब तक रहा है। लगा था, आजादी के बाद चीजें बेहतर हो जाएँगी, पर ऐसा नहीं हुआ। जब आधुनिक इतिहास का जिक्र आता है, तब संवाद की धुरी एक हजार साल की गुलामी पर आकर रुक जाती है। इस मिथ्यापूर्ण बात के इर्द-गिर्द ही हमारी पाठ्य पुस्तकें घूमती हैं। हमने भी कभी विचार करने की जहमत नहीं उठाई, अगर भारत एक हजार साल गुलाम रहा होता तो क्या हम आज हमारे मूल अस्तित्व में होते। जहाँ-जहाँ 'जिहादिज्म' पहुँचा, वहाँ की सभ्यता का समूल नाश कर दिया गया। हमारे पड़ोस में ईरान और अफगानिस्तान

दोनों ही इसके उदाहरण हैं। हम कभी गुलाम नहीं रहे, हम संघर्षरत रहे हैं। इकबाल ने यूँ ही नहीं कहा—कुछ बात है कि हस्ती मिटती नहीं हमारी, सदियों रहा है दुश्मन दौर-ए-जमाँ हमारा। हमें आजादी के बाद से अब तक इंफेरियारिटी कॉम्प्लेक्स में रखा गया। 1947 से 1977 तक भारत के पाँच शिक्षा मंत्री मुसलमान रहे। उन्होंने इतिहास को अपने चश्मे से गढ़ा और भारत को भ्रम में रखने का भरसक प्रयास किया। महान् अकबर हमें पढ़ाया गया, मुगल वंशावली हमें पढ़ाई गई। राणा बप्पा रावल, राणा हम्मीर, राणा कुंभा और राजा दाहिर का इतिहास हमसे छुपाया गया। राणा प्रताप के बारे में पढ़ाया भी गया तो उन्हें हल्दीघाटी तक ही सीमित कर दिया। हल्दीघाटी युद्ध के बाद का बीस वर्ष तक का इतिहास पुस्तकों से गायब है। देवर युद्ध (मुगल सेना बुरी तरह पराजित हुई थी) का जिक्र कहीं नहीं मिलता, जिसने राणा प्रताप के जीवन में निर्णायक भूमिका निभाई। सोचना शुरू कीजिए, इतिहास को अपने चश्मे से देखना आरंभ करें। गुलामी और संघर्षरत होने में अंतर करना पहचानें। यह अंतर संवाद के जरिए ही हम पहचान सकते हैं, अंत में यही निष्कर्ष निकलता है कि जितना मजबूत आपका इतिहास होगा, भविष्य उतना ही उम्दा होगा। दूसरे शब्दों में कहें तो ईंट जितनी मजबूत होगी, इमारत उतनी ही मजबूती के साथ खड़ी रहेगी।

□

भारतीय राजनीति के लिए बने राष्ट्र-नीति

—डॉ. प्रियंका शर्मा

प्रस्तावना

भारत 1947 में अंग्रेजों की दासता से मुक्त हुआ। 26 जनवरी, 1950 से भारत एक गणतांत्रिक राष्ट्र बना। शासन के लिए संसदीय प्रणाली स्वीकार की गई। संविधान में प्रावधान किया गया कि जनता द्वारा चुने गए जनप्रतिनिधि राज्यों में विधानसभाओं में बहुमत दल/समूह के आधार पर शासन का संचालन करेंगे और राष्ट्र स्तर पर लोकसभा में जनता द्वारा चुने गए जनप्रतिनिधि बहुमत सिद्ध होने पर राष्ट्रीय राजनीति में महत्त्वपूर्ण भूमिका निभाएँगे। बहुमत प्राप्त राजनीतिक दल (समूह) सरकार गठन करेगा। आरंभिक कुछ वर्षों तक अधिकतर वे लोग राजनीति में रहे जिन्होंने स्वतंत्रता आंदोलन में अपनी भूमिका निभाई। बाद के वर्षों में यह पाया गया कि अनेक बाहुबली, धनबली, छलबली लोग भी राजनीति में आने लगे। वर्तमान दौर में चुनाव में व्यावसायिक प्रबंधन मुख्य हो गया। सरकारें बहुमत की बन रही हैं, लेकिन बहुमत जनमानस को सही प्रतिबिंबित नहीं करता। मुफ्त की बिजली, पानी, बस सेवा, साइकिल, साड़ी और नाना प्रकार के प्रलोभन से कुछ लोग जीत भी जाते हैं और सरकार भी बना लेते हैं, उन लोगों से राष्ट्र की समग्र जनता की संवृद्धि, विकास और विभिन्न सुविधाओं की उम्मीद कैसे की जाए, राष्ट्र की संस्कृति और सभ्यता, राष्ट्र की रक्षा को जाननेवाले लोग सरकार में नहीं होंगे तो नई वैश्विक उलझनों और समस्याओं को कैसे हल किया जाएगा। समय बदल गया है, हमारे जनप्रतिनिधियों का ज्ञान भी व्यापक होना चाहिए। इसके लिए राष्ट्र के प्रति गहरी निष्ठा होनी आवश्यक है। केवल सरकार बनाना या गिराना ही राजनीति नहीं होनी चाहिए। समाज में सौहार्द बना रहे, सामाजिक समरसता पर चुनाव का दुष्प्रभाव न पड़े, सुविधाएँ सभी को समान रूप से मिलें, राजनीतिक न्याय होना ही

नहीं चाहिए, बल्कि दिखना भी चाहिए। सरकारें जिन भी दलों की बनें, वे दलों के लिए नहीं, बल्कि जनता के लिए बनें। यह तब संभव है, जब चुनाव प्रक्रिया में सुधार हो। चुनाव में जानेवालों के लिए राष्ट्रीय नीति बने। बिना गंभीर सोच और चिंतन के लोग जब सत्ता में आते हैं तो उनसे राष्ट्र उत्थान की कल्पना भी नहीं की जा सकती है। इसलिए 'भारतीय राजनीति के लिए राष्ट्र-नीति' बनाए जाने की परम आवश्यकता है।

निबंध

बात यहाँ से शुरू की जाए तो समझने में आसानी होगी कि सरकारी नौकरी में एक चतुर्थ श्रेणी कर्मचारी भी रखा जाता है तो उसकी छानबीन की जाती है। संवेदनशील पदों पर चाहे वह छोटा ही पद क्यों न हो, उस व्यक्ति के चरित्र, सामाजिक मान-प्रतिष्ठा, यहाँ तक कि उसके खानदान का भी इतिहास टटोला जाता है।

यह हैरानी की बात है कि भारतीय लोकतांत्रिक व्यवस्था में जो लोग देश की सत्ता को संचालित करने के लिए चुनाव में उतरते हैं, उनके बारे में कोई सुदृढ़ व्यवस्था नहीं है। जो लोग अपनी नेतागीरी चमकाने के समाज में, भ्रामक विचार फैलाकर सड़कों पर उतरते हैं, सार्वजनिक संपत्ति को हानि पहुँचाते हैं, आम जनता को उकसाते हैं, भड़काते हैं, हिंसा फैलाते हैं, वही एक दिन जनप्रतिनिधि बनकर देश के भाग्य विधाता बन जाते हैं। आखिर वह कौन सा खजाना है, जिसे पाकर छद्म राजनीति करनेवालों की कोठी, कार और ऐश्वर्य नेताओं के आगे-पीछे नृत्य करते नजर आते हैं, 1989 से जो संसदीय चुनाव या राज्यों के चुनाव हुए हैं, उनमें अनेक बाहुबली और दादागीरीवाले लोग राजनीति के अखाड़े में उतरे, जिनसे समाज आतंकित रहता था। वे लोग चुनाव भी जीतते गए और मंत्री पद पर आरूढ़ भी होते रहे।

1989 में लोकसभा चुनावों के बाद गठित की गई विश्वनाथ प्रताप सिंह की सरकार में गृहमंत्री बने मुफ्ती मोहम्मद सईद, जो पाकपरस्त राजनीति के प्रथम चेहरा थे, उनके गृहमंत्री बनने के चंद दिनों बाद उनकी बेटी रुबिया सईद का तथाकथित अपहरण हुआ, अपहरणकर्ताओं की माँगों को पूरा किया गया, कुछ दुर्दांत आतंकियों को रिहा करने के बाद रिहाई का नाटक भी पूरा किया गया। इसी प्रकार नेशनल कॉन्फ्रेंस के सांसद सैफुद्दीन सोज की बिटिया नाहिदा सोज और कांग्रेस के नेता गुलाम नबी आजाद के साले तसदुक देव का भी अपहरण हुआ और जेल में बंद आतंकियों को छोड़ने पर उन्हें रिहा किया जाता रहा। जनवरी 1990

से अप्रैल 1990 के मध्य लगभग 5 लाख कश्मीरी पंडितों के साथ जो बर्बरताएँ हुईं, उनका दर्द अकथनीय है। क्या केंद्रीय गृहमंत्री की भूमिका सही थी? कभी किसी ने जम्मू-कश्मीर राज्य के रोशनी एक्ट के बारे में जाना कि किस प्रकार मुख्यमंत्री फारूक अब्दुल्ला ने हिंदुओं के घर नाममात्र की फीस देने पर उन लोगों को दे दिए, जिन्होंने कश्मीरी पंडितों को पलायन के लिए मजबूर किया था। उत्तर प्रदेश और बिहार में इस प्रजाति के लोगों की संख्या बहुत है। पहले लोगों को उकसाऊ, भड़काऊ वातावरण बनाओ, तोड़-फोड़ करो, सरकारी संपत्ति को नुकसान पहुँचाओ और इस रास्ते से जननेता बन जाओ। क्या यही लोकतंत्र है? भारत तेरे टुकड़े होंगे, भारत तेरी बर्बादी तक जंग रहेगी···आदि नारे लगानेवाले और राष्ट्रगान व राष्ट्रगीत को न गानेवाले, तिरंगा न फहरानेवाले, भारत की समरसता को दूषित करनेवाले किस राष्ट्र के हैं? जो लोग छुपाए हुए एजेंडे के साथ भारत में रहते हैं, कोई धर्मांतरण, कोई लव जिहाद और कोई धर्मांधता के साथ समाज में जहर फैला रहे हैं। क्या सरकार के पास समाज की वृत्तियों और प्रवृत्तियों को जानने का कोई उपाय नहीं है? बंगाल में विधानसभा चुनाव के संदर्भ में जो हिंसा और नरसंहार हुआ है, क्या उसकी जिम्मेदारी तय नहीं होनी चाहिए? क्या इस पूरे प्रकरण की निष्पक्ष जाँच नहीं होनी चाहिए? क्या समाजकंटक लोगों को दंडित नहीं किया जाना चाहिए? विभिन्न राज्य सरकारों के कारनामे, जिन्हें किसी प्रकार से नैतिक नहीं ठहराया जा सकता है। भ्रष्टाचार के विरुद्ध लड़ाई लड़कर बनी आम आदमी पार्टी (आप) लोकायुक्त नियुक्त करने के आश्वासन और भ्रष्टाचार मुक्त सरकार के नारे के साथ दिल्ली में स्थापित हुई। इस पार्टी ने मतदाताओं को ही भ्रष्ट बना दिया। वोट देनेवाले लोग मुफ्त की बिजली, मुफ्त का पानी ले रहे हैं। इस तरह की शुरुआत तेलुगु देशम पार्टी के संस्थापक एन.टी. रामाराव ने आठवें दशक में दो रुपए किलो चावल देने की घोषणा के बाद आंध्र प्रदेश में की थी, उसके बाद तमिलनाडु में जयललिता (AIADMK), करुणानिधि (DMK) ने की थी। उत्तर प्रदेश में समाजवादी पार्टी का साइकिल देना या लैपटॉप फ्री में देना भी लालच देने की श्रेणी में ही हैं। बिहार विधानसभा के चुनाव से पहले आर.जे.डी. ने 10 लाख बेरोजगार लोगों को रोजगार देने की घोषणा की थी। बंगाल विधानसभा चुनावों में भारतीय जनता पार्टी और तृणमूल कांग्रेस ने भी लोक लुभावन घोषणाएँ कीं। पिछले लोकसभा चुनावों में (2019) में कांग्रेस अध्यक्ष राहुल गांधी ने किसानों को प्रतिवर्ष 72 हजार रुपए सालाना अनुदान देने का वादा किया था। अभी आम आदमी पार्टी के सुप्रीमो अरविंद केजरीवाल ने पंजाब चुनावों में जाने से पहले जो प्रेस कॉन्फ्रेंस

चंडीगढ़ में आयोजित की, उसमें भी पंजाब में बिजली फ्री देने की घोषणा की गई।

लोकतांत्रिक व्यवस्था में, जहाँ कल्याणकारी राज्य की अपेक्षा की जाती है, वहाँ जनता के खून-पसीने की गाढ़ी कमाई से अर्जित राजस्व में से चुनाव जीतने के लिए धन का दुरुपयोग क्यों हो? एक तरफ 80 करोड़ जनसंख्या को खाद्यान्न सुरक्षा अधिनियम के अंतर्गत मामूली कीमत एक रुपया, दो रुपए और तीन रुपए किलो गेहूँ, चावल और दाल सरकार द्वारा दी जाती है। दूसरी ओर चुनाव जीतने के लिए मुफ्त का माल बाँटना करदाताओं के प्रति घोर अन्याय है। आखिर करदाताओं को ऐसी क्या सुविधा मिलती है कि मुफ्तखोरी से जब बजट घाटे में जा रहा हो, तब इन करदाताओं पर कर और लाद दिया जाता है। राजनेता और नौकरशाह दोनों मालामाल होते हैं। गरीब को मुफ्त का माल राज्याश्रय प्राप्त लोगों की चाँदी-ही-चाँदी है। मध्यम वर्ग, जो संतुलन बनाने की चेष्टा जीवन भर करता रहता है, वह आधे-अधूरे सपने सँजोकर धूमिल कर देता है।

जो लोग जनप्रतिनिधि हैं, उन्हें उनके क्षेत्र में काम करवाने पर बजट की 20 से 25 प्रतिशत राशि मिल जाती है। क्षेत्र विकास अधिकारी और उस क्रम के कम-से-कम तीन अधिकारी भी कमीशनखोरी में शामिल रहते हैं। यह वह तथ्य है, जिसकी सच्चाई जानते सब हैं, लेकिन इस बारे में बोलते नहीं। नौकरशाही और राजनीतिक लोगों का गठजोड़ फेविकोल जैसा मजबूत जुड़ाव है। यह सर्वविदित सत्य है। संविधान की शपथ लेनेवाले भी जानते हैं कि यह गोपनीय बात किसी को नहीं बतानी कि कहाँ कितना भ्रष्टाचार किया है। राजनीतिक दलों का चरित्र उजला नहीं है। हो सकता है, कुछ लोग साफ-सुथरे भी हों, लेकिन आम सोच तो इसी प्रकार की है। इस दौर में ईमानदार जनप्रतिनिधि इसलिए नहीं हो सकते, क्योंकि उन्होंने चुनाव जीतने के लिए जितना खर्च किया था, उसका सौ गुना कमाने की चाहत हर चुनाव लड़नेवाले में होती है। जिन लोगों ने राजनीति को धंधा बना लिया है, वे राष्ट्र नीति को क्या समझेंगे? कोरोनाकाल की दूसरी लहर में दिल्ली में जिस तरह की कुव्यवस्था दिल्ली सरकार ने की, वह इस बात का प्रमाण है कि मंत्रीपद की शपथ मात्र एक औपचारिकता है अन्यथा दिल्ली में ऐसे हालात न होते।

राष्ट्रीय चरित्र और राष्ट्र नीति के लिए चुनाव आयोग के अंदर ही यह व्यवस्था कायम होनी चाहिए कि कोई भी व्यक्ति मन से, वचन से या कर्म से राष्ट्रीय हितों से बाहर जा रहा हो तो उस पर नियंत्रण करे और राष्ट्र को कमजोर करनेवालों के लिए कठोर कानून बने, चाहे वह इलेक्ट्रॉनिक मीडिया हो, प्रेस हो, सोशल मीडिया हो या अन्य कोई भी मीडिया प्लेटफॉर्म। भारत एक जीता-जागता राष्ट्र है, इस राष्ट्र

को आक्रांताओं जैसे लूटना, भारतीय नागरिकों से (जो इस भारत माता की संतानें हैं) को माह पाप है। भारतीय राजनीति की अनेक चुनौतियाँ हैं, जिन पर गहन विचार कर राष्ट्र–नीति के तौर पर अपनाए जाने की आवश्यकता है।

यह बिंदु भारतीय राजनीति को सबसे अधिक हानि पहुँचाता है। भारतीय राष्ट्रीय कांग्रेस, जिसने भारतीय स्वतंत्रता अभियान की अलख जगाई और उस अलख को स्वतंत्र भारत के लक्ष्य तक पहुँचाया, वह भारत के जनमानस की ताकत थी। इस पार्टी के बारे में 28 दिसंबर, 1947 को महात्मा गांधी ने कहा था, भारतीय राष्ट्रीय कांग्रेस ने भारत की आजादी का अपना लक्ष्य पूरा कर लिया है, अब कांग्रेस को भंग कर देना चाहिए।

इतिहास को जाननेवाले लोग जानते हैं कि भारत विभाजन रोका जा सकता था, लेकिन राजनीतिक महत्त्वाकांक्षा ने भारत विभाजन करा दिया। स्वतंत्रता प्राप्ति के बाद भारतीय राष्ट्रीय कांग्रेस एक परिवार (नेहरू खानदान) द्वारा संचालित पार्टी हो गई, जो धीरे–धीरे उस प्रत्यक्ष या परोक्ष रूप से अबतक लगभग 55 वर्षों तक भारत पर शासन कर चुका है, आखिर ऐसा क्यों? क्या कांग्रेस में नेतृत्व देने योग्य लोग नहीं हैं? या इस परिवार ने सबको दास बनाकर रख दिया है? इसी की तर्ज पर अनेक राजनीतिक दल हैं, जो एक परिवार द्वारा चलाए जाते हैं। तेलुगू देशम एन.टी.आर. खानदान), डी.एम.के. (करुणानिधि खानदान), बीजू जनतादल (बीजू पटनायक खानदान), शिवसेना (बाला साहेब ठाकरे खानदान), राष्ट्रवादी कांग्रेस पार्टी (शरद पवार खानदान), समाजवादी पार्टी (मुलायम सिंह यादव खानदान) राष्ट्रीय जनता दल/आर.जे.डी./(लालू प्रसाद यादव खानदान), लोकतांत्रिक जनता पार्टी (रामविलास पासवान खानदान), अकाली दल (प्रकाश सिंह बादल खानदान), नेशनल कॉन्फ्रेंस (शेख अब्दुल्ला खानदान, पी.डी.पी. (मुफ्ती खानदान), पैंथर्स पार्टी (भीम सिंह सुप्रीमो), बहुजन समाज पार्टी (मायावती सुप्रीमो), टी.एम.सी. (ममता बनर्जी सुप्रीमो), आम आदमी पार्टी (अरविंद केजरीवाल सुप्रीमो), तेलंगाना राष्ट्र समिति (के. चंद्रशेखर राव सुप्रीमो) आदि। इन पार्टियों के मुखिया राजनीतिक मान्यताओं और सिद्धांतों को दरकिनार कर मनमाने तरीके से जनता को भड़काकर उसे अपने पक्ष में करते हैं और लोकतांत्रिक मर्यादाओं को तोड़कर कभी हिंसक और कभी तोड़–फोड़ की राजनीति कर अपना भाग्य चमकाते हैं। इस प्रकार की वंशवादी या गिरोहबाजी की राजनीति बिल्कुल बंद होनी चाहिए। वंशवादी राजनीति लोकतंत्र के लिए घातक है, जो आनेवाले समय में बलशाली होते ही निरंकुशता की ओर बढ़ेगी।

भारतीय राष्ट्रीय कांग्रेस के इतिहास को देखें तो अधिकतर समय इस पार्टी पर नेहरू-गांधी परिवार का वर्चस्व रहा। उन्होंने मनमाने ढंग के बहुत से काम किए। इस कारण यह परिवार ज्यादा ताकतवर हो गया। भारत के स्वतंत्र होने के बाद पिछले 74 वर्षों में 38 वर्षों तक नेहरू (गांधी) के लोग ही कांग्रेस के अध्यक्ष रहे। इस दौरान इस परिवार के 3 लोग प्रधानमंत्री बने। 10 वर्षों तक इस परिवार की एक महिला ने रिमोट कंट्रोल से भारत के प्रधानमंत्री पद को चलाया। वर्ष 1998 से इस पार्टी की श्रीमती सोनिया गांधी 19 वर्ष और उनके पुत्र राहुल गांधी लगभग डेढ़ वर्ष तक अध्यक्ष रहे और आगे भी इसी परिवार की संभावनाएँ हैं। यह एक उदाहरण है। अधिकतर अन्य राजनीतिक दल भी वंशवादी या जेब में रखी पार्टी जैसी व्यवस्थाओं में चल रही हैं। यह लोकतंत्र की विफलता है।

जब तक राजनीतिक दलों में लोकतंत्र नहीं तब तक उन दलों से 'जनता का शासन' की उम्मीद नहीं की जा सकती हैं। इन दलों के संविधान में ऐसी व्यवस्था होनी चाहिए, जिससे लगातार दो कार्यकाल से अधिक अवधि तक लगातार एक ही व्यक्ति चयनित पदों पर न रहे, साथ ही यह भी कि जीवन में कुल तीन कार्यकाल से अधिक समय कोई भी व्यक्ति चयनित किसी एक पद पर न रहे। एक ही जगह में रुका हुआ पानी भी मक्खी, मच्छर और दुर्गंध पैदा करता है।

समाज में लोग अगर अपने घरों के लिए चौकीदार भी रखते हैं तो उस व्यक्ति के बारे में कई तरह से पूछताछ करते हैं। उस व्यक्ति के बारे में पुलिस को रिपोर्ट करते हैं। यह देश का दुर्भाग्य है कि देश या प्रदेश की राजनीति करनेवाले लोगों के इतिहास और उनके चरित्र के बारे में नागरिकों को समुचित जानकारी नहीं होती। यह जरूरी नहीं कि जब जघन्य अपराध में कोई व्यक्ति न्यायालय से दोषमुक्त हो, तभी उसे पात्र उम्मीदवार माना जाता है।

1. बहुत से ऐसे लोग हैं, जो पुलिस थाने से बचे रहते हैं, लेकिन उनका चरित्र अनुकरणीय नहीं होता, ऐसे धंधेबाज लोग राष्ट्र के लिए घातक होते हैं, उन्हें अयोग्य घोषित करने की व्यवस्था होनी चाहिए।
2. राष्ट्रीय वैभव, राष्ट्रीय सुरक्षा और राष्ट्रीय संस्कृति के लिए ऐसी नीति हो कि कोई आदमी सत्ता पर आते ही इन विषयों के साथ खिलवाड़ न कर सके। इस बात के लिए संवैधानिक व्यवस्था हो।
3. इस काल में राजनीतिक पद अधिक मलाईदार हो गए हैं। इसलिए हर कोई येन-केन-प्रकारेण सत्ता पर काबिज होना चाहता है। सत्ता पर काबिज होने के लिए अनेक प्रकार के अनैतिक आचरण किए जाते

हैं। मिथ्याजनक और भ्रामक बातें समाज में फैलाई जाती हैं। समाज को दिग्भ्रमित होने से रोकने के लिए आवश्यक है कि जो भी व्यक्ति अफवाह फैलाने का काम करे, ऐसे उम्मीदवार को एक चुनाव काल में किसी भी प्रकार का जनप्रतिनिधि का चुनाव लड़ने पर प्रतिबंध का प्रावधान चुनाव आयोग के पास होना चाहिए। यदि उसकी पार्टी का कोई सदस्य अथवा सदस्य की शह पर कोई अन्य व्यक्ति भी असंगत दोषारोपण करे तो उसे भी कठोर दंड की व्यवस्था होनी चाहिए।

4. जाति, धर्म, संप्रदाय और समाज में वैमनस्य को बढ़ानेवाले विषयों पर भेदभावपूर्ण राजनीति के मुद्दों को चुनाव प्रचार में शामिल करने की अनुमति नहीं होनी चाहिए।
5. पंचायती राज चुनावों के कारण ग्रामीण समाज में बहुत दूरियाँ बढ़ी हैं। गाँवों में लोगों के पारस्परिक संबंधों में बहुत कड़वाहट बढ़ी है। ग्रामीण समाज में राजनीतिक विद्वेष और विकास में भेदभाव की प्रवृत्ति को दूर करने के लिए लिखित शिकायत के बजाय पंचायती राज विभाग को एक तंत्र स्थापित करना चाहिए, जिससे गाँवों में सौहार्द बना रहे।
6. राजनीति में जो जनप्रतिनिधि चुने जाने पर गोपनीयता अथवा सत्यनिष्ठा की शपथ लेते हैं, उनके सार्वजनिक वक्तव्यों की समीक्षा भी की जानी चाहिए। प्रत्येक ऐसे वक्तव्य के लिए चुनाव आयोग की क्षेत्रीय व्यवस्था द्वारा मंत्रियों के मामले में राष्ट्रपति/राज्यपाल/उपराज्यपाल/प्रशासक द्वारा संबंधित जनप्रतिनिधि से लिखित में स्पष्टीकरण माँगना चाहिए। यदि ऐसे मामलों की संख्या 5 से अधिक हो जाए तो उसकी सदस्यता रद्द और आगामी चुनावों में भाग लेने पर प्रतिबंध लगाने की व्यवस्था होनी चाहिए।
7. किसी जनप्रतिनिधि द्वारा चुनाव जीतने के बाद यदि किसी अनैतिक, भ्रष्ट, दुराचरण अथवा समाज विरोधी कार्यकलापों में संलग्नता प्रमाणित हो तो उस जनप्रतिनिधि को तत्काल प्रभाव से जनप्रतिनिधि की पात्रतावाले पद से मुक्त कर देना चाहिए, साथ ही उसे मिलनेवाले अनुलाभों को भी रद्द कर देना चाहिए।
8. किसी भी राजनीतिक दल को यह छूट नहीं होनी चाहिए कि वह सत्ता पाने के लिए मतदाताओं को प्रलोभन दे। न इस प्रकार की घोषणा या इच्छा प्रकट करने की स्वतंत्रता हो। यदि राजनीतिक दल की इच्छा को

कोई भी छद्म तरीके से प्रदर्शित करे, प्रकाशित करे अथवा प्रसारित करे, ऐसे मामलों को दंडनीय अपराध बनाया जाना चाहिए। जनता से प्राप्त टैक्सरूपी राजस्व का उपयोग चुनाव जीतने का साधन नहीं बनाया जाना चाहिए। सरकार बनने पर कोई भी दल अपनी सरकार की नीतियों को पूर्णतः लागू कर सकता है। जनकल्याण की योजनाओं को घोषणा-पत्र में शामिल किया जा सकेगा।

9. लोकसभा या विधानसभा चुनाव के दौरान यदि किसी भी निर्वाचन क्षेत्र में हिंसा या अराजकता अथवा राजनीतिक विद्वेष की घटनाएँ होते ही उस निर्वाचन क्षेत्र का चुनाव रद्द कर दिया जाना चाहिए तथा पूरी निर्वाचन प्रक्रिया घटनाओं की जाँच के तथ्य सामने आने के बाद किए जाने चाहिए। यदि हिंसा/अराजकता या विद्वेष फैलाने में चुनाव मैदान में उतरे किसी भी उम्मीदवार की संलिप्तता पाई जाए तो उस उम्मीदवार पर कम-से-कम 6 वर्ष तक चुनाव लड़ने पर प्रतिबंध लगाया जाना चाहिए।

10. यदि कोई उम्मीदवार दो चुनाव क्षेत्रों से चुनाव लड़ता है और वह दोनों निर्वाचन क्षेत्रों से चुनाव जीत जाता है तो जिस निर्वाचन क्षेत्र को वह उम्मीदवार छोड़ता है, उस निर्वाचन क्षेत्र में दुबारा से चुनाव करवाने के बजाय चुनाव हारे हुए निकटतम प्रतिद्वंद्वी को विजयी घोषित करने की व्यवस्था हो।

11. जनप्रतिनिधियों के वेतन को मानदेय घोषित किया जाए। मानदेय कम-से-कम 3 लाख रुपए हो। उन्हें पेंशन तभी दी जाए, जब उन्होंने संसद् या राज्य विधानमंडल की सदस्यता कम-से-कम सदन के दो पूरे कार्यकालों में की हो। यदि एक जनप्रतिनिधि को एक से अधिक पेंशन की स्थिति बनती हो तो वह प्रतिनिधि विकल्प चुनकर सरकार को दे कि वह किस एक पेंशन को लेना पसंद करेंगे। अन्य सुविधाएँ यथावत् रखी जानी चाहिए।

12. किसी भी निर्वाचन क्षेत्र में चुनाव घोषणा और चुनाव परिणाम के मध्य 35 दिन से अधिक समय नहीं लगाना चाहिए। आदर्श आचार संहिता चुनाव घोषणा से मतदान दिवस तक ही प्रभावी रहे। भले ही चुनाव घोषणा की प्रेस कॉन्फ्रेंस की तिथि 15 दिन पहले बता दी जाए, ताकि राजनीतिक दल अपनी तैयारियाँ शुरू कर सकें।

13. यदि कोई जनप्रतिनिधि लंबे समय तक अपने निर्वाचन क्षेत्र की जनता से संपर्क नहीं रखता है अथवा क्षेत्र की लोक कल्याणकारी योजनाओं के कार्यान्वयन में रुचि नहीं लेता है, ऐसे जनप्रतिनिधि को शिकायत मिलने पर जिस भी विधानमंडल का वह व्यक्ति चुना हुआ प्रतिनिधि है, उस विधानमंडल के अध्यक्ष को यह अधिकार होना चाहिए कि उस जनप्रतिनिधि को चेतावनी जारी कर सके।

हमारे देश में अपने स्वार्थों की पूर्ति के लिए कोई भी व्यक्ति अपना राजनीतिक दल बना लेता है। जो लोग अपना घर चलाने की युक्ति नहीं जानते, वे भारत का प्रबंधन अपने हाथों में लेने को उतावले रहते हैं। विश्व राजनीति जिस तरह से बदल गई है, उसको समझने और उसके अनुसार कार्य करने की योग्यता और क्षमतावाले लोगों को भारतीय राजनीति में आना चाहिए। राजनीति में आनेवालों का राष्ट्र-धर्म होना चाहिए। भारतीय राष्ट्रबोध का वाक्य है—माता भूमि पुत्रोहम पृथिव्या। राज्य राजनीति या राष्ट्रीय राजनीति में आनेवाले लोगों के लिए राजनीति के विभिन्न पहलुओं को जानने के लिए एक वर्ष का पाठ्यक्रम होना चाहिए, जिसमें सिद्धांत और व्यावहारिक पक्ष, भहरत का भूगोल, इतिहास, संस्कृति, सभ्यता और जन आवश्यकताओं की पूर्ति में सामाजिक/राजनीतिक कार्यकर्ता के रूप में राजनीतिज्ञों की भूमिका आदि विषयों के गहन अध्ययन के बाद किसी उपयुक्त व्यवस्था द्वारा ज्ञान का प्रमाणित किया जाना आवश्यक हो। इस दल से उस दल में जाने की इच्छा हो तो सत्ता का खेल बिगाड़ने के बजाय, जिस दल से चुनाव जीतकर आया है, उससे त्याग-पत्र देकर जाए। यदि किसी एक कार्यकाल में कोई सदस्य त्याग-पत्र देना चाहे तो उसके लिए यह बाध्यता हो कि जिस चुनाव को जीतने से वह व्यक्ति सदस्य बना, उस सीट पर आए कुल सरकारी व्यय की 10 प्रतिशत राशि वह चुनाव आयोग को जमा करवाए।

यह भी व्यवस्था होनी चाहिए कि देश की समरसता, अखंडता, रक्षा, सुरक्षा या सांस्कृतिक ताना-बाना कुप्रभावित हो, इन विषयों पर एक सीमा तक ही बात हो। इसकी निगरानी चुनाव आयोग करे।

स्वर्गीय इंदिरा गांधी ने जून 1975 में विपक्ष को दबाने के लिए देश में आंतरिक आपातकाल घोषित किया था। विपक्ष के सांसदों को जेलों में बंद कर दिया गया था। अपने राजनीतिक हितों को साधने के लिए श्रीमती गांधी ने 1975 के अंतिम दिनों में संसद् से संविधान संशोधन करवाकर भारतीय संविधान की प्रस्तावना में 'धर्मनिरपेक्ष' शब्द जुड़वा दिया। इस अधिनियम पर राष्ट्रपति के हस्ताक्षर जनवरी

1976 में हुए। इस परिवर्तन से 2 पैसे की भागीदारीवाला भी 98 पैसे की भागीदारी के सामने बराबर हो गया। इस धारणा ने भारतीय समाज में अनेक विसंगतियाँ पैदा कर दीं। राष्ट्रीय मूल्यों में एकदम गिरावट आ गई। इसका एक नमूना नागरिक संशोधन विधेयक 2019 (CAA) के विरुद्ध भ्रामक आंदोलन चलाना और दिल्ली में जामिया मिलिया विश्वविद्यालय, अलीगढ़ मुस्लिम विश्वविद्यालय और अनेक मुस्लिम संगठनों ने दिल्ली में हिंसात्मक गतिविधियों को बढ़ाया। इस धर्मनिरपेक्ष शब्द की आड़ में कई अनर्थ हो रहे हैं। भारत के 8 राज्यों में बहुसंख्यक हिंदू अल्पमत में आ चुके हैं। पश्चिम बंगाल और केरल राज्य बड़ी तेजी से इस्लाम बहुल जनसंख्यावाले राज्य बनने जा रहे हैं। देश में लोकसभा के लगभग 90 निर्वाचन क्षेत्र में इस्लाम धर्म के अनुयायी बहुसंख्यक हो चुके हैं। इस वर्ग से खतरा इसलिए है, क्योंकि ये जहाँ भी अपनी संख्या बढ़ाते हैं, वहाँ उस देश की संस्कृति को नष्ट कर इस्लामी राष्ट्र स्थापित कर देते हैं। दुनिया के 56 देशों का इतिहास यही सिद्ध करता है। पश्चिमी देश ईसाइयत को माननेवाले हैं। दुनिया की लगभग 150 करोड़ आबादी मुसलमानों की है, जो 57 देशों का इस्लामीकरण कर चुके हैं और अनेक देशों को गिरफ्त में ले रहे हैं। कुछ देश बौद्ध धर्मावलंबी हैं। करीब सौ करोड़ की जनसंख्यावाले हिंदू मतावलंबियों (सनातनी, बौद्ध, जैन, सिख आदि) का तो एक ही देश है, ये लोग कहाँ जाएँगे? भारत के हिंदू स्वभाव से ही सहिष्णु हैं। उस पर धर्मनिरपेक्ष लादना उचित और न्यायिक नहीं है।

यह नितांत आवश्यक है कि संविधान में से 'धर्मनिरपेक्ष' शब्द को अविलंब हटाया जाना चाहिए।

जातिगत आरक्षण, जो संविधान लागू होने के आरंभिक 10 वर्षों के लिए था, वह विगत 71 सालों से बढ़ा ही है, कम नहीं हुआ। इस व्यवस्था से यह विसंगति पैदा हो गई है कि जो जातियाँ आरक्षण का लाभ उठाकर अपना जीवन स्तर आगे बढ़ चुके हैं, वे अपनी इस सुविधा के लिए अपने ही वर्ग के अति पिछड़े लोगों के लिए छोड़ना नहीं चाहते। इसलिए आरक्षण की यह नीति कारगर नहीं है, अगर आरक्षण आर्थिक आधार पर होगा तो निश्चित रूप से समाज की उन्नति होगी। उन अति पिछड़े लोगों को भी भारत की स्वतंत्रता का सुख मिलना चाहिए। जातिगत आरक्षण राष्ट्र के लिए समस्या है, हमेशा राजनीति का धंधा करनेवाले इस चक्रव्यूह से देश को बाहर नहीं निकलने देंगे।

सामाजिक भेदभाव और सामाजिक असमानता को दूर करने के लिए भारत सरकार ने एक राष्ट्रीय नीति बनाई और जिनके साथ भेदभाव किया जाता है, उनके

साथ समरसता बढ़ाने के प्रयास से पहले दीन-हीन लोगों का आर्थिक उद्धार किया जाए। सरकार ने किसी कालावधि के लिए लक्ष्य बनाकर योजना बनाई। आर्थिक स्तर बढ़ते ही सामाजिक दूरियाँ कम हो जाती हैं।

यह सर्वविदित सत्य है कि एक छोटा-से-छोटा जनप्रतिनिधि पद पर बैठने के कुछ ही समय बाद एक स्कॉर्पियो गाड़ी और एक कोठी अवश्य बनवा लेता है। इससे यह सिद्ध होता है कि राजनीति धन कमाने का अच्छा धंधा है। जिस दिन उसे उत्तरदायी बना दिया जाएगा, उस दिन निश्चित तौर पर बेईमानी में कमी आएगी।

विदेश नीति को बहुत दूर से तो देखना ही चाहिए, लेकिन निकटवर्ती देशों की अवहेलना भारत के लिए घातक है। नेपाल हमारी अवहेलना के परिणामस्वरूप आज चीन की गोदी में बैठ गया है। चीन एक दिन नेपाल को हड़प लेगा। विभिन्न देशों की आर्थिक सहायता उसकी छद्म चाल होती है, जब कर्ज न चुका पाओ तो वह उस देश में जमीन हड़पना शुरू कर देता है, ऐसा चीन अपने 14 पड़ोसी देशों के साथ कर रहा है। चीन और पाकिस्तान के मध्य चीन-पाकिस्तान आर्थिक गलियारा (सीपेक) उसका दूसरा उदाहरण है। चीन ने पाकिस्तान में अपने सैनिक अड्डे स्थापित कर दिए, वह किसी तरह भारत को उलझाए रखने के लिए प्रशांत महासागर, हिंद महासागर में भी अपने सैनिक अड्डे स्थापित कर रहा है। श्रीलंका और मालदीव में भी उसने इसी तरह की कोशिश की थी। बांग्लादेश में चीन जबरदस्त इन्वेस्टमेंट कर रहा है। इस सबके प्रति हमारी नीति बहुत स्पष्ट होनी चाहिए। भारत-चीन सीमा विवाद कई बार उग्र हो जाता है, इसे सावधानी से हल करना राजनीतिक प्रयासों से ही संभव है। भारत की लगभग 43,500 वर्ग किलोमीटर जमीन चीन में हड़प रखी है, उसको वापस लाना भी भारत सरकार का दायित्व है। साथ ही पाक अधिकृत कश्मीर की समस्या को हल करना भी राजनीतिक समझदारी का ही काम है। भारत संयुक्त राष्ट्र संघ की सुरक्षा परिषद् का स्थायी सदस्य बने, इसके प्रयास अब तक काफी उत्साहजनक हैं। विश्वकुटुंब की भावना और सॉफ्ट डिप्लोमेसी इसके उपकरण हैं।

इस प्रकार भारत की राजनीति में जब तक राष्ट्र के लिए समर्पित राजनीतिज्ञ नहीं होंगे, यह देश कुछ लोगों के लिए ऐशगाह ही बना रहेगा। कोई जातिवादी, धर्मवादी, क्षेत्रवादी, भाषावादी लोग इस देश की जनता को अफवाहों, भड़कीले भाषणों से या घूस देकर अपने पक्ष में कर लेंगे, वे गिरोह बनाकर बहुमत में भी आ जाएँगे, क्या वे भारत की अस्मिता को बचा पाएँगे? क्या वे भारत की सीमाओं की रक्षा कर पाएँगे, क्या वे लोग भारत की सांस्कृतिक थाती को बचा पाएँगे?

भारत को वैश्विक नेतृत्व ग्रहण करने से पहले अपने देश में राजनीतिक सुधार करने होंगे, ताकि अराजक लोग, भ्रष्ट लोग, अनपढ़ और गुमराह लोग राष्ट्रीय राजनीति के पहले पायदान पर भी पाँव न रख सकें। भारत अब पढ़े-लिखे लोगों का देश है। भारत के सामने अनेक चुनौतियाँ हैं, उनको गंभीरता से हल करने के लिए गंभीर सरकारों की आवश्यकता रहेगी। भारतीय राजनीति में राष्ट्र-धर्म निभा सकनेवाले जनप्रतिनिधियों की आवश्यकता है।

□

विश्वगुरु : संस्कृतमय भारत

–डॉ. गोविंद बल्लभ

प्रस्तावना

वर्तमान में विश्व में आतंकवाद, कट्टरवाद, पर्यावरण, सामाजिक, आर्थिक, राजनीतिक, स्वास्थ्य तथा रहन–सहन से संबंधित समस्याएँ हैं, जो संपूर्ण विश्व के लिए घातक हैं, उनसे निपटने के लिए पश्चिम में विकसित हुआ विज्ञान तथा सामाजिक तंत्र असफल रहा है। इसके विपरीत भारत में विकसित सामाजिक तंत्र तथा विज्ञान हजारों वर्षों से आज भी डटा हुआ है। पिछले एक दशक में भारतीय संस्कृति की ओर विश्व का ध्यान एकाग्र हुआ है। आज विश्व इन समस्याओं के समाधान हेतु भारत की ओर आशा की दृष्टि रखता है। सर्वविदित है कि भारत की समृद्ध सांस्कृतिक विरासत तथा परंपरा है, जो विश्व को इन समस्याओं का समाधान दे सकती है। योग और आयुर्वेद की वैज्ञानिकता को समझते हुए विश्व अपने जीवन में इन्हें अपना भी रहा है। वैदिक वाङ्मय और संस्कृत के ग्रंथों में बहुत से ऐसे वैज्ञानिक विषय हैं, जो विश्व को अपनी ओर आकर्षित करते हैं, लेकिन आधुनिक वैज्ञानिकों तथा चिंतकों को संस्कृत भाषा का ज्ञान न होने के कारण ये सभी विषय आज भी ग्रंथों में रहस्य रूप में हैं। यदि भारत का बौद्धिक समाज संस्कृत भाषा का ज्ञान रखता है तो भारतीय पारंपरिक ग्रंथों के आधार पर यह समाज विश्व को एक नई दिशा प्रदान कर सकता है। विश्व प्रत्येक समस्या के समाधान हेतु भारत को देखे और भारत विश्व का पथ–प्रदर्शक हो, यही विश्वगुरु का यथार्थ हो सकता है।

निबंध

'भारतस्य प्रतिष्ठे द्वे संस्कृतं संस्कृतिस्तथा', अर्थात् भारत की प्रतिष्ठा संस्कृत और संस्कृति में ही विद्यमान है। संस्कृत और संस्कृति के बिना भारत की कल्पना

भी नहीं की जा सकती। संस्कृत और संस्कृति एक-दूसरे के पूरक हैं और इन शब्दों की व्युत्पत्ति भी संम् उपसर्ग पूर्वक कृ धातु से ही होती है। व्युत्पत्ति जनक अर्थ में 'सम्यक् कृतिः संस्कृतिः' अथवा 'संस्कृतिः संस्करणम्', इस प्रकार जो संस्कारजन्य कृति है, वही संस्कृति है। संस्कृति दो, चार अथवा पाँच वर्षों में नहीं बनती, अपितु समाज के चिंतकों की कई पीढ़ियों के बौद्धिक परिश्रम से विकसित होती है। संस्कृति समाज की वैज्ञानिक, कलात्मक एवं आध्यात्मिक उपलब्धियों का प्रतीक है तथा यह समाज के मानसिक विकास की ओर सूचित करती है। भारत में विकसित संस्कृति भारतीय संस्कृति है, जो हमारी विविधताओं में भी हमें एकत्व की भावना से राष्ट्र के रूप में समेटे हुए है। अनेकत्व में एकत्व की भावना ही राष्ट्रत्व का भाव है। राष्ट्र के वर्तमान, भूत एवं भविष्य का प्रतिबिंब संस्कृति में देखा जा सकता है। संस्कृति हवा में नहीं रहती, अपितु संस्कृति का मूर्तिमान स्वरूप होता है, जो समाज एवं जीवन के नानाविध रूपों में विद्यमान रहती है। हमारे धर्म, दर्शन, कला, विज्ञान, अध्यात्म, साहित्य आदि इसी संस्कृति के अंग हैं।

जिस प्रकार भारत की विभिन्न मान्यताओं, दर्शनों, साहित्यों का एकत्व एवं संस्कारजन्य स्वरूप भारतीय संस्कृति में विद्यमान है, उसी प्रकार सभी भारतीय भाषाओं के एकत्व एवं संस्कारजन्य शास्त्रीय स्वरूप के एकत्व का भाव संस्कृत है। बीते हुए काल में यह संस्कृति कैसी रही होगी और आज तक के विकास में किन-किन परिस्थितियों से होकर यह संस्कृति यहाँ तक पहुँची होगी, इन सबका उत्तर हमें हमारे भाषा साहित्य में मिलता है। यदि हमें अपने भूतकाल को जानना हो तो वह उस साहित्य के माध्यम से ही जान सकते हैं। भारत का हजारों वर्षों का वैज्ञानिक, दार्शनिक एवं सामाजिक साहित्य इसी प्रकार एक भाषा में आज हमें उपलब्ध होता है, वह भाषा है संस्कृत। इसलिए हम कह सकते हैं कि संस्कृत ही हमारी संस्कृति की परिचायक है। संस्कृत शब्द से ही संस्कृति शब्द भी बना है, दोनों का एक ही अर्थ है—संस्कारयुक्त। परंपरागत रूप से लगातार वैचारिक चिंतन एवं विमर्श द्वारा किसी विषय में संस्कारों का होना ही संस्कृत का शाब्दिक अर्थ है। वह कोई शास्त्र हो, समाज हो, व्यक्ति हो, अथवा भाषा हो, ये सभी संस्कारयुक्त होने पर संस्कृत कहलाते हैं। भारतीय संस्कृति यदि राष्ट्र का व्यवहार और चारित्रिक विषय है तो संस्कृत उस प्राचीन परंपरा और व्यवहार-विज्ञान को समेटे हुए है, जिसे हम भारतीय ज्ञान-परंपरा कहते हैं। संस्कृत का अर्थ केवल भाषा नहीं है, अपितु परंपरागत संस्कारित ज्ञान-विज्ञान भी है। संस्कृत साहित्य में अपार ज्ञान-

विज्ञान छुपा हुआ है, वह ज्ञान-विज्ञान किस प्रकार हमारी संस्कृति और समाज के लिए सहायक हो सकता है, यह विद्वानों के मंथन का विषय है। यदि हमें भारतीय संस्कृति को जानना एवं समझना है तो हमें भारतीय भाषाओं को समझना होगा। वेद, उपनिषद, तंत्र, पुराण आदि सभी भारतीय ऐतिहासिक ग्रंथ संस्कृत भाषा में ही लिखे गए हैं। इनके समग्र भारतीय दृष्टिगत अर्थ का बोध संस्कृत भाषा के बिना नहीं हो सकता। भारत की मूल भावना, चिंतन एवं समग्र शास्त्रीय विमर्श संस्कृत भाषा में ही विद्यमान है, अतः भारतीय सांस्कृतिक इतिहास को समझने के लिए संस्कृत भाषा का ज्ञान अत्यंत आवश्यक है।

संस्कृत भाषा पूर्ण रूप से वैज्ञानिक एवं परिष्कृत भाषा है, यह सर्वमान्य है। सामान्यतः भारतीयों में संस्कृत के प्रति श्रद्धा है। संस्कृत के प्रति इस अगाध श्रद्धा का कारण भी संस्कृत का वैज्ञानिक पक्ष और भारतीय प्राचीन और ऐतिहासिक ग्रंथों का संस्कृत भाषा में होना है। आधुनिक काल में संस्कृत के प्रचार-प्रसार के लिए सामाजिक संगठनों एवं संस्कृत-सेवियों ने समाज को संस्कृत के प्रति जागरूक करने के लिए कई कदम उठाए भी हैं। वर्तमान में संस्कृत पर एक वर्ग विशेष का ही प्रतिनिधित्व है, वह वर्ग बहुत छोटा है। अन्य विस्तृत समाज में संस्कृत के प्रति बहुत सी भ्रांतियाँ भी हैं अथवा वे संस्कृत की विशालता और व्यापकता से अवगत नहीं हैं। इसी कारण संस्कृत भाषा में उपलब्ध ज्ञान-विज्ञान आज तक भी समाज के लिए एक रहस्य बना हुआ है। वर्तमान में संस्कृत के स्वरूप को समझने के लिए हमें निम्न कारणों और चुनौतियों पर विचार करना होगा—

1. संस्कृत भाषा एवं विद्याओं के प्रति हमारी समझ स्पष्ट नहीं है। परंपरागत विश्वविद्यालय संस्कृत विश्वविद्यालय के नाम से जाने जाते हैं, अतः संस्कृत को भाषा मानना है अथवा हमारी प्राच्य विद्याएँ, यह स्पष्ट होना आवश्यक है।
2. आधुनिक वैज्ञानिकों का संस्कृत न जानना और संस्कृतज्ञों का आधुनिक विज्ञान न जानना संस्कृत की व्यापकता में बाधक है।
3. संस्कृत केवल मात्र पौरोहित्य एवं पूजा-पाठ की भाषा है, यह मिथ समाज में विद्यमान है। इसके लिए नए-नए अनुसंधान और शोध आधारित पद्धतियों का विकास आवश्यक है, जो वर्तमान की समस्याओं की पूर्ति कर सकें।
4. स्कूली शिक्षा में संस्कृत पढ़नेवाले बच्चों में लगातार गिरावट दिख रही है, अतः संस्कृत को अनिवार्य रूप से पढ़ाया जाना चाहिए। कुछ

रिपोर्ट्स के आधार पर यह बात सामने आई है कि इसाई मिशनरी स्कूलों और निजी स्कूलों में नौवीं कक्षा के बाद बच्चों को संस्कृत विषय लेने के लिए हतोत्साहित भी किया जाता है। इस पर विशेष ध्यान देने की आवश्यकता है।

5. एक ओर जहाँ संस्कृत विश्वविद्यालयों की स्थापना सरकारों द्वारा की जा रही है, वहीं दूसरी ओर गुरुकुलों की लगातार घटती संख्या चिंता का विषय है। वर्तमान में कुछ गुरुकुल सरकारों द्वारा अनुदान प्राप्त भी हैं, लेकिन व्यवस्था और प्रशासन के अभाव में वे बंद होने के कगार पर हैं। परंपरागत गुरुकुलों से ही पढ़कर परंपरागत विश्वविद्यालयों तक छात्र पहुँचेंगे अन्यथा विश्वविद्यालयों का परिणाम उस लक्ष्य तक नहीं पहुँच पाएगा, जो निर्धारित किया गया है।
6. स्वतंत्रता के पश्चात् कई विश्वविद्यालय और संस्थाएँ संस्कृत शिक्षा के लिए लगातार कार्य कर रही हैं, परंतु व्यापक सोच और योजना के अभाव में वे प्रतिफल देने में सफल नहीं हो पाती। इस कारण परंपरागत संस्कृत शिक्षा के प्रति सरकारों की उदासीनता भी दिखती है।
7. संस्कृत के विद्वान् अधिकतर अपने व्यवसाय के कारण ही शिक्षण को चुनते हैं, इस कारण उनका लक्ष्य भी नौकरी प्राप्त करना ही हो जाता है। वे सरकारों पर इतने निर्भर हो जाते हैं कि उनकी स्तुति-प्रशंसा में ही अपना समय पूर्ण कर देते हैं। कई विद्वानों को राजनेताओं पर पुस्तक लिखने के कारण राष्ट्रीय स्तर के पुरस्कार भी मिले हैं, इन पुरस्कारों में पद्म पुरस्कार भी सम्मिलित हैं। पूजा-पाठ, स्तुति-प्रशंसा आदि के कारण संस्कृत शिक्षा का गिरता स्तर भी चिंता का विषय है।
8. शोध एवं अनुसंधान के क्षेत्र में संस्कृत आधुनिक विषयों के समकक्ष नहीं रह पाती। अधिकतर शोधकार्यों का लाभ समाज को नहीं मिल पाता। भाषागत अनुसंधानों में भी संस्कृत का वर्तमान स्वरूप कुछ अपवादों को छोड़कर संतोषजनक नहीं है।
9. शोधकार्य में वैज्ञानिक शोध का न होना संस्कृत के वैज्ञानिक पक्ष को स्पष्ट नहीं कर पाता। आशा है कि नई शिक्षा नीति के लागू होने के बाद का स्वरूप संतोषजनक होगा।
10. परंपरागत संस्कृत विश्वविद्यालयों की संख्या पूरे देश में लगभग 17 है। इनमें तीन केंद्रीय विश्वविद्यालय हैं, अन्य राज्य सरकारों द्वारा स्थापित

हैं। इसके अतिरिक्त वैदिक शिक्षा के लिए सांदीपनी वेदविद्या प्रतिष्ठान, उज्जैन भी केंद्र सरकार द्वारा स्थापित है, लेकिन पूरे भारत वर्ष में एक भी संस्कृत शिक्षा अथवा वैदिक शिक्षा का बोर्ड नहीं है। यह विचारणीय है, कई स्तरों पर इस पर विचार तो हुआ है, परंतु अभी तक कोई ठोस कार्य नहीं हो पाया।

इसी प्रकार के और भी कई मुख्य कारण और चुनौतियाँ हो सकती हैं, जो संस्कृत के प्रचार-प्रसार तथा विकास में बाधक बनी हुई हैं। संस्कृत के आधुनिक संदर्भ में सार्थकता के विषय में अनेक मत हैं, उसमें से प्रमुख चिंता का विषय है, जो आधुनिक विज्ञान जानता है, वह संस्कृत नहीं जानता और जो संस्कृत जानता है, वह आधुनिक विज्ञान से अनभिज्ञ है। यही कारण है कि संस्कृत की समृद्ध परंपरा होते हुए भी आज संस्कृत समाज में व्यावहारिक धरातल पर कहीं दूर दिखाई पड़ती है। इस खाई को दूर करने के लिए आधुनिक विज्ञान का संस्कृत भाषा के साथ समावेश होना अत्यंत आवश्यक है। इन सारी चुनौतियों के बाद भी संस्कृत एक नया स्वरूप धारण करने को तैयार है। आगे आनेवाले 25 वर्षों में संस्कृत का स्तर सफलता की ओर बढ़नेवाला है। सफलता के उन बिंदुओं को ध्यान में रखकर यह निबंध लिखा जा रहा है। 2047 में स्वतंत्र भारत के 100 वर्ष पूर्ण होने पर संस्कृत की दशा और दिशा क्या होगी, इस पर हम इस निबंध के माध्यम से विचार करेंगे।

पिछले कुछ वर्षों से भारत के विश्वगुरु पद पर पुनर्स्थापना की चर्चा समाज में चल रही है, लेकिन भारत किन परिस्थितियों में विश्वगुरु कहलाएगा और विश्वगुरु का अर्थ हम किस प्रकार से कर सकते हैं? किसी समय भारत विश्वगुरु था, ऐसा भी हम मानते हैं। उस समय विश्व के आधुनिक देश एक ओर अपनी सभ्यता के शुरुआती चरण में थे तो भारतवर्ष की सभ्यता अपने उच्चतम शिखर को प्राप्त करके वेदों के माध्यम से परम ज्ञान को समेट रही थी। वैदिक काल में ही हमारी सभ्यता और संस्कृति अपने कीर्तिमान की पराकाष्ठा को प्राप्त कर चुकी थी। वैदिक काल के पश्चात् तंत्र, पौराणिक, बौद्ध, जैन आदि बहुत से कालखंड वैचारिक विमर्श और ज्ञान-विज्ञान के लिए प्रसिद्ध रहे। नालंदा और तक्षशिला जैसे विश्वविद्यालयों का इतिहास बहुत प्राचीन नहीं है। भारत में विदेशी आक्रमण के पश्चात् हम उस गौरवपूर्ण ज्ञान-विज्ञान में कहीं पिछड़ गए। मुगलकाल में हमारा ह्रास उतना नहीं हुआ, जितना अंग्रेजी शासनकाल के दौरान हुआ। मुगलों और अंग्रेजों के कालखंड की यदि तुलना की जाए तो हम कह सकते हैं कि मुगलकाल जहाँ-जहाँ तक फैला, वहाँ अत्याचार और अनाचार अवश्य ही बढ़ा, परंतु मुगल हमारी संस्कृति को

परिवर्तित नहीं कर पाए। हमारे कमजोर और पीछे रह गए एक समाज को उन्होंने तलवार की नोक पर धर्मांतरित अवश्य किया, लेकिन उसी दौर में एक वर्ग ऐसा भी था, जो हमारी सांस्कृतिक विरासत को बचाकर पर्वतों और उपत्यकाओं में जाकर विकसित करने लगा। मुगलों ने अत्याचार प्रचुर मात्रा में किया, परंतु भारत का एक वर्ग इस अत्याचार के विरुद्ध बौद्धिक और युद्धस्तर पर लगातार लड़ता रहा। मुगलों के बाद अंग्रेजों के शासनकाल में भारत पूरी तरह से बदल चुका था। मैकाले की शिक्षा नीति ने भारत की नींव पर प्रहार किया और यह दंश भारत आज भी झेल रहा है।

सबसे दु:खद यह है कि भारत की शिक्षा व्यवस्था स्वतंत्रता के 75 वर्ष पश्चात् भी पाश्चात्य ज्ञान-विज्ञान और संस्कृति का अनुसरण करती रही है। ज्ञान और सत्य की खोज के लिए पाश्चात्य ज्ञान को नकार देना तो भारतीय संस्कृति नहीं है, क्योंकि 'आनो भद्राः क्रतवो यन्तु विश्वतः' और 'एकं सद्विप्राः बहुधा वदन्ति' की संस्कृति ही भारतीय ज्ञान परंपरा का सार ही है, लेकिन इस कालखंड में हमने स्वयं को भुला दिया तथा हम अपनी परंपराओं में निहित ज्ञान-विज्ञान को विकसित नहीं कर पाए और न ही अपनी परंपराओं में निहित विज्ञान को अपनी अगली पीढ़ी को सही मायने में दे पाए। इसी का दुष्परिणाम रहा कि कुछ समय पश्चात् हमारी परंपराएँ रूढ़ि में बदल गईं, परंतु अब परिवर्तन का दौर है, पिछले एक दशक में भारतीय संस्कृति और ज्ञान-विज्ञान विश्व भर में जितना प्रचारित-प्रसारित और विकसित हुआ है, इससे एक आशा हमें दिखती है कि भारत की स्वतंत्रता के 100 वर्ष पूर्ण कर लेने पर 2047 में हम भारत को एक बार पुनः विश्वगुरु की स्थिति की ओर अग्रसर होता देख सकते हैं।

इस निबंध की भूमिका में ही स्पष्ट कर दिया गया है कि संस्कृत भारत के उस भाव के अनुभव के लिए महत्त्वपूर्ण है, जिसे हम भारत-तत्त्व कह सकते हैं, क्योंकि संस्कृत और संस्कृति के बिना भारत की कल्पना नहीं की जा सकती। भारतीय सांस्कृतिक परंपरा की एक लंबी शृंखला संस्कृत भाषा के माध्यम से आज हमारे बीच उपलब्ध है, जिसे हम संस्कृत भाषा के माध्यम से ही जान सकते हैं और अपनी आनेवाली पीढ़ियों को हमारी सांस्कृतिक परंपरा के साथ जोड़ सकते हैं। 2047 में भारतवर्ष में संस्कृत भाषा का कैसा स्वरूप होगा और विश्व में संस्कृत की क्या स्थिति रहेगी? इस विषय को विस्तार से देखते हैं। वर्तमान परिस्थितियों के आधार पर संस्कृत का कैसा स्वरूप हमें दिखता है, इस निबंध हेतु निम्न चार महत्त्वपूर्ण विषय चिह्नित किए गए हैं—

1. भारत के व्यवहार में संस्कृत
2. संस्कृत में निहित ज्ञान-विज्ञान का विकास
3. चिंतन एवं विचारों में संस्कृत
4. विश्व में संस्कृत।

वर्तमान में संस्कृत के प्रति जिज्ञासा लोगों में बढ़ी है, यह जिज्ञासा भारत के सामान्य और विशिष्ट दोनों समाजों में बढ़ी है। भारत का एक बड़ा बौद्धिक वर्ग संस्कृत को भारत के आधुनिक ज्ञान-विज्ञान की भाषा के विकल्प के रूप में भी देखता है, यह वर्ग संस्कृत के प्रति केवल श्रद्धा का भाव न रखकर इसे व्यावहारिक धरातल पर विकसित करने के लिए भी लगातार प्रयत्नशील है। यदि इसी प्रकार संस्कृत भाषा के प्रति चिंतन का प्रवाह बना रहा तो भारत का व्यवहार संस्कृतमय होनेवाला है। भारत के व्यवहार में संस्कृत से तात्पर्य है कि भारत का प्रत्येक नागरिक संस्कृत पढ़ सकेगा, समझ सकेगा और बोल भी सकेगा। इस व्यावहारिक समाज के परिवर्तन को हम विशिष्ट से सामान्य तक के क्रम में समझते हैं। जिसमें सर्वप्रथम विशिष्ट वर्ग, राज्य वर्ग, प्रशासन वर्ग और सामान्य वर्ग इन चार श्रेणियों में समझने का प्रयास करेंगे।

विशिष्ट वर्ग : विशिष्ट वर्ग वह है, जो समाज का बौद्धिक वर्ग है। इस वर्ग में दो प्रकार के बौद्धिक लोग आते हैं। एक वे, जो अपनी बुद्धि का प्रयोग समाज-निर्माण के लिए करते हैं, इन बौद्धिक जनों को बुद्धिशील जन भी कह सकते हैं। दूसरे वे बौद्धिक वर्ग के लोग हैं, जो अपनी बुद्धि के प्रयोग से अपनी आजीविका का निर्वहन करते हैं और सामाजिक परिवर्तन के साथ ही अपनी आजीविका की प्रकृति में भी परिवर्तन करते रहते हैं। हम कह सकते हैं कि ये दोनों ही बौद्धिक वर्ग संपूर्ण समाज की दशा और दिशा को निर्धारित करते हैं। इनमें बुद्धिशील वर्ग समाज की सकारात्मकता को बनाए रखने के लिए प्रयत्नशील रहता है तो बुद्धिजीवी वर्ग सामाजिक परिवर्तनों में अपने हित साधने हेतु स्वयं को और समाज को भविष्य के लिए तैयार करता है। किसी भी समाज में कुछ भी हो रहा हो अथवा होनेवाला हो, यह बौद्धिक वर्ग इसका विचार और चिंतन अवश्य करता है तथा भविष्य में होनेवाले सामाजिक परिवर्तनों को समझते हुए स्वयं भी उसके लिए तैयार रहता है। ये दोनों ही वर्ग समाज में निरंतर विचार-विमर्श और वाद-संवाद के माध्यम परिवर्तनशील समाज का मतनिर्माण करते हैं। संपूर्ण समाज का परिवर्तनशील नेतृत्व बौद्धिक वर्ग के ही हाथों में होता है। बौद्धिक वर्ग द्वारा जो मत निर्मित किया जाता है, उसी के आधार पर भविष्य की नीतियाँ बनती हैं और समाज में लागू भी होती हैं।

भारत का बौद्धिक वर्ग वर्तमान में संस्कृत के प्रति सकारात्मक है। वह विश्व में बढ़ रही संस्कृत के प्रति समाज की रुचि को देख रहा है और आनेवाले भविष्य के प्रति भी जागृत है। भारत का बौद्धिक वर्ग स्वयं को भविष्य के लिए तैयार भी कर रहा है। वर्तमान की स्थितियों को देखें तो भारत का बौद्धिक समाज संस्कृत को अपने भाषणों, व्याख्यानों आदि में यदा-कदा प्रयोग करने लगा है। एक ओर जहाँ एक समय में अंग्रेजी बोलनेवाला ही विद्वानों और बौद्धिक वर्ग की श्रेणी में माना जाता था, वहीं आज यह भ्रम भी टूट रहा है। आज का बौद्धिक वर्ग संस्कृत के श्लोकों का प्रयोग करने लगा है और संस्कृत सीख भी रहा है। पिछले एक दशक में इस वर्ग के लोगों की संख्या संस्कृत सीखनेवालों में बढ़ी है। इन परिस्थितियों को देखकर हम कह सकते हैं कि आगे आनेवाले 25 वर्षों में भारत का विशिष्ट वर्ग अपने व्यवहार में संस्कृत को पूरी तरह से ले आएगा और संस्कृत का अग्रणी नेतृत्व करेगा।

राज्य वर्ग : राज्य वर्ग के अंतर्गत भारत का शासक वर्ग है। भारतीय संसद् में पिछले एक दशक में बोली जानेवाली भाषाओं में संस्कृत ने अपनी एक नई पहचान बनाई है। संसद् में शपथ लेनेवाले सांसदों की संख्या लगातार बढ़ रही है। 17वीं लोकसभा में हिंदी और अंग्रेजी के बाद संस्कृत तीसरी भाषा है, जिसमें सर्वाधिक 47 सांसदों ने संस्कृत भाषा में शपथ ली। 16वीं लोकसभा में यह संख्या 39 और 15वीं लोकसभा में संस्कृत में शपथ लेनेवाले सांसदों की संख्या 10 थी। संसद् में संस्कृत भाषा में शपथ लेनेवाले सांसदों की बढ़ती हुई संख्या के आधार पर यह अनुमान है कि 2047 तक यह संख्या 200 से अधिक होगी। इसके अतिरिक्त भारत के प्रधानमंत्री, मंत्री तथा सांसद आदि जनप्रतिनिधि लगातार संस्कृत को सोशल मीडिया के माध्यम से व्यक्त भी करते रहते हैं। भारत की 17वीं लोकसभा में श्री प्रताप चंद्र षडंगी धाराप्रवाह से संस्कृत भाषा में ही भाषण देते हैं और संसद् में उनकी सहभागिता संस्कृत भाषा में ही होती है। संस्कृत में धाराप्रवाह से चर्चा में भाग लेनेवालों की संख्या 2047 तक 10 से अधिक सांसदों की रहेगी और लगभग सभी सांसद संस्कृत को समझ सकेंगे अथवा सीखने के लिए अवश्य ही तत्पर होंगे। पिछले एक दशक से जनप्रतिनिधि लगातार संस्कृत सीख रहे हैं और यदा-कदा संस्कृत में अपनी अभिव्यक्ति भी करते रहते हैं। इस आधार पर कह सकते हैं कि भारत का राज्य वर्ग संस्कृत के प्रति जिज्ञासु हुआ है। नीति निर्धारण और विधि निर्माण में भी इसका लाभ अवश्य ही संस्कृत तक पहुँचनेवाला है। 2047 तक भारत का राज्यवर्ग संस्कृतमय होगा और संस्कृत भाषा भारत की नीतियों का भी हिस्सा होगी।

प्रशासन वर्ग : भारत का राज्यवर्ग यदि संस्कृमय होगा तो स्वाभाविक है कि प्रशासन वर्ग भी संस्कृत की ओर ही बढ़ेगा। राज्य द्वारा बनाई गई नीतियों को व्यवहार में लाने का कार्य प्रशासन वर्ग का होता है। यदि नीति निर्माण के समय संस्कृत की अधिकता रहेगी तो निश्चित ही प्रशासन वर्ग के लिए संस्कृत भाषा का ज्ञान आवश्यक होगा, क्योंकि संस्कृत सीखा हुआ प्रशासक ही नीतियों को सही अर्थों में लागू करने में सक्षम होगा। भारत का प्रशासक वर्ग अभी अधिकतर अंग्रेजी भाषा का प्रयोग करता है, लेकिन संसद् में अंग्रेजी बोलनेवालों की संख्या में कमी के कारण प्रशासक भी वैकल्पिक भाषाओं को चुन रहे हैं। हिंदी तो एक विकल्प के रूप में सदा से ही रही है, लेकिन संसद् में बढ़ती संस्कृत भाषा के कारण संस्कृत भी एक विकल्प के रूप में होगी। हो सकता है कि 2047 तक प्रत्येक प्रशासक को तीन भाषाओं हिंदी, अंग्रेजी और संस्कृत का ज्ञान होना आवश्यक हो। वर्तमान में भी कई प्रशासक संस्कृत का अच्छा ज्ञान रखते हैं, लेकिन सामाजिक परिवर्तन के साथ ही प्रशासकों की संख्या अगले 25 वर्षों में तेजी से बढ़नेवाली है।

सामान्य वर्ग : भारत का सामान्य वर्ग संस्कृत के प्रति अगाध श्रद्धा का भाव रखता है, अतः सामान्य वर्ग को संस्कृत को व्यवहार में प्रयोग करना सबसे आसान है। जिसके प्रति श्रद्धा बनी रहती है, वह व्यवहार में उतनी ही सरल हो जाती है। बहुत सी सामाजिक संस्थाएँ संस्कृत के प्रचार-प्रसार में लगी हुई हैं और पिछले 10 वर्षों में इन्होंने इस कार्य में सफलता भी प्राप्त की है। वर्तमान में संस्कृत सीखनेवालों की संख्या में बहुत बढ़ोतरी हुई है। सामाजिक संस्थाओं के माध्यम से संस्कृत ग्राम, संस्कृत परिवार आदि योजनाएँ चल रही हैं, जिसका प्रभाव दूरगामी होगा, जब भारत का बौद्धिक वर्ग समाज में संस्कृत के प्रति मत निर्माण कर रहा हो, राज्य वर्ग नीतियों में संस्कृत को व्यवहृत कर रहा हो, प्रशासक उन नीतियों को लागू कर रहे हों तो सामान्य वर्ग संस्कृत को व्यवहार में न ला सके, यह एक अपवाद ही होगा। भारत का सामान्यजन वर्तमान में भी संस्कृत के वाक्यों, सूक्तियों तथा श्लोकों को अभिव्यक्त करता ही है। वर्तमान स्थितियों को देखकर लगता है कि भारत का सामान्य वर्ग भी संस्कृत को अपने व्यवहार में प्रयोग करेगा। वह भाषा को बोल सकेगा, लिख सकेगा तथा समझ सकेगा। अगले 25 वर्षों में 2047 में जब भारत अपनी स्वतंत्रता के 100 वर्ष पूरे कर रहा होगा, तब भारत अपने व्यवहार में संस्कृत को प्राप्त कर चुका होगा।

संस्कृत साहित्य में भारतीय ज्ञान परंपरा का अपार भंडार है, जो आज के आधुनिक वैज्ञानिकों का भी मार्गदर्शन कर सकता है, इस बात को सभी स्वीकार

करते हैं। मैकाले की शिक्षा नीति के बाद भारत की गुरुकुल परंपरा को नष्ट कर दिया गया था और अंग्रेजी शिक्षा का प्रचार-प्रसार बहुतायत में हुआ। इससे अंग्रेजियत की ऐसी परंपरा का विकास हुआ, जो आज भी भारत को पाश्चात्य परंपरा का निर्वाहक ही मानती आई है। जो भी आधुनिक ज्ञान-विज्ञान पश्चिमी देशों में विकसित हुआ, हमने उन्हीं पाश्चात्य परंपराओं और भाषा का ही अनुसरण किया और अपनी विराट् परंपरा को भुला दिया। गुरुकुल व्यवस्था में भारतीय ज्ञान-विज्ञान इतना विस्तृत था, तभी विश्व ज्ञान-अर्जन हेतु भारत की ओर देखता था। कुछ बातों के आधार पर यह भी सिद्ध हुआ है कि भारतीय ज्ञान संपदा को अंग्रेजों ने यहाँ तो नष्ट करने का प्रयास किया, परंतु एक ओर यहाँ से ज्ञान प्राप्त करके उसका अपने देशों में विस्तार किया और वही ज्ञान अंग्रेजी माध्यम से आधुनिक बताकर भारत में पढ़ाया गया। अंग्रेजों द्वारा भारतीयों को अंग्रेजी भाषा के प्रचार-प्रसार और पढ़ाने के कई लाभ थे। इसमें सबसे बड़ा लाभ यह था कि अंग्रेजों को अपने विश्वासपात्र तैयार करने थे और उन्हें अपनी नीतियों को भारत में लागू करना था तो नौकरशाहों को अंग्रेजी का ज्ञान दिया तथा समाज और अपने बीच की खाई को दूर किया, जिससे वे भारत के जनमानस में पनप रहे विद्रोह को दूर कर सकें। असल में ये अंग्रेजियत के नौकरशाह अंग्रेजों और भारतीय जनमानस के बीच बिचौलिए के रूप में थे। अंग्रेजी भाषा पढ़ाने का दूसरा सबसे बड़ा लाभ यह था कि उन्हें भारतीय ज्ञान परंपरा के मंदिरों को नष्ट करना था तथा भारतीय ज्ञान संपदा को विकसित और आधुनिक होने से रोकना था। यदि भारतीय गुरुकुल और भारतीय ज्ञान संपदा को विकसित होने दिया जाता तो भारत का विश्वगुरु के पद से कभी भी पतन नहीं होता। अंग्रेजी भाषा के माध्यम से भारत के एक वर्ग को धर्मांतरित करने का षड्यंत्र भी भारत में वर्षों तक चलता रहा, जो वर्तमान में भी मिशनरी पाठशालाओं के माध्यम से चल रहा है।

पिछले एक दशक में भारतीय ज्ञान-विज्ञान के प्रति लोगों का ध्यान पुन: आकर्षित हुआ है। योग और आयुर्वेद विश्व भर में अपनी अलग पहचान स्थापित कर चुके हैं। इसी प्रकार वैदिक विज्ञान पर भी कई शोधकार्य किए जा रहे हैं। विश्वविद्यालयों में संस्कृत भाषा के विकास के लिए निरंतर प्रयास किए जा रहे हैं। वर्ष 2019 में ही केंद्र सरकार ने देश में तीन केंद्रीय संस्कृत विश्वविद्यालयों की स्थापना की है। ये विश्वविद्यालय परंपरागत ज्ञान-विज्ञान में शोध और अनुसंधान के साथ-साथ प्राचीन भारतीय ज्ञान को आधुनिक ज्ञान से जोड़कर उसे भारतीयों और विश्व के समक्ष रखेंगे। इसी प्रकार से कई राज्यों में भी संस्कृत भाषा के कई परंपरागत विश्वविद्यालयों की स्थापना की गई है अथवा योजना है। योग और

आयुर्वेद के अतिरिक्त कई ऐसे महत्त्वपूर्ण विषय संस्कृत साहित्य में विद्यमान हैं, जिन पर कार्य किया जा रहा है। आनेवाले पच्चीस वर्षों में योग और आयुर्वेद के साथ-साथ वास्तुशास्त्र, रसायनविद्या, ज्योतिषशास्त्र, जलविज्ञान, भारतीय कलाएँ, साहित्य, दर्शन आदि का भी प्रचार-प्रसार विश्व में हो चुका होगा। वास्तुशास्त्र को ही लें तो आधुनिक वास्तुकला के साथ इसका समायोजन का कार्य चल रहा है और कई विश्वविद्यालयों में इस विज्ञान का पठन-पाठन चल रहा है। ज्योतिषशास्त्र किन्हीं कारणों से पिछड़ गया था, ज्योतिष में कई रूढ़ियाँ जन्म ले चुकी हैं, परंतु शोध और अनुसंधान के साथ-साथ ज्योतिष को केवल जन्मकुंडली और फलादेश तक सीमित न करके उसके अंतर्गत मौसम विज्ञान, खगोल विज्ञान, गणित, संहिता आदि का भी प्रचार-प्रसार हो रहा है। भारतीय ज्योतिष को आधुनिक खगोल वैज्ञानिक अपना मूल मानते ही हैं। ज्योतिष के कई आर्ष ग्रंथ आज के युग में भी उतने ही प्रासंगिक हैं, जितने हजारों वर्ष पूर्व थे। भारतीय कलाओं में संगीत की उत्पत्ति सामवेद से मानी जाती है, इसी प्रकार नाट्यशास्त्र में नाटक और काव्यशास्त्रीय विषयों की प्रासंगिकता आज भी है। पाश्चात्य नाट्यकला एक ओर जहाँ समाज को दूषित कर रही है, वहीं भारतीय कलाओं का लक्ष्य समाज को सत्य का मार्ग दिखाना रहा है। भारत के विश्वविद्यालयों में संस्कृत विभाग की स्थापना लगातार बढ़ती जा रही है। जिस प्रकार हिंदी और अंग्रेजी कुछ अपवादों को छोड़कर लगभग सभी विश्वविद्यालयों में स्थापित हैं, उसी प्रकार संस्कृत विभाग भी 2047 तक लगभग सभी विश्वविद्यालयों में स्थापित हो चुके होंगे।

हरियाणा के विश्वविद्यालयों में आधुनिक विज्ञान के साथ-साथ भारतीय विद्याओं का समावेश अनिवार्य रूप से हो, इस पर कार्य किया जा रहा है। इससे पूर्व भी कई विश्वविद्यालयों में ऐसे प्रयास हुए हैं, जिसमें आधुनिक वैज्ञानिक और संस्कृत भाषा के विद्वान् बैठकर चर्चा-विमर्श लगातार करते रहते हैं। काशी हिंदू विश्वविद्यालय उस परंपरा में से एक है। इसी तर्ज पर अनुमानतः 100 ऐसे केंद्रीय विश्वविद्यालय, राज्य विश्वविद्यालय तथा निजी विश्वविद्यालय होंगे, जहाँ आधुनिक और प्राच्य विज्ञान को सम्मिलित रूप से पढ़ाया जाएगा। इस कार्य के लिए कई सामाजिक संगठन भी कार्य कर रहे हैं। भारत की प्राच्य विद्याओं पर शोध एवं अनुसंधान हेतु संस्कृत विभागों की स्थापना तथा संस्कृत विद्वानों की नियुक्ति निरंतर होनी आवश्यक है। कई आधुनिक विज्ञान एवं तकनीकी विश्वविद्यालयों एवं संस्थानों में वैदिक विज्ञान नाम से पाठ्यक्रम भी चलाया जा रहा है। कई विश्वविद्यालयों में संस्कृत को अनिवार्य रूप से पढ़ाया भी जा रहा है। इस प्रकार के

कार्यक्रमों से एक दूरी, जो आधुनिक वैज्ञानिकों और संस्कृत विद्वानों के बीच है, वह 2047 तक समाप्त हो जाएगी।

नई शिक्षा नीति में संस्कृत पर विशेष ध्यान दिया गया है। यह नीति 2030 तक भारत में पूर्ण रूप से लागू हो जाएगी, अतः इसके बाद के सत्रह वर्षों में भारत के सभी विश्वविद्यालयों तथा तकनीकी संस्थानों में संस्कृत विभाग अवश्य ही स्थापित हो चुके होंगे, जो आधुनिक विषयों के साथ-साथ प्राचीन भारतीय विद्याओं पर भी शोधकार्य करेंगे। प्रत्येक विश्वविद्यालय में संस्कृत विभाग होने से क्षेत्रीय भाषाओं में भी शोधकार्य को अधिक बल मिलेगा और संस्कृत भाषा के उन शब्दों का भी विकास होगा, जो आधुनिक सभ्यता की देन हैं और जिनके लिए संस्कृत साहित्य में कोई शब्द उपलब्ध नहीं है, क्योंकि माना जाता है कि सभी भारतीय भाषाओं की जननी संस्कृत ही है। मेरा मानना है कि सभी भारतीय भाषाओं को यदि वैज्ञानिक रूप से परिष्कृत किया जाए तो उनका अंतिम स्वरूप संस्कृत ही बनेगा। उपर्युक्त दोनों ही तर्कों में जो भी सत्य हो, दोनों से लाभ संस्कृत का ही होना है।

आज भारत में भाषागत विरोध एक समस्य बनी हुई है। दक्षिण भारत के कई राज्य हिंदी को स्वीकार नहीं कर पा रहे हैं, क्योंकि उनके पास हिंदी से अधिक प्राचीन और समृद्ध भाषा विद्यमान है, लेकिन 2047 तक सभी विश्वविद्यालयों में संस्कृत होने से यह भेद भी समाप्त हो जाएगा, क्योंकि संस्कृत का विरोध कोई भी क्षेत्रीय भाषा के विद्वान् नहीं करते, अतः संपूर्ण देश को एक सूत्र में बाँधनेवाली भाषा संस्कृत बनेगी।

परंपरागत संस्कृत के विषयों जैसे पौरोहित्य, ज्योतिष, वास्तुशास्त्र, योग, आयुर्वेद आदि वैज्ञानिक विषयों के विद्वानों के लिए प्राइवेट प्रैक्टिस हेतु लाइसेंसिंग की सुविधा भी होगी, जिससे समाज में वे अपना कार्य योग्यता के साथ कर सकें। इससे पुरोहितों, ज्योतिषियों आदि के प्रति समाज में फैले भ्रम और अंधविश्वासों की भी समाप्ति हो जाएगी, फिर वे ही लोग प्रैक्टिस कर पाएँगे, जो इसके लिए योग्य हैं तथा जिन्होंने इन विषयों का अध्ययन परंपरागत विधा से किया हुआ है। इससे समाज में संस्कृत, कर्मकांड और परंपराओं के नाम पर ठगी करनेवाले लोगों से भी मुक्ति मिल जाएगी।

संस्कृत का अर्थ ही परिष्कृत है। किसी भी विचार को पूर्ण परिष्कृत होने में कई पीढ़ियाँ लग सकती हैं। परंपरा के आधार पर लगातार संस्कारों द्वारा कोई एक विचार, कला अथवा विज्ञान अपने प्रकृष्टतम स्वरूप को प्राप्त करता है।

संस्कृत की भी यही विशेषता है कि यह परंपरा का निर्वहन करती है। संस्कृत के प्रचार-प्रसार के साथ ही विचारों में भी गंभीरता और शुद्धता का विकास अवश्य होगा। किसी भी प्रकार की गाली या अपशब्द संस्कृत साहित्य में हमें प्राप्त नहीं होते। संस्कृत के प्रभाव से समाज में भी शुद्धीकरण अवश्य ही होगा। संस्कृत का वैज्ञानिक पक्ष रहा है कि यह विचारों, आचरण एवं व्यवहार को शुद्ध करती है। मानसिक शांति के लिए वैदिक मंत्रों को सुनना लाभदायक होता है। कुछ चिकित्सक संस्कृत भाषा का उपयोग स्पीच थैरैपी के लिए करते हैं, इससे बोलने में भी स्पष्टता होती है। संस्कृत के विकास के साथ-साथ भारत का चारित्रिक विकास भी होगा। 2047 में भारत की लगभग 60 प्रतिशत से अधिक की आबादी संस्कृत से सीधे तौर पर जुड़ी होगी, जो अपने विचारों में संस्कृत को धारण कर रही होगी। भारत का सुसंस्कृत समाज 2047 तक लगभग 30 से 40 प्रतिशत तक अपराधों को समाप्त कर चुका होगा।

संपूर्ण भारत जब संस्कृतमय होगा, तब विश्व के मानस पटल पर वह विश्वगुरु के पद पर पुनः स्थापित हो जाएगा। विश्व में भी संस्कृत पर अनुसंधान निरंतर हो रहे हैं। अमेरिका, जर्मनी, इंग्लैंड, कनाडा आदि देशों में संस्कृत पढ़ाई जाती है तथा अनुसंधान कार्य भी किए जा रहे हैं। कुछ विद्वानों का कहना है कि अगला सुपर कंप्यूटर संस्कृत भाषा पर आधारित होगा। यह संभव है, क्योंकि संस्कृत भाषा ही एकमात्र विश्व की ऐसी भाषा है, जो पूर्ण रूप से वैज्ञानिक है तथा कंप्यूटर के लिए उपयुक्त होगी।

योग और आयुर्वेद पूरे विश्व में एक आंदोलन के रूप में स्थापित हो चुका है। इसी प्रकार के और भी विषय 2047 तक विश्व में स्थापित हो चुके होंगे, जैसे वास्तुशास्त्र, ज्योतिष, वैदिक गणित, नाट्यशास्त्र, अर्थशास्त्र, नीतिशास्त्र, विधिशास्त्र या धर्मशास्त्र आदि प्रमुख विषय हैं, जो 2047 तक अपना स्थान वैश्विक पटल पर बना चुके होंगे। इनके साथ-साथ पाणिनि का भाषा-विज्ञान विश्व का सर्वोत्तम भाषाविज्ञान है, उस पर भी सभी की स्वीकार्यता बन चुकी होगी। इससे विश्व संस्कृत की ओर और अधिक आकर्षित होगा, वैश्विक स्तर पर भी संस्कृत के कुछ अंतरराष्ट्रीय विश्वविद्यालयों की भी स्थापना हो चुकी होगी। इसका नेतृत्व यदि भारत ने नहीं किया तो संस्कृत वैश्विक धरातल से भारत की धरती पर आएगी, अतः इसके लिए भारत को एक विश्वस्तरीय संस्कृत शोध संस्थान अथवा अंतरराष्ट्रीय विश्वविद्यालय बनाने की आवश्यकता है, जो आधुनिक हो और वैश्विक स्तर पर संस्कृत का नेतृत्व कर रहा हो। यह शीघ्रातिशीघ्र आवश्यक

कार्य प्रतीत होता है, यदि यह कार्य भारत ने नहीं किया तो पाश्चात्य देश इस कार्य को 2047 तक कर चुके होंगे, क्योंकि आज सारा विश्व सभी समस्याओं के समाधान के लिए भारत की ओर देख रहा है। वे समस्याएँ आतंकवाद की हों, पर्यावरण की हों, स्वास्थ्य की हों अथवा कोई सामाजिक परिवर्तन की। इन सभी समस्याओं का उत्तर संस्कृत के वृहद् साहित्य में छुपा हुआ है। इसीलिए महाभारत में कहा गया है—'यदिहस्ति तदन्यत्र यन्नेहास्ति न तत्क्वचित्', अर्थात् जो कुछ भी विश्व में है, वह महाभारत में विद्यमान है और जो महाभारत में नहीं है, वह विश्व में कहीं भी नहीं हो सकता, क्योंकि महाभारत एक सभ्यता के शीर्ष पर पहुँचे हुए विचारों का सार है। विश्व में कोई भी सभ्यता यदि अपने उच्चतम शिखर को प्राप्त करेगी तो वह महाभारत के करीब ही रहेगी। भारतीय संस्कृति और सभ्यता के सार रूप ग्रंथ हमारे पास संस्कृत भाषा में विद्यमान हैं, जो विश्व का मार्ग प्रशस्त कर सकते हैं और इसे विश्व भी समझ रहा है।

संपूर्ण विश्व में आज भारत की संस्कृति और परंपराओं के प्रति आकर्षण है। यह आकर्षण भारत की वैचारिक विभिन्नता के परिणामस्वरूप हुआ है। भारत में विचारों की व्यापकता अधिक है। आज का विश्व समाजवाद और साम्यवाद के सिद्धांतों की ओर जाता हुआ दिखता है, परंतु इस प्रकार के सिद्धांत भारत की परंपराओं में तथा संस्कृत साहित्य में प्राप्त हो जाएँगे। भारतीय सभ्यता के 'अपरिग्रह' पर समाजवाद, साम्राज्यवाद आदि विचारों के विकल्प के रूप में चर्चा शुरू हो चुकी होगी। भारत विश्व को एक परिवार के रूप में देखता है, परिवार में कोई दु:खी होता है तो संपूर्ण परिवार उस दु:ख में उसके साथ खड़ा दिखाई देता है। यही बात सुख पर भी प्रभावी होती है। सुख और दु:ख को पूरा विश्व मिलकर अनुभव करे, यही भारत की दृष्टि रही है। भारत की यह दृष्टि संस्कृत साहित्य से ही हमें प्राप्त होती है। संस्कृत के बिना भारत की कल्पना करना भी कठिन है, अत: संस्कृत को भारत का स्वरूप भी कहा जा सकता है और संस्कृति को भारत की आत्मा। ये दोनों ही एक-दूसरे को पूर्ण कर भारत की परिकल्पना करते हैं।

भारत में सभी भाषाएँ संस्कृत भाषा से प्रत्यक्ष रूप से जुड़ी हुई हैं और उन क्षेत्रों की अलग-अलग परंपराएँ भी हैं, जो संस्कृत साहित्य में व्यापक स्तर पर विद्यमान हैं, अत: संस्कृत पूरे भारत को एक राष्ट्र के रूप में समेटने में सहायक हो सकती है। लगभग 17वीं शताब्दी तक भारत की संपूर्ण शिक्षा व्यवस्था संस्कृत भाषा में ही थी। भारत का ज्ञान-विज्ञान संस्कृत भाषा में विद्यमान था। दक्षिण

भारत से उत्तर तक का सारा ज्ञान-विज्ञान संस्कृत भाषा में ही विकसित हुआ। हमें अपने ज्ञान-विज्ञान को पुनः प्राप्त करना है और विश्व में भारत को अग्रणी बनाना है तो इसके लिए संस्कृत ही एकमात्र विकल्प है। भविष्य में संस्कृत भाषा ही संपूर्ण भारत की भाषा अथवा राष्ट्रभाषा हो सकती है। इसके लिए वर्ष 2047 में जब भारत को स्वतंत्र हुए 100 वर्ष पूर्ण हो चुके होंगे, इस कालखंड में हम संस्कृत को भारत में प्रतिष्ठित कर सकें यही हमारा लक्ष्य होना चाहिए। □

मेरे सपनों का गाँव

–डॉ. दयानंद कादियान

प्रस्तावना

स्वामी विवेकानंद जब शिकागो सम्मेलन में भाग लेने के बाद भारत भूमि पर लौटे तो उन्होंने जमीन पर लेटकर धूलि स्नान किया था और कहा था कि मैं यूरोप की भोग भूमि से तप व साधना की भूमि पर आया हूँ, अतः मन व शरीर को पवित्र करना जरूरी है। भारत त्याग व तपस्या की भूमि ऋषिकृत गाँव संस्कृति के कारण है। गाँव त्याग, साधना और स्वतंत्रता का नाम है। गाँव की समृद्धि के कारण ही भारत विश्व का सिरमौर था। गाँव छोटे से गणतंत्र हैं, जो अपनी जरूरत खुद पूरी करते थे। भारत वर्ष कृषि प्रधान व गाँवों का देश है। यहाँ किसानों के चारों ओर जमीन के बंधन में सहयोगी व कारीगर भाईचारे व सौहार्द के बंधन में बँधे रहते थे, जहाँ पर कला व कौशल को फलने-फूलने का मौका मिलता है, परंतु मध्यकाल में गाँव समृद्धि के दास हुए। विदेशी हुक्मरानों ने गाँव की अस्मिता पर हमले किए। गाँवों को साधनसंपन्न तथा आत्मनिर्भर बनाने के तौर-तरीकों पर चलने की जरूरत है। शिक्षा व चिकित्सा सुविधा के केंद्र में गाँव होने चाहिए।

पिछले 70 वर्षों में गाँवों को पारंपरिक स्वरूप में न रहने दिया तथा न ही जमाने के अनुरूप आधुनिक तरीके से विकसित किया। भारत की समृद्धि की तसवीर गाँव के विकास के नवरन पर ही सुव्यवस्थित ढंग से तैयार हो सकती है। गाँव के लोगों में घर कर गई रेडीमेड संस्कृति गाँव के स्वावलंबन के लिए बहुत बड़ा खतरा है। काम ही साधना है तथा वह भी तकनीकी के साथ होनी चाहिए। 2047 में गाँव ऐसी समृद्ध इकाई होनी चाहिए, जिससे भारत अपने विश्वगुरु के दर्जे को प्राप्त कर सके।

निबंध

भारतवर्ष वर्ष कृषि आधारित अर्थव्यवस्था का सिरमौर है। यह एक विशाल कृषि प्रधान देश है। इसलिए इसे गाँवों का देश कहा जाता है। पं. दीनदयाल उपाध्याय का अंत्योदय का नारा गाँव के आखिरी आदमी तक शासन सत्ता का लोग पहुँचाना था। ग्रामीण अर्थव्यवस्था के महान् चिंतक चौधरी चरण सिंह कहा करते थे, "देश की खुशाली का रास्ता गाँव ओर खेतों से होकर गुजरता है।" भारत का विकास गाँव की सुख-समृद्धि पर निर्भर करता है। भारत के विकास को मापने के पैमाने हैं गाँव। यही कारण है कि यूरोप के प्रतिष्ठित विश्वविद्यालयों में गाँव पर अनुपम शोध कराए जा रहे हैं। प्रो. देसाई ने ग्रामीण अध्ययन की महत्ता का वर्णन करते हुए लिखा है, "ग्रामीण सामाजिक संगठन व उसके ढाँचे, कार्य एवं मूल्यांकन का व्यवस्थित अध्ययन स्वतंत्रता प्राप्ति के बाद केवल आवश्यक ही नहीं, अपितु अति आवश्यक हो गया है! भारत के ग्रामीण समाज की पौराणिकता को उद्धृत करते हुए देसाई ने लिखा है—'भारत में ग्रामीण समाजशास्त्र का उदय व महत्त्व आदिकालीन है।" आचार्य महावीर प्रसाद द्विवेदी ने है 'अपना हिंदुस्तान कहाँ-कहाँ, वह बसा हमारे गाँव में' काव्यमय अभिव्यक्ति दी है।

भारतीय गाँव के बारे में कुरेन्सन ने ठीक ही लिखा है, "पुरातन ग्राम केवल आर्थिक व प्रशासनिक इकाई नहीं थे, अपितु वे सहयोगिक एवं सांस्कृतिक जीवन के केंद्र थे। उनके पास अपने त्योहार, पर्व, लोकगीत, नृत्य, खेल व मेले थे, जिन्होंने जन को जीवन दिया और उसके उत्साह को बनाए रखा, परंतु विदेशी शासन ने इस सुंदर व्यवस्था को छिन्न-भिन्न कर दिया। मेरकाफ ने काफी शोध-पड़ताल करने के बाद गाँव पर बड़ी सटीक टिप्पणी की है, "गाँव एक छोटा सा लोकतंत्र है, जिनके पास वे सारी वस्तुएँ हैं, जिनकी उन्हें आवश्यकता है कि वहाँ भी जीवित मालूम पड़ते हैं, जहाँ कुछ भी जीवित नहीं रह पाता। राजघराने के राजघराने नष्ट हो गए। क्रांतियों पर क्रांतियाँ हुई, परंतु ग्रामीण समुदाय ज्यों-के-त्यों बने रहे। मेरी समझ में ग्रामीण समुदाय के संघ, जिसमें प्रत्येक गाँव अपने आप में अलग छोटा सा राज्य है। इस प्रकार गाँव ने परिवर्तन के दौर में भारतीयता को बनाए रखने में सहयोग दिया।" मोरीस जोन्स ने भारतीय गाँव के बारे में लिखा है—"यह शायद सत्य है कि भारत के देहात हजारों बिखरे गाँव, जहाँ मिट्टी के मकान हैं और लोग मिट्टी में ही रहते हैं। दूसरे गाँव व कस्बे में जाने के लिए सिर्फ पगडंडियाँ ही हैं। यहाँ के लोगों का ब्रिटीश सरकार के साथ निकट का वास्ता नहीं था। सरकारी अधिकारियों की संख्या कम थी और गाँव अनेक हैं, जहाँ बहुत ही लग्न व ईमानदारी से काम

करनेवाले जिलाधीश ने घोड़ों पर गाँव का दौरा किया।"

इस प्रकार हम यह कह सकते हैं कि गाँव प्रकृति की गोद में ईश्वर के आदेश पर भारतीय ऋषियों ने सनातन वैदिक पद्धतियों से आबाद किए थे, जो अपने आप में छोटे से गणतंत्र थे तथा जरूरत के हिसाब से प्रक्रिया में स्वावलंबी थे। जजमानी प्रणाली से अपनी सभी जरूरत को स्वयं ही पूरा कर लेते थे। गाँव भारतीयता को देखने व समझने का सार्थक तथा सटीक मॉडल हैं।

ग्राम शब्द का प्रयोग आदिकाल से होता आ रहा है। भारत के गाँव भारतीय संस्कृति के मूलस्रोत माने जा रहे हैं। प्राचीनकाल से गाँव सामाजिक व राजनीतिक संगठन की महत्त्वपूर्ण इकाई रहे हैं। समाजिक संबंधों को स्थाथित्व देनेवाले संगठन का नाम गाँव दिया गया है। ऋग्वेद में परिवार को समाज का आदिकालीन स्वरूप बतलाया गया है। कई परिवारों से मिलकर रिहा, अर्थात् गिरोह बनते हैं। गिरोह का अर्थ झुंड बतलाया गया है। इस प्रकार ग्रहों से गोत्र उत्पन्न हुए और गोत्र के आधार पर ही गाँवों की उत्पत्ति बतलाई गई। महाभारत के ग्राम शब्दों के कई संदर्भ मिलते हैं। इस महाकाव्य में समूह स्थापना को सुरक्षित स्थान कहकर पुकारा गया है। स्पष्ट शब्दों में ग्राम उस स्थान को कहा गया है, जहाँ सर्वप्रथम कृषि आरंभ हुई, क्योंकि कृषि ने मानव को स्थायित्व प्रदान किया है। इसी स्थायित्व के आधार पर हुई स्थापना को गाँव की संज्ञा दी गई है। रामायण और महाभारत में दो प्रकार के गाँव 'घोष' तथा 'ग्राम' का उल्लेख मिलता है। घोष ग्राम से आकार में छोटी जंगली बस्ती होती थी, ऐसे गाँवों में पशुचारक मुख्य व्यवसाय था और इसके वासी दूध बेचने का धंधा करते थे। ग्राम का आकार घोष से बड़ा होता था। इसके निवासियों का मुख्य व्यवसाय खेतीबाड़ी होता था। ग्राम के मुखिया को ग्रामिक कहा गया था। डॉ. हरिचंद्र ने गाँव के बारे में लिखा है, "प्राचीन भारत में गाँव को शासन की घड़ी माना जाता था। वैदिक युग में तो ग्रामशासन का अधिक महत्त्व था। प्रत्येक ग्राम पंचायतें प्रशासनिक तथा न्यायिक कार्यों का सपांदन करती थीं। मनु संहिता में राजा तथा गाँव के बीच प्रत्यक्ष संबंध की चर्चा मिलती है। कौटिल्य के अर्थशास्त्र से स्पष्ट हो जाता है कि ग्रामीण जीवन में राज्य का हस्तेक्षप कम होता था।"

ग्रामीण समुदाय को मेशिल और एलरिज ने इस प्रकार परिभाषित किया है, "ग्रामीण समुदाय के अंतर्गत संस्थाओं और ऐसे व्यक्तियों का संकलन होता है, जो छोटे से केंद्र के चारों ओर संगठित होते हैं तथा सामान्य प्राकृतिक कार्यों में भाग लेते हैं।" सेंडरसन ग्रामीण समुदाय के बारे में लिखते हैं, "एक ग्रामीण समुदाय में स्थानीय क्षेत्र के लोगों की सामाजिक अंत:क्रिया उनकी संस्थाओं में सम्मिलित है।

जिसमें वह खेत के चारों ओर बिखरी झोपड़ियों तथा पुरवा या ग्रामों में रहती है और जो सामान्य क्रियाओं का केंद्र है।

अतः ऋषि परपंरा में गाँव और ग्रामीण समुदाय सामाजिक जीवन के प्रमुख आधार रहे हैं। ऋषि-मुनियों ने अपने ज्ञान का प्रचार-प्रसार गाँवों के लोगों को संपर्क में लाकर किया। धुमन जीवन को स्थायित्व कृषि ने दिया। कृषि ने ही गाँवों को समृद्धि, खुशहाली और स्वावलंबन के रास्ते की ओर अग्रसर किया। सामाजिक संबंधों को स्थायित्व गाँव के सार्वजनिक क्रियाकलापों से हो संभव हो सका। वैदिक युग में ग्रामशासन का महत्त्व बहुत ही अधिक था। इसी कारण गाँव प्राचीन शासन की धुरी माने जाने लगे। खेतिहर जाति की बेटी का सारा जिम्मा किसान के सिर पर होता था तो किसान की बेटी की शादी की तैयारी में सारी कामगार जातियाँ बड़ी जिम्मेदारी से कार्य करती थी। नाई और ब्राह्मण का काम रिश्ते तय करना और उन्हें सामाजिक रूप देना था। जजमानी व्यवस्था ने ताने-बाने से व्यस्थित तरीके से कौशल हुनर के अनुसार काम बाँट दिए थे, जो वैदिक काल की वर्ण व्यवस्था का प्रचलित स्वरूप था। ब्याह-शादी, पर्व-त्योहार, खुशी और गमी सभी साझे होते थे।

महिलाओं की वस्त्र, दरी तथा डाली, हारे व चूल्हे बनाने की लोककलाएँ बहुत ही अनूठी थीं। हार-श्रृंगार, खाना तथा पहनना हाथ की मेहनत से तैयार किया जाता था, परंतु विदेश हुक्मरानों ने गाँव के स्वावलंबी तथा आत्मनिर्भर स्वरूप चोट की। रेडीमेड संस्कृति का प्रचलन गाँवों में हुआ था, जिससे गाँव हर चीज की मंडी बन गए। जहाँ पर पानी, शिक्षा, चिकित्सा तथा खेल प्रशिक्षण ने भी धंधों का रूप ले लिया। टूटी व आरओ के पानी से कुओं, बावड़ियों तथा ट्यूबवेलों को नकारा कर दिया। शिक्षा के निजीकरण से निजी स्कूल भी कुकुरमुत्ते की तरह फल-फूल रहे हैं। चिकित्सा एक बहुत बड़ा व्यापार बन गया, जिसका गाँव एक बहुत बड़ा व्यापार हो गया। शहरीकरण तथा आधुनिकीकरण ने गाँव को मुनाफाखोरों की उपभोग की वस्तु बना दिया है।

गाँव अब गणतंत्रविहीन हो गए हैं। जजमानी गणतंत्र अब लभगभ समाप्त हो गया है। गाँवों के आय के साधनों पर मुनाफाखोरों का कब्जा जमता जा रहा है। पशुपालन तथा पेड़-पौधों के साथ जीना अब गाँव भूल गए हैं। खेतों की मेंड़ों से वृक्ष तथा पौधे अब गायब हो गए हैं। फसल चक्र अब धान व गेहूँ का हो गया, जिससे भूमि बंजर होती जा रही है। ऑर्गेनिक खेती की तरफ लोगों का रुझान घटता जा रहा है। खेती अब मशीनों व प्रवासी मजदूरों के सहारे हो रही है। किसान व खेतिहर मजदूर ने खेतों में पसीना बहाना लभगभ बंद कर दिया है, जिससे वे

मोटापा, शुगर तथा रक्तदबाव, कैंसर आदि रोगों की चपेट में आ गए है। पीपल, खेजडली, नीम, बड़, कदंब जाल के पेड़ों से धरती विमुक्त हो गई लगती है। भारत जैसे देश में ऑक्सीजन की कमी हमारी प्रकृति के साथ छेड़छाड़ का नतीजा है, अब भारत वर्ष आत्मनिर्भरता और आर्थिक आजादी की ओर कदम बढ़ा रहा है, जब तक गाँव आत्मनिर्भर होगा तब तक भारतवर्ष की आत्मनिर्भर एक स्वप्न मात्र ही रहेगा। गाँव को आत्मनिर्भर बनाने के लिए शिक्षा और चिकित्सा का इंतजाम सुव्यवस्थित ढंग से करना होगा। खेती को गेहूँ धान के फसल चक्र से बचाना होगा। गो ग्राम की अवधारणा को चरितार्थ करना होगा।

ऋग्वेद की एक ऋचा में कहा गया है, "विश्व पुष्ट ग्रामीण असयिन अनातुरम", यानी मेरे गाँव में ही मुझे विश्व की पुष्टि के दर्शन हों। मसलन गाँव इतने समृद्धशाली हों कि देश ही नहीं विश्व की समृद्धि की झलक गाँव में दिखाई दे। जजमानी व्यवस्था पारदर्शी तथा सुखद तरीके से लागू हो भारत की पुख्ता और स्थायी समृद्धि के द्वार जुजमानी व व्यक्सायी कौशल आधारित ग्रामीण अर्थव्यवस्था से ही खुल सकते हैं। अर्थव्यवस्था को गतिशील बनाए रखने के लिए यह जरूरी है कि बजट विकास की समावेशी अवधारणा को पुष्ट करे। गाँव में जीवनयापन कर रहे हर वर्ग के धंधों को बढ़ाने के लिए आर्थिक रूप से प्रेरित किया जाना चाहिए। पहले भी गाँव का जीवन आत्मनिर्भर होता था। गाँव की छोटी-छोटी जरूरतें गाँव में रहनेवाले लोगों से ही पूरी हो जाती थीं। जजमानी व्यवस्था में पंडित, बढ़ई, लुहार, नाई, कुम्हार, धोबी, गड़रिया, चमार आदि अपने कर्म व व्यवहार से परस्पर जुड़े रहते हैं। गाँव की महिलाओं तथा कारीगरों की कला को फलने-फूलने के अवसर मिलने चाहिए। कृषि, किसान, मजदूर और ग्रामीण महिलाओं की जरूरतों की आपूर्ति के लिए धन मुहैया करने की व्यवस्था बजट में होनी चाहिए, इससे ग्रामीण भारत की आर्थिक हैसियत बढ़ेगी। किसान व कृषिहरों का मिलनेवाली सब्सिडी व राज सहायता लाभर्थियों के खातों में जानी चाहिए। भ्रष्टाचार को प्रौद्योगिकी से नियंत्रित करने व लोकसेवाओं को ग्रामोन्मुखी बनाने के सतत प्रयास होने चाहिए। सूचना प्रौद्योगिकी शिक्षित युवाओं को स्आर्टअप शुरू करने के अवसर मुहैया होने चाहिए, तालाब व कुआँ संस्कृति को पुनर्जीवित करने की जरूरत है।

गाँव को अर्थ प्रधान देश तथा अर्थव्यवस्था का केंद्र बनाने के लिए भी गैर सरकारी और सरकारी स्तर पर प्रयास होने चाहिए। गाँव समृद्ध होगा तो शहरों व महानगरों से जनसंख्या का दबाव कम हो जाएगा। चिकित्सा व शिक्षा के उत्कृष्ट केंद्र गाँवों में होने चाहिए। कोरोना महामारी ने हमें चेता दिया है कि यदि गाँवों में

चिकित्सा व्यवस्था सुदृढ़ होती तो कोरोना के मरीजों का दबाव शहरों और महानगरों में नहीं होता, अतः गाँव को सर्व-सुविधा संपन्न राष्ट्रीय इकाई के रूप में विकसित किया जाना चाहिए। पिछले 70 वर्षों में गाँवों को न तो अपने पारंपरिक स्वरूप में रहने दिया गया और न ही जमाने के अनुरूप आधुनिक तरीके से विकसित किया गया, जिसका परिणाम है कि गाँव बेरोजगार और अकर्मण्य लोगों की बस्ती बनकर रह गए। भारत को यदि समृद्धि और तरक्की के पायदान पर सम्मानजनक तरीके से खड़ा करना है तो गाँवों के वैदिक और सनातन स्वरूप आधुनिक तकनीकी से विकसित करने होंगे। भारत की समृद्धि की तसवीर गाँव के विकास कैनवास में ही सुत्यवस्थित ढंग से तैयार हो सकती है। गाँव की आत्मनिर्भर और स्वावलंबी कर्म प्रधान व कर्मशील जनशिक्त ही बना सकती है। कर्मशीलता ही भारत के गाँवों की विशिष्ट पहचान है। गाँवों को इनोवेशन के साथ-साथ समृद्ध परंपराओं को अपनाकर अपने देश को आत्मनिर्भर किया जा सकता है। मेरा मानना है कि गाँव जजमानी प्रथा, कौशल हुनर तथा कारीगरों के श्रम से राष्ट्र का उपयोगी हिस्सा होना चाहिए। गाँव में शिक्षा, चिकित्सा तथा खेती-पशुपालन के आधुनिक व समृद्ध तरीके ईजाद होने चाहिए। गाँव अपने आप में आत्मनिर्भर और स्वावलंबी इकाई होनी चाहिए, जिससे भारत वर्ष देश-दुनिया का नेतृत्व कर सके।

□

गरीबी से रहित एक समृद्ध भारत

—डॉ. चंदर सोनाने

प्रस्तावना

हमारा देश विज्ञान एवं तकनीकी को विकसित करते हुए आज चाँद तक पहुँच गया है। आनेवाले कुछ वर्षों में हमारा लक्ष्य विश्व की सर्वोच्च अर्थव्यवस्था का वाहक बनना है। एक ओर जहाँ हम विश्व का नेतृत्त्व करने के लिए तैयार हैं, वहीं इसके बाद भी भारत का एक वर्ग आज भी शिक्षा, स्वास्थ्य तथा अन्य आवश्यकताओं से दूर अपना जीवन जी रहा है, वह वर्ग है ग्रामीण भारत का। दुर्भाग्य से ग्रामीण भारत और शहरी भारत की तुलना करने पर हमें ज्ञात होता है कि हमारा ग्रामीण भारत आज के आधुनिक युग में भी विकास की दौड़ में कहीं बहुत पीछे छूट रह है। इसके राजनीतिक और सामाजिक कारण हो सकते हैं, परंतु हमें उन कारणों पर अधिक न सोचकर उन समस्याओं के समाधान पर अगले कुछ वर्षों तक कार्य करना होगा, जब हम ग्रामीण भारत की बात करते हैं तो हमारे ग्रामीण अर्थव्यवस्था का साधन कृषि है, अतः ग्रामीण भारत को विकसित करने के लिए कृषि की ओर ध्यान देना आवश्यक है, हमें यह संकल्प लेना चाहिए कि हमारी कृषि आधारित अर्थव्यवस्था सशक्त हो। इसके लिए सरकारी स्तर पर भी आवश्यक कदम उठाए जाने चाहिए। गरीबी से रहित समृद्ध भारत ही विश्वगुरु के पद पर आसीन हो सकता है। सन् 1947 में भारत की स्वतंत्रता के 100 वर्ष पूरे होने को हैं, अतः इस बीच हमें ग्रामीण भारत और कृषि आधारित अर्थव्यवस्था को विकसित की श्रेणी में लाना होगा, इसके लिए जो भी कदम उठाने की आवश्यकता है, वे कदम हमें अवश्य ही उठाने चाहिए।

निबंध

भारत में न्यूक्लियर बम के निर्माता, देश के मिसाइलमैन और बाद में अपनी तरह के पहले इस देश के राष्ट्रपति डॉ. ए.पी.जे. अब्दुल कलाम ने आज से करीब पच्चीस साल पहले भारत के एक समृद्ध और विकसित राष्ट्र बनने की परिकल्पना कर एक पुस्तक 'भारत 2020 नवनिर्माण' की रूपरेखा लिखी, जो देश भर में खूब चर्चित रही। इस पुस्तक की भूमिका में डॉ. ए.पी.जे. अब्दुल कलाम ने लिखा था—"हम स्वाधीनता का 50वाँ वर्ष पूरा कर चुके हैं और आज के अधिकांश भारतवासी इसी अवधि में पैदा हुए हैं। हर साल हमारे देश की जनसंख्या लगभग दो करोड़ बढ़ जाती है। उनके लिए हमारी परिकल्पना क्या हो?…अगले दो दशकों में हम भारत (तथा उसकी जनता को) किस ओर जाते हुए देखना चाहते हैं। इससे भी आगे के पाँच दशकों में तथा उससे भी अगले वर्षों में हम देश को किस दिशा में ले जाना चाहेंगे?…सन् 2020 तक तथा उसके पूर्व भी, विकसित भारत की कल्पना स्वप्न मात्र नहीं है। यह कुछ गिने-चुने भारतीयों की प्रेरणा मात्र भी नहीं होनी चाहिए। यह हम सब भारतीयों का मिशन होना चाहिए, जिसे हमें पूर्ण करना है।"

भारत के स्वप्नदृष्टा डॉ. ए.पी.जे. अब्दुल कलाम ने भारत 2020 की रूपरेखा प्रस्तुत करते हुए देशवासियों के सामने एक मिशन रखा था। उस मिशन के उद्देश्यों में से अधिकांश को हमने प्राप्त कर भी लिया है। यह खुशी और गौरव की बात भी है, किंतु अभी भी कई क्षेत्रों में बहुत कुछ करने की जरूरत है! देश का शासन और प्रशासन कैसा होना चाहिए? इस संबंध में आजादी के समय में ही राष्ट्रपिता महात्मा गांधी ने एक मंत्र हमें सुझाया था। वह मंत्र था—"देश के लिए किए गए हर काम की कसौटी यह होनी चाहिए कि उसके द्वारा देश के सबसे गरीब और पिछड़े आदमी की आँखों के आँसू पोंछे जा सकते हैं या नहीं। उनका मानना था कि जब ऐसा दिन आएगा, तभी यह माना जाएगा कि हमारा राष्ट्र सुखी राष्ट्र हो गया।

यह अत्यंत दुःख के साथ लिखने में आ रहा है कि हम आजादी के 75वें साल में चल रहे हैं। आज भी गांधीजी के सुझाए हुए मंत्र को हम सही मायने में अमल में नहीं ला पाए हैं। विभिन्न क्षेत्रों में अभी भी बहुत कुछ करने की अत्यंत आवश्यकता है। हर क्षेत्र के बारे में हम यहाँ बात नहीं कर सकते हैं, किंतु कुछ प्रमुख विषयों जैसे शिक्षा, स्वास्थ्य, पेयजल, खेती, गरीबी और कुपोषण पर हम यहाँ बात करेंगे।

भारत में वर्ष 2011 की जनगणना के आधार पर भारत की साक्षरता दर 74.04 प्रतिशत है। इसका मतलब यह भी है कि हमारे देश में अभी भी 25.96 प्रतिशत

जनता निरक्षर है। यह हमारे लिए शर्म और कलंक की बात है। यही नहीं, हमारे देश में साक्षरता के मामले में पुरुष और महिलाओं की साक्षरता में भी काफी अंतर है। जहाँ पुरुषों की साक्षरता दर 82.14 प्रतिशत है, वहीं महिलाओं में साक्षरता का प्रतिशत 65.46 ही है, यानी अभी भी हमारे देश में 17.86 प्रतिशत पुरुष और 34.54 प्रतिशत महिलाएँ निरक्षर हैं। व्यक्ति के संपूर्ण व्यक्तित्व के विकास के लिए उसका शिक्षित होना उसके लिए, उसके परिवार के लिए, समाज के लिए और देश के लिए अत्यंत आवश्यक है।

हमारे देश में 6 से 14 साल के आयुवर्ग के हर एक बालक और बालिका को स्कूल में मुफ्त शिक्षा का अधिकार प्राप्त है। इसके बावजूद हमारे देश में 40 प्रतिशत से अधिक बालिकाएँ 10वीं कक्षा के बाद स्कूल को छोड़ देने के लिए मजबूर हो जाती हैं। इस स्थिति को बदलने की बहुत जरूरत है। हमारे देश में वर्ष 2020-21 तक शिक्षकों के कुल 61 लाख 84 हजार 464 पद स्वीकृत हैं, किंतु इनमें से कुल 10 लाख 60 हजार 139 पद रिक्त हैं। यह हमारे लिए शर्म की बात है।

हमारे देश में शिक्षकों की कमी तथा अन्य अनेक कारणों से शिक्षा का स्तर बहुत गिरा हुआ है। सरकारी प्राथमिक, माध्यमिक और हाई स्कूल का शैक्षणिक स्तर अत्यंत निम्न स्तर का है। यह मध्य प्रदेश के उज्जैन जिले के सरकारी स्कूलों के दक्षता उन्नयन कार्यक्रम के उदाहरण से अच्छी तरह से समझा जा सकता है। उज्जैन को यदि एक उदाहरण माना जाए तो देश भर के लगभग सभी सरकारी स्कूलों में यही स्थिति देखने को मिलेगी। पिछड़े और आदिवासी क्षेत्रों में तो स्थिति इससे भी बदतर है।

उल्लेखनीय है कि उज्जैन जिले के सभी 202 शासकीय स्कूलों में कक्षा नौवीं के विद्यार्थियों का स्तर नौवीं तक लाने के उद्देश्य से पिछले दिनों ब्रीज कोर्स संचालित किया जा रहा था। दक्षता उन्नयन कार्यक्रम के अंतर्गत इसमें विद्यार्थियों को अंग्रेजी, हिंदी और गणित विषय का अलग से प्रशिक्षण विषय विशेषज्ञ शिक्षक दे रहे थे। तीन चरणों में यह ब्रीज कोर्स पूरा किया गया। कोरोनाकाल के पूर्व विद्यार्थियों के प्रवेश के समय बेस लाइन टेस्ट लेकर इन विद्यार्थियों की दक्षता का आकलन किया गया था। इसके बाद आगामी दो माह में मिड लाइन टेस्ट की प्रक्रिया पूरी हुई। मिड लाइन टेस्ट की रिपोर्ट के आधार पर आइए देखते हैं, उज्जैन जिले के क्या आँकड़े हैं—

उज्जैन जिले के शासकीय स्कूलों में पढ़नेवाले कक्षा नौवीं के 68.42 प्रतिशत

विद्यार्थियों का स्तर अंग्रेजी में तीसरी से पाँचवीं कक्षा जितना है। मात्र 4.58 प्रतिशत विद्यार्थी ही नौवीं कक्षा के स्तर के पाए गए। अंग्रेजी विषय में जिले में 26.99 प्रतिशत विद्यार्थियों का स्तर छठवीं से आठवीं तक का पाया गया। हिंदी विषय में 22.76 प्रतिशत विद्यार्थियों का स्तर तीसरी से पाँचवीं कक्षा स्तर का और 56.59 प्रतिशत विद्यार्थियों का स्तर छठवीं से आठवीं कक्षा तक का देखा गया। केवल 20.65 प्रतिशत विद्यार्थी ही नौवीं कक्षा के स्तर के पाए गए। गणित विषय में भी विद्यार्थियों की दक्षता काफी कम पाई गई है। 43.77 प्रतिशत विद्यार्थियों का स्तर तीसरी से पाँचवीं कक्षा तक का और 50.37 प्रतिशत विद्यार्थियों का स्तर छठवीं से आठवीं कक्षा तक के स्तर का पाया गया है।

दक्षता का स्तर कम होने के सरकारी स्तर पर मुख्य कारण भी बताए गए। इनमें प्रमुख कारण इस प्रकार थे—आठवीं कक्षा तक विद्यार्थियों को फेल करने का नियम नहीं है, इसलिए शिक्षक भी इनके स्तर कम होने के बाद इन्हें केवल पास करने पर ही जोर देते हैं। प्राथमिक और माध्यमिक स्तर पर मॉनिटरिंग में कमी के कारण विद्यार्थी का स्तर कम हुआ है। प्राथमिक और माध्यमिक स्तर में अंग्रेजी और गणित विषयों के शिक्षकों की भी कमी है। इस कारण इन विषयों को अन्य विषयों के शिक्षक पढ़ाते हैं।

उज्जैन के उक्त उदाहरण से हमें देश के सरकारी स्कूलों का शैक्षणिक स्तर का पता चलता है। इस स्थिति को सुधारने के लिए केंद्र और राज्य सरकारों को गंभीर प्रयास करने की सख्त जरूरत है। सबसे पहले अद्योसंरचना को सुदृढ़ करने की आवश्यकता है। गणित और अंग्रेजी विषय के शिक्षकों की भर्ती की जरूरत है। यही नहीं, सबसे बड़ी आवश्यकता इस बात की है कि देश के सभी सरकारी स्कूलों में शिक्षकों के सभी रिक्त पदों की पूर्ति की जाए। वर्तमान में हालत ये है कि देश के अनेक प्राथमिक विद्यालय ऐसे हैं, जहाँ केवल एक ही शिक्षक कक्षा एक से पाँचवीं तक के विद्यार्थियों को सभी विषय पढ़ाते हैं। इससे दक्षता में सुधार की आशा करना व्यर्थ है। एक शिक्षकीय स्कूलों की प्रथा तत्काल समाप्त कर कम-से-कम दो शिक्षक प्राथमिक विद्यालय में होने आवश्यक होने चाहिए। इसी प्रकार माध्यमिक विद्यालय में भी विषय विशेषज्ञों के शिक्षकों की पूर्ति किए जाने की जरूरत है। केंद्र और राज्य सरकार जब तक इस दिशा में गंभीरतापूर्वक ठोस प्रयास नहीं करेगी, तब तक सरकारी स्कूलों के शैक्षणिक स्तर के सुधरने की अपेक्षा नहीं की जा सकती।

अब हम बात करते हैं देश की उच्च शिक्षा की बदहाल हालातों के बारे में।

हाल ही में दुनिया के उच्च शिक्षा संस्थानों की जारी क्यू.एस. रैंकिंग में एक बार फिर भारत पिछड़ गया है! विश्वविद्यालयों की रैंकिंग में दुनिया के 100 क्या 150 में भी भारत का एक भी संस्थान स्थान प्राप्त नहीं कर सका है! यह दुःखद है, किंतु इससे भी बढ़कर दुःखद बात यह है कि केंद्र सरकार के मानव संसाधन मंत्रालय या विभाग पर, जिसके अंतर्गत देश भर के विश्वविद्यालय आते हैं, इसका कोई भी असर दिखाई नहीं दे रहा है!

दुनिया में कौन सा विश्वविद्यालय अच्छा है, इसके लिए क्यू.एस. और टाइम की रैंकिंग बहुत मायने रखती है। पिछले अनेक सालों से एम.आई.टी., ऑक्सफोर्ड, स्टेनफोर्ड, हार्वर्ड, कैंब्रिज और कैलिफोर्निया इंस्टीट्यूट ऑफ टेक्नोलॉजी ने अपना-अपना आधिपत्य जमा रखा है। विश्व के शीर्ष 500 विश्वविद्यालयों की सूची में भी भारत के केवल 7 आई.आई.टी. और बैंगलोर का इंडियन इंस्टीट्यूट ऑफ साइंस ही स्थान पा सके हैं। हमेशा की तरह इस बार भी यह सवाल उठता है कि हमारे देश के उच्च शिक्षा संस्थान इतने पीछे क्यों हैं? वर्ल्ड रिसर्चर्स एसोसिएशंस के फाउंडर डायरेक्टर डॉ. शंकरलाल गर्ग ने भारतीय शिक्षा संस्थानों के पीछे रहने के मुख्य रूप से ये तीन कारण बताए हैं—क्वालिटी रिसर्च न के बराबर, शिक्षा—विद्यार्थी अनुपात बहुत बदतर और संस्थान प्रमुखों के चयन में राजनीति-भ्रष्टाचार। शिक्षाविद् डॉ. शंकरलाल गर्ग ने भारत के संस्थानों की उत्कृष्टता के लिए ये 5 काम करने पर भी जोर दिया है—शोध की गुणवत्ता पर ध्यान, सरकारी संसाधन बढ़ाए जाएँ, पब्लिक-प्राइवेट पार्टनरशिप को भी बढ़ावा दिए जाने की जरूरत, चौबीसों घंटे खुलें हमारे विश्वविद्यालय और बोर्ड करें कुलपतियों का चयन। केंद्र सरकार को इन महत्त्वपूर्ण सुझावों पर ध्यान देने की सख्त आवश्यकता है।

दुनिया में उच्च शिक्षा संस्थानों की श्रेष्ठता को मापने के लिए क्यू.एस. रैंकिंग सबसे प्रतिष्ठित रैंकिंग है। इसमें दुनिया के 1000 शिक्षा संस्थाओं का आकलन किया जाता है। इनमें टॉप 100, टॉप 500 और टॉप 1000 आदि रैंकिंग की जाती है। हाल ही में जारी इसकी रैंकिंग में टॉप 100 संस्थानों में सर्वाधिक 29 विश्वविद्यालय अमेरिका के हैं। यू.के. के 17, ऑस्ट्रेलिया के 11, दक्षिण कोरिया के 8 और चीन के 7 विश्वविद्यालय हैं और दुर्भाग्य से भारत का एक भी विश्वविद्यालय नहीं है। भारत में यू.जी.सी. के अंतर्गत 988 विश्वविद्यालय हैं। इसमें से केंद्र सरकार के अंतर्गत 54, राज्यों के 429, डीम्ड के 125 और निजी विश्वविद्यालय 380 हैं। इनमें से एक भी टॉप 500 में शामिल नहीं है। टॉप 500 में जो 7 आई.आई.टी. और

बैंगलोर का इंडियन इंस्टीट्यूट ऑफ साइंस शामिल है, वे यू.जी.सी. के अंतर्गत नहीं आते हैं। यहाँ यह बात बहुत महत्त्वपूर्ण है कि रैंकिंग का मुख्य आधार शोध ही होता है।

भारत में आजादी के बाद से ही शोध पर विशेष ध्यान नहीं दिया गया। स्कूली तथा उच्च शिक्षा प्रयोगशाला बना दी गई! कोई भी सरकार इस दिशा में दीर्घकालिक योजना पर दृढ़ता से काम नहीं कर पाई। कॉलेजों और विश्वविद्यालयों में शिक्षकों के सभी पदों पर कभी भी स्थायी नियुक्तियाँ नहीं की गईं! अनेक वर्षों से अनेक पद खाली पड़े रहते हैं। केंद्र सरकार हो या राज्य सरकार, इन खाली पदों की पूर्ति में उनकी कभी रुचि नहीं रही और न ही प्राथमिकता ही रही। आधुनिक युग के अनुरूप मूलभूत संसाधनों और उपकरणों की हमेशा कमी रही। बहुत ही कम विद्यार्थियों की रुचि और प्राथमिकता शिक्षक बनने की रहती है। किसी भी विषय में स्नातकोत्तर परीक्षा उत्तीर्ण करने के बाद नौकरी नहीं मिलने पर छात्र-छात्रा पी-एच.डी. करने लग जाते हैं और नौकरी मिलते ही वह पी-एच.डी. बीच में ही छोड़कर नौकरी करने लग जाते हैं। हमारे देश में पी-एच.डी करने के बाद भी नौकरी की कोई गारंटी नहीं होने पर किसी की इस ओर कोई रुचि भी नहीं रही!

भारत में शोध के प्रति अरुचि के लिए मुख्य रूप से केंद्र और राज्य सरकारें ही दोषी हैं! आज पी-एच.डी. करने पर विद्यार्थी को माह में करीब 35 हजार रुपए की ही शोध छात्रवृत्ति मिलती है! यह बहुत कम है। इसे कम-से-कम इतनी राशि मिलनी चाहिए कि वह कोई भी नौकरी नहीं तलाशे, बल्कि अपना सारा ध्यान उच्च गुणवत्ता के शोध पर ही केंद्रित करें। इसके किए उसे सहायक प्राध्यापक के वेतन के समान करीब 70 से 75 हजार रुपए की शोध छात्रवृत्ति मिलनी ही चाहिए। विश्वविद्यालय अनुदान आयोग की भी इस दिशा में कोई रुचि नहीं है। उसे देश के प्रत्येक विश्वविद्यालय में हर वर्ष कम-से-कम 10 छात्र-छात्रा को हर माह एक लाख रुपए की शोध छात्रवृत्ति देनी ही चाहिए! इससे विद्यार्थी शोध के प्रति आकर्षित होंगे और मन लगाकर उच्च स्तरीय शोध कर सकेंगे। शोध के लिए विद्यार्थियों में पारदर्शिता भी हो, जिससे शोध के लिए योग्य विद्यार्थी चयनित हो सके। इसके साथ ही देश के सभी महाविद्यालयों और विश्वविद्यालयों में रिक्त सभी पदों को तुरंत प्राथमिकता के आधार पर पूर्ति करनी चाहिए और सभी महाविद्यालयों तथा विश्वविद्यालयों में सभी मूलभूत सुविधाओं एवं आधुनिक संसाधनों और उपकरणों की उपलब्धता सुनिश्चित करने की भी सख्त जरूरत है। केंद्र और राज्य सरकारें

यदि यह सब कर लें तो हमारा देश भी दुनिया के शीर्ष उच्च शिक्षा संस्थानों में शामिल हो सकेगा। बस जरूरत है सरकारों को इस दिशा में दृढ़ संकल्प लेने की, फिर देखिए कमाल और परिणाम!

देश की स्वास्थ्य सुविधाओं की हालात कोरोनाकाल में एक बार फिर सबके सामने खुलकर सामने आ गई है। हमारे देश में डॉक्टर, नर्स, पैरामेडिकल स्टफ की कमी तो पूर्व से थी ही, महामारी की दूसरी लहर के दौरान आई आपदा से लोगों ने देश में आवश्यक दवाइयों, ऑक्सीजन तथा अन्य आवश्यक उपकरणों की कमी ने हजारों लोगों को मौत के मुँह में पहुँचा दिया। स्वास्थ्य सेवा क्षेत्र का प्रतिनिधित्व करनेवाले नैटहेल्थ के अनुसार हमारे देश में करीब 20 लाख डॉक्टर और 40 लाख नर्सों की कमी है। देश में 11,082 की आबादी पर 1 डॉक्टर है। विश्व स्वास्थ्य संगठन के तय मानकों के अनुसार प्रति 1 हजार व्यक्तियों पर 1 डॉक्टर होना चाहिए। इस लिहाज से यह अनुपात तय मानकों के मुकाबले करीब 11 गुना कम है। बिहार जैसे पिछड़े राज्यों में तो तसवीर और भी भयावह है, यहाँ 28,391 लोगों की आबादी पर 1 डॉक्टर ही है। डॉक्टरों की कमी का नतीजा यह है कि झोलाछाप डॉक्टरों को लोगों के जीवन से खिलवाड़ करने का मौका मिल जाता है। गैर-सरकारी संगठनों के अनुसार स्वास्थ्य के क्षेत्रों में देश के ग्रामीण इलाकों की हालत तो और भी खराब है। यही नहीं, विश्व स्वास्थ्य संगठन के 2016 के आँकड़े डरानेवाली तसवीर दिखाते हैं। इनके अनुसार भारत में एलोपैथिक डॉक्टर के तौर पर प्रैक्टिस करनेवाले एक-तिहाई लोगों के पास मेडिकल की डिग्री ही नहीं है। मेडिकल काउंसिल ऑफ इंडिया के अनुसार देश में वर्ष 2017 तक कुल 10 लाख 41 हजार डॉक्टर पंजीकृत थे, इनमें से सरकारी अस्पतालों में मात्र 1 लाख 20 हजार ही डॉक्टर थे, शेष डॉक्टर निजी अस्पतालों में कार्यरत हैं अथवा अपनी निजी प्रैक्टिस कर रहे हैं, अब यहाँ सवाल यह है कि देश में आखिर कितने लोग ऐसे हैं, जो आर्थिक रूप से इतने सक्षम हैं कि निजी अस्पतालों और निजी डॉक्टरों से अपना व अपने परिवार का इलाज करा सकें। विश्व स्वास्थ्य संगठन ने बीते साल अपनी एक रिपोर्ट में कहा था कि भारत में स्वास्थ्य के मद में होनेवाले खर्च की 67.78 प्रतिशत राशि आम लोगों की जेब से ही निकलती है, जबकि इस मामले में वैश्विक औसत 17.3 प्रतिशत ही है। यह स्थिति अत्यंत दुःखद और शर्मनाक है।

जब हम देश के स्वास्थ्य की बात करते हैं तो कोरोना महामारी और उससे हुई तबाही को नजरअंदाज नहीं कर सकते! वर्तमान में देश और विश्व में कोरोना

की महामारी से सब त्रस्त हैं। विश्व के अनेक देशों में तीसरी लहर आ चुकी है, वहीं हमारे देश में विशेषज्ञों ने तीसरी लहर आने की आशंका व्यक्त की है। देश में कोरोना महामारी से निपटने के लिए 21 जून, 2021 से तीसरा चरण शुरू हुआ। इसमें देश में 18 वर्ष से बड़े सभी लोगों को कोरोना का टीका निःशुल्क लगाया जा रहा है। इस टीकाकरण महाभियान के अंतर्गत 21 जून को एक ही दिन में देश भर में 82 लाख 70 हजार टीके लगे। यह एक दिन का विश्व रिकॉर्ड है, किंतु वर्तमान में सारे संसार में तेजी से फैल रहे कोरोना के नए डेल्टा और डेल्टा प्लस वैरियंट के कारण एक दिन के महाअभियान से काम नहीं चलनेवाला है। इस अभियान की ही तरह अब जरूरत इस बात की है कि इसी तरह रोज ही देशवासियों को टीके लगें। खुशी की बात यह भी है कि 21 जून से एक सप्ताह के दौरान देश भर में 4 करोड़ से ज्यादा डोज लगे, यानी यह कहा जा सकता है कि रोज औसत लगभग 60 लाख टीके देशवासियों को लगे। यह हम सबके लिए खुशी की बात है। इस गति को बनाए रखने की आज सख्त जरूरत है, तभी हम आगे आनेवाली तीसरी लहर का सफलतापूर्वक सामना कर सकेंगे!

हाल ही में अमेरिका में टीके के प्रभाव के बारे में बड़ी स्टडी सामने आई है, जो बता रही है कि टीकाकरण कितना जरूरी है। अमेरिका में मई माह में 18 हजार मौतें हुईं। इनमें से 99.2 प्रतिशत को टीके नहीं लगे थे। अमेरिका में 8 लाख 53 हजार लोग एक डोज लगने के बाद संक्रमित हुए, किंतु इनमें से केवल 1200 को ही अस्पताल में भर्ती होना पड़ा था। विश्व के चार प्रमुख देशों अमेरिका, ब्रिटेन, इटली और फ्रांस में एक जैसा ट्रेंड पाया गया है। इन देशों में जहाँ एक डोज भी लगी, वहाँ अगली लहर नहीं आई। इससे यह बात एक बार फिर सिद्ध हो चुकी है कि टीकाकरण के दम पर कोरोना से होनेवाली मौतों को रोका जा सकता है!

ऐसी हालत में कुछ खबरें ऐसी भी आ रही हैं, जो टीकाकरण की उक्त गति को बाधित करनेवाली हैं। उदाहरण हम फिर मध्य प्रदेश का ही लेते हैं। इस प्रदेश में टीकाकरण के महाअभियान में 21 जून को देश में सबसे ज्यादा 16 लाख 91 हजार से अधिक टीके लगे थे, वहीं अगले दिन 22 जून को टीके की कमी के कारण केवल 4825 टीके ही लग सके! इसी प्रकार इंदौर में 21 जून को देश में एक दिन में सबसे ज्यादा 2 लाख से भी अधिक टीके लगे थे। वहीं 26 जून को 60 प्रतिशत से ज्यादा टीकाकरण केंद्रों से टीके की कमी के कारण लोगों को बिना टीका लगाए लौटना पड़ा। इस दिन करीब 40 हजार लोगों को टीके नहीं लग सके! प्रदेश भर में

टीके की कमी के कारण राज्य सरकार को 25 जून को तथा जुलाई माह के 15 दिन में करीब आधे दिन टीके की कमी के कारण टीकाकरण केंद्र को बंद करना पड़ा। कारण स्पष्ट है केंद्र सरकार के स्वास्थ मंत्रालय और विभाग का टीका वितरण का कुप्रबंध! हालत यह है कि किसी भी राज्य को यह पता नहीं रहता है कि अगले तीन दिनों में वे कितने केंद्रों पर टीकाकरण कर पाएँगे। इस कारण एक माह तो छोड़िए, एक सप्ताह भी किसी भी जिले में तय किए गए सभी केंद्रों पर टीके नहीं लग पाए हैं। हर सप्ताह टीके की कमी के कारण कुछ केंद्रों को बंद करना ही पड़ता है! देश के हर राज्य में यही स्थिति है। कहीं कम तो कहीं ज्यादा। यह स्थिति अत्यंत दुःखद है।

केंद्र सरकार को चाहिए कि अपनी योजना पर पुनर्विचार करे। देश भर में टीकाकरण की ठोस नीति बनाए। देश के हर राज्यों और हर जिले में कम-से-कम एक सप्ताह के लिए टीके का पर्याप्त भंडार हो इससे यह होगा कि आनेवाले संकट से निपटने के लिए तेज गति से तय किए गए टीकाकरण केंद्रों पर हर हाल में टीकाकरण हो। किसी को भी टीके की कमी के कारण वापस नहीं जाना पड़े। देश भर में 21 जून को 82 हजार टीकाकरण केंद्रों पर टीके लगाए गए थे। इन सभी केंद्रों में से प्रत्येक केंद्र पर 100 से 200 टीके रोजाना लगाने का दृढ़ संकल्प लेने की आज सख्त जरूरत है। इस प्रकार देश में रोजाना 1 करोड़ टीके लग सके तो हर माह में करीब 30 करोड़ टीके लग सकते हैं। इसके लिए जहाँ से भी टीके मिलें केंद्र सरकार को लेने ही चाहिए। अभी देश में कहने को तो तीन टीके उपलब्ध हैं, किंतु रूसी टीका स्पूतनिक-वी हमें नाममात्र की संख्या में ही मिले हैं। इसकी तादाद बढ़ाने की सख्त आवश्यकता है। लक्ष्य हमारा यह होना चाहिए कि हमारे देश को हर माह कम-से-कम 35 करोड़ डोज मिल जाएँ। अमेरिका अपने देश को टीके देना भी चाहता है, किंतु इस दिशा में ठोस कारवाई अभी तक हो नहीं पाई है। यदि देशवासियों की जान की सुरक्षा के लिए प्रधानमंत्री श्री नरेंद्र मोदी सीधे अमेरिका और सोवियत रूस के राष्ट्रपति से बात करें तो बात बन सकती है। अभी अधिकारियों और मंत्री स्तर पर ही बात हो रही है। इसलिए इस दिशा में ठोस प्रगति नहीं हो पाई है।

टीकाकरण महाभियान के अंतर्गत देश के लोगों को 15 जुलाई, 2021 तक कुल 39 करोड़ 53 लाख डोज लग चुकी हैं। इसमें से 31 करोड़ 61 लाख लोगों को पहला टीका लग गया है। देश की आबादी के मान से 24.40 प्रतिशत लोगों को

पहला टीका लग पाया है और 7 करोड़ 92 लाख लोगों को ही दोनों टीके लग सके हैं। आबादी के मान से यह केवल 6.11 प्रतिशत ही है। विशेषज्ञों के अनुसार देश में आगामी सितंबर-अक्तूबर माह तक तीसरी लहर के आने की आशंका है। इस मान से यदि जुलाई माह से हर माह 30 करोड़ टीके लगाए जा सके तो हम तीसरी लहर को बहुत हद तक रोकने में सफल हो सकेंगे।

अमेरिका जैसे देश ने अपने देश के नागरिकों को तेज टीकाकरण कर कोरोना संक्रमण और उससे हो रही मौतों पर लगभग नियंत्रण-सा कर लिया है। विश्व के कोरोना वैज्ञानिकों तथा अपने देश के हैदराबाद स्थित एशियन इंस्टीट्यूट ऑफ गैस्ट्रोएंट्रोलॉजी (ए.आई.जी.) के फाउंडर और पद्मश्री से सम्मानित डॉ. नागेश्वर रेड्डी का भी यही कहना है कि सभी को वैक्सीन और कोरोना नियमों का पालन करने से ही कोरोना पर नियंत्रण किया जा सकता है। इसलिए अपने देश में भी सभी को तेज गति से टीकाकरण करने की आज सख्त आवश्यकता है।

अपने देश में 16 जनवरी, 2021 से टीकाकरण की शुरुआत हुई है, तब से 15 जुलाई तक लोगों को कुल 39 करोड़ 53 लाख डोज ही लग पाई हैं, जबकि देश की कुल आबादी 130 करोड़ लोगों को दो डोज के मान से कुल 260 करोड़ डोज लगना है। अभी हमें बहुत काम करना बाकी है। अपने देश के सभी 130 करोड़ लोगों की जान बचाने के लिए उन्हें कोरोना से सुरक्षा हेतु टीके का कवच पहनाने के लिए सभी को 2-2 टीके लगाया जाना जरूरी है। इस प्रकार कुल 260 करोड़ डोज लगनी है। अभी तक लगभग 40 करोड़ लोगों को ही पहला या दूसरा टीका लग पाया है। इस प्रकार अभी भी लोगों को करीब 220 डोज लगनी बाकी हैं, यानी अपने देश के लिए अभी 220 करोड़ डोज वैक्सीन की और जरूरत है। इतनी अधिक संख्या में लोगों को टीके लगाने के लिए समयबद्ध सख्त कार्ययोजना बनाना आज समय की सबसे बड़ी जरूरत है। केंद्र सरकार जुलाई माह से ही प्रतिदिन कम-से-कम 50 लाख टीके लगाने का दृढ़ संकल्प कर ले तो एक माह में ही 15 करोड़ टीके लगाए जा सकते हैं। इस प्रकार आगामी 15 माह में सितंबर 2022 तक अपने देश के सभी लोगों को 220 करोड़ डोज लग सकती हैं। इस बीच बच्चों को भी टीके लगाने के लिए हम वैक्सीन प्राप्त कर सकते हैं और इस प्रकार देश की पूरी 130 आबादी को टीका लगाया जा सकता है। यदि इसमें देरी की गई तो जितनी देरी होगी, उतनी तारीख, माह और साल आगे बढ़ता जाएगा।

अब बात आएगी पैसे की तो ज्यादा पैसा नहीं लगेगा। अपने देश की कुल

आबादी करीब 130 करोड़ है। हर एक को 2 टीके के मान से कुल 260 करोड़ टीके की जरूरत होगी। केंद्र सरकार राष्ट्रीय टीकाकरण कार्यक्रम के ही अंतर्गत सभी आयु वर्ग के लोगों को मुफ्त टीके लगाने के लिए वैक्सीन निर्माता कंपनी से टीके खरीदे और राज्यों के मार्फत टीके लगाए। प्रति टीके की कीमत 150 रुपए के मान से लगेंगे केवल 39,000 करोड़ रुपए। देश में फिलहाल उपलब्ध 3 टीके के अलावा भी अन्य टीके खरीदने तथा कुछ टीके बेकार चले जाते हैं, इसलिए 11,000 करोड़ रुपए और जोड़ लेने से भी कुल राशि केवल 50,000 करोड़ रुपए ही लगेंगी। देश के सभी नागरिकों की जान बचाने के लिए यह राशि अधिक भी नहीं है। इस साल के कुल बजट 34 लाख 83 हजार 236 करोड़ रुपए का यह केवल 1.43 प्रतिशत ही है, यानी देश के कुल बजट के केवल डेढ़ प्रतिशत से भी कम राशि में ही हम अपने सभी देशवासियों की जान बचा सकते हैं और खुशी की बात यह भी है कि इस साल के बजट में पहले से ही लोगों के टीकाकरण के लिए 35,000 करोड़ रुपए का प्रावधान भी किया हुआ है ही, यानी यह सब हो सकता है, बस दृढ़ संकल्प की है जरूरत।

भारत गाँवों का देश है। भारत को कृषि प्रधान देश भी कहा जाता है। हमारे देश में लगभग 70 प्रतिशत भारतीय किसान हैं। ये देश की रीढ़ की हड्डी के समान हैं, किंतु आज देश की आजादी के 75 साल हो जाने के बाद भी देश का किसान अपनी खेती को लाभ का धंधा नहीं बना पाया है। इसके लिए देश की केंद्र सरकार और राज्य सरकारें सीधे-सीधे जिम्मेदार हैं। अभी भी सरकारें किसानों को इस काबिल नहीं बना पाई हैं कि वे गर्व से कह सकें कि जो किसानी का काम कर रहे हैं, उसमें इतनी आय उन्हें प्राप्त हो जाती है कि वे सुखपूर्वक अपना जीवनयापन कर सकें। एक किसान का पूरा परिवार दिन-रात जी-तोड़ मेहनत अपनी खेती के काम करता है, किंतु उनके संपूर्ण परिवार की मेहनत की तुलना में उनकी आय बहुत कम है, यह दुःखद है।

हमारे देश में लघु किसान उस किसान को कहते हैं, जिनकी कृषि योग्य भूमि एक हेक्टेयर से दो हेक्टेयर के बीच होती है। वर्ष 2011 की कृषि जनगणना के अनुसार भारत में किसानों की कुल जनसंख्या में 17.93 प्रतिशत लघु किसान परिवार हैं, जिनके पास एक हेक्टेयर से दो हेक्टेयर के बीच ही कृषि योग्य भूमि है। इसी प्रकार भारत में सीमांत किसान उन्हें कहते हैं, जिनके पास कृषि योग्य भूमि एक हेक्टेयर से भी कम होती है। वर्ष 2011 की जनगणना के अनुसार भारत

में कुल जनसंख्या के 67.04 प्रतिशत सीमांत किसान परिवार हैं, जिनके पास 1 हेक्टेयर से कम कृषि योग्य भूमि है। इनमें भी सबसे ज्यादा प्रतिशत उन किसानों का है, जिनके पास आधा हेक्टेयर से भी कम कृषि भूमि है। इस प्रकार हमारे देश में लघु और सीमांत किसानों का कुल प्रतिशत 84.97 प्रतिशत है। हमारे देश में मात्र 15.03 प्रतिशत किसान ही ऐसे हैं, जो अर्धमध्यम, मध्यम और बड़े किसान की श्रेणी में आते हैं। भारत में 10.05 प्रतिशत किसानों के पास 2 हेक्टेयर से 4 हेक्टेयर के बीच कृषि योग्य भूमि है, जिन्हें अर्धमध्यम किसान कहा जाता है। हमारे देश में 4 हेक्टेयर से 10 हेक्टेयर कृषि योग्य भूमिवाले किसान मध्यम किसान कहलाते हैं। इसी प्रकार हमारे देश में 10 हेक्टेयर से अधिक भूमिवाले बड़े किसान कहलाते हैं। मध्यम किसान और बड़े किसान का प्रतिशत केवल 4.98 ही है। उक्त आँकड़ों के आधार पर कहा जा सकता है कि हमारा देश लघु और सीमांत किसानों का ही देश है। दुर्भाग्य से इनकी कृषि योग्य भूमि दिन-प्रतिदिन घटती ही जा रही है। किसानों के साथ एक दूर्भाग्य यह भी जुड़ा है कि वर्ष 2014-2015 की जानकारी के अनुसार हमारे देश में मात्र 48.80 प्रतिशत क्षेत्र ही सिंचित है और इस प्रकार 51.20 प्रतिशत खेती योग्य जमीन असिंचित है। आज के हालत में इसमें थोड़ा सुधार जरूर हुआ है, किंतु स्थिति अभी भी इतनी अच्छी नहीं है। हम आशा करते हैं कि देश जब अपनी आजादी का शतक मना रहा होगा, तब देश की शत-प्रतिशत जमीन सिंचित हो जाएगी और किसानों के लिए खेती हानि की नहीं, बल्कि लाभ का सौदा सिद्ध होगी।

विश्व स्वास्थ्य संगठन के अनुसार भारत में लगभग 9.7 करोड़ लोगों को पीने का साफ पानी मुहैया नहीं होता, लेकिन यह आँकड़ा केवल शहरी इलाके का है, अगर ग्रामीण इलाके की बात करे तो 70 प्रतिशत लोग अभी भी प्रदूषित पानी पीने को मजबूर हैं।

देश की आजादी के 75 साल हो जाने के बाद भी देश के शहरी और ग्रामीण अंचलों में रहनेवाले देशवासियों को पीने का साफ पानी भी मुहैया न करा पाना हम सबके लिए अत्यंत दुःखद और शर्मनाक है। सर्वोच्च प्राथमिकता पर इस स्थिति को बदलने की सख्त आवश्यकता है। देश की आजादी के 100 साल बाद हम आशा करें कि देश के कर्ता-धर्ता ऐसी माकूल व्यवस्था कराएँगे कि देश के शहरों में रहनेवाला व्यक्ति हो या गाँवों में निवास करनेवाला एक आम आदमी, सबको पीने का साफ पानी मिल सके। पानी की समस्या की गंभीरता को इस घटना से समझा

जा सकता है कि मध्य प्रदेश के विदिशा जिले के गंजबासोदा गाँव में पीने के पानी के कुएँ के धँसने में 11 लोग अपना जीवन गँवा चुके हैं। गाँव में पेयजल का स्रोत एकमात्र यही कुआँ था और उसकी व्यवस्था भी ठीक से नहीं थी।

एक मोटे अनुमान के अनुसार विश्व की संपूर्ण गरीब आबादी का तीसरा हिस्सा भारत में मिलता है। तेंदुलकर समिति के अनुसार भारत की कुल आबादी के 21.9 प्रतिशत लोग गरीबी रेखा के नीचे जीवनयापन कर रहे हैं। तेंदुलकर समिति ने अपनी रिपोर्ट में शहरी क्षेत्र में रह रहे परिवारों के संदर्भ में गरीबी रेखा को प्रति व्यक्ति प्रतिमाह 1 हजार रुपए जो कमाता है, उसे गरीब माना है। इसी प्रकार ग्रामीण परिवारों के लिए इसे 816 रुपए निर्धारित किया गया है।

अमेरिकी संस्था पिउ रिसर्च ने कोरोना महामारी के कारण भारतीय परिवारों पर इसके असर का आँकलन किया है। उसके अनुसार इस महामारी के पूर्व भारत में गरीबों की संख्या 5 करोड़ 90 लाख की संभावना व्यक्त की गई थी, किंतु अब कोरोना महामारी के कारण इसकी संख्या दो गुना से भी ज्यादा 13 करोड़ 40 लाख पर पहुँच गई है। वर्ष 2020 में 7 करोड़ 50 लाख लोगों को गरीबी रेखा के नीचे धकेल दिया है। पिउ की रिपोर्ट के अनुसार हमारे देश में इस समय गरीबी रेखा से नीचे रहनेवालों की संख्या 13 करोड़ 40 लाख पर पहुँच गई है। यह अत्यंत दुःखद है। हम आशा करते हैं कि जब हमारा देश आजादी की 100वीं वर्षगाँठ मना रहा होगा, तब देश में कोई गरीब नहीं होगा।

हमारे देश में 5 साल से कम उम्र के 35 प्रतिशत बच्चे कुपोषित हैं, यानी हर तीसरा बच्चा कुपोषित है। यह अत्यंत दुःखद है। इसी प्रकार 15 से 49 साल की उम्र की लगभग आधी महिलाएँ खून की कमी से पीड़ित हैं। व्यापक राष्ट्रीय पोषण सर्वेक्षण 2016-2018 के अनुसार इसी प्रकार हमारे देश में 5 साल से कम उम्र के 35 प्रतिशत बच्चे छोटे कद के, 33 प्रतिशत बच्चे कम वजन के और 17 प्रतिशत बच्चे कमजोर हैं। बच्चों और महिलाओं में अधिक वजन, कम वजन, छोटा कद होना, लंबे समय से भोजन में पर्याप्त पोषक तत्त्वों की कमी का ही नतीजा है। राष्ट्रीय परिवार स्वास्थ्य सर्वे 2019-20 के अनुसार देश के 18 राज्यों और केंद्रशासित प्रदेशों में 5 साल से कम उम्र के बच्चों में एनीमिया के मामले बढ़े हैं। इसी तरह का ट्रेंड 15 से 49 वर्ष की महिलाओं के बीच खून की कमी के मामले में देखा गया है। 16 राज्यों में महिलाओं में खून की कमी के मामलों में बढ़ोतरी दर्ज की गई है। दुःखद यह भी है कि देश में शिशु मृत्युदर के कारण अभी भी अनेक

बच्चे असमय काल के ग्रास में समा जाने के लिए मजबूर हैं। आशा करते हैं कि देश की आजादी के 100वें साल में देश से कुपोषण हमेशा-हमेशा के लिए मिट जाए।

हमारे देश के मिसाइलमैन और पूर्व राष्ट्रपति स्वर्गीय डॉ. ए.पी.जे. अब्दुल कलाम की पुस्तक 'भारत 2020 नवनिर्माण की रूपरेखा' के अंत में उनकी लिखी बात से ही हम इस आलेख को समाप्त करते हैं। उन्होंने लिखा था—"भारत एक अरब लोगों का राष्ट्र है। किसी राष्ट्र की प्रगति उसकी जनता के चिंतन पर निर्भर होती है। उनका चिंतन ही उनके कार्यों में प्रतिफलित होती है। भारत को एक अरब जन के राष्ट्र के रूप में चिंतन करना चाहिए। उसके युवा मस्तिष्क नया चिंतन करें—समृद्धि का चिंतन।" आज हमारा देश करीब 135 करोड़ आबादी का राष्ट्र है।

□

हमारे साझा सपनों का भारत-2047

—प्रो. बृज किशोर कुठियाला

प्रस्तावना

विविध सामाजिक–सांस्कृतिक सँवारने और राजनीतिक झुकावों के बावजूद, अपने देश के भविष्य के लिए नागरिकों के दृष्टिकोण के तत्त्वों में समानता होना तय है। हमारी मातृभूमि की साझा दृष्टि के लिए, जब यह ब्रिटिश शासन से स्वतंत्रता के सौ साल पूरे करती है तो लोगों के बीच एकमत के कुछ क्षेत्रों की पहचान की गई है। भारत में हर कोई अमीर और गरीब के बीच की विशाल खाई को कम करना चाहता है। इसी तरह, राष्ट्र को भी धीरे–धीरे एक सामाजिक रूप से सुसंगत और सामंजस्यपूर्ण सामाजिक व्यवस्था के रूप में विकसित होना है। सामाजिक स्थिति को जातिगत कारकों से अलग करना होगा। साझा राष्ट्रीय सपने का एक अन्य सामान्य तत्त्व सीखने की प्रणाली में क्रांति लाना है, ताकि यह सभी को अंतर्निहित प्रतिभा के अनुसार एक सम्मानजनक आजीविका अर्जित करने में सक्षम बनाए। संपूर्ण सामाजिक–आर्थिक और शासन प्रणाली को उन सिद्धांतों पर निर्मित करने की आवश्यकता है, जहाँ धर्म और बुद्धि की व्यवस्थाएँ केवल आर्थिक और राजनीतिक व्यवस्था होने की तुलना में राष्ट्र के शासन में अधिक हैं। व्यक्तिगत और सामूहिक व्यवहार के मोर्चे पर, हमारे शास्त्रों में बताए गए यम और नियम का पालन करना एक सामान्य सपना है। मानव जाति द्वारा प्रौद्योगिकी के उपयोग के बारे में बहुत अस्पष्टता है। भारत का एक आम नागरिक एक ऐसे समाज की कल्पना करता है, जहाँ एक व्यक्ति इंसान के कार्यों को निर्धारित करनेवाली तकनीक के बजाय गैजेट और एप चलाता है। निःसंदेह हम सभी का सपना है कि भारत न केवल अपनी रक्षा करने के लिए, बल्कि विश्व में शांति और सद्भाव का वातावरण बनाने के लिए एक साहसी और बहादुर राष्ट्र के रूप में विकसित हो।

निबंध

हम सब, स्वाभिमानी नागरिकों, का भारत के भविष्य का एक साझा सपना है। वैचारिक और राजनीतिक भिन्नता होते हुए भी हमारे महान् भारत के लिए अनेक समानताएँ हैं। भारत का प्रत्येक नागरिक सुप्त अवस्था में ही नहीं, परंतु हर दिन, हर क्षण जागते हुए ही भारत के भविष्य की कल्पना करते हैं। भविष्य की यह साँझी दृष्टि का परिप्रेक्ष्य अनंत है, परंतु इन संकल्पनाओं के भिन्न-भिन्न हिस्सो में संबंधता है और पारस्परिक निर्भरता है। एक स्पष्ट एकात्मकता का भाव है। इस साझे सपने के मूल आधारों पर कोई असहमति नहीं है। सपने साझे हैं, परंतु उनको साकार करने के उपायों के विषय में मतभिन्नता होना स्वाभाविक है। विश्व के अनेक राष्ट्रों में भविष्य की साझी सोच नहीं है। भारत में हजारों सालों के मौलिक मानवीय संस्कारों, जीवन पद्धति, जड़ और चेतन के पारस्परिक संबंधों के फलस्वरूप एक साझी सोच बनी है। भारत में धार्मिक व्यक्ति हो, नास्तिक या अनीश्वरवादी, भगवान् के प्रति भिन्न विचार रखते हुए भी भारत में तीनों के साझे जीवन मूल्य हैं, पर्यावरण संरक्षण और प्रशासन के उद्देश्य हैं। कोई भी जब भारत के समाज को सतही तौर से देखता है तो वह अस्त-व्यस्त विभिन्नता को देखकर घबरा जाता है, परंतु जैसे ही भारतीय समाज की गहराई को समझता है तो उसे व्यवस्था में स्पष्ट रूप से एकता और एकात्मकता समझ में आती है। भारतीय व्यवस्थाएँ मूलतः एक सूत्र में बँधी हैं और एकात्मकता ही विभिन्नता को प्रभावित करती है। यदि कोई भारत की समाज व्यवस्था में विभिन्नता के माध्यम से एकता ढूँढ़ने का प्रयास करता है तो वह भ्रमित रहता है। अनंतकाल से भारत में ऐसी व्यवस्था का विकास हुआ है, जो अनेकता और विभिन्नता को न केवल स्वीकार करता है, परंतु उनका उत्सव भी मनाता है। साझी प्रवृत्तियों और विश्वासों से ही हम सबका एक साझा स्वप्न बना है।

साझे स्वप्न का पहला और सबसे महत्त्वपूर्ण बिंदु आर्थिक समानता है। बेशक, आर्थिक रूप से पिछड़ा प्रत्येक व्यक्ति परिवार या समुदाय ऐसे भविष्य का निर्माण करना चाहता है, जहाँ गरीबी से मुक्ति मिले और यदि दौलतमंद न भी बने तो भी जीवन को सहज रूप से जीने योग्य तो बने ही। संपन्न लोग नहीं चाहेगे कि वो कम संपन्न बने, परंतु इतना तो वो सपना लेते ही हैं कि कोई आर्थिक रूप से कमजोर न रहे। हरेक ऐसे भारत की कल्पना करता है, जहाँ आर्थिक विषमताएँ कम-से-कम हो, जिससे प्रत्येक नागरिक न केवल भोजन, कपड़े और मकान की दृष्टि से आत्मनिर्भर हो, परंतु उसकी आर्थिक स्थिति ऐसी हो कि वह समाज में उपलब्ध अन्य सुखों का भी उपभोग कर सके। भारत के नागरिक ऐसी कल्पना नहीं

करते हैं, जहाँ पर संसाधनों का वितरण समाज के प्रति किए गए कार्यों के अनुपात में न हो। भारत की आम सोच न्यूटन के दूसरे सिद्धांत का परिपालन करती दिखती है। मानव के लिए सिद्धांत यही है कि उनको वही मिलता है, जो वो देता है। प्रत्येक कार्य या अकार्य का उसी रूप में प्रतिफल मिलता है। यदि एक व्यक्ति समाज के लिए अधिक परिश्रम करता है तो उसको वैसा ही प्रतिफल भी मिलता है। समाज विरोधी कार्यों का परिणाम पीड़ा और दु:ख होता है। भारत के बौद्धिक अधिष्ठान में न तो साम्यवाद के सिद्धांतों का प्रतिपादन है और न ही पूँजीवाद के शोषण के उपायों का। सपना ऐसा है, जिसमें प्रत्येक को रोटी, कपड़ा और मकान तो मिले ही, परंतु साथ ही जितना सामाजिक कार्य किया, उसी के हिसाब से समाज से प्राप्त होगा, यह भी सपने का मूल तत्त्व है। बच्चे, बूढ़े और अक्षम नागरिकों की देखभाल का दायित्व पर सरकार का नहीं है, परंतु समाज ही इन सबकी देखभाल आनंदपूर्वक करता है। भारत 2047 का हमारा साझा सपना ऐसा है, जिसमें कोई भूखा नहीं है। कोई ऐसा नहीं है, जिसके ऊपर छत नहीं है। प्रत्येक को मौसम के थपेड़ों से बचाने के उपाय हैं, परंतु साथ ही व्यवस्था के हित में मेहनत, नवाचारी योगदान और समग्रता की दृष्टि से आर्थिक रूप से समाज पुरस्कृत करता है। आर्थिक सुचिता का परिणाम कर्म के सिद्धांतों के आधार पर मिलेगा और भ्रष्टाचारी को नरक के नियमों के आधार पर सजा मिलेगी।

संसाधनों की समान उपलब्धता के साथ-साथ भारत का जनमानस यह भी चाहता है कि किसी व्यक्ति को समाज में उसके जन्म की जाति के आधार पर प्रतिष्ठा और पद मिलना या न मिलना न हो। यहाँ भी हमारी कल्पना कर्म के आधार पर बनती है। व्यक्ति का समाज में स्थान उसके माता-पिता या परिवार के कारण नहीं है, परंतु व्यक्ति के सामाजिक और सांस्कृतिक उपाय और समाज के सुख और उत्थान के प्रयासों पर आधारित स्थान व प्रतिष्ठा प्राप्त हो। जातिविहीन भारतीय समाज संपूर्ण भारत का भारत 2047 का सपना है। शिक्षा और प्रशिक्षण के अवसर और जीवनयापन के साधनों की उपलब्धता सबके लिए समान हो। उनका परिवार की सामाजिक और आर्थिक अवस्था से वास्ता न हो। सबसे महत्त्वपूर्ण तत्त्व यह है कि सामाजिक संबंध जाति आधारित नहीं हैं, बल्कि मित्रता और व्यावहारिक संबंध अन्य किन्हीं भी कारणों से बनें, परंतु उनका आधार यह न हो कि व्यक्ति किस समुदाय से है। व्यक्ति की समाज में पहचान उसके गुणों, योग्यताओं और समाज के सकारात्मक योगदान के आधार पर हो। हो सकता है कि हमारा सपना उस वर्ण व्यवस्था को स्थापित करता हो, जहाँ पर व्यक्ति अपने कौशल, योग्यताओं और

विचारों के आधार पर समाज में अपना स्थान व प्रतिष्ठा बनाता हो।

भारत 2047 में हर व्यक्ति का धार्मिक विश्वास उसका व्यक्तिगत विषय होगा। धर्म और उपासना पद्धति में अंतर बिल्कुल स्पष्ट रहेगा। सृष्टि के नियमों के अनुसार व्यवहार के सिद्धांत को धर्म कहा जाता है और अपने भीतर को समझना और भगवान् या देवताओं से संबंधों की व्याख्या करना रिलीजियन है। किसी भी रिलीजियन के कई पंथ और संप्रदाय हो सकते हैं, परंतु धर्म सनातन है, जो कल था, वह आज भी है और कल भी रहेगा। भारत 2047 का समाज धार्मिक होगा, जिसमें प्रकृति के अनुसार सत्य सर्वोपरि है और व्यक्ति का विश्वास और उसकी पूजा पद्धति उसकी पहचान का मानक नहीं बनते। भारत की सामाजिक व्यवस्था जाति और रिलीजियन आधारित नहीं होगी।

हमारा राष्ट्र 2047 में विचार, मूल्य और व्यवहार की विविधता का उत्सव मनाएगा, परंतु ये भिन्नताएँ समाज को बाँटेंगी नहीं। इसके विपरीत जिस प्रकार स्वामी विवेकानंद ने विश्वविख्यात अपने उद्बोधन में कहा था कि भारत भिन्नताओं को केवल सहन नहीं करता, परंतु विविधता को सम्मानित करता है। ऐसा समाज, जिसमें जाति, पंत या पूजा पद्धति व्यक्तिगत संबंधों को बनाने में बाधा नहीं डालेगी, एक समरस समाज होगा और यही भारत के जनमानस का सपना है।

स्वाधीनता प्राप्त करने के 100 वर्ष बाद भारत को कम-से-कम ऐसा तो होना ही चाहिए कि हर परिवार में एक व्यक्ति तो ऐसा हो, जो इतना तो कमा ले कि परिवार का पालन-पोषण सहज रूप से कर सके। स्वरोजगार और उद्यमी बनना हर वयस्क के लिए संभव होगा। स्वाभाविक है कि बच्चों और बुजुर्गों की देखभाल परिवारों में ही हो। बेरोजगारी और जीवनयापन के साधन उपलब्ध न होना अनुपस्थित रहेगा। बेहतर होगा कि हर व्यक्ति को एक से अधिक जीवनयापन के साधन अपनाने की स्थिति हो।

ऐसी परिस्थिति, जिसमें जीवनयापन के ऐसे साधन सभी उपलब्ध हो, जिनकी समाज को आवश्कता है। इसके लिए पूरी शिक्षा प्रणाली में परिवर्तन होगा। संभव है कि नवनिर्मित शिक्षा प्रणाली पूरी शिक्षा व्यवस्था से इतनी भिन्न हो कि उसको पहचाना ही न जा सके। भारत 2047 की शिक्षा व्यवस्था न तो अध्यापक केंद्रित होगी, न ही विद्यार्थियों के अनुसार। अगले 25 वर्षों में भारत को अपने बच्चों और युवाओं को 3 स्तरों पर तैयार करना होगा। प्रारंभ में उन्हें अपने परिवेश के अनुसार समरस होकर रहना सिखाया जाएगा। दूसरे चरण में उनको ऐसे संस्कार दिए जाएँगे, जिनसे वे अपने समय के समाज में ऐसा योगदान कर सकें, जिससे समाज क्रमशः

विकास की ओर अग्रसर हो। तीसरे चरण में अपने प्रकृति प्रदत्त नैसर्गिक गुणों के अनुसार उनको जीवनयापन के साधनों में प्रशिक्षित किया जाएगा। 2047 के भारत में काम व्यक्तियों के आधार पर नहीं बाँटा जाएगा, परंतु व्यक्ति की योग्यताओं और प्रवृत्तियों के अनुसार उनको समाज में काम दिया जाएगा। ऐसे समाज की कल्पना है, जिसमें अधिकतम व्यक्ति अपनी रुचि के विषयों के माध्यम से ही अपना जीवनयापन करेंगे। हो सकता है कि सपने का यह भाग सपना ही हो, परंतु प्रयास तो कर ही सकते हैं।

पश्चिम के विद्वानों से सीखकर भारत में भी यह सोच बनी है कि किसी भी प्रजातांत्रिक समाज को चलाने के लिए चार स्तंभ अनिवार्य हैं विधायिका, कार्यपालिका, न्यायपालिका और संवादपालिका (मीडिया)। इसके अतिरिक्त सोच के अनुसार समाज के चार स्तंभ सामाजिक, राजनीतिक, आर्थिक एवं सांस्कृतिक हैं। पिछले कुछ वर्षों से समाजशास्त्री दो और स्तंभों की भी चर्चा करते हैं, जोकि स्वयंसेवी संगठन एवं सोशल मीडिया है। कुछ आधुनिक विद्वान् आर्थिक विषयों को अधिक महत्त्व देते हुए कॉरपोरेट सेक्टर को भी समाज का महत्त्वपूर्ण स्तंभ मानते हैं।

पारंपरिक दृष्टि से भारतीय ग्रंथों में समाज की दृष्टि थोड़ी भिन्न है। बौद्धिक एवं धार्मिक व्यवस्थाओं को अधिक महत्त्व दिया गया है। माना जाता है कि समाज का रथ चार पहियों पर चलता है—अर्थ तंत्र, राज तंत्र, बौद्धिक तंत्र और धर्म तंत्र। ग्रंथों में हर तंत्र के गुण-दोष भी बताए गए हैं। जिस सामाजिक व्यवस्था में अर्थतंत्र सर्वोपरि रहता है, वहाँ पर देर-सवेर व्यवस्थाएँ टूटती ही हैं। अधिकतर समाज राज तंत्र और अर्थ तंत्र के सहयोग से चलते हैं। वर्तमान में लगभग सभी राष्ट्र राजनीति और धनाढ्यों के पारस्परिक सहयोग से चल रहे हैं। यह व्यवस्था शोषण की है, जनमानस के कल्याण का कार्य न करते हुए वे समाज में असंतोष और दुःख ही बाँटते हैं। इस व्यवस्था के कर्ता-धर्ता धन, बुद्धि और शारीरिक शक्ति का दुरुपयोग करके अपना वर्चस्व बनाते हैं। आर्थिक और सामाजिक विषमताओं में संख्यात्मक ही नहीं, गुणात्मक वृद्धि भी होती है। समाज का एक छोटा भाग मलिनतापूर्ण संपन्न हो जाता है और शेष समाज अस्तित्व का संघर्ष ही करता रहता है। समाज का आर्थिक और राजनीतिक विशिष्ट वर्ग बार-बार बनावटी संकट उत्पन्न करते हैं और हर संकट से अधिक संपन्न और अधिक प्रभावशाली होकर उभरते हैं। वैज्ञानिक और शिक्षक वर्ग या तो व्यवस्था के सेवक बनकर रहते हैं या फिर उनको नजरअंदाज करके अप्रासांगिक बना दिया जाता है। राजनीतिक और अर्थ तंत्र के मलिन द्वै को सबसे बड़ा खतरा उस अल्पसंख्यक वर्ग से होता है,

जो गैर-राजनीतिक होते हैं और जो धन और सुविधाओं से दूर रहते हैं। राजनीतिज्ञ और अर्थव्यवस्थाओं के मालिक और संचालक इस धार्मिक वर्ग को नष्ट करने की रणनीतियाँ बनाते हैं। इसी नीति के अंतर्गत पूरे विश्व में धर्म और रिलीजियन के भेद को समाप्त करके उन्हें पर्यायवाची बना दिया गया है।

हमारे ऋषि-मुनियों के ज्ञान और विवेक के अनुसार धर्म पर आधारित सभी सामाजिक व्यवस्थाएँ सर्वश्रेष्ठ हैं। सत्य या असत्य, उचित या अनुचित का निर्णय समाज का ऋषि वर्ग करता है। समाज का बौद्धिक वर्ग नीतियाँ बनाकर भविष्य की रूपरेखा तय करता है। राजा, अर्थात् राजनीतिक व्यवस्था व्यापारियों व उद्योगपतियों के साथ मिलकर बौद्धिक वर्ग द्वारा बनाई नीतियों को क्रियान्वित करता है। इस पूरी प्रक्रिया में धर्मात्माओं से निरंतर संवाद में रहते हैं। नौकरशाही विषय विशेषज्ञों द्वारा दिए गए आदेशों का क्रियान्वयन करती है।

भारत-2047 में शासन का विजन पेशेवरों और विषय विशेषज्ञों के शासन का है। निर्वाचित सरकार और विधायिका को यह सुनिश्चित करने का काम सौंपा जाएगा कि राष्ट्र के संसाधनों का उपयोग और विशेषज्ञों से प्राप्त दिशा-निर्देशों और निर्देशों के अनुसार वितरित किया जाए और उन लोगों के वर्ग द्वारा अवलोकित किया जाए, जिनके पास हमेशा धर्मी होने की साख है। कुछ हजार साल पहले भारत में उत्पन्न हुए योग का अभ्यास दुनिया भर में अमीर और गरीब लोग कर रहे हैं। लोगों को योगाभ्यास कराने की सुविधा न केवल विदेशों में, बल्कि हमारे अपने देश में भी बड़ी संख्या में सफल व्यावसायिक उपक्रम बन गई है। इसी तरह विभिन्न स्वरूपों में ध्यान प्रचलन में है और इसे स्वस्थ जीवन का एक अनिवार्य तत्त्व माना जाता है। प्राणायाम के रूप में जाना जानेवाला श्वास व्यायाम भी स्वस्थ जीवन और तनाव और अवसाद को रोकने और ठीक करने के साधन के रूप में लोकप्रिय हो रहा है। भारत के प्राचीन वैज्ञानिकों द्वारा परिकल्पित आठ-भाग योग के तीन घटकों का प्रतिनिधित्व योग व्यायाम, आसन, ध्यान, ध्यान, श्वास, व्यायाम और प्राणायाम करते हैं। यह गर्व की बात हैं और होनी चाहिए कि भारत ने शेष विश्व को ये तीन अत्यंत उपयोगी योगाभ्यास दिए हैं, अब योग के अन्य स्वरूपों पर भी ध्यान देने का समय आ गया है। योग के यम, नियम, प्रत्याहार, धारणा और समाधि जैसे पाँच भाग अभी भी लोगों से ज्यादा अपरिचित हैं। इससे पहले कि ये अपरिचित योग विद्या से दुनिया के लोगों का परिचय कराया जाएँ, भारत को कदम-दर-कदम पर नए तरीकों एवं नई तरकीबों के माध्यम से प्रस्तुत करने की मिसाल पुनः स्थापित करनी होगी। यम और नियम न केवल पतंजलि सूत्र में योग के पहले दो अंगों के रूप में निर्धारित

हैं, बल्कि साठ से अधिक प्राचीन भारतीय ग्रंथों में सभी के लिए धर्मी जीवन के दिशा-निर्देशों के रूप में उल्लेख किया गया है। इसलिए यह प्रस्तावित है कि 2047 से पहले यम और नियम के अभ्यास को प्राथमिकता दी जाए और पुनः शुरू करते हुए ठोस आधार पर स्थापित किया जाए। शांतिपूर्ण और प्रगतिशील मानव के लिए यम और नियम मिलकर सह-अस्तित्व के आचार संहिता का निर्माण करते हैं। यम नागरिकों के आचरण को इस तरह से नियंत्रित करते हैं, जिससे 'जियो और जीने दो' के सिद्धांत को बढ़ावा मिलता है। अहिंसा (अहिंसा), सत्य (सत्य), अस्तेय (चोरी न करना), ब्रह्मचर्य (इंद्रियों का स्व-नियमन) और अपरिग्रह (संतोष, गैर अधिकारिता) को पतंजलि सूत्र योग सिद्धांत का सबसे पसंदीदा स्रोत पाँच यमों के बारे में जानकारी देता है। जैन धर्मग्रंथों सहित अन्य ग्रंथों में भी पाँच और यम यथा क्षमा (क्षमा), दृढ़ता (धृति), करुणा (दया), गैर-पाखंड (अर्जव) और मध्यम भोजन (मिताहारा) शामिल हैं।

नियम वे गुण हैं, जिनका पालन करने के लिए एक व्यक्ति की आवश्यकता होती है। मोटे तौर पर नियम यम की तुलना में किसी व्यक्ति के लिए अधिक व्यक्तिगत होते हैं। पतंजलि ने पाँच नियमों की सूची बनाई है, अर्थात् समग्र पवित्रता (शौच), संतोष (संतोष), तप (तपस), चिंतन (स्वाध्याय), सर्वोच्च विश्वास (ईश्वरप्रनिधान)। अन्य पवित्र भारतीय शास्त्रों में कुछ और नियमों की सूची है, जो या तो इन पाँचों के रूपांतर या विस्तार हैं। संपूर्ण विश्व के ज्ञानी आज समस्त पृथ्वी को संभावित विनाश से बचाने के उपाय और साधन खोज रहे हैं।

वे इस मत से एकमत हैं कि यदि प्राकृतिक संसाधनों के अंधाधुंध दोहन और भेदभावपूर्ण मानवीय संबंधों की आत्मघाती प्रणालियों की वर्तमान स्थिति को जारी रखने की अनुमति दी जाती है तो मानवतापूर्ण विनाश नहीं होने पर भी एक बड़ी आपदा का सामना करनेवाली है। भारत ने सामाजिक मूल्य प्रणाली की वैकल्पिक प्रणालियों का परीक्षण किया है, जिन्हें हमारे अपने देश में लागू करने की आवश्यकता है और साथ-ही-साथ बाकी दुनिया के सामने प्रस्तुत की जानी चाहिए। यम और नियम के संयोजन में मानवता को एक सामाजिक वास्तुकला प्रदान करने की क्षमता है, जो नर से नारायण तक मानव समाज के विकास को आश्वस्त कर सकती है। आज के विश्व परिदृश्य में वास्तविक को धीरे-धीरे आभासी द्वारा प्रतिस्थापित किया जा रहा है। कृत्रिम बुद्धिमत्ता मानव मस्तिष्क के साथ तेजी से आभासी और संवर्धित आभासी प्रौद्योगिकी के निर्माण का कार्य सँभाल रहा है। हमारा भारत कोई अपवाद नहीं है और अपने ही लोगों को असली दुनिया

देने की दौड़ में भी पीछे नहीं है। लोग कनेक्टिविटी का आनंद लेते हैं और उसे सँजोते हैं। जिससे जीवन आसान और अधिक आरामदायक हो जाता है। पारदर्शिता और जवाबदेही न्यूनतम स्तर के सुशासन की ओर ले जाती है। आई.टी. सेवाओं की अधिक समान उपलब्धता के साथ, डिजिटल डिवाइड धीरे-धीरे कम हो जाएगा। यह उम्मीद की जाती है कि आई.टी. सामाजिक-आर्थिक असमानताओं को कम करने में भी मदद करेगी और भारत को एक एकीकृत और न्यायसंगत समाज बनाने में मदद करेगी। आज की आई.टी. दुनिया बनाने में हमारे देश और दूसरे देशों में चले गए हमारे लोगों के योगदान को निर्विवाद रूप से सभी द्वारा स्वीकार किया जाता है। यह हम सभी को गौरवान्वित करता है। ऐसा प्रतीत होता है कि ये रुझान जारी रहेगा और हमारा देश न केवल अपने लोगों को सभी उभरती प्रौद्योगिकी का लाभ प्रदान करेगा, बल्कि निर्यात आय को बढ़ावा देने के लिए प्रौद्योगिकी में अनुसंधान और नवाचारों का भी उपयोग करेगा, लेकिन भारत को प्रौद्योगिकी के अनावश्यक उपयोग की बुराइयों और खतरों के प्रति भी सचेत रहना होगा। आज न केवल साहित्यकार, बल्कि विचारकों और वैज्ञानिकों ने भी ऐसी स्थिति के खिलाफ चेतावनी दी है, जहाँ प्रौद्योगिकी स्वयं संचालित हो जाती है और मानवीय हस्तक्षेप शून्य हो जाता है। प्रौद्योगिकी स्वभाव से अज्ञेयवादी है। अपने आप पर छोड़ दिया जाए तो इसमें अनैतिक और नैतिक-विहीन दोनों होने की प्रवृत्ति होगी।

हाल ही में चुनावी उद्देश्यों के लिए बड़े पैमाने पर धारणा परिवर्तन प्रबंधन के लिए तकनीकी अनुप्रयोगों का व्यापक रूप से उपयोग किया गया है, जिससे लोकतंत्र के निर्वाह के लिए आवश्यक स्वतंत्रता की जड़ों पर प्रहार हुआ है। यह भी आरोप लगाया गया है कि नए एप किसी भी व्यक्ति के बारे में उससे अधिक जानकारी प्राप्त करते हैं, जितना वह अपने बारे में भी नहीं जानता है। इस तरह की जासूसी शांतिपूर्ण सहअस्तित्व के लिए घातक है। डिजिटल तानाशाही की धमकी भी अवास्तविक नहीं है। सूचना प्रौद्योगिकी के क्षेत्र में अग्रणी होने के नाते भारत को अगले दो दशकों के दौरान अपना खुद का एक समाज बनाना है, जहाँ मानवीय चेहरे के साथ मशीनीकरण, स्वचालन, कंप्यूटरीकरण और वर्चुअलाइजेशन होगा।

भारत को अपने लोगों के कल्याण के लिए प्रौद्योगिकी के उपयोग में आगे बढ़ना है, लेकिन एक अंधी दृष्टि से नहीं, जो वर्तमान में और भविष्य के लिए भी भयावह स्थिति पैदा करती है, जब राष्ट्र के पास युवाओं का एक बड़ा जनसांख्यिकीय लाभांश है तो हमें यह तय करना होगा कि मशीनीकरण और स्वचालन हमारे लिए कितना अच्छा है। इसी तरह एल्गोरिदम लिखते समय मानवीय नैतिकता और मूल्यों

के मुद्दों से भी निपटना होगा, ताकि यह सुनिश्चित हो सके कि आई.टी. अपने लाभार्थियों का अमानवीयकरण नहीं करता है। भारत में प्रौद्योगिकी के भविष्य का चेहरा एक ऐसी प्रणाली होनी चाहिए, जो हमें होमो सेपियंस से होमो ड्यूस में जाने में सक्षम बनाती है। यह एक ऐसा कार्य है, जिसे भारत को 2047 तक पूरा करना है। 2021 में भारत के दो प्रमुख पड़ोसी हैं, जो इस हद तक मित्र नहीं हैं कि उन्हें दुश्मन राष्ट्रों के रूप में माना जाता है। जिन अन्य देशों के साथ हमारी सीमाएँ साझा हैं, उन्हें भी मित्र की श्रेणी में नहीं रखा जा सकता है। चीन और पाकिस्तान दोनों ने हमारे क्षेत्र के बड़े क्षेत्रों पर कब्जा कर लिया है। दोनों हमारी सीमाओं को अपनी गिद्धदृष्टि से देखते हैं, जिससे बार-बार अमानवीय घटनाएँ होती रहती हैं। यह आम बात हो गई है। दूसरे अन्य पड़ोसी देश भी हमारी बात नहीं मानते।

भारत के बारे में किसी तरह सही या गलत, एक नरम राष्ट्र और या एक कमजोर शक्ति की धारणा बनाई गई है। यह तब और खराब हो जाता है, जब नेपाल, बांग्लादेश, म्याँमार और श्रीलंका जैसे पड़ोसी भी झगड़ालू मुद्दों को उठाने से नहीं हिचकिचाते। 2047 तक भारत को एक डरपोक राष्ट्र की इस छवि को तोड़ना है और एक साहसी और बहादुर राष्ट्र के रूप में उभरना है। हमारे देश को साहसी और बहादुर बनने के लिए दस प्रमुख तत्त्वों को मजबूत करना होगा, जिससे हमारे वर्तमान और भविष्य के दुश्मनों में भय का मानस पैदा हो। हमें निर्णय लेने में स्वतंत्रता, मजबूत सैन्य शक्ति, दिखने और काररवाई में उग्र, बातचीत और कार्यों में साहस, कर्मों में साहसी, रणनीतिक रूप से निडर, हमले और बचाव में चुस्त, कूटनीति में सुंदर, युद्ध के मैदान पर निर्दयी और जहाँ राष्ट्रीय हितों में अडिग होना होगा। हमारे दृढ़ संकल्प की धारणा हमारे खिलाफ युद्ध छेड़ने का साहस करनेवाले किसी भी व्यक्ति के लिए एक मजबूत निवारक होना चाहिए। 2047 तक भारत को इतना शक्तिशाली होना चाहिए कि वह न केवल अपनी सीमाओं की रक्षा करे, बल्कि अपनी खोई हुई जमीन को भी वापस पा ले।

□

लेखक परिचय

- **डॉ. कृष्ण सिंह आर्य**, प्राचार्य (अवकाश प्राप्त) डीएवी महाविद्यालय, चंडीगढ़ एवं पूर्व अध्यक्ष पंचनद शोध संस्थान, चंडीगढ़
- **डॉ. सुरेंद्र कुमार मिश्रा**, प्राचार्य (सेवानिवृत्त) राजकीय महाविद्यालय, बहल
- **श्री विजय मनोहर तिवारी**, सूचना आयुक्त, मध्य प्रदेश शासन
- **प्रो. राज नेहरू**, कुलपति, श्री विश्वकर्मा कौशल विश्वविद्यालय, हरियाणा
- **डॉ. कृष्ण चंद्र पांडेय**, निदेशक, पंचनाद शोध संस्थान, चंडीगढ़ प्राध्यापक, महर्षि वाल्मीकि विश्वविद्यालय, कैथल
- **श्री पार्थ सारथि थपलियाल**, पूर्व कार्यक्रम अधिकारी (अकाशवाणी) प्रसारक, लेखक, स्तंभकार एवं राष्ट्रीय स्तर पर स्वीकृत हिंदी कमेंटेटर
- **डॉ. शैलेंद्र कुमार**, संयुक्त सचिव, वित्त मंत्रालय, निवेश और सार्वजनिक संपत्ति प्रबंधन विभाग, भारत सरकार
- **डॉ. अमरेंद्र कुमार आर्य**, सहायक प्राध्यापक, हरियाणा राज्य उच्च शिक्षा परिषद्
- **डॉ. के.सी. अरोड़ा**, प्राचार्य (सेवानिवृत्त) शासकीय पी.जी. कॉलेज, हिसार, हरियाणा
- **डॉ. उदय भान सिंह**, प्राध्यापक, लोक प्रशासन एवं राजनीति शास्त्र, गुरु नानक खालसा कॉलेज, यमुनानगर
- **डॉ. पवन सिंह मलिक**, एसोसिएट प्रोफेसर, जे.सी. बोस विज्ञान एवं प्रौद्योगिकी विश्वविद्यालय, फरीदाबाद
- **डॉ. प्रियंका शर्मा**, आकाशवाणी की अनुमोदित कमेंटेटर एवं अध्यापिका, प्रेजेंटर मंथन स्कूल, नोएडा
- **डॉ. गोविंद बल्लभ**, पी-एच.डी. (वास्तु शास्त्र), संस्कृत अध्येता एवं युवा विचारक
- **डॉ. दयानंद कादियान**, प्रधानाध्यापक, शासकीय हाई स्कूल, चरखी दादरी
- **डॉ. चंदर सोनाने**, पूर्व कुलसचिव, माखनलाल चतुर्वेदी राष्ट्रीय पत्रकारिता एवं संचार विश्वविद्यालय, भोपाल
- **प्रो. बृज किशोर कुठियाला**, अध्यक्ष, हरियाणा राज्य उच्च शिक्षा परिषद्, अध्यक्ष, पंचनद शोध संस्थान, चंडीगढ़ एवं पूर्व कुलपति, माखनलाल चतुर्वेदी राष्ट्रीय पत्रकारिता एवं संचार विश्वविद्यालय, भोपाल

पंचनद शोध संस्थान परिचय

किसी भी समाज की दिशा और दशा उसके लोगों के मन से बनती है। प्रजातंत्र हो या राजतंत्र या फिर तानाशाही—समाज की गति तो सामूहिक सोच से तय होती है। समाज के लोगों का मन बनाने का कार्य संख्या में बहुत कम बुद्धिशील वर्ग का होता है। बौद्धिक वर्ग संवाद के माध्यम से आम नागरिकों को विभिन्न विषयों के उचित-अनुचित पक्षों की जानकारी देता है, जिसके परिणामस्वरूप समाज की एक सामूहिक सोच बनती है। यह कार्य प्रज्ञा के प्रवाह का है। पंचनद शोध संस्थान प्रज्ञा अर्थात् समाजहित के विचारों को तय करके और फिर समाज में उसके प्रसार एवं प्रचार का कार्य करता है। संस्थान का कार्यक्षेत्र दिल्ली, हरियाणा, पंजाब, हिमाचल प्रदेश, जम्मू-कश्मीर एवं लद्दाख राज्य है। शिक्षा के मुख्य केंद्रों के अतिरिक्त अन्य नगरों में भी अध्ययन केंद्रों के माध्यम से पंचनद शोध संस्थान समाज के बुद्धिशील नागरिकों को पारस्परिक संवाद का मंच प्रदान करता है। वर्तमान में 42 सक्रिय केंद्रों के माध्यम से लगभग हर मास 42 स्थानों पर 42 ही संगोष्ठियाँ आयोजित करने का कार्य होता है। विषय सनातन व दार्शनिक भी हो सकते हैं, समसामायिक या फिर भविष्य की संभावनाओं से भी संबंधित हो सकते हैं। पंचनद द्वारा आयोजित संगोष्ठियों में विस्तृत चर्चा होती है परंतु कोई निष्कर्ष थोपने का कार्य नहीं होता। गोष्ठी में सुनकर और बोलकर सहभागी मनन करते हैं और फिर विचारों को समाज में प्रवाहित करते हैं। इस प्रकार स्थानीय से लेकर अंतरराष्ट्रीय स्तर तक के विषयों पर संवाद, विमर्श और प्रज्ञा के प्रवाह की एक निरंतरता बनती है।

संवाद के विषयों का सत्य निकालने के लिए पंचनद शोध संस्थान तथ्यों का अनुसंधान करता है। समय-समय पर, जहाँ आवश्यकता होती है पंचनद के विचारशील कार्यकर्ता शोध के माध्यम से सत्य की खोज करते हैं। विचार प्रवाह को प्रभावी और निरंतर बनाने के लिए पंचनद शोध संस्थान मुद्रित, दृश्य, श्रव्य और डिजिटल माध्यमों का भी प्रयोग करता है। पंचनद द्वारा विशेष विषय केंद्रित शोध पत्रिका का प्रकाशन हर वर्ष होता है और वर्ष 2022 में 25वीं शोध पत्रिका का विषय 'स्वाधीनता से स्वतंत्रता की यात्रा' है। शोध संस्थान द्वारा समय-समय पर पुस्तकों और पुस्तिकाओं का प्रकाशन भी किया जाता है। हर वर्ष राष्ट्रीय या अंतरराष्ट्रीय स्तर के विषय पर गहराई से चिंतन-मनन करने के लिए चंडीगढ़ में वार्षिक व्याख्यान-माला का आयोजन होता है। अभी तक 28 ऐसे व्याख्यान आयोजित हुए हैं। सत्य तो एक ही है परंतु उसकी अभिव्यक्तियाँ अनेक हैं (एकम् सद्विप्रा बहुधा वदन्ति) पंचनद का मूलमंत्र है। पंचनद की कार्यप्रणाली का आधार सब दिशाओं से विचारों का ग्रहण करना (आ नो भद्राः क्रतवो यन्तु विश्वतः) है। सृष्टि का संवर्धन, मानव का विकास व राष्ट्र का पुनरुत्थान पंचनद शोध संस्थान का धर्म और लक्ष्य है।

Chapter 13

Nuclear Disasters

Nuclear Hazards

With the proliferation and availability of nuclear weapons and technologies around the world, it is beyond debate that the nations face challenge of nuclear, biological and chemical (NBC) threats with religious and ideological fault lines more pronounced than ever.

In the face of their terrible possibilities, the question, 'what is to be done', will never be answered. Some defence analysts even question the wisdom of experimenting weapon grade nuclear tests in May 1998 by India. Pakistan followed within a week and now we have near parity in military equation. The edge India enjoyed over Pakistan in a conventional war is gone, with repeated threat of first use of its nuclear weapons by Pakistan. Pakistan does not have the strategic geographic depth and hence it cannot afford to go in for a second strike. So India by acquisition of nuclear weapons has forsaken its conventional weapons advantage over Pakistan which it enjoyed earlier. Now that we have the nuclear weapons around us (China, India, Pakistan) how can we prevent their use. The topic is complex and technical, steeped in physics, mathematics and esoteric engineering. The complexity and secrecy has not prevented nuclear weapons acquisition by any nation with an industrial infrastructure to build them and matching desire. India, Pakistan, Mexico, South Africa and Israel fall in this category. The special dispensation of acquiring nuclear fuel for peaceful purposes has de-facts recognised India as the sixth nuclear weapon holding state. India has also unilaterally adopted "no first use" of nuclear weapons. Probable use of indigenous nuclear, biological, chemical bombs by militants and nuclear leaks from nuclear facilities are other nuclear hazards.

Nuclear Attack Defined

The detonation of nuclear weapons gives rise to the phenomenon of flash, blast wave, thermal wave, massive fires (fire storms), initial radiation (neutrons and gamma rays), radioactive fall out, electromagnetic pulse and climatic changes. The extent of damage caused by a nuclear bomb depends not only on the type and size of the bomb but also on the height at which it is detonated, the atmospheric conditions, the time of the detonation and other variable factors. However, height of detonation is the main factor determining whether there will be local radioactive fallout or not. If fire ball, the size of which will depend on explosive yield of bomb touches the ground, *i.e.* in case of a ground or low air burst, it sucks up huge quantities of earth and debris along-with the radioactive products of the bomb. These forming part of the characteristic mushroom cloud are carried aloft with wind. When fireball cools, some of the radioactive particles descend by force of gravity, the others are deflected downwind from the site of the explosion. In the case of air burst, there is no local fallout.

Any explosion involves release of a large amount of energy in a very short interval of time. In a nuclear explosion, the energy is produced by redistribution of protons and neutrons, among the interacting nuclei. Thus the energy released in a nuclear reaction is of the order of nuclear binding energies, which are much larger than chemical binding energies. This difference in energies released is the cause for the immense destructiveness by nuclear weapons.

Effects of Nuclear Attack

A single nuclear warhead can deliver more destructive power enough to evaporize ten million tons of solid ice. If one (nuclear bomb 20 KT) were to get exploded in say Chandni Chowk area of Old Delhi, where density is as high as 40,000 persons per km during day, the consequences could be mind boggling. Initial blast would probably kill over two lakh people and leave $3^{1/2}$ lakh for 'rescue and medical help'. People within 8 mile radius of the explosion would suffer third degree burns. Most buildings within 5 mile radius would be flattened. Incidentally the casualties in the nuclear bombs of 20 KT yield which were exploded over Hiroshima and Nagasaki, were as follows:

Table 13.1 : Effects of Nuclear Attack on Human Population in Hiroshima

Zone (Miles)	Population	Killed	Injured
0-0.6	31,200	26,700	3,000
0.6-1.6	1,44,800	39,600	53,000
1.6-3.1	80,300	1,700	20,000
Total	**2,56,300**	**68,000**	**76,000**

Table 13.2 : Effects of Nuclear Attack on Human Population in Nagasaki

Zone (Miles)	Population	Killed	Injured
0-0.6	30,900	27,300	1,900
0.6-1.6	27,700	9,500	8,100
1.6-3.1	1,15,200	1,300	11,000
Total	**1,73,800**	**38,100**	**21,000**

Fig. 13.1 : Hinchima Atomic Explosion **Fig. 13.2 :** Nagasaki Atomic Explosion

Types of Nuclear Disaster

Nuclear disasters can be of three kinds, as follows:

Type 1: During nuclear attack in a war scenario

Type 2: Nuclear leaks in nuclear facilities (reactors) during normal functioning.

Type 3: Nuclear weapons falling in the hands of anti national elements or sabotage/militant threat to strategic targets, like seat of power, national symbol (like Parliament), military establish-ments, densely populated area and nuclear establishments, reactors *etc.*

Type 1 nuclear disasters can be caused as a result of full fledged nuclear war between two warring nations possessing nuclear weapons like India and Pakistan or it could be a second strike scenario meaning no first use of nuclear weapons, as India has professed but should any country strike first with nuclear weapons, have the ability to absorb the first strike and still have capability to strike back with more devastating effect on the rogue country. Pakistan has made no commitment on 'No first use' of nuclear weapons. The Indian Armed Forces have their set strategies, tactics and standard operating procedures to meet such types of threat. Due to security reasons this aspect is not being broached further.

As regards ***Type*** **2** nuclear disasters, these occur in nuclear facilities due to following:

- Human error
- Human carelessness due to routine working
- Mishaps during carriage of nuclear material from one place to another.

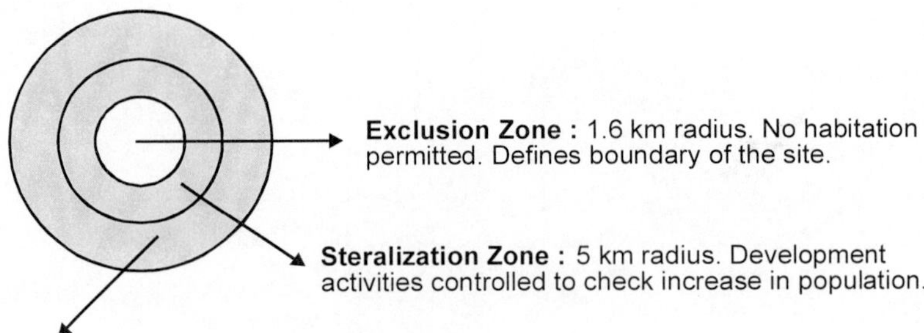

Fig. 13.3 : Precautions in Nuclear Facilities

Emergency Response Plan for Nuclear Facility

Each nuclear power facility has an Exclusion Zone of 1.6 Km, surrounding the facility, in which no habitation is permitted. The entire area is fenced or walled and defines the boundary of the site. Beyond this is the public domain but an area of 16 km radius around the plant site is called of Site 'Emergency Planning Zone' (EPZ).

Elaborate and comprehensive safety systems are kept in place for the operation of any nuclear facility. These are overseen by Atomic Energy Regulatory Board (AERB) who have power to licence and even shut down any facility which violates laid down guidelines. Even some 'beyond design basis' accidents are postulated for the nuclear facility.

There are three types of emergencies for which emergency response plan is made:

- Plant Facility Emergency, (Emergency standby, Personnel Emergency and Plant Emergency)
- Site Emergency, and
- Off Site Emergency.

In the 'Plant Facility Emergency', the accidents are expected to be limited to the plant facility only. Adequate safety measures are taken to save workers and machinery. The second type, the 'Site Emergency', wherein the consequences of an accident are not expected to cross the site boundary *i.e.* Exclusion Zone, which means that there will be no radiological emergency in public domain. Nuclear Power Corporation of India (NCIL) and AERB approve response plans and test them by way of exercises and drills and take corrective measures. At the first stage of trigger mechanism, the Crises Management Group in Department of Atomic Energy is automatically alerted even when a 'Plant Emergency' or Exercise takes place. This is repeated even in a 'Site Emergency' or Exercise. The last type of Emergency, i.e. 'off-site' emergency, which is highly unlikely, however detailed response plans are drawn up even for this hypothetical scenario. The local district administration, the Crises Management Committee at the State and at Cabinet Secretariat level are expected to get involved only in this last type of Emergency. It is local District Administration which is responsible for drawing up and testing Off Site Emergency Plans. These plans are tested at least once every two years. Department of Atomic Energy (DAE) has an Emergency Control Room (ECR) which is manned and operated round the clock all year round.

Preparedness for nuclear fall out includes a system for notifying the public in 16 km Emergency Planning Zone. The public might be advised to stay indoors or evacuate the area. Some do and don't during such disasters are given at Appendix 'H' (Page 226).

The other type of radiological emergency envisaged in the public domain is during the transportation of radioactive material. Mandatory design specifications for the packaging, systems and procedures for handling and transport are made, to ensure that there is no release of radioactivity in the public domain in the unlikely event of such an accident. However, even if such an event were to occur, the procedures are such that the ECR at DAE Secretariat gets an alert, which in turn will immediately activate the Crises Management Group, DAE. To keep track of radioactive material, while on the move, geological positioning system and geological information system software are likely to be used in near future.

Type 3 : The Third type is when the nuclear weapons fall in the hands of terrorists/anti national elements.

'Dirty Bomb' : Terrorist use of a radiological dispersion device (RDD)- often called "dirty nuke" or "dirty bomb" - is considered far more likely than use of a nuclear device in a war. These radiological weapons are a combination of conventional explosives and radioactive material designed to scatter dangerous and sub-lethal amounts of radioactive material over a general area.

Fascination of Dirty Bomb by Terrorists

Such radiological weapons appeal to terrorists because they require very little technical knowledge to make and deploy, compared to that of a nuclear device. Also, these radioactive materials, used widely in medicine, agriculture, industry and research, are much more readily available and easy to obtain compared to weapon grade uranium or plutonium. Moreover they can impact large areas, can overwhelm existing resources and can cause immense psychological trauma, panic and terror amongst people. Radioactivity coming to safe level will take decades. With rogue bombs in the hands of anti national elements, no area in the country, nay world, is safe.

Israel Practice

Israel has a system of Home Front Command, which has Information Centre in every District, to look after the Crises

Management. The Centre provides information on various aspects which include :

- What should one be prepared for,
- What preparations to be made for family,
- Special preparations for babies, old and infirm,
- How to cope with an emergency,
- Protection methods and survival techniques,
- How to seek help,

Organisation of Emergency Response Centre, which is provided in each State and District and which caters for the response, is given below:

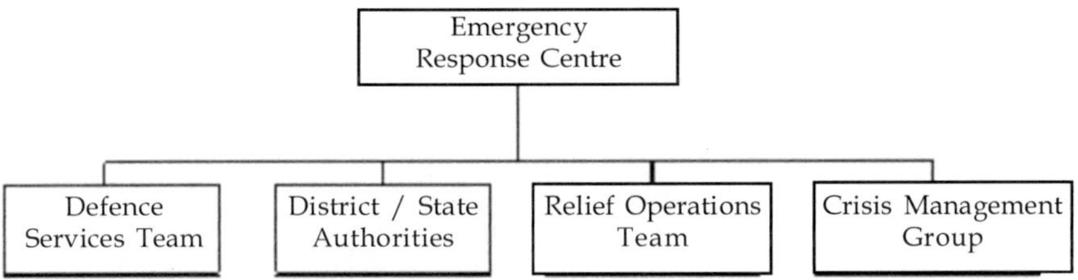

Fig. 13.4 : Organisation Chart of an Emergency Response Centre

Preventive Measures

What to do before a Nuclear or Radiological Attack/Explosion

It is important for everyone to know the hazards of nuclear explosion and how to protect against the same. More than half of all wounds from blast effects are result of persons being tossed about bodily or being struck by falling and flying objects. Even if you have only a few seconds warning, there is one important thing you can do to lessen your chances of injury from blast, heat and radiation. And that is, you should lie down flat on your stomach with your head covered with your both hands. The chances are that you are less likely to be thrown about and may escape with no or minor injuries.

Each metropolitan city/town/taluk should have a warning system, like the repeated sound of hooters. These signals should be fixed by the State /UT/ Government/District Administration and included in their plans. The people living in the city / town/ village should be informed of warning signals through TV, radio, cable channels, newspapers and even in teachings at schools and colleges. How they (signals) should be interpreted and what people should do on hearing them, should be made clear and practised.

Certain concrete disaster resistant public buildings in respective area/s should be designated as fallout shelters. During annual rehearsals, these should be occupied. These shelters should be having day and night signs for easy recognition. For example, Americans used black and yellow colour for demarcation of these shelters during cold war period. People should know their earmarked fallout shelters.

For floating population some shelters should be earmarked in/ near the hotel/s, workplace and shopping arcades as well as subways and tunnels. Each school should have a designated shelter/s to accommodate their wards.

For personnel living in apartments or high-rise buildings, the owners/ manager of the building should know about the safe places in the building for sheltering and about providing shelter for building occupants until it is safe to go out. The occupants should be informed of the safe place/s in the building.

What to do when a Nuclear Blast Takes Place

Do not look at the flash or fireball, it can blind you. When you hear a nuclear explosion/attack, you could either be in shelter or caught in the open. Actions to be taken in each case are given in succeeding paras.

Fig. 13.5 : A Bunker

If Caught in the Open

Immediately drop face down, behind a log, large rock or any depression in the earth's surface. A tunnel, culvert along the road, a storm sewer, outcrop of a rock, even under a car or truck, bus, train, or heavy piece of furniture will protect to some extent.

- If you are near a metro station, rush underground and take cover on one side of the wall. You can also go into a building whose walls and windows have not been broken.
- Close your eyes, wear earplug or headset to prevent rupture of eardrums. You could also protect ears with fingers or thumbs and cover the eyes with palm.
- Protect exposed skin from heat by putting hands and arms under or near the body and covering your head with helmet if nearby or turban. Full sleeves shirts and salwars/pyjamas pants should be worn. Wear loose clothes around shoulder, waist and ankles.
- Remain face down until blast waves pass and debris stops falling.
- Count to five after the blast and if the blast waves do not reach you, you will stay alive as you may be far enough from ground zero and hence radiation exposure will not be excessive.
- Cover your face and body with a wet handkerchief, towel, saree, bed sheet or plain cloth.
- Do not touch objects to reduce the risk of breathing in radio active dust or thrown off by an explosion-they might be radioactive.
- Returning home, remove clothes, have complete soap bath and wear fresh clothes. If shower is available in house, have a shower bath. If injured, go to a doctor. The removed clothes should be sealed in a plastic bag, including the cloth you used to cover your mouth.
- Avoid taking water from open wells/ponds.
- If the explosion is at some distance, it could take 30 seconds or more for the blast waves to hit. Take shelter, even if you are many kilometers from ground zero. Radioactive waves can be carried by winds, hundreds of miles. Remember the three protective factors: shielding, distance and time.
- Keep a battery operated radio and listen to official information. Follow the instructions being given. Local instructions would always take precedence, officials on ground know the local situation best.
- Stay calm, check for injury, check damage to any equipment you are carrying and continue with your normal work.

If Inside Shelter

If you are in or near a shelter/fox hole/underground, take following actions :

- Rush inside the shelter. Get to the side or corner of the wall. Close doors/windows.
- Curl up on one side, but best position is on the back with knees drawn up to the chest. This belly up position seems more vulnerable, but arms and legs are more radiation resistant and will protect the head and trunk, which are more prone.
- Store supply in adjacent shelter/pits.
- Inside shelters, to avoid blast waves, lie near the wall.
- Do not lie near the windows or doors to avoid injury due to blast waves and radiation.
- Construct baffles or turns near doors/openings which can prevent pressure over building and entry of dust and debris.

If in Wheeled Vehicle

If you are in a wheeled vehicle

- Vehicles can offer some protection for a short period, if windows are closed and ventilations are shut out.
- Keep listening to radio for news about what to do, where to go and places to avoid.
- On detection of a flash, dive from the vehicle to a face down prone position. Dive in the direction of the flash to avoid vehicle overturning due to blast of the nuclear attack.
- Vehicles are not as effective as concrete or underground shelters.

When is it Safe to Leave Shelter

Maintain complete isolation inside shelters for atleast 4 to 6 days, following the nuclear detonation. A very brief exposure for procurement of water and essentials on the third day is permissible, but exposure should not exceed 30 minutes. On 7th day, one exposure of not more than 30 minutes is permissible. On 8th day, limit exposure to not more than one hour. Between 9th and 12th day, the exposures can be extended from 2 to 4 hours daily. On all instances, make exposures as brief as possible. Only mandatory life saving and maintanance needs should be valid reasons for exposure. Timings, recommended are conservative. If forced to move after 1st or 2nd day, do so but keep exposure time as short as possible. Keep all food in containers. Keep cooking and eating in clean utensils. Keep all garbage in closed container. Dispose garbage outside shelter when it is safe to do so and if possible, bury it. Do not accumulate garbage, inside shelter for fire and sanitation reasons.

Shelter in Place : Most people will be seeking shelter inside a building. They should remain inside until the immediate danger passes. Sheltering in place is used when evacuating public would cause great risk than staying where they are or when an evacuation cannot be effected. People should be directed to get inside buildings, close all doors and windows and shut off all ventilation, heating and cooling systems. In place protection is not good if :

- Vapors are flammable.
- If it lasts a long time for the gas to clear the area.
- If buildings cannot be closed tightly.

What to do after a Nuclear or Radiological Attack

Check radioactive contamination and then must try to reduce the hazard with hose decontamination technique. Other decontamin-ation technique to reduce radioactive contamination is to brush, scrape or flush radiological contamination from surface. As a minimum, people should cover shelters, doors and windows with trappings. Shelter and rescue operators will begin continuous monitoring. Covering the mouth with wet handkerchief reduces the contaminants entering lungs. This method is preferable to masking filter. The shelter leader and area incharge should do damage assessment and restoration of normalcy. The evacuation will start soon as approaches are cleared and decontamination has been successful.

In a Public or Home Shelter

- Do not leave the shelter house until debris stops falling or officials say it is safe. After about 90 seconds, the greatest danger from heat, blast and initial radiation will be over. Follow official instructions when leaving.
- The blast winds would generally end in a couple of minutes after the blast. Vision should return in a few seconds.

- In case you have survived the blast, the chances of being exposed to a fatal dose of radiation is relatively less unless you are located in an early fall out area. The heaviest fall out would be limited to the area at or downwind from the explosion, and 80% of the fallout would occur during the first 24 hours.
- Contamination from a radiological dispersion device could affect a wide area, depending on the amount of conventional explosives used, the quantity of radioactive material and atmospheric conditions.
- A "suitcase" terrorist nuclear device detonated at or near ground level would produce heavy fallout from the dirt and debris sucked up into the mushroom cloud.
- A missile delivered nuclear weapon from a hostile nation would probably cause an explosion many times more powerful than a 'suitcase bomb', and provide a greater cloud of radioactive fallout.
- The decay rate of the radioactive fallout would be the same, making it necessary for those in the areas with highest radiation levels to remain in shelter for longer duration.
- Because of these facts and the very limited number of weapons terrorists could detonate, affected fallout would be limited to restricted area.
- People in most of the areas that would be affected could be allowed to come out of shelter and, if necessary, evacuate them to unaffected areas after 24 hours.
- Although it may be difficult, make every effort to maintain sanitary conditions in your shelter space. Water and food may be scarce. Use them prudently but do not impose severe rationing, especially for children, the ill or elderly. Cooperate with shelter managers. Living with many people in confined space can be difficult and unpleasant.

Some More Information about NBC Disasters

- Radioactive material mixed with normal explosive (gun cotton slab or gelatin) can be made into a bomb known as 'dirty bomb' which can be used by anti social or anti national elements or terrorists.
- Chemical weapons are easy to manufacture and difficult to detect as chemical weapons of mass destruction are colorless and odourless.

- The first symptoms of a possible chemical leakage / explosion are irritation, burning and redness in the nostrils and eyes, followed by nausea, dizziness and disorientation. Pungent or bitter sweat smells indicate presence of a gas in the air.
- That panic fleeing during gas leakage/chemical explosion is very harmful. One should stay calm in the same place, put a wet towel, handkerchief or a cloth on your face and breathe through it. Most gases dissolve in water.
- Lie down close to the ground, as gases especially hazardous ones are lighter than air and will tend to rise upwards.
- Biological weapons are referred to as poor man's nuclear bomb, as they are easy to manufacture and deliver and have the ability to kill or injure hundreds of thousands of people.
- Illness from biological weapons are not likely to be discerniable in initial stages. Time delay can result in widespread secondary exposure to others, including doctors and paramedic staff.
- 100 grams of Anthrax released over a major city like Delhi, Kolkata or Mumbai may cause upto 3 million casualties.
- In a biological attack, get away from the scene/substance and cover your mouth and nose with layers of fabric that can filter the air but still allow breathing.

annexure contd...

APPENDIX 'H'

DO'S & DON'TS DURING COMMERCIAL NUCLEAR DISASTERS

Evacuation of General Public

When the local administration on advice of nuclear facility authorities orders evacuation from the area, the public in the affected area should be evacuated as per rehearsed plan. The public should use their own transport or ride with their neighbours. Public transport should be arranged by the administration for those who do not have any arrangements. While evacuating the public should:

- Stay calm and do not rush/run.
- Listen to emergency information.
- Close and lock windows and doors of the house before leaving.
- Turn off gas, air conditioning, fans, etc. switch off mains.
- *Take the family emergency kit, which should include.*
  - Flash light and extra batteries.
  - Portable transistor with extra batteries.
  - Ready to eat food and also which will not go bad and is not required to be heated or cooked. Examples include, disaster choclates, dry cereals, dry fruits nuts crackers & baby food.
  - 15 litres water per person for drinking & sanitation.
  - Essential medicines.
  - Cash and credit cards.
  - can opened/multifunction knife, disposable glasses/cups
  - Think of special needs of your family, like diapers, tonics, prescribed medications, comfort items, books, paper, pens, playing cards, indoor games etc.
- Keep car windows open and air vents closed and listen to local radio station.
- Follow evacuation routes provided.

Evacuation of School Children

In an emergency, students in 16 km emergency planning zone may have to be relocated to safe areas. Usually as a precautionary measure, school children should be relocated prior to evacuation of the general public.

Remaining Indoors and 'Sealing the Room'

When the public is advised to remain in their homes, they should:

- Bring their pets inside.
- Shut and lock doors and windows.
- Switch off air conditioning, fans, refrigerators and gas.
- Go to basement or other underground area, if existing - stay there till authorities say it is safe. If not go to an interior room or one with few doors & windows.
- When they come from outdoors people should shower and change clothing and shoes.
- Put items worn outdoors in a plastic bag and seal it.
- Thyroid gland is vulnerable to uptake of radioactive iodine.
- Sealing the room is matter of survival. Plastic sheets should be cut before hand and kept ready to seal windows, doors & air vents. Each piece should be several inches larger than the space you want to cover so that it lies flat against the wall. Label each piece with the location it fits in.
- This is temperary protective measure to create a barrier between you and contaminated air outside.
- Listen to TV, the radio or check mobile phone SMSs and internet for instructions.

Farm Produce and Crops

If a radiological incident occurs at a nuclear site, periodic information concerning safety of farm and home grown products should be provided. The products should be cleaned and washed before selling them. Harvested crops should be stored inside. Unharvested crops are difficult to protect. Public should wash and peel vegetables and fruits before use, if they were not harvested earlier.

Getting Away

There may be condition under which you will decide to get away, or there may be situations when you are ordered to leave your home. Plan how you will assemble your family and anticipate where you will go. Choose several destinations in different directions so you have options in an emergency. If you have a car, keep atleast a half tank of fuel in it at all times. Become familiar with alternate routes as well as other means of transportation out of your area. If you do not have a car, plan how you will leave if you have to. Take your emergency kit, kept in safe place in your house. Lock the house behind you. While driving, windows & vents should be closed and turn off air conditioning.

First Aid Kit

Family first aid kit should include :

- Sterile dressings and quick fit adhesives to stop bleeding.
- Cleaning agent/soap and antibiotic tissues to disinfect.
- Antibiotic ointment to prevent infection.
- Burn ointment/spray.
- Adhesive bandages in a variety of sizes.
- Eye wash solution to flush the eyes.
- Medicines for common cold, stomach ache, headache, loose motions, fever, pain (moov) etc.
- Thermometer.
- Prescription medication you take every day such as insulin, heart medications, asthma in halers, eye drops etc. (rotate medicines to avoid getting expired).
- Glucose, blood pressure monitor.

Chapter 14

Conduct of Mock Exercise

What is Mock Exercise

It is simulation of near actual disaster scenario, to assess the level of prepardness, check the response procedure and validate the disaster management plan. Communities, organizations and governments that develop system and practise mock exercises will be better prepared to address actual events. The mock exercise are customised to suit needs and capabilities of community, organisation, industrial units and government.

What is Difference between a Mock Drill and a Mock Exercise

The mock drill is practise of standard operating procedure by a particular stakeholder to improve preparedness, for example drill for improving the medical response or drill for checking the responses of traffic police or fire and emergency services etc. Mock exercise, on the other hand, encompasses participation of all the designated stakeholders to achieve an aim and set of objectives.

Types of Mock Exercises

The mock exercises are of two kinds. Firstly, mock exercise to check the systems (whether all stakeholders are participating and do they know their roles and responsibilities) and secondly, to check the responses. Initially, the mock exercises should be conducted to check the systems and once all stakeholders know their roles to check the response, without any prior information, to reduce the response time and to in turn save lives.

Need for Conduct of Mock Exercise

The need for the mock exercise is as follows :

- To inculcate a culture of preparedness in the community & first responders.
- To validate the disaster management plan of the district/sub district/tehsil/taluk/industory/malls/theatres/residential/office complexes.
- To examine the standard operating procedures of the concerned stateholders.
- To evaluate the resource status of various stateholders / departments to mitigate the disasters.
- To manage disasters using concept of incident response system for optimum utilization of resources through better coordination.
- To use the feedback to identify the gaps and improve the response capabilities to face active disasters squarely.
- To inculcate espirit-de-corps and team building among participating stateholders at various levels.

Scope

The scope of the mock exercise must be laid down beforehand so that unnecessary deviation does not take place mid way.

Assumptions

The mock/simulation exercises are based on certain assumptions about the circumstances during a disaster :

- An atmosphere of tension and anxiety in which first responders would operate, at field level as well as at decision making level.
- Reliable information will be mixed with rumours and would require critical analysis.
- Time constraints, when critical and important decisions may have to be taken, in rapid succession.

- Coordination assumes importance. The technical and operational department/team leaders must listen to the designated incident commander irrespective of their seniority/status/appointment *vis-a-vis* incident commander.
- Pressure of media and political bosses, for taking a line which may not be appropriate.
- After a disaster, prominance of political and social factors.

Therefore, in mock exercises, the emphasis is not on specific solutions but on the approach to organizing information and establishing priorities, which would lead to new, innovative solutions that are efficient for managing disasters.

Although the basic principles of conduct of mock exercises would remain the same in all types of disasters, the rigor and details of the exercise program schedule will vary with the complexity of the facility/institution, the type of mock exercise (earthquake or chemical (industrial) disaster etc.) and the hazard potential. To derive optimum results from the mock exercise, it is important that all the stateholders know their roles and responsibilities and are adequately trained in their duties. The management should nominate a 'Conduct Team', under a senior decision maker/expert/consultant/advisor (also called exercise coordinator), who would conceptualise the exercise, plan the resources (manpower & equiment/material) required for the conduct of the exercise and submit 'After Action Report' (AAR) for taking follow up action. Criteria for evaluation of the mock exercise should be defined and qualified expert evaluators should be involved to get independent and impartial feed back.

Designing of Mock Exercise : The exercise coordinator should formulate a worst case scenario. For this he/she should adopt a consultative and participatory approach. The status report on the existing emergency response plan of each stateholder should be known to the exercise coordinator. The respective department heads should make presentations on the response system and standard operating procedure being followed in the organisation/department. Worst case scenario is a, conservative (high) estimate of the consequences of the most severe accident/disaster/intentional incidences identified, as a cascading sequence or multiple stand alone events. An adaptive aspect of preparedness having needs to justify the outcome, however, the designer should neither resort to an exaggeration nor a rhetoric case. The evaluation should be reflection of the state of preparedness of individuals and/or at organization level Attaining the objectives with respect to worst case scenarios may sometimes lead to a frustrating experience. It is thus essential to develop a habitual approach of periodical exercises. Various factors required to be considered for developing such scenarios are as follows :

i) *Defining the Type of Scenarios :* Preliminary analysis of all possible scenarios, should account for all triggering incidents and subsequent off-shot developmental cascade of events. It would lead to defining which type of scenario, the coordinator should aim at. The types of scenarios include :

- Single sequence of cascade logically linked to each other.
- Multiple scenarios, isolated and designed at more than one location to divide and divert the available resources.
- Scenario to test multiple elements of emergency management plan in one go.
- Scenarios relating to terorist activities.
- Scenarios to test single prime objective.
- Out of the box scenario with rare possibility of occurrance.

ii) *Current Approach towards Designing of Scenarios :* The scenarios selected should not be individual specific or targeting a set of individuals but should aim at finding gaps in the resources, communications, materials, systems and emergency response plans. A worst case scenario on a predictable real time incidence based on facts / figures, with the least possible frequency of occurrence is easy to design. However, worst case scenario of a small incidence with higher predictable frequency is difficult to interpret and test during mock exercises. A combination of both can provide sufficient scope for improvement in the plan.

iii) *Identify the Objective of Exercise :* The designer should aim at achieving the desired objectives as an outcome of the exercise. The need for such exercises depends upon the fact that efficacy evaluation cannot wait for the occurrence of actual disaster as during real time disasters, severe damage is caused which is extensively more than that of testing during mock exercises. The scenario should be designed keeping the objective of fulfillment of such needs in mind.

iv) *Defining Level of Feasibility :* The process of achieving significantly higher level of feasibility and closer to reality, might require assumption of a number of failures, accounting for which may promote demoralisation. This will also be away from the practical approach to deal with possible emergencies. It is advisable to arrive at a level where in all confounding factors can be co-accomodated.

v) *Deriving Inputs from Previous Exercises :* No two disasters or emergencies are similar. However, basic elements of preparedness remain same. Preparedness thus should be taken as an educational activity. The lessons learnt from earlier exercises provide a framework of action/SOPs that are continuously updated and improved. A cautious approach should be practised so as not to copy exact events as was done earliar. Innovation and technological interventions in design should be cleared for, to bring in novelty.

vi) *Scenarios not to Test whole district DM Plan :* The scenarios should not only focus on validating district DM plan, which mostly focus on all vital broad aspects of emergency management partaining to the district and eventually a number of scenarios can be derived at for comprehensive testing of the overall plan. Each mock exercise should test the basic elements that can work in every scenario plus also work on specific gaps found in previous exercises.

vii) *Value Addition :* An element of surprise should be added on the day of mock exercise itself. This will promote an additional value of overall conduct in terms of analysis and gap finding tool.

viii) *Addressing Ironical Situations with Respect to Local Factors :* The acceptance of irony is a first step towards finding a solution, deriving a lesson from local solution and developing as a quest to find out a workable solution, is a challenge. Sometimes these lead to a catch 22 situation. Encountering such irony should be included in the scenario itself. For example, rescue team which went to evacuate people trapped in floods, refuse to be evacuated, until their animals are also taken with them and the rescuers are in rubber boats, not fit to ferry animals.

ix) *Scenario Development is an Art and not a Science :* Scenario develoment is not just designing or comparable with script writing in films. The designer has to put himself in the shoes of various stakeholders and imagine what all can happen and what type of responses are practical. There are no fixed or scientific solutions. The designer has to base his scenario on the inputs from coordination conference, department drills, table top exercise and truncated exercise. Preparedness is a continuous endeavour of change and efficacy of emergency management plan and needs to be updated through a cycle of plan, practice, review, amend and replace approach. The whole process needs to aim at adoptation, improvisation and optimization. Any developing way needs to evolve with time and experience, inputs gained during the exercises/training sessions. It should be aimed at enhancement of coordination and cooperation rather than focusing only on command and control. It will eventually reduce the 'unknown' in emergency. The mock exercises are meant to bridge the gaps between expected and achieved inputs. However, reaching a conclusion is a vital step towards preparedness. Escalation of any incident to derive any conclusion is critical as it is directly linked to intended objectives. This will define the dynamics of the process.

Steps in Conduct of Mock Exercises

In August 2006, I was given the task of formulating a system of conduct of mock exercises, on various types of perceived disasters by the Vice Chairman, NDMA. After interacting with the experts in the field within and outside India from FEMA, ADPC, Japan and my own experience of conducting various types of simulation exercises in the Army and BSF, I formulated an indigenous format for conduct of mock exercises. The aim of conduct of these mock exercises was to facilitate the State/UT Governments to review and validate the adequacy and efficacy of the disaster management plans of State /district/ major accident hazard (MAH) industries and to find gaps in resources, systems and communications. These mock exercises also aimed at adopting incident response system for command, control, communication and coordination of a disaster. The Mock Exercises are initially recommended to be conducted in a step approach as follows:

a) *Step 1 - Orientation-cum-Coordination Conference :* This is a conference in which all participating stakeholders attend and is meant to sensitize them. The objective and scope of the exercise, are explained and roles and responsibilities of various stakeholders are delineated by the coordinator. The command, control and coordinator aspects are detailed. The nodel officers from each department are earmarked and their contact details noted. The media coverage during table top and the mock exercise should be worked out.

b) *Table Top Exercise :* The table top exercise is conducted in a hall. Round or square tables with chairs are placed with space between them. Each department is allocated a table with observers and spectators sitting on the sides and at the back. The coordinator starts painting situations, from preparedness stage, to progressively move to early warning stage, disaster stage and culminating in rescue, providing first aid and evacuation of injured to designated hospitals (both Govt. and private) and providing immediate Relief Camps (Both for human beings and animals). After simulating a scenario, injects are given for each stakeholder, like DC, Fire services, Medical response, Ambulance services, Hospitals, NGOs, Civil Defence, National Disaster Response Force, Home Guard, law & order police, traffic police, bomb disposal unit, Industrial units (in case of industrial disaster mock exercises). Injects at the state level can also be given for actions required at State Control Room/Emergency Operation Centre, Secretary DM and Secretary/DG Health Services level. The observers are, detailed from non participating units/ organisations. They are briefed on their roles during the mock exercise and given the detailed summary of the scenario. Evaluation formats are given to the observers. A sample format which by no means is exhaustive is given at Appendix 'G'. The participating units are also given format, to give out their learning experiences.

c) *Mock Exercise :* The observers should be briefed before the mock exercise if not already done. The observers thereafter proceed to their respective departments. The coordinator ensures that requisite dummy casualties and persons to be evacuated to Relief Camp are positioned beforehand from among the volunteers. These are over and above the ones from among the community and organisation workers. The mock exercise is started at designated time by simulating a disaster (e.g. for earthquake a given for 40-45 seconds can be sounded, fire can be simulated by smoke candles and terrorist related activities by bursting of crackers). The mock exercise progresses in a bottom-up approach, with actions at the community, floor level (industrial disaster) and first responders mobilizing their resources, like in the event of an actual disaster. The first responders include both at the organisation/unit level (in case of industrial disaster 'on site' plan is operationalized). At organisation/unit level the designated DM teams like search and rescue, evacuation, first aid, fire services etc. come into play. When the emergency is of larger dimension, like Earthquake (in case of industrial disaster, when emergency becomes 'off site') the district authorities come into play. The first to arrive are either police or fire and emergency services, followed by other stakeholders. Each stakeholder has a specific role to play and they should train in perfecting their roles during non-disaster period. The most important part is nomination of an Incident Commandar. Either the Collector/Deputy Commissioner himself/herself becomes an incident commander or nominate one. The Incident Commander reaches the incident site, get briefed and establishes an Incident Command Post (ICP) near the incident site. ICP may be 700-1000 meters from incident site.

At ICP nodal officers from concerned departments report. A quick analysis of the emergency is made and response sequence decided. The nodel officers pass instructions to their respective departments and resources are mobilized. The demand for resources from the incident site is also projected to ICP, where they are sifted and processed through the nodal officer to concerned department. The Incident Commandar is responsible and accountable for the incident. The ICP is established command, control and coordination of the incident. The casualties are brought by rescuers to first aid post, where they are treated and 'triaged'. The most serious ones are put red band, the ones requiring admission in hospital are put yellow band the ones with minor injuries and can be discharged after first aid are given green band and fatal injuries are tagged with black band. Triaging is carried out under the expert supervision of a senior qualified doctor. It helps the ambulance services to evacuate the red and yellow band victims to the designated hospitals, followed by black band 'dead' to the mortuary. The incident commander only orders evacuation of people, who are likely to be affected. The evacuation is carried out in buses/trucks requisitioned by the Regional Transport Officer. The Temporary Relief Camp is managed by Distt. Supply Officer, with active assistance from NGOs and volunteers. In the relief camp, first aid post is established and arrangement for water, cooked food and sanitation are made. The observers keep a track of all goings on and pose a number of related situations to check the responses under pressure. Once they are satisfied with the outcome the exercise is called off.

At the end of the Mock Exercise, a detailed debriefing session takes place. All the observers and heads of stakeholders take part. The good practices are recounted and the gaps identified and lessons learnt are noted. An after action report is prepared and sent to all concerned for follow up action.

Emergency Support Function Aries (ESF)

The ESF which take part at the district level are given below :

a) Search and Rescue
b) First Aid and Medical Response
c) Early Warning and Communication
d) Evacuation and Temp Shelter Management
e) Equipment Support
f) Media (Helpline and Warning Dissemination)
h) Electricity
i) Water (including drinking water)
j) Law and Order
k) Traffic Management
l) Debris and Road Clearance
m) Transport (for evacuation and others)
n) NGOs and Volunters
o) Any other specific function

Roles and Responsibilities of each team are given at Appendix 'B'.

Conclusion

Mock Exercises are litmus test to check the preparedness for emergency response of any organisation/industry. It is too costly to learn from actual disasters. We should try and simulate near real disasters. Mock Exercises can fullfil the task of validating the disaster management plans as also finding out gaps in resources, manpower, material/equipment, communication and coordination. The usefulness of the mock exercises would be evident only if the scenarios are prepared with due consideration and the observers know their roles and limits. The evaluation must be done by experts in an impartial and transparent manner. No individual should be targeted. The aim should be to find gaps and not faults. An after action report is worth its contents, if it is followed up by due monitoring.

annexure contd...

APPENDIX 'I'

MOCK DRILL REPORTING FORMAT

- Type of disaster & theme
- Place of Mock Exercise
- Day, date & time of Mock Exercise
- Aim/Objectives of Mock Exercise
- Gist of Scenario painted
  - Situation before the mock exercise
  - Sequence of events
- Response time of each ESF

  Concerned agency (indicating time of getting information and time of reporting at (ICP)
- Observations on
  - Functioning of ICP, including control of incident commander
  - Coordination among agencies
  - Communication (Use of Wireless sets & HAM radios)
  - Status of equipment & other facilities used
  - Preparedness level of agencies / teams
  - Use of Plan, SOP, Check list etc.
- Findings and areas of improvement
- Any other Remarks including Recommendations
- Attach photos, if any of the mock exercise.

APPENDIX 'J'

SUGGESTED ROLES AND RESPONSIBILITIES OF STAKEHOLDERS

Police - Law & Order

- The nearest SHO along with a few constables reach the site, on getting information from Police Control Room/call from citizens and make the initial assessment of disaster and resources required to mitigate them.
- Cordon the incident site. Use of luminous rope is recommended. Police to seek help from Civil Defence, Home Guards, Volunteers to make up strength for effective cordon.
- A Senior Police Officer report at the ICP to coordinate the police efforts.
- Directing the ESFs and first responders to incident site/ICP.
- Help in evacuation of injured.
- Help in evacuation of affected community when ordered.
- Security of the area. Maintaining Law and Order. Crowd management. Prevent rioting and looting. Protection of vital installations.
- Conduct of VIP visits to the incident site.
- Disposal of dead bodies, after 'panchnama'.

Police-Traffic Management

- Do not stop the traffic, but divert it.
- Ensure management of traffic around the incident site.
- Free one lane for movement of first responders, like fire services, ambulances, NDRF, Civil Defence etc.
- If the disaster persists for longer duration, diversion of traffic may be in concentric circle, around the incident site.

Police-Bomb Disposal Squad

- Bomb disposal squad is requisitioned, if there is bomb scare or bomb blast or a suspected unexploded bomb.

- Bomb disposal squad, to first ensure that there was no CBRN contents in the bomb.
- Bomb disposal squad comes with their equipment and dog squad and search the area as per their laid down SOP.
- On detection, bomb is wrapped in blast proof blanket and is brought to an open place and defused as per laid down drill.

Fire & Emergency Services

- One of the first responders.
- First despatch of 1-2 tenders immediately on receiving information.
- Assessment of situation on site and additional resources are called for, if required.
- Dousing of fire, as a first or secondary disaster.
- Search, rescue and evacuate trapped victims, by various means.
- Help in evacuation of injured people.

Communication

- District Communication officer/DGM BSNL/MTNL is responsible for providing alternate communications.
- Team leader report at ICP with spare WLL or wireless net having 5-6 stations. To be used if other communications fail.
- HAM radio operators would be informed and coordination mechanism shared with them.
- Provide communication / staff whenever required, on instruction of incident commander.

Evacuation and Relief

- Temporary evacuation is ordered on instructions of DC.
- Evacuation is ordered, if the disaster is likely to affect the neighbouring areas.
- Temporary shelters to be earmarked beforehead. Arrangements to be made for medical aid, water, cooked food, sanitation and for animals. Evecuation is carried out in individuals own transport or vehicles impressed by RTO. The relief comp is generally managed by one of the Revenue officials or Distt. Supply Officer.

Food is arranged by Distt. Supply Officer and generally distributed through NGOs/Volunteers. Drinking water is provided by Water Department. Water purity is maintained and chlorine tablets used if required. More than one water point may be set up in the relief camp. Drinking water should be separate from water for cooking and washing to avoid epidemic.

Electricity

- The team leader should first switch off all lights of the area.
- The nodal officer should report at the ICP whereas, the DM team under a technical expert is sent to the incident site.
- Quick assessment of damage to equipment & infrastructure relating to power is be carried out.
- The damage assessment report should be used to make a list of required resources.
- The team leader should inform ICP about the requirements and external aid required.
- Electricity is restored in areas not affected by disaster.

Equipment Support

- The nodal officer is generally from Municipal Corporation /PWD.
- Nodal officer will coordinate with supporting agency officials to mobilize resources from warehouses through IDRN database.
- The respective supporting agencies will contact their respective personnel on mobile phone to move the equipment to the site/ control place.
- The equipment will be transported to site at the earliest.
- It gets demobilized after the job has been done.

Helplines, Warning Dissemination

- The District information officer is the nodal officer who will call up all support agencies for warning dissemination, e.g. MTNL, AIR, Doordarshan, private channels, print media etc. to ensure the flow of accurate information.
- The Controlling Authority can also tie up with mobile service providers and any warning or emergency can then be sent through SMS to all the mobile subscribers. This is one of the better and authentic way of passing information to masses.

- The support agencies would report at the ICP, where they should by briefed by the district information officer and incident commander.
- They would then send news flashes through their channels. The news can also be directly telecast.
- The team under district information officer should set up an information desk and provide updated information periodically to the support agencies, for coverage at local, state, national and international level.
- Free toll numbers should be set up for emergency information assistance.

Medical Health & Trauma

- The nodal officer (senior decision making doctor) should report at ICP immediately.
- After assessing the situation at the disaster site, information is passed to designated nearby hospital/s for creating surge capacity in the hospitals as also for pre-admission hospital preporsedness.
- Ambulance services are called up.
- The first aid is given immediately by first aid teams of the organisation/area/ward/village. Hospital first aid teams also arrive in the meantime. As a thumb rule if a casualty is seen by a qualified doctor within one hour (called the golden hour), the chances of survival of the victim is over 92%. Hence the urgency in rushing first aid teams.
- Triage is carried and under the nodal medical officer, to prioritise treatment and determine who should be attended to first in hospitals.
- Patients should be stabilized before being transported to medical facilities.
- The ambulances should have life saving equipment with a doctor/ paramedic, in transit.
- Mobile hospitals to be deployed as needed.
- Heli ambulances to be used in hilly areas to evacuate patients to hospitals, to save precious time.

NGOs

NGOs are very important stakeholders in any disaster. Their roles include :

- They should be trained in specific DM task, like search and rescue, first aid, traffic management, distribution of relief etc.
- They should report to incident commander at the ICP and get deployed as per their expertise and demand.
- They should be self contained for their administration and not rely on the local resources, which are already stressed and stretched.
- NGO nodel officer will remain at ICP for coordination.

Civil Defence

- Civil Defence volunteers should be trained in specific DM tasks.
- They should be deployed under their wardens.
- They would generally be working under the designated authority, like police, medical services, fire & emergency services etc. They will be in support role.
- The Chief Warden/Dy Chief Warden should be nodal officer located in ICP.

Incident Commander

- Over all responsible for managing the disaster.
- All ESF take instructions from him/her and then pass them to their parent departments for mobilizing resources.
- Mobile ICP to be provided to him, which should have inbuilt communication system.
- He should be in control of the situation all the time and keep state & national EOC informed of the changing situations.
- He should make resources available at the incident site and coordinate the efforts of all stakeholders for their optimum utilization.

Chapter 15

School Safety

The schools are vulnerable to any disaster. Statistics indicate that one third of all fatal casualties in any disaster are children during a disaster. Among children, those below 5 years are most vulnerable. In India, children start going to school at the age of even less than three years. If a disaster happen during school hours, one shuddar to visualise the consequences. Hence the need to pay more attention to safety of schools. Even Supreme Court in its ruling of 13 April 2009, has given vary specific directions to school authorities and education regulators, on strict compliance of safety in schools. These directions of the Supreme Court are delineated in Appendix-'I' attached.

The school safety program, as formulated by the author in two stages is as under :

a) *Stage I* - Sensitization to DM, formulation of School DM Plan and Constitution of DM teams

b) *Stage II* - Conduct of Mock Drill on a specific disaster.

Stage I - Sensitization to DM, Formulation of School DM Plan and Constitution of DM Teams

The management, principal, vice principal, head masters / head mistresses of the school, DM subject teachers selected other teachers, school boy/girl, prefects and monitors alongwith class representatives from each class from class V onwards should attend the Stage I. It should be conducted by the DM subject teacher or an expert in the field. The aspects to be covered are given in succeeding paras.

Aim : The aim of school safety program should invariably be to ensure safety of the students, teaching & non teaching staff during an emergency /disaster /threatening disaster situation.

Objectives : The objectives of school safety programme are given below:

- To inculcate culture of preparedness.
- To examine the DM plan and SOPs of the School.
- To evaluate the DM resource status of the school.
- To coordinate the activities of the school DM teams for their optimum utilization during an emergency.
- To institutionalize DM structure in the school, if not existing.
- To identify gaps and help the schools in improving the resource capabilities to face actual disasters squarely.

School Disaster Management Planning

The School disaster management planning consists of the following components.

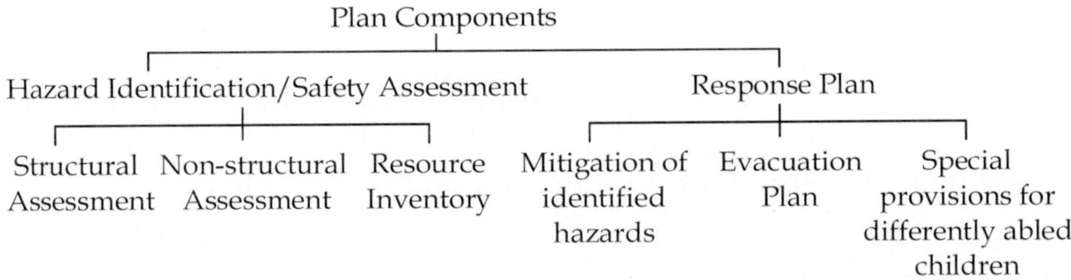

Disaster Management Framework for Schools at District Level

1. A District School Advisary Committee should be formed in each school with following suggested members.

   District Collector/DC, District Education Officer, Coordinator Block Resource Centre, Coordinator Cluster Resource Centre, Representative State Education Board/CBSE/ICSE, Principals of Schools (Municipal/Private/Boarding Schools), Municipal Commissoner, Vice Chairman Development Authority, Municipal Building Junior Engineer, Structural Engineer, Architect, Town Planner, Police, Fire Services, Civil Defence, Red Cross, St John Ambulance, 108/CATs, Ambulance Services, NGOs, Youth clubs, ward/district representative, volunteer clubs like, Lions, Rotary etc.

2. Each school should make its preparedness and response plan, which should be made by School DM Committee, with representatives from parents, teachers, besides the students & local stakeholders. The suggested composition of School DM Committee is as follows :

a) School DM Committee

Chairman - Principal

Members - Vice Principal, Heads of Primary, Middle & Senior Schools
- District/Zonal Education Officer
- Parent Teacher Association President
- 1 to 2 parents (one Lady)
- 3-4 students
- Representative from Distt DM Authority
- Station Officer, from nearest Fire Station
- SHO, nearest Police Station
- Representative from Health Deptt
- Warden Civil Defence
- School Administrative Officer
- DM expert at distt, state, national level
- RWA representative
- Local NGO
- School doctor
- Any other

b) Roles & Responsibilities

❐ Help school in preparation & evaluation of DM Plan

- Look into structural safety of school
- Work out financial aspects of preparedness & mitigation measures.
- Arrange for conduct of mock exercises, twice in a year, on various types of perceived disasters.
- During disaster, help in coordinating various groups and teams.

Hazard Identification & Safety Assessment

This should be carried out for structural and non structural hazards.

a) Identification of Potential Structural Hazards

- Assess School Safety from the natural and manmade disasters, like Earthquake, floods, cyclone, stampede, explosion/bomb threat, medical emergencies, bus accident, hostage/kidnapping, etc.
- Consult structural engineer/architect/DM experts for getting building's assessed. Get it/them retrofitted, if required.
- Take into account disasters that may have happened in the last 25 years and lessons learnt

b) Identification of Potential Non-structural Hazards. This could be done by the teacher by 'walk the talk' method.

i) Inside School

- Stand-by arrangements in case of sudden power failure
- Halls or stairways cluttered with debris from ceiling tiles or plasters from walls
- Cabinets/almirahs in pathways/hallways
- Suspended ceiling
- Bricks/glasses/debris piled up outside
- Hanging pendent light fixtures
- Tall book cases not bolted to walls
- TVs not anchored
- Chemistry Laboretries : Beakers / bottles used for storing chemicals not secured or protected against shattering

- Area having flammable liquids
- Number of children in each class who are physically challenged and arrangements for their evacuation
- Main switch boards & hanging wires
- Number of hydrants / taps in the school

ii) Outside School

- Power lines over school premises
- Leaning and weak rooted trees
- Covered walkways
- School boundary with iron fencing - could get charged and give shocks
- Route past concrete block walls to narrow

Resources Inventory

- Skilled human resources (search & rescue team, first aid team and evacuation team)
- Stretchers (including at least one with hard back), fire extinguishers, hailer, communication system, first aid box, life saving medicines, dedicated vehicle, etc.
- Register to note down the students/teachers with cronic ailments with medication prescription. School nurse/doctor /class teacher to check periodically, if concerned student brings the prescribed medicine with him/her. As a safety one time doze in school first aid room/hospital.
- Nearest hospital and telephone no of Emergency.
- Telephone numbers of district & state DM Control Room, nearest police station, fire station, ambulance services, school doctor besides, displayed in control room 100 and 101 for police and fire services to be telephone numbers.
- Earmark area for establishing control room, assembly areas, doors and gates to be opened in case of emergency.

School Disaster Management Plan

The School DM Plan should consist of :

- Constitution of school DM committee.
- Physical location on diagram, indicating class rooms (RCC/tiled), laboratories, staff rooms, play ground/open area.

- Resource Mapping - stretchers, fire extinguishers, ladders, thick ropes, torches, first aid box, communication system, temporary shelters, inflatable lighting tower and control room location.
- Sketches/maps showing nearest critical resources like hospital/PHC/private clinics/medical shops, police station, fire station, red cross/St John Ambulance, district DM control room.
- Safe places & evacuation route chart (sketch/map to be displayed in each floor of the school building).
- Formulation of DM teams
- Emergency response plan including trigger mechanism
- Conduct of mock exercises twice in a year and updating DM plan annually.

Disaster Management Teams

Disaster Awareness Group (Before Disaster)

1. Disaster Awareness Team

a) Recommended Composition

- Skilled Teacher incharge of DM
- Art and Craft teacher
- Drama and Music teacher
- 1-2 parents (working in Media/NGO)
- 1-2 students (good speakers & creative)

b) Roles

- Make IEC material/procure from district authorities
- Conduct general awareness activities
- Organise demonstrations by fire services, St. John Ambulance, Hospitals, NDRF etc.

2. Warning & Information Dissemination Team

i) Composition

- Computer teacher
- Geography teacher
- Teacher with electronics and communication background
- 1-2 parents (working in IMD, CWC/Police/DM Office.
- 4-6 students (who can operate VHF sets).

ii) Roles & Responsibilities

- Monitor & taking regular updates from TV/radio/internet/ newspapers
- Inform management/principal of any disaster/emerging disaster situation
- Disseminate information to all class rooms & teachers and put on on the notice board
- During & after disaster establish and man control room and provide information to parents/relatives/media, as required.

Disaster Response Group (After Disaster)

1. Evacuation Team

a) Composition

- Respective teachers taking the class
- Class monitors & hall monitor
- Prefects

b) Roles

- In earthquake disaster, duck cover & hold in the 'triangle of life' area, on first sign of seismic vibrations.
- Evacuate in an orderly manner with monitor of class leading and teacher bringing the last student. The injured students which can be easily earried should be taken with the class.
- At assembly area, head count should be carried out and monitors report status the control room.

2. Search & Rescue Teams

Search & rescue team at the scale of one per 200 students should be earmarked. The composition of each team should be as follows :

a) Composition

- Sports/PT teacher
- NCC/NSS/Scouts & Guides Teacher
- Fire Services representative
- Civil Defence trainer
- 1-2 parents (from uniformed forces)
- 4-6 able bodied students per team

b) Roles & Responsibilities

- Assemble near control room after the disaster.
- On being directed check class rooms & other areas in the buildings (visually & physically).
- Start search & rescue as per training.
- Report location of injured to first aid team. Some victims may require first aid at site.
- Evacuate injured to first aid area. Carriage of Victims should not aggravate their condition.
- Look for structural damages/problems as 'sweep' made through buildings/floors and report at the control room.

3. First Aid Teams

Schools should earmark first aid teams at the scale of one per 200 students.

a) Composition (Per Team)

- School doctor
- School Nurse
- St. John Ambulance / Red Cross Volunteers
- Civil Defence volunteers
- 1-2 parents (doctors)
- 4-6 students trained in first aid/who have taken biology subject.

b) Roles & Responsibilities

- On evacuation, assemble near control room.
- Half of first aid teams go alongwith search & rescue teams to render first aid '*in situ*' and the other half assemble in First Aid Area.
- Administer first aid & record all cases & treatment given.
- Help in 'triagging' by a qualified doctor & evacuate seriously injured as per priority.
- Help the physically challenged.

4. Fire Safety Team

a) Composition

- Teachers trained in fire fighting (3-4)

- 1-2 parents from fire services/defence/para military forces/ civil defence
- 3-4 students trained in fire fighting

b) Roles & Responsibilities

- Make sure fire extinguishers are in servicable condition
- Look for condition which may cause fire
- Extinguish fire if it occurs
- Switch off electricity and power mains & gas connections in case of emergency.

5. Bus Safety Team

a) Composition

- Teacher (travelling in respective buses)
- Student getting down at last stop
- One senior student in bus
- Each bus to have a first aid box /kit.

b) Roles & Responsibilities

- In case of an accident or emergency pull over to side of road, if possible in open
- Instruct passengers to crouch down between seats and in aisle, in case of earthquake disaster (when shaking is taking place). Stay there till shaking stops.
- Stay till contact with school authorities is established.
- Ensure special need students are assisted.
- Render first aid to injured students.
- On instructions from school authorities/police/DM team of district, take further action.

Stage II - Conduct of Mock Exercise

The cardinal point to be noted is that each one should save himself/ herself. Every one should /however learn how to help others, who are injured and/or need assistance.

Briefing of observers detailed for each class by the exercise coordinate is carried out. They are informed what to look for and also the criteria for declaring number of casualties in each class. At the preplanned time, siren/bell is sounded for 40-45 seconds indicating occurrence of an earthquake with magnitude of more than 6.5 on Richter scale. In classes, children duck, cover & hold in the 'triangle of life' area at the first sign of earthquake, announced by the teacher. After the shaking is over, the evacuation is ordered by the class teacher. The observers depending on the performance during the shaking (when siren is sounded) declare some students as casualties. On instructions of class teacher, the students move out with monitor leading and others follow in one line and class teacher leaves last. Some students with minor injuries are taken by the class with them.

The class evacuates along the designated and practised route to the Assembly Area. Head count is taken by the class teacher. The monitor reports no of persons injured evacuated and still in class (injured) at the control room. The control room gets information of injured students in each class from monitors. The search & rescue (SAR) teams alongwith a few first aid teams who have gathered near control room are sent to affected class rooms. The SAR team visually and physically checks the room. The injured are evacuated to first aid area and structural damages are reported at the control room. The injured are given first aid at site (those who require) and in first aid area. The control room informs school doctor, the police, fire services, designated hospital, district control room and ambulance services. They also handle the media and the queries from relatives and parents. The mock exercise comes to an end at this stage. Debriefing is carried out with observers giving their frank views. The teachers and student representatives give out their learning experiences. An after action report is made for follow up action by school authorities on gaps identified.

Conclusion

School safety program is an important initiative to be formulated to face disasters squarly. The mock exercises are aimed to test the preparedness of schools. The aim of mock exercises should be to empower schools are to be able to deal with emergencies before the specialist response arrives.

annexure contd...

APPENDIX - 'K'

SUPREME COURT DIRECTIONS ON SCHOOL SAFETY

After the fire tragedy in Lord Krishna School, Kumbakonam in Tamil Nadu, in which 93 children died, a PIL was filed in the Supreme Court, requesting for giving directions to schools on school safety, as the Executive Authorities had failed to do so. The Supreme Court bench comprising Mr. Justice D. Bhandari and Mr. Justice H.S. Bedi delivered a landmark ruling on 13 April 2009, giving explicit directions on school safety, salient actionable points of which are given below :

"Children cannot be compelled to receive education from an unsafe building".

- No new Govt. or Private Schools to be given affiliation if the buildings did not have fire safety measures & earthquake resistante structures.
- Safety measures as per National Building Code of India 2005, to be implemented by all schools.
- All existing Govt. and private schools shall install fire extinguishing equipment within a period of 6 months.
- School buildings to be kept free from inflammable & toxic material or stored safely.
- Evaluation of structural aspect of school buildings must be carried out periodically.
- Staff must be trained in fire extinguishing equipment.
- State Education Secretaries to file affidavit of compliance within 30 days.

Case Study

Kumbakonam School Fire Tragedy

Location

Kumbakonam is a small temple town with a population of about two lac, is situated in the eastern coastal belt of Tamil Nadu in Thanjavur district. It is a well known pilgrimage destination amongst the 8 talukas in the district. It is famous for its South Indian delicacies and the Mahamayam mela (Kumbha Mela) - a festival held every 12 years attracting thousands of devotees of Sanatan dharma, a Hindu sect.

Hazard and Vulnerability Analysis

The district has coastal belt of 16 km, where 29 villages are most vulnerable to tropical cyclones, tidal waves and floods. The district has witnessed cyclones seven times in last 50 years and three in last 15 years. The floods in 1996 caused heavy damage to standing crops. Apart from natural calamities, incidents like building collapse, fire breakout, epidemics, heat waves and festival related disasters have augmented the vulnerability of the district. For example, a stampede during Mahamagam festival in 1992 killed 50 people and injured 74 pilgrims. In 1997, a fire broke out in Brihadeswara temple, killing 40 (including 31 women and 5 children) and left 85 injured.

Sri Krishna School Building, Kumbakonam

Past Fire Incidents

Fire accidents in buildings across India have caused extensive damage. Dabwali Fire Tragedy in Haryana where over 400 people, mostly children died during a school function is still fresh in our memory. In Tamil Nadu, fires tragedies include the Saraswathi Vidyasala Higher Elementary School, Madurai (1964) where 35 children died, Touring Cinema tragedy, Tuticorin (1979); the Brihadeswara Temple, Tanjavur (1997), the Moideen Badusha Mental Home, Erwadi (2001) and Padmapriya Marriage Hall near Tiruchi (2004). In 2004, due to series of tragedies, fire safety measures were made compulsary in marriage and community halls. However school safety mesures were not included in this order. Consequently, within a couple of months a fire broke out at the Sri Krishna High School in Kumbakonam on 16 July 2004. This raised questions on school grant in aid code of Tamil Nadu Education Rules, Building Safety Rules and Regulations, training of school teachers in civil defence and inadequate enforcement of the limited rules ensuring quality education in safe surroundings.

Fire Tragedy

A three story building located in congested Kasiraman Street had three schools namely Sri Krishna Girl's High School (a Government aided Tamil medium School), Sri Krishna Middle School (with a Tamil medium aided section and an English medium unaided section), and Saraswathy Primary and Nursury School (unrecognised) were being run simultaneously. Sandwiched between two residential buildings, the school building was 40 feet wide and 120 feet long with a total strength of 750 students. The only entrance and exit to the school was a narrow door, which generally remained closed during day hours to avoid children coming to the road. A narrow stairway which was hardly ventilated and poorly illuminated connected the two floors. The first floor of the building had two portions; one with a concrete roof and the other with a thatched roof and a collapsible door. The kitchen which was located on the western side of the ground floor also had a thatched roof with one entrance/ exit.

Fire engines rushed to the scene, but ran short of water to put out the blaze

On the day of the incident *viz* 16 July 2004, the Additional Education Officer was inspecting the Tamil Section of the School. In order to augment the number of students in the Tamil Section to secure a highter grant from the Government on the mid day meal scheme, students from the English medium section from the ground floor were sent to the Tamil Medium Section on the first floor. Moreover, 11 out of 24 teachers were present on that day as the rest were on leave, to visit the temple on the auspicious occasion of Aadi Velli on Friday. Out of 11 teachers present, some had also gone to neighbouring temple for worship on the auspicious Friday. There had been two minor incidence of the fire breakout earliar which had been controlled. However over confidence of the management led to the tragic end the third time.

What Happened

At about 10.15 AM on 16 July 2004, preparations were being done to cook the mid day meal for the students. Unfortunately due to the negligence of the cook, the fire spread outside the hearth oven and further to the thatched roof of the kitchen. A strong wind, normal in the month of Aadi (July-August) in the area, seemed to fan the flames, as they leapt to catch the thatched roof on the first floor. Seeing the fire outbreak, the teachers allegedly hustled all the children into a classroom that was approximately 15 feet wide and 115 feet long, locked the collapsible door and went to extinguish the fire. About half an hour later, the people fighting the blaze realised that the situation was getting out of control. The children on the ground and first floor were asked to escape from the school, as the narrow entrance was now opened. However, due to panic generated none thought of the 125 primary children who were locked inside the classroom, partitioned for the five classrooms on the first floor. Smoke rapidly filled the room and children ran for escape and help. Unfortunately the only exit to the room was locked from outside. The fire spread to the thatched roof and the bamboos alongwith the roof fell. Soon the glowing embers drifted effortlessly in the entire classroom creating horrifying screams of little kids to save their lives.

The thatched roof of the school caught fire, trapping the children inside the building

The incident resulted in the death of 93 (77 on the spot and 16 in hospital). Another 21 children sustained 30-70% burn injuries. Some parents lost their both kids; some lost their only child and many others one of their children. Many parents who had already undergone family planning operation were left with blankness filled in their eyes and a vacuum, which they did not know whether could be filled at all.

Response

The Kumbakonam fire tragedy was managed very well in response. The community and the Government joined hands making it as a best practice for management of a man made disaster.

Community

The local community was the first responder on hearing the cries of children. They launched rescue operation immediately. They broke through the walls and windows of the locked classroom and saved many children. They also informed the police and the fire station about the incident. The local media personnel also helped in evacuating and saving children. The local autorickshaw drivers volunteered to provide transportation to injured children. People provided full cooperation to the district administration. There was no law and order problem, even during visit of VVIPs which ensued thereafter. The community provided moral and social support to the affected families, both inside and outside the hospitals.

The Government

The District Collector reached the site within 40 minutes of the incident. Measures taken included :

- Cloth was locally procured to cover the dead bodies.
- Parents were asked to identify bodies in Kumbakonam Govt. Hospital, where special arrangements were made.
- Plantain leaves were procured to protect the injured and subsequent evacuation to air conditioned burn wards of the hospitals.
- Municipality of Kumbakonam arranged for drinking water for people thronging the hospitals (almost one lac people assembled there).
- No post mortem of bodies was done to save parents from a greater trauma.
- The agency maintaining cremation grounds arranged for transportation of most of bodies in their vehicles as well as those of Red Cross Society, free of cost. The bodies were sent to their respective villages for disposal.
- Special medical teams were rushed to Kumbakonam from Pondicherry and Vellore medical colleges.
- The crowd management during identification of bodies and VVIP/VIP movements was done by the community and local police.
- Media was managed effectively ensuring maximum possible transparency.
- 17 persons were arrested, including Chief Education Officer, District Education Officer, the teachers, former tehsildar, engineer, staff of noon meal scheme etc.
- The school was closed down and recognition withdrawn.

- Teacher training program on fire fighting was held at Chengalpet district as a preparedness measure. All schools were closed for a week, while administration was active processing the readmission/relocation of surviving students.

NGOs Cooperation

The Indian Red Cross Society played a major role in providing psychological first aid and trauma counseling. They carried out relevant mental health outreach programs such as, community cultural programs, social games *etc* in affected villages. The main objective was to foster community feeling and social support network and allowing traumatized parents to ventilate their feelings.

Corporate and Private Sector Participation

Bharat Sanchar Nigam Limited (BSNL) opened free help lines at the hospitals, the very next day. Aircell provided free cellular phones to facilitate the response and relief efforts. The Rotary Club, Red Cross Society, TVS Suzuki *etc.* came forward to strengthen the hands of district administration by sponsoring specific help efforts.

Distraught parents were in shock - there is growing anger over the school's allegedly poor standards

Relief and Rehabilitation

Compensation : The State Government ordered exgratia amount of Rs. 1 lac to the deceased's parents, Rs. 25,000/- to those seriously injured and Rs. 10,000/- to those with minor injuries. Central Government also sanctioned Rs. 50,000/- to parents of each deceased and Rs. 25,000/- to injured. The distribution of money began the same day and was given through demand drafts to ensure transparency. The money was mostly deposited in banks in the form of fixed deposits to avoid misuse by the parents.

Infrastructural Development

Concrete houses have been built for families of those children who did not have a concrete house earlier. Nathan village lost 13 children.

With aid from a nationalised bank, a concrete school building and a community centre have been built in Nathan village by the district administration. A TV was also provided to divert attention of bereaved families.

Educational Rehabilitation

Tamil Nadu had 62,000 private schools, out of which 16,000 were functioning under thatched roofs, Within a period of 7 days all thatched roofs were removed and replaced with non inflammable and concrete material. The kitchens were separated from the school buildings. The surviving children were admitted in other schools free of cost. They were also provided school uniform, text books and notebooks free of cost.

Reports say the **fire** might have started in the school kitchen (Photo: Senthil Kumar).

Medical Support : The district administration decided to make arrangements for recanalization surgery for those parents who lost their children and had undergone family planning operation. The medical expenses were met by the corporate sector. Proper monitoring was done by Revenue Department and the Collector.

Psychological Care : Counseling sessions for injured and surviving students were organised. Psycho social health care, counseling, psychological first aid and psychiatric help were given to the parents of the deceased, especially to siblings and mothers along with children who were injured. Volunteers from Indian Red Cross Society provided regular mental health services.

Lessons Learnt / Recommendations

District Disaster Management Plan : A comprehensive district disaster management plan should focus on multi hazard approach, preparedness and mitigation measures and institutional mechanisms for implementation of capacity building plans and better effectiveness.

Health and Mental Health Services : The implementation of district health services should be hastened to establish a proper psychiatric referral system for affected population. As a stop gap, a part time visiting psychiatrist be posted in each district. A counseller should be appointed in each school for psychological needs.

Capacity Building : Training teachers and students on 'dos' & 'donts' for school safety. Community awareness and out reach programs on disaster management should be conducted. Heat and fire resistant counstruction material (*e.g.* non-inflammable paint) be used in schools. Mock drills should be carried out in schools to ensure preparedness at all time.

Regulatory Framework

- Grant-in-aid code norms be adhered to before sanctioning recognition to any new school or renewal of existing schools
- Review of all schools built prior to 1950 and adherence to building safety rules be made compulsory for such schools
- Issue like male-female composition of teaching staff, especially in primary schools, should be carefully considered keeping the advantages/disadvantages.
- The schools functioning in temperate climate, should have 100% cotton uniform for children, especially in primary schools.

Supreme Court Ruling

The supreme court in its verdict on a PIL, dated 13 April 2009 has given following major directions to schools and their management.

- No recognition to new schools, which have not been constructed as per National Building Code.
- The existing schools to get the buildings examined for their structural safety. This audit should be repeated periodially.
- All schools to install fire extingushers within 6 month (i.e. by 13 Oct. 2009).
- The teaching staff should be trained in use of fire fighting equipment.
- School disaster management plans to be made for each building. Mock drills to be carried out periodically.
- All State Education Secretarys were to file a compliance report by 13 May 2009.

Glossary

Agricultural Drought

It is the impact of meteorological and/or hydrological drought on the crop yield.

Crown Fire

This is an unpredictable fire that burns the top of trees and spread rapidly by winds. They are generally ignited by surface fires. Crown fires burn from top to top of trees or shrubs and are more or less independent of the surface fire. They are uncontrollable until it drop to the ground.

Development

Development is an ongoing activity in an evolving economy. Long-term prevention/disaster reduction measures like construction of embankments against flooding, imitation facilities as drought proofing measures, increasing plant cover to reduce the occurrences of landslides, land use planning, construction of houses capable of withstanding the onslaught of heavy rains/wind speed and shocks of earthquakes are some of the activities that can be taken up as part of development.

Dirty Bombs

These are radiological dispersion devices or weapons, which are made by a combination of conventional explosives and radioactive material, designed to scatter dangerous and sub-lethal amounts of radioactive material over a general area.

Disaster

"A serious disruption of the functioning of a society, causing widespread human, material, or environmental losses which exceed the ability of the affected society to cope using its own resources." The United Nations defines disaster as "...the occurrence of a sudden or major misfortune which disrupts the basic fabric and normal functioning of a society or community."

Disaster Mitigation

Disaster Mitigation is a "collective term used to encompass all activities undertaken in anticipation of the occurrence of a potentially disastrous event, including preparedness and long-term risk reduction measures, (UNDP, 1994)". Mitigation involves reducing the actual or probable effects of extreme disaster on man and his environment.

Flood Mapping

It is means of monitoring the flood inundated areas, flood damaged assessment, flood hazard zoning and post flood survey of river configuration and protection works on a map.

Flood Mitigation

All measures undertaken to prevent floods from happening. The measures include structural and non-structural.

Flood Proofing

It is provision of raised plat-forms as flood shelters for human beings and cattles, through raising the public utility installations above flood levels. The measures help greatly in mitigation of disasters for the population in flood prone area. It is combination of structural change and emergency action without evacuation.

Hazard

Hazard is a dangerous condition or event, natural or man made that could cause injury, loss of life or damage to property, livelihood or/and environment. A hazard could be natural hazard, like earthquake, cyclone, tsunami, flood, drought, forest fire *etc*. Man made hazards are generally associated with industries and factories and they include explosion, leakage of toxic gases, pollution and dam failures, and accidents, like rail, road and air, *etc*.

Hydrological Drought

It involves a reduction in water resources (stream flow, lake level, ground water, underground aquifers) below a specified level for a given period of time.

Intensity of Earthquake

It is a measure of the effects of an earthquake at a particular place on human, animals, structure *etc*. The intensity at a point depends upon the magnitude, distance from the epicenter and local conditions *etc*.

Land Fall

This is the area on the coast where the cyclone make contact first.

Magnitude of Earthquake

It is a measure of the size of the earthquake or the energy released. Magnitude is measured in Richter scale.

Meteorological Drought

Situation where there is reduction in rainfall for a specific period (days, months, season or year) below a specific amount (long term average for a specific time).

On Site Plan

It is emergency plan prepared by Disaster Management Experts and Unit (industry) Safety Officer, to prevent disaster and measures to be taken on occurrence of any disaster. On site plans are tested once in six months.

Off Site Plan

It is made by the district administration in consultation with the industry and provides relevant information on the product of the hazardous installation to the community living in the surrounding areas and actions to be taken in any emergency situation by the community & first responders, like fire services, police, medical services civil deforce, municipal corporation, etc. Off site plan is practised at least once a year.

Preparedness

The process embraces measures that enable governments, communities and individuals to respond rapidly to disaster situations to cope with them effectively. Preparedness includes the formulation of viable emergency plans, the development of warning systems, the maintenance of inventories and the training of personnel.

Prevention

Prevention embraces the wide diversity of measures to protect persons and property against disasters. Prevention could be physical, economic or social.

Reconstruction

It encompasses reconstruction of buildings, infrastructure and lifeline facilities so that long-term development prospects are enhanced rather than reproducing the same conditions which made an area of population vulnerable in the first place. It also includes retrofitting of weak buildings and infrastructure.

Recovery

Recovery is described as the activities that encompass the three overlapping phases of emergency *viz,* relief, rehabilitation & reconstruction.

Rehabilitation

Rehabilitation includes provision of temporary public utilities and housing as interim measures as also taking actions to restore livelihood.

Relief

Relief encompasses all activities undertaken during and immediately following the disaster to include, distribution of food, drinking water, clothing to the needy, restoration of communication and disbursement of assistance in cash or kind. It also includes damage and need assessment and debris clearance.

Response

This is the first reaction to any calamity using incident response system setting up incident command post, putting the contingency plan in action, issue warning, deploying search and rescue teams, action for evacuation, taking people to safer areas, rendering medical aid to the needy *etc*.

Risk

Risk is a measure of expected losses due to a hazard event of a particular magnitude occurring in a given area, over a specific time period. Risk is a function of the probability of particular occurrences and the losses each would cause. The level to risk depends upon:

- Nature of the hazard
- Vulnerability of elements which are affected
- Economic value of those elements.

Risk Assessment

The process of assessment of potential disaster risks through a combination of hazard mapping and vulnerability analysis. The aim of risk assessment is to balance known risks against available resources. Risk assessment includes hazard mapping, vulnerability analysis and resource assessment.

Risk Transfer

These are ways to ensure that losses from disasters are compensated or recovered by individuals or community. Examples are insurance cover.

Storm Surge

It is defined as the rise in sea level above the normally predicted astronomical tide.

Surface Fires

These are more common fires, which burn undergrowth and dead material along the floor.

Tectonic Plates

These are chipped or cracked like egg shells long plates in Lithosphere, existing upto approximately 100 km. below the surface of earth, which float over the viscous, semi liquid, molasses like structure or mantle. There are seven large and twelve small tectonic plates in the world, which are in continuous motion. Most earthquakes occur on the boundaries of tectonic plates.

The Eye of Cyclone

It is central core of the cyclone, which is relatively calm and cloud free. Its diameter may vary from 20-60 km. It has light winds, looks like black hole or dot surrounded by white clouds. When eye of the cyclone passes over land there is lull in rainfall and wind blowing which may last from half an hour to one hour. Thereafter, the intensity of the cyclone may increase from altogether another direction and cause more damage to human beings and infrastructure.

Tsunamis

It is a Japanese word meaning harbour waves. These are called tidal waves but have actually nothing to do with the tides. They cause extensive damage in coastal areas.

Underground Fires

These are low intensity fires consuming organic matter beneath the surface litter of forest floor. They occur in wettier areas of the forest and are also known as MUCK FIRES.

Vulnerability

Vulnerability is defined as "the extent to which a community, structure, service, or geographic area is likely to be damaged or disrupted by the impact of particular hazard, on account of their nature, construction and proximity to hazardous terrain or a disaster prone area. Vulnerability could be physical or socio-economic.

Bibliography

Acharya, S.K. (n.d) Natural Hazards in Disaster Mitigation during the Nineties with reference to Earthquakes, Delhi, Geological Survey of India.

Acharya, S.K. (2000) Natural Hazards and Disaster Mitigation in India during the Nineties with Special reference to Earthquake. *Science and Culture*: 66.

Agarwal, A., (2001). Republic Quake. *Down to Earth*, 10:42.

Aini, M.S., (2001). Study on Emergency Response Preparedness of Hazardous Materials Transportatiom. *Disaster Prevention and Management:* 10(3).

A situational analysis of the Kumbakonam School Fire Tragedy by Dr. Sujata and Dr. Ajinder, National Institute of Disaster Management, New Delhi - 2005.

Balakie, *et al.* (1994) At Risk Natural Hazards, Peoples' *Vulnerability and Disaster*, London: Routledge.

Bhatt, M.K., (2001). Gujarat Lessons to be Learnt. *Hindu Survey of Environment*: 7-11.

Building Materials Technology Promotion Council (1996). Vulnerability Atlas of India, New Delhi, Ministry of Urban Development.

Business India Intelligence, 12th January 2005.

Central Water Commission (1999) Flood Management and River Configuration Study of River Yamuna from Tajewala to Okhla. Government of India: Remote Sensing Division (unpublished Report).

Chatterjee, S.P., (1970) Probable causes of Koyna Earthquake. *Geographical Review of India*: 32(2).

Department of Earth and Atmospheric Sciences. Hazards and Disasters. "10 Worst Natural Disasters", Last Update 1997.

Disaster and Security Management Syllabus (2004), for PG Diploma Course, Deendayal Uppadhayay Gorakhpur University, Gorakhpur.

Disaster Management in India : A Status Report (August 2004), National Disaster Management Division, Ministry of Home Affairs, Government of India.

Geological Survey of India (2000). Seismotectonic Atlas of India and its Environ. Kolkata.

Guidelines on various types of disasters [Earthquake, Floods, Cyclones, Chemical (industrial) disasters, Landslides, Avalanches nuclear, biological, chemical (terrorism)] by NDMA, Govt. of India, www.ndma.gov.in.

Gupta, L.C., (2002) Gujarat Earthquake, 26 January 2001. New Delhi. Indian Institute of Public Administration, National Centre for Disaster Management, New Delhi.

'Gujarat Earthquake' - by L.C. Gupta, M.C. Gupta, Anil Sinha and Vinod K. Sharma, (2002) NCDM, IIPA, New Delhi.

Hazardous Substances Management Division (1999) Manual on Emergency Preparedness for Chemical Hazards, New Delhi, Ministry of Environment and Forests.

Hazard Identification and Risk Assessment in Chemical Industries. Disaster Management Institute, Bhopal.

http//sdmassam.nic.in/floods_report.htm

http//www.geocities.com/athens/Forum/8266/Bhopal-2htm.

Indian Institute of Public Administration (1995-2003) Annual Reports, New Delhi.

Indian Labour Bureau (1959). Report on Family Living Survey among Industrial Workers. 1958-59, New Delhi.

International Federation of Red Cross & Red Crescent Societies (1997-2003). World Disaster Reports, Geneva.

Ministry of Environment and Forests (1992). Policy Statement for Abetment of Pollution. New Delhi: Government of India.

Ministry of Finance (2000-2005) Finance Commission, 11th Report, Government of India.

Ministry of Labour (1999) Functioning of Safety Committee in India: A Workshop Report, 30 April - 1 May 1999. Delhi: Government of India and Indian Labour Organization.

Mishra, P.K., (2005) The Kutch Earthquake, National Institute of Disaster Management, New Delhi.

National Disaster Management Policy 2010 issued by NDMA, Govt. of India, www.ndma.gov.in.

National Centre for Disaster Management (2002) High Powered Committee Report on Disaster Management, New Delhi. Indian Institute of Public Administration.

Natural Disaster Mitigation - Dos and Don'ts - BMTPC, Ministry of Agriculture and Ministry of Urban Development & Poverty Alleviation (2001).

National Disaster Management Policy, by Ministry of Home Affairs, January, 2010.

Orissa Super Cyclone '99 by MC Gupta and Vinod K. Sharma, National Centre for Disaster Management, New Delhi.

Palm, R.(1981) Public Response to Earthquake Hazard Information. *Annals of the Association of American Geographers*: 71.

Palm, R. (1995) Catastrophic Earthquake Insurance Pattern of Adoption. *Economic Geography*: 71.

Parasuram & Unnikrishnan (2000) India Disaster Report: Towards Policy Initiative, New Delhi. Oxford University Press.

Quarentelli, E.L. (1998) What is a Disaster. London & New York: Routledge.

Rattan Tata Library (1996) List of Current Periodicals.

Rosenfield, C.J. (1994) The Geomorphological Dimensions of National *Disaster Geomorphology*: 10.

Roy, P. (1999-2000) Orrissa Cyclone Rapid Assessment Survey of Needs. Delhi Council of Social Development. (ICSSR Research Project).

Sarkar, I. (1989) Plate Tectonic with Resulting Global Physical Landscape and Seismicity : A Geographical Review of The Meso-Cenozic Era. *Geographical Review of India*: 51(3).

Satyanarayan, A.M. (1994) Some Studies on Storm Surge and Sea Level Variations along the East Coast of India, Cochin University of Science & Technology (Thesis).

School of Social Sciences (1998) Syllabus on Disaster Management, New Delhi. Indira Gandhi National Open University.

School Safety (2005) National Disaster Management Division, Ministry of Home Affairs, Government of India.

Sikkim Manipal University of Health, Medical Technological Sciences (2004) Syllabus for Disaster Management, Sikkim Manipal University.

'The Kutch Earthquake - 2001' by Pramod K. Mishra, by National Institute of Disaster Management, New Delhi - 2005.

Colour Plates
(Floods and Industrial Disaster Mock Exercises & School Safety Programe)

2009 - Bellary Floods, Karnataka (A, B)

Mock Exercise on Chemical (Industrial) Disaster - Patalganga Maharashtra, Dec., 2009

Mock Exercise on Chemical (Industrial) Disaster in Patalganga, Maharashtra - Dec. 2009

Mock Exercise on Cyclone in Lakshdweep - April 2010

Mock Exercise on Earthquake in Andaman - May 2009

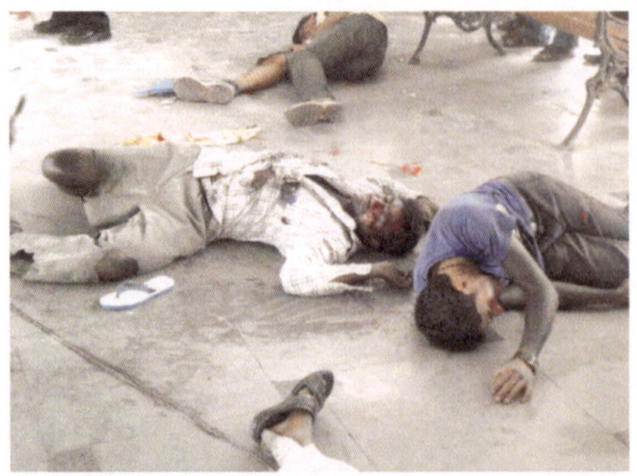

Casualties during a Mock Exercise on Mass Casuality Management Bangalore

Decontamination by NDRF Team

Showering to decontaminate a gas victim

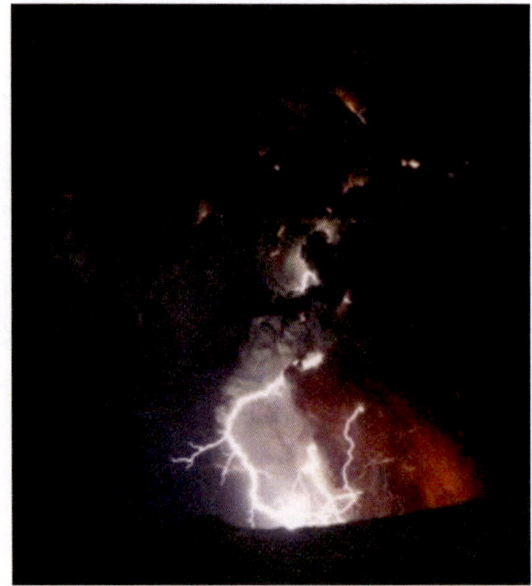

Lightning During Ash

Volcanic Ash - April 2010

Spread of Volcanic Ash near Eyjafjallajoekull

Volcanic Eruption Spewing Ash

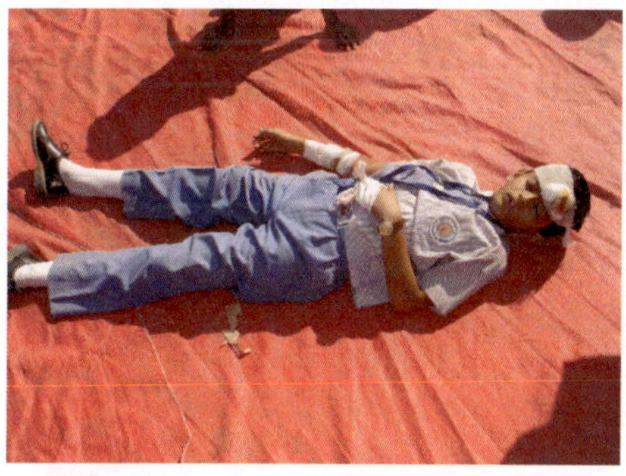

First Aid to a student of a school during mock exercise on school safety

First Aid Team of School attending to victims in School Safety Programme

Spectators during School Safety Mock Exercise in Baramullah, J&K

Evacuation during School Safety Programme

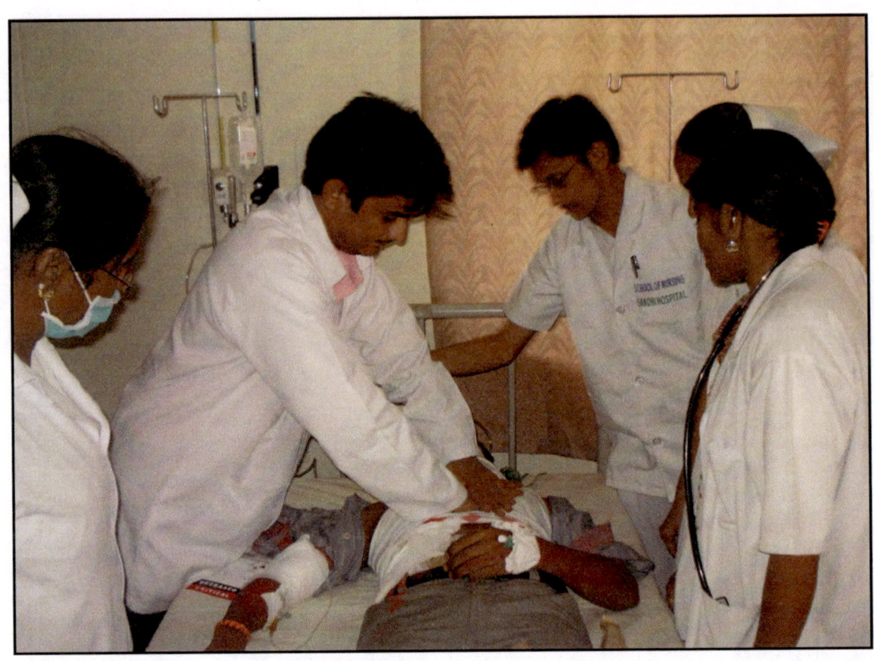

Doctors Treating Casualties at Hospital During Mock Exercise

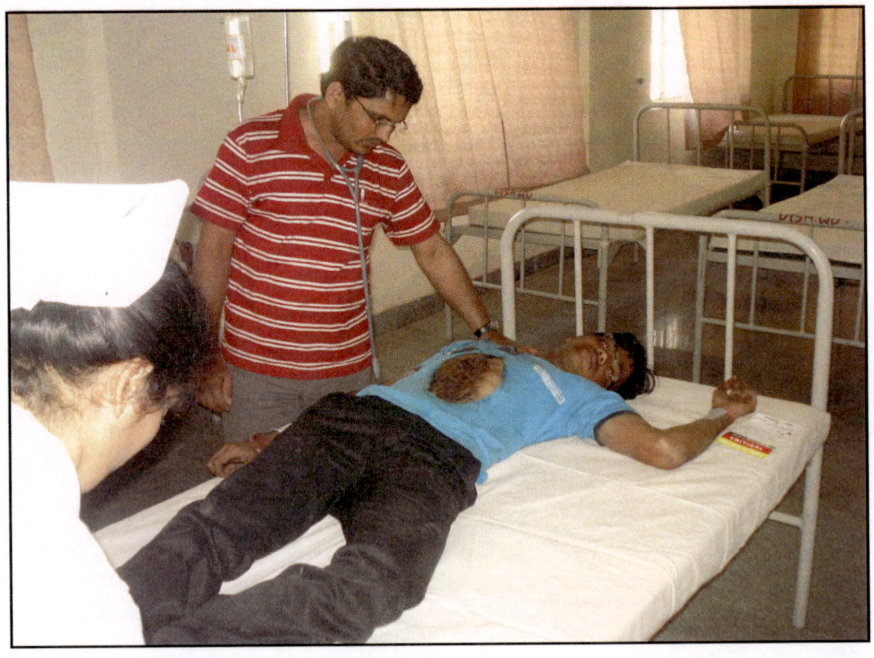

Casualties being Attended to by Specialists at Hospital

Index

D

E

F

S

T

U

V

W